本书受山东省高等学校高水平学科"曲阜师范大学中国史"、儒家文明省部共建协同创新中心学术专著出版基金资助（立项批准号：2022RXZZ003）。

曲阜师范大学 洙泗史学文库

儒家元典导读
Confucian Canons Introduction

巩宝平 著

中国社会科学出版社

图书在版编目（CIP）数据

儒家元典导读/巩宝平著. —北京：中国社会科学出版社，2024.4

（曲阜师范大学洙泗史学文库）

ISBN 978-7-5227-3213-8

Ⅰ.①儒… Ⅱ.①巩… Ⅲ.①儒家 Ⅳ.①B222

中国国家版本馆 CIP 数据核字（2024）第 052673 号

出 版 人	赵剑英
责任编辑	宋燕鹏
责任校对	李　硕
责任印制	李寡寡

出　　版	中国社会科学出版社
社　　址	北京鼓楼西大街甲 158 号
邮　　编	100720
网　　址	http://www.csspw.cn
发 行 部	010-84083685
门 市 部	010-84029450
经　　销	新华书店及其他书店
印　　刷	北京明恒达印务有限公司
装　　订	廊坊市广阳区广增装订厂
版　　次	2024 年 4 月第 1 版
印　　次	2024 年 4 月第 1 次印刷
开　　本	710×1000　1/16
印　　张	22.5
字　　数	325 千字
定　　价	128.00 元

凡购买中国社会科学出版社图书，如有质量问题请与本社营销中心联系调换
电话：010-84083683
版权所有　侵权必究

目　　录

前　言 …………………………………………………………… (1)

第一讲　《诗经》导读 ………………………………………… (1)
　　一　《诗经》简介 ………………………………………… (1)
　　二　《诗经》与人文修养 ………………………………… (15)
　　三　《诗经》读法 ………………………………………… (37)

第二讲　《尚书》导读 ………………………………………… (41)
　　一　《尚书》简介 ………………………………………… (41)
　　二　《尚书》与人文修养 ………………………………… (55)
　　三　《尚书》读法 ………………………………………… (64)

第三讲　《礼记》导读 ………………………………………… (67)
　　一　《礼记》简介 ………………………………………… (67)
　　二　《礼记》与人文修养 ………………………………… (86)
　　三　《礼记》读法 ………………………………………… (106)

第四讲　《周易》导读 ………………………………………… (109)
　　一　《周易》简介 ………………………………………… (109)
　　二　《周易》与人文修养 ………………………………… (125)
　　三　《周易》读法 ………………………………………… (143)

第五讲 《左传》导读 ·· (149)
    一 《左传》简介 ·· (149)
    二 《左传》与人文修养 ································ (163)
    三 《左传》读法 ·· (182)

第六讲 《论语》导读 ·· (187)
    一 《论语》简介 ·· (187)
    二 《论语》与人文修养 ································ (208)
    三 《论语》读法 ·· (217)

第七讲 《孝经》导读 ·· (224)
    一 《孝经》简介 ·· (224)
    二 《孝经》与人文修养 ································ (235)
    三 《孝经》读法 ·· (240)

第八讲 《孟子》导读 ·· (244)
    一 《孟子》简介 ·· (244)
    二 《孟子》与人文修养 ································ (251)
    三 《孟子》读法 ·· (266)

第九讲 《荀子》导读 ·· (270)
    一 《荀子》简介 ·· (270)
    二 《荀子》与人文修养 ································ (283)
    三 《荀子》读法 ·· (294)

附录 儒家元典语录精选 ·· (299)

后 记 ·· (345)

前　言

　　黄昏时分,代表智慧、象征哲思的密纳发猫头鹰起飞[①],儒家元典课程如期开讲。

　　中华文明源远流长,根深蒂固,早在两千多年前,就已蔚然大观,璀璨夺目。其中饱含深沉的道德关怀与智慧追求,凝结在《诗经》《尚书》《周易》《仪礼》《春秋》经传和诸子文化元典之中。本课程温习儒家元典,讲解其大致来历、基本内容、主旨要义、修养用途与品读方法,藉此扩充、深化大家对传统儒学的认识,提供温故知新的快乐和德智修身的启示。

　　在正式开讲之前,我们需要厘清课程名称里"元典""中华元典"二词的来历和内涵。20世纪90年代,"元典"一词由武汉大学冯天瑜先生首倡,引入学界,由此引发中华元典等方面的著作和丛书面世,促进相关研究课题的开展,影响深远。在《中华元典精神》一书中,冯先生系统阐述元典含义,认为元典具有"始典、首典、基本之典、原典、长典、正典、大典、善典、美典、上典、宝典等意蕴",在世界文明早期发展史中,各民族都有一些"具有深刻而广阔的原创性意蕴,又在某一

[①] 西方思想家常将飞落于密纳发女神雕像肩上的猫头鹰视作智慧的化身。因为古代罗马时期,人们在黄昏时分,常见到露天广场中密纳发（Minerva,古罗马神话中的智慧之神）雕像上飞落的猫头鹰,因其脚踏智慧之神像,故被视作智慧的化身。德国哲学家黑格尔曾借用此意,言:"密纳发的猫头鹰要等黄昏到来,才会起飞。"（"The owl of spreads its wings only with falling of the dusk."）见黑格尔著,贺麟译《法哲学原理·序言》,商务印书馆1961年版,第14页。

文明民族的历史上长期发挥精神支柱作用"的典籍。这些元典"首次系统地而不是零碎地、深刻地而不是肤浅地、辩证地而不是刻板地表达出对于宇宙、社会和人生的观察与思考，用典籍形式将该民族的'基本精神'或曰'元精神'加以定型"，其内容具有原创性特征，表述形式也富于青年期所特有的质朴性和盎然生机①。他将《诗经》《易经》《尚书》《春秋》《仪礼》和《老子》《论语》《墨子》《孟子》《庄子》《荀子》等典籍列为中华元典，主要指那些起源古老、历史悠久、生命常青、价值永恒、影响深远的中华文明经典。

在先秦时期，中华元典经历长期的演变而成型，奠定了华夏民族文化的根基。"从殷周之际到秦汉之际的一千年间，中华元典大致完成了从酝酿、创作至修订、经典化的全过程，并在后世又得到不断的文本诠释与精神发扬。"② 依前贤界定，这些文化元典可分为两类，"从民族文化整体去考察，有蕴含其整体精神的元典之作，如传统的'五经''四书'即是；而就某一种文化领域来说，又有该领域的创始之作，如兵学有宝典《孙子兵法》，医学有首创之作《黄帝内经》，神话之源《山海经》，算学之宗《九章算术》，史学的范型《史记》等等"③。从这个角度而言，堪称中华元典的典籍首推《诗经》《尚书》《周易》《仪礼》《春秋》等，另外还有先秦儒家、道家、墨家、法家、兵家等诸家开创、传承或代表之作。

儒家元典是中华元典的重要组成部分，具体指哪些经典，学界说法不一。许凌云先生认为儒家元典包括"十三经"和《荀子》④，李凯则以"十三经"称之⑤，张自慧主张"五经"加《论语》《孟子》《荀子》《礼记》《周礼》等。整体上看，大家认为十三经是儒家元典的主体，在传统儒学发展进程中发挥了重要的作用，产生了深远的影响。"两千多

---

① 参见冯天瑜《中华元典精神》，武汉大学出版社2006年版，第1—6页。
② 参见冯天瑜《中华元典精神》，武汉大学出版社2006年版，第138页。
③ 李振宏：《元典文化丛书》，河南大学出版社1995年版。
④ 许凌云：《中国儒学通论·浅论儒学元典》，广东教育出版社2002年版，第479—480页。
⑤ 李凯：《儒家元典与中国诗学》，中国社会科学出版社2002年版，第11—14页。

年来，中国儒学的发展、演变，在很大程度上就是围绕对这些元典的文字、名物考订和义理、主旨的阐发而展开的。"① 我们大体遵循前人观点，又有所修正补充，认为儒家元典包括"五经"及传和《论语》《孟子》《孝经》《荀子》。"十三经"中《尔雅》是训诂之书，不当列入。从时间久远、影响深远的角度来看，这些儒家文化元典是儒家经典中的经典，是儒学之源头、活水与精华所在，价值巨大，影响久远。本课程从中选取九部富含人文修养资源的儒家元典——《诗经》《尚书》《礼记》《周易》《春秋左传》《论语》《孝经》《孟子》《荀子》，简介其内容，了解其主旨，欣赏其粹美。

儒家元典具有鲜明的尚德向善、崇道重人、实用务治、中和中正、崇古好古、追求美好等特征，洋溢着一种温和理性、实践中庸的气息。1. 尚德向善，如《尚书》处处尚德，《大学》首谈明明德、止于至善等；2. 崇道重人，《易传》中谈立天、立地、立人之道，讲天地鬼神人之道，但重点在于人道（即礼、义、仁、知等），目标是"就有道而正"；3. 实用务治，《尚书》和《易传》中言正德利用厚生和精义入神、利用安身，皆为其证明；4. 中和中正，如《易传》谈中正之道，《中庸》讲发乎情而止乎礼，致中和，《论语》中讲礼之用和为贵，诗教乐而不淫，哀而不伤；5. 崇古好古，儒家元典从记载尧舜旧典、商周史策的《尚书》开始，一直到春秋五霸，追慕并致力于实现历代先王之道，修复弘扬礼乐文明，崇古好古的色彩非常浓烈，从而使其对历史文献情有独钟，并作出了杰出的贡献；6. 追求美好，如《易传》中言"黄中通理，正位居体，美在其中而畅于四支，发于事业，美之至也"，《荀子·儒效》中讲君子"君子之学也，以美其身""儒者在本朝则美政，在下位则美俗"，《左传》中讲"中美能黄，上美为元，下美则裳"，《礼记·少仪》中讲"言语之美，穆穆皇皇。朝廷之美，济济翔翔。祭祀之美，齐齐皇皇。车马之美，匪匪翼翼，鸾和之美，肃肃雍雍"等。不过，从根本上而论，儒家元典就是讲修身齐家治国平天下之书，如古

---

① 许凌云：《中国儒学通论》，广东教育出版社2002年版，第478页。

代儒者所论，皆务为治，即事而论，充满淑世关怀与济世情怀。儒家之书多讲礼乐、礼义、仁礼、仁义、仁知、道德、道理等，主张敬天爱人，恶而知善，爱而知恶，发情止礼，执两用中，礼仁敬爱，尊君爱民，隆礼重法，德主刑辅，和而不同，泰而不骄，威而不猛等，追求一种情理合一、天人相应、中和而正的道德生活境界。

熊十力先生曾言："中学虽不遗理智，而主要功夫实在修养。"[①] 儒家追求智慧，推崇修养，既道问学，又尊德性，既求知，亦求仁，而又以仁道、仁德为重。儒家元典《论语》中频频出现"知""仁"，后世儒家皆主张知仁并重，寓知于修，所谓"修身者智之府也"。《礼记·大学》中展示大学之道，从格物、致知、诚意、正心到修身、齐家，再到治国平天下，围绕致知、修养而论，从知识、意志、心态、思想各个层面提升个人适应客观世界的能力。此处的理智、修养大致对应冯友兰所言"理智底理性和道德底理性"。前者是与情相对、以理化情的理，后者是与欲望、理欲冲突的理[②]。推而论之，如果说理智理性是基于认知能力、理论抽象、利弊权衡、客观求真意义上的理性，那么道德理性则是基于道德涵养、知识博学、语言修辞意义上的理性。准此以观，本书每讲探讨儒家元典中道德、认知、文学方面的人文修养资源，多从道德理性角度而论。

统观儒家元典，早期儒者通过阐发人道、礼义、仁知，希望提高人生修养，提升精神层次，超脱自然和功利境界，进入道德甚至天地境界[③]，成为一个个仁知勇礼俱全、德慧智慧兼备的君子或圣贤。儒家创始人孔子教诲弟子，讲文行忠信、道德仁艺、学礼以立、学诗以言，在生活实践求学问道，所谓"君子食无求饱，居无求安，敏于事而慎于言，就有道而正焉""贤贤易色，事父母能竭其力，事君能致其身，与

---

① 熊十力：《十力丛书·读经示要》，上海书店出版社2009年版，第149页。
② 冯友兰：《贞元六书·新世训·尊理性》，华东师范大学出版社1996年版，第390—395页。
③ 人的四种境界说，即自然境界、功利境界、道德境界、天地境界，出自冯友兰著作《贞元六书·新原人》，华东师范大学出版社1996年版，第552—649页。

朋友交言而有信",做人的理想目标是德智勇三全的君子,生命不朽的途径是修己安人、立人达人。这些都关乎人的修养工夫。职是之故,本课程的儒家元典导读,在讲明儒家元典为何物、从何来、何人做、何时成、有何用、往何方、如何读、有何物、何为要的同时,从中抽绎、梳理有益于人心修养、齐家济世的理念资源与思想养分,为青年学子调适身心、融洽人际与和谐生活提供某种借鉴与启示。

西方哲学家黑格尔曾在柏林大学开讲辞中言:"追求真理的勇气,相信精神的力量,乃是哲学研究的第一条件。人应尊敬他自己,并应自视能配得上最高尚的东西。精神的伟大和力量是不可以低估和小视的。那隐蔽着的宇宙本质自身并没有力量足以抗拒求知的勇气。对于勇毅的求知者,它只能揭开它的秘密,将它的财富和奥妙公示给他,让他享受。"[1] 其中"追求真理的勇气,相信精神的力量","人应尊敬他自己",关乎人类对真知、真理、真善的体悟、追求,是中外古今四海皆有的信念。儒家元典中即有不少类似的精辟论述。如《诗经》中言"哲夫成城",《尚书》中言"惟德动天,无远弗届",《周易》言"见天地之心",《论语》《礼记》主张"君子之道"和"天下之达德",共同指向知、仁、勇,言"人能弘道,非道弘人""人者,天地之心也",《孟子》言大丈夫"富贵不能淫,贫贱不能移,威武不能屈"的气概,"自反而缩,虽千万人,吾往矣"的大勇,《荀子》论君子"志意修则骄富贵,道义重则轻王公,内省而外物轻矣",等等,皆展示了两千多年前先贤对中国礼乐文明、人道哲学中这种"追求真理的勇气,相信精神的力量"的体悟、守望和践行。至今,它仍指导和激励无数哲人、凡士向着真知、真理的方向前进和求索。这是本课温习儒家元典的初衷,也是至愿。

当今学者曾指出:"有中国特色的社会主义文化建设,既根植于当代社会生活土壤,又以我国五千年文化,特别是其中博大精深的元典文

---

[1] 黑格尔著,贺麟译:《小逻辑·一八一八年十月二十二日在柏林大学的开讲辞》,商务印书馆1980年版,第35页。

化为历史渊源,既有其鲜明的时代特征,又有其深厚的历史意蕴。要完成建设有中国特色社会主义文化这一长期而艰巨的任务,无疑,还应对中国元典文化之现实性作出概括,以古为今用。"① 也有学者指出:儒家元典中蕴含着丰富的仁爱、民本、诚信、正义、中和、大同等思想资源,是社会主义核心价值观的传统文化基源②。还有学者呼吁儒学复兴从自身做起,希望激活古代儒家思想精华,转化为现代人修身实践的鲜活资源③。另外,有的学者从正义哲学、生活儒学的转进论修身儒学的可能④,有的则以高校公选通识课为切入点来探讨儒学与修身的可行路径,出版讲义,昭示于世⑤,粲然可睹,不乏启示。如果这些说法和探索方向大致不错的话,那么,我们每一位有志于复兴儒学和提升修养的中国人,或许应该在有生之年,多花些时间和精力去重温包括儒家元典在内的中华元典或其他文明元典,将其精粹展现于众,古为今用,精义入神,利用安身,正德厚生。这是一个相当艰难、比较漫长的过程,也是未来中华文化发展的一个趋向和目标。不过,在当今世界文明全球化和大融汇的潮流下,借助中外文明交流互鉴的东风,这个过程的加快和目标的实现变得比以前更有可能。锐意于通古今之变、融中外之学的仁人志士,只有以"士不可以不弘毅,任重而道远""路漫漫其修远兮,吾将上下而求索"相勉,牢记先贤往哲的"绝地天通""通古今之变""通万方之略""通天地人曰儒"等会通精神,在会通万方之学中汲取中外文明特别是文化元典里的一切优秀成果,"会通以求超胜"(徐光启语),才可能早日实现中华文明全球化与本地化的完美融合(The Perfect Integration of Globalization and Localization of Chinese Civilization),使华夏文化以更自信、自强、自正、自化的面貌,巍然屹立于世界东方。

---

① 郭长兴:《元典文化的现实性与当前文化建设》,《学习论坛》1998 年第 7 期。
② 张自慧:《以儒家元典思想涵养核心价值观》,《光明日报》2014 年 9 月 29 日第 11 版。
③ 方朝晖:《儒家修身九讲》,清华大学出版社 2008 年版,第 8—10 页。
④ 孙铁骑:《正义及其文化进路:从"生活儒学"到"修身儒学"》,山东人民出版社 2018 年版。
⑤ 已出版讲义有方朝晖《儒家修身九讲》(清华大学出版社 2008 年、2011 年、2020 年版),廖建平等编著《儒学与修身》(华东师范大学出版社 2012 年版)等。

人生有限，书海无边，面对这种有无之间的落差，读者难免会产生某种困惑或挫折，所谓"吾生也有涯，而知也无涯。以有涯随无涯，殆已"。在非常矛盾的心情中，笔者凭着个人有限的学识来讲解、导读儒家元典。这种讲读与其说是传道、授业、解惑，不如说是自我学习成长的产物，以期从先贤的叮咛与启示中寻觅一丝心灵的慰藉。在本书撰写过程中，我们参考了今人对儒家元典的解读类论著，如《经子解题》《经典常谈》《经书浅谈》《十三经讲座》《十三经说略》《中国经典十种》等，受益良多，谨致谢忱。论有不妥之处，敬请大家雅正。另书末附儒家元典语录精选与注译，供快速了解儒学的要义。

一　课后思考

1. 如何理解本章所言"儒家文化元典是儒家经典中的经典"。

2. 结合本章相关内容和延伸阅读所示古人观点，探讨儒家元典的特征和地位。

二　参考文献

李振宏：《元典文化丛书·序》，河南大学出版社 1995 年版。

许凌云：《中国儒学通论·浅论儒学元典》，广东教育出版社 2002 年版。

李凯：《儒家元典与中国诗学》，中国社会科学出版社 2002 年版。

冯天瑜：《中华元典精神·导论》，武汉大学出版社 2006 年版。

方朝晖：《儒家修身九讲》，清华大学出版社 2008 年版。

马秋丽、张德苏：《儒家思想导论》，首都经济贸易大学出版社 2010 年版。

廖建平、谢芳：《儒学与修身》，华东师范大学出版社 2012 年版。

张荣明：《中华国学》，商务印书馆 2014 年版。

郭长兴：《元典文化的现实性与当前文化建设》，《学习论坛》1998 年第 7 期。

刘毓庆：《"五经"与中国传统价值观》（上、中、下），《名作欣赏》2016 年第 1、4、7 期。

张自慧:《以儒家元典思想涵养核心价值观》,《光明日报》2014 年 9 月 29 日第 11 版。

三 延伸阅读

魏晋之际,学者杨泉在《物理论》一书中认为"夫《五经》则海也,他传记则四渎也,诸子则泾渭也",用形象的比喻讲解经传诸子之学在中国传统文化中的地位,极具启示。

第一讲 《诗经》导读

（中正无邪，情理和谐）

在中华文明发展史上，有一部年代古老、传承悠久、影响深远的诗歌总集。它收录了周朝上百年诗作，托物言志，缘情明理，反映了当时社会各阶层的生活世界、思想观念与精神风貌。至春秋战国时期，它受到儒家推崇，被不断研习，奉为经典，演变为充满伦理教化色彩的儒家元典，焕发出强大的生命力。至今它仍被国人代代传诵，在道德修养、历史认知、言语表达等方面仍发挥着重要的作用，滋养一份诗情雅理，激励人们追寻善美中和、超脱尘世的境界。这就是本章要讲的《诗经》。

一 《诗经》简介

《诗经》在战国秦汉时期经历了由文史典籍至经学要典的嬗变后，被加上了"经"的后缀，流传开来。《诗经》初由周朝自上而下的采诗和公卿大夫士与诸侯自下而上的献诗构成，配以乐歌，后经孔子等士人整理而成定本，配乐渐亡。汉代，《诗经》解说者分布在齐鲁等地，有鲁诗、齐诗、韩诗、毛诗四家，最终前三家凋零残留，毛诗一枝独秀，传承至今。《诗经》分《风》《雅》《颂》三类体裁，内容丰富，比较全面地反映了周朝的社会、政治、经济和文化概貌，追求情理和谐、中正无邪的道德生活。

(一)《诗经》来历

1. 名称的来历

《诗经》初称"诗"或"诗三百",至战国末期被荀子等儒家冠以经的尊号。汉代董仲舒等人提出"罢黜百家,表章《六经》",禁绝"诸不在六艺之科、孔子之术者",官方置五经学博士,"诗经"的称呼被正式固定,流传后世,"诗"由文史典籍升至经学要典。《诗经》是我国历史上第一部诗歌总集,收录了从西周初至春秋中叶(约前11世纪至前6世纪)五百年间的三百多篇诗作,分风、雅、颂三种体裁和比、兴、赋三种表现手法,后人有"五百余年诗三百,风雅颂中比兴赋"的说法。这些诗歌比较全面地反映了周朝这一时期的社会、政治、经济和文化概貌。

2. 成书与流传

《诗经》由当初的乐歌与诗歌合集发展为后世的经典,不仅仅是名称与地位的变化,还涉及诗篇的整理、成书、流传和应用等。

大致而论,西周初年,中央派遣官员到各地采集民间歌谣,同时各诸侯国贵族与公卿大夫士也向周天子献诗,后经过太师等乐官的整理、加工,形成《诗经》初本,作为周朝贵族教育的课本,流传于世。至春秋末年,西周衰落,王纲解纽,礼崩乐坏,文献佚失,乐官四散,如《论语·微子》所载"人师挚适齐,亚饭干适楚,三饭缭适蔡,四饭缺适秦,鼓方叔入于河,播鼗武入于汉,少师阳、击磬襄入于海",与之相关的诗歌乐曲也在劫难逃,流失严重。所幸还有像孔子等一批有志于克己复礼、弘扬周制的士人,他们孜孜不倦地从事古文献的传承、整理、弘扬诗教,所谓"吾自卫返鲁,然后乐正,《雅》《颂》各得其所"(《论语·子罕》),主张"兴于诗,立于礼,成于乐"(《论语·泰伯》)。《史记·孔子世家》载"古者诗三千余首,及至孔子,去其重,取可施于礼义,上采契、后稷,中述殷、周之盛,至幽、厉之缺,始于衽席……三百篇,孔子皆弦歌之,以求合韶、武、雅、颂之音",大致描述了孔子当年删减、整理诗歌的情形。其中可能存在一些夸张之处,如从三千首诗中删掉十分之九的重复诗篇，最终存留三百篇，但春秋末年鲁国士人整理、删定诗集的事实内核基本可信。从历史与逻辑的角度看，当时应有很多无名士人整理古诗，孔子只是其中最杰出的代表。

至秦朝，以《诗》《书》为代表的传统典籍遭到秦始皇焚书与连年战乱的严重破坏，损失惨重。后至汉代，在众多儒生的努力和官方的支持下，六艺之道由中衰迎来复兴，《诗》学也得到空前的发展。当时有四家解释《诗》，鲁诗、齐诗、韩诗、毛诗先后兴起。鲁诗由鲁国人申培始创，主要流传于鲁地；齐诗由齐人辕固始创，流行于齐地；韩诗由燕人韩婴始创，传于燕、赵两地。三派所传诗被后人称为"三家诗"，均属今文经学，因其创始者曾被立为经学博士，地位显赫一时。但在东汉后期，因古文经学的崛起，今文诗学走向凋零，讲义佚亡或残存，取而代之、占据解诗主流的是毛诗。毛诗由汉初赵地的毛亨、毛苌（时称大毛公、小毛公）叔侄二人在民间传授，影响渐广，东汉后期被立为官学，成为古文经学的中坚。因本身学术价值、解诗特色和政治扶持等缘故，毛诗后来居上，一枝独秀，传承久远，至今不绝。

毛诗能够超越三家诗，后来居上，主要原因是它在解释《诗经》要义方面具有突出的优点，如学者所见：（1）在几百年的流传过程中，许多毛诗学者对毛诗的训诂和序说，不断地充实和提高。（2）毛诗学者一直坚守孔子"不语怪力乱神"的著述原则和"温柔敦厚"的诗教理论，排斥极端落后的谶纬神学，很少有妄诞迷信的内容，着重发挥儒家"圣道王化"的政治理想。（3）毛诗在长期流传过程中，每一篇都有简明的序，说明该诗的题旨。（4）毛诗传注重"兴义"，标出116例。相对而言，毛诗要比三家诗说中某些内容烦琐杂乱、思想流于荒诞、时代颠倒错乱、只用历史故事杂说来牵强附会，要高明得多[①]。毛诗解经代有传承，保持理智，重视政治，提纲挈领，总结规律，胜人一筹，既有益于道德教化、治国理政，又有利于诗学诗教的传承弘扬，言志缘情，明道理性，所以受到人们的青睐与推崇，独传后世，长盛不衰。至今仍有很

[①] 夏传才：《十三经讲座》，广西师范大学出版社2006年版，第156—157页。

多学者沿用或借鉴毛诗提供的某些思路来解读《诗经》，突出其政治教化、情理中正等特点。

（二）《诗经》内容

1. 整体内容

《诗经》中有三百多首诗歌，包括160首《国风》、74首《小雅》、31首《大雅》、40首《颂》。另《小雅》中有六首"笙诗"，《南陔》《白华》《华黍》《由庚》《崇丘》《由仪》，只具篇名而无内容，不计其内。《诗经》的体裁多样，篇章井然有序，篇幅长短不一，内容丰富多彩，表现手法灵活。

《诗经》有《国风》《小雅》《大雅》《颂》四类体裁，特色鲜明。（1）从排序上看，《国风》首先，《小雅》次之，《大雅》再次之，《颂》最后。每种诗体的首篇分别为：《关雎》《鹿鸣》《文王》《清庙》，汉代司马迁称它们为"四始"。四首诗的安排别具匠心，各有特色，耐人寻味。（2）从篇幅上看，《国风》最长，下有十五类；《雅》次之，下有《小雅》《大雅》；《颂》最短，下有《周颂》《鲁颂》《商颂》。（3）从作者上论，《国风》多由民间人士或士大夫所创，《小雅》多由士大夫、贵族所作，《颂》与《大雅》多为朝廷史官、太师所创，它们都经过乐官的加工修定。（4）从时间上看，《国风》绝大部分作于春秋初期、中期，部分作于西周后期，个别的为西周初期作品，如《豳风》；《小雅》基本上作于西周后期，《大雅》多作于西周前、中期，个别讽谏诗作于厉、幽时期；《颂》中《周颂》多作于西周初，《鲁颂》《商颂》成书于春秋时期。（5）从表现手法上看，《诗经》有赋、比、兴三种，被综合运用在各种体裁的诗歌中。所谓的赋、比、兴，按照南宋朱熹解释，"赋者，直陈其事；比者，以彼状此；兴者，托物兴词"。即赋是直奔主题，就事物论事物；比是用明喻、暗喻、拟人、拟物等手法，说明不同事物的特征；兴是先作铺垫，后奔主题，论述事物。（6）从内容上看，《国风》大部分为民间诗歌，一部分为贵族作品，主要涉及劳动者之歌、行役之怨、情诗恋歌、妇女婚姻、国家兴亡、民俗风习、讽刺民谣、没落哀歌等，洋洋大观，非常丰富；《小雅》多记载某些士人贵族表达愤怨、哀叹没世的讽谕与怨刺之辞，小部分为朝会和贵族享宴的乐歌；《大雅》多为诸侯朝聘、贵族享宴时的朝会乐歌，包括歌颂文王与大臣功绩、周人开国历史及没落贵族对时政的讽谕。《颂》为周、鲁、宋诸国王室祭祀先祖神灵、山川神明的乐歌及祈求丰收的农事诗①。为便于读者整体了解《诗经》的内容，我们参照前人研究成果与自己的理解，特作下表1—1。

表1—1　　　　　《诗经》体裁与内容分析表

主要体裁＼分析类项	《国风》	《小雅》	《大雅》	《颂》
文本排序	第一	第二	第三	第四
四始篇名	《关雎》	《鹿鸣》	《文王》	《清庙》
篇幅长短	160首	74首	31首	40首
作者身份	民间人士、士大夫、贵族等	士大夫、贵族	周朝史官、太师	周朝史官、太师
产生时间	绝大部分作于春秋初期、中期。	基本上作于西周后期。	多作于西周前、中期，个别讽谏诗作于末期。	《周颂》多作于西周初，《鲁颂》《商颂》成书于春秋时期。
表现内容	主要为劳者之歌、行役之怨、情诗恋歌、妇女婚姻、国家兴亡、民俗风习、讽刺民谣、没落哀歌等。	大部分为某些贵族表达愤怨、哀叹没世的讽谕与怨刺之辞，小部分为朝会和贵族享宴的乐歌。	主要为诸侯朝聘、贵族享宴的朝会乐歌，包括文王与大臣功业、周人开国历史和没落贵族对时政的讽谕。	主要为周、鲁、宋诸国王室祭祀先祖神灵、山川神明的乐歌和祈求丰收的农事诗。

---

① 参见夏传才《十三经讲座》，广西师范大学出版社2006年版，第161—182页。

续表

主要体裁 分析类项	《国风》	《小雅》	《大雅》	《颂》
表现手法	比、赋、兴	比、赋、兴	比、赋、兴	比、赋、兴
备注：	《国风》与《小雅》中部分讽谕诗歌为贵族所作，在思想主旨上有重合之处。	《小雅》六篇"笙诗"：《南陔》《白华》《华黍》《由庚》《崇丘》《由仪》，原有乐曲，后失传，只剩篇目。	《大雅》与《小雅》中部分享宴乐歌为贵族或乐官所作，在思想内容和撰写旨趣上有重合之处。	《颂》与《大雅》中部分追颂文王和贤臣功德的诗歌，在思想内容和撰写旨趣上有重合之处。

2.《国风》内容

学者初读《诗经》，多被《国风》中的美言佳句吸引，欣然向往周人的生活世界，被诗中主人公的淳朴情感和温厚之德所打动。从艺术性、思想性和影响力等角度而论，《诗经》的精华在《国风》中。它位列书首，篇幅最长，内容丰富，质朴自然。以下对这部分内容略作介绍，其他不具。

《国风》有十五部分，收录了西周至春秋时期十五个国家或地区的诗歌，遍及今陕西、山西、河南、河北、山东和湖北北部等地。这些诗歌冠以"国"名，有的指某些诸侯国，如邶、鄘、卫、郑、齐、魏、唐、秦、陈、桧、曹等诸侯国；有的则指某一地区，如周南、召南、王和豳，其中周南指周公掌管的南方地区（今三门峡市陕州区以南，汝、汉、长江一带），召南指召公掌管的南方地区（周南之西，包括陕西南部和湖北一部分），王指周平王东迁后的国都——洛邑（包括今河南洛阳和孟州市等地），豳指周人发源地之一——豳地（今陕西郇邑、邠县一带）。《国风》涉及部分诸侯国的大致地理分布，参见下图1—1所示。

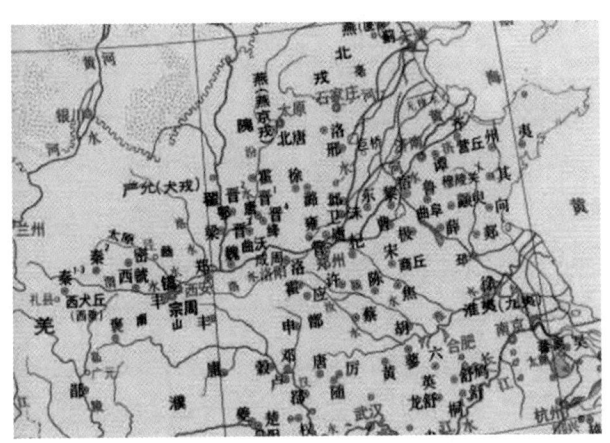

图1—1　春秋时期诸国示意图①

　　从来源而论，《国风》是官方从各地搜集整理的民间乐曲、乡邦风谣，即宋代郑樵在《通志序》中言：风土之音曰"风"，朝廷之音曰"雅"，宗庙之音曰"颂"，朱熹《诗集传》也认为"风则闾巷风土，男女情思之词""风者，风俗歌谣之诗也"。从功用上论，风主要指下层民众通过风俗歌谣讽谏统治者，上层统治者体察民风，通过美德善政改善政风，治理民众。汉代《毛诗序》讲"风，风也，教也；风以动之，教以化之"，即"上以风化下，下以风刺上，主文而谲谏，言之者无罪，闻之者足以戒，故曰风"，指的就是此意，较为周全可信。后来宋儒朱熹讲"谓之风者，以其被上之化以有言，而其言又足以感人，如物因风之动以有声，而其声又足以动物也"，略显片面。从内容上看，《国风》涵盖了当时各地各阶层民众和士大夫及贵族的生活、生产、礼俗、情感和思想等。兹参照程俊英的《诗经译注》（上海古籍出版社2000年版），并根据个人理解，整理《国风》诸篇内容要义如下表1—2。

---

　　① 摘自谭其骧主编《中国历史地图集》第一册，中国地图出版社1982年版，第15—16页。

表 1—2　　　　　　　十五《国风》诸篇内容要义示意表

篇名	要义	篇名	要义	篇名	要义	篇名	要义
关雎→	思佳偶	葛覃	思己归宁	卷耳	思夫归	樛木	贺新郎
螽斯	祝多子	桃夭	贺新娘	兔罝	赞猎手	苤苢	桑女歌
汉广	思佳偶	汝坟→	思夫	麟之趾	祝多子	1. 前为周南11篇→	
鹊巢	颂新娘	采蘩	蚕妇	草虫	思夫	采蘋	女祭祖
甘棠	悼召公	行露	女拒婚	羔羊	刺腐政	殷其雷	思夫
摽有梅	大女盼嫁	小星	小吏怨	江有汜	弃妇怨	野有死麇	猎手艳遇
何彼秾矣	齐女远嫁	驺虞→	猎手赞	2. 前为召南14篇→		柏舟	怨妇思
绿衣	悼亡妻	燕燕	送嫁	日月	弃妇怨	终风	弃妇思
击鼓	戍卒思归	凯风	孝思	雄雉	思夫	匏有苦叶	约定相会
谷风	弃妇怨思	式微	征夫苦	旄丘	刺卫丑政	简兮	爱上女巫
泉水	思归不得	北门	士不得志	北风	讽政讥时	静女	约会
新台	讥刺权贵	二子乘舟	思卫公子	3. 前为邶风19篇→		柏舟	婚姻自由
墙有茨	刺卫丑事	君子偕老	刺卫夫人	桑中	约会	鹑之奔奔	刺卫君
定之方中	美卫文公	蝃蝀	有女远嫁	相鼠	卫君无德	干旄	美卫文公
载驰	赞爱国女	4. 前为鄘风10篇→		淇奥	美卫武公	考槃	隐士自陈
硕人	美卫侯妻	氓	弃妇怨	竹竿	卫女思归	芄兰	刺纨绔者
河广	思乡愁	伯兮	思远夫	有狐	思夫	木瓜	私定终身
5. 前为卫风10篇→		黍离	故土之思	君子于役	思夫	君子阳阳	舞乐相谐
扬之水	戍卒思归	中谷有蓷	弃妇哀	兔爰	失意之哀	葛藟	异乡之苦
采葛	思邻家女	大车	誓言爱情	丘中有麻	妹郎定情	6. 前为王风10篇→	
缁衣	为夫补衣	将仲子	女子拒男	叔于田	美猎手	大叔于田	美猎手
清人	刺权贵	羔裘	赞良吏	遵大路	弃妇哀	女曰鸡鸣	伉俪恩爱
有女同车	男子艳遇	山有扶苏	打情骂俏	萚兮	乡间歌舞	狡童	积思成怨
褰裳	失恋女	丰	悔嫁	东门之墠	思念村姑	风雨	重逢丈夫
子衿	约会之怨	扬之水	远行嘱妻	出其东门	男子专情	野有蔓草	晨野艳遇
溱洧	上巳相亲	7. 前为郑风21篇→		鸡鸣	勤妻懒汉	还	猎人互惜
著	迎娶新娘	东方之日	女追慕男	东方未明	吏妻抱怨	南山	刺齐襄公
甫田	思远行人	卢令	赞猎人	敝笱	鲁齐丑政	载驱	齐女嫁鲁
猗嗟	赞猎人	8. 前为齐风11首→		葛屦	缝衣女怨	汾沮洳	美采桑者
园有桃	贵族哀世	陟岵	征夫思乡	十亩之间	采桑归来	伐檀	刺贪婪者

续表

篇名	要义	篇名	要义	篇名	要义	篇名	要义
硕鼠	刺贪暴者	9. 前为魏风7首→		蟋蟀	伤逝倡乐	山有枢	刺守财奴
扬之水	告密	椒聊	祝多子	绸缪	美偶遇	杕杜	哀流浪
羔裘	婢妾要强	鸨羽	役夫怨	无衣	悼亡妻	有杕之杜	女子慕男
葛生	悼亡夫	采苓	劝勿信谗	10. 前为唐风12首→		车邻	提倡行乐
驷驖	歌狩猎者	小戎	思征夫	蒹葭	男子慕女	终南	劝秦念周
黄鸟	哀悼亡贤	晨风	弃妇之忧	无衣	歌秦武士	渭阳	送别
权舆	没落者歌	11. 前为秦风10首→		宛丘	爱上女巫	东门之枌	东门舞会
衡门	失势者哀	东门之池	思慕织女	东门之杨	相会爽约	墓门	刺君养奸
防有鹊巢	苦被离间	月出	月下思人	株林	讽君好色	泽陂	女思佳偶
12. 前为陈风10首→		羔裘	相约私奔	素冠	悼亡妻	隰有苌楚	没落厌世
匪风	孤旅愁思	13. 前为桧风4首→		蜉蝣	人生苦短	候人	刺暴发户
鸤鸠	刺昏政	下泉	美晋文公	14. 前为曹风4首→		七月	农事
鸱鸮	讥讽时政	东山	征夫思归	破斧	征夫归	伐柯	男子思媒
九罭	主人留客	狼跋	刺权贵	15. 前为豳风7首			

从上表所示可见西周春秋时期士人庶民的各种生活状况与思想情态。它既包括表面上的爱恨思慕、赞美讽刺等各种心态，或语辞中反映的生产、生活诸事，还包括一些此后诗歌咏诵的永恒主题和人性向善向美的精神追求。十五《国风》如此，《雅》《颂》也是如此，限于篇幅不再列举。而这种主题与精神追求与《诗经》的主旨密切关联。

（三）《诗经》主旨

孔子曾言"《诗》三百，一言以蔽之，曰：'思无邪'"。他采取《诗经·鲁颂·駉》中这三个字，精辟地概括《诗经》的核心精神——中正无邪，情理和谐。这也昭示了《诗经》弘扬中正无邪之德、情理和谐之境的思想主旨，简言之，即中正和谐。而中正的标准就是讲求中和之道的礼义。礼义标准影响到孔子对诗的编订、整理，如司马迁在《史记·孔子世家》中描述的那样，"古者诗三千余首，及至孔子，去其重，取可施于礼义，上采契、后稷，中述殷、周之盛，至幽、厉之缺"。在孔子看来，古诗承载和弘扬一种人文礼义，用来教化天下、治国理政。这种礼义是一种化成天下的伦理政治道德。对于《诗经》的道德教化作用，孔子也曾言"入其国，其教可知也。其为人也，温柔敦厚而不愚，则深于诗者也"，指出诗学教育与培养民众温厚之德的密切关联。"温柔敦厚而不愚"是一种做人的境界和气象，不仅包含温厚仁慈的美德，还有中道而行的智慧。学界将"思无邪"与"温柔敦厚"放在孔子诗学与汉儒诗教观的视域下考察其演变轨迹，肯定前者更忠实于孔学本意①，有一定的道理。我们在这里需要注意的是：温柔敦厚之德教是学者研习《诗经》、领会要旨、并中道而行的结果，温厚与无邪在诗教本质与目标上基本一致，没有根本差异。

中正无邪，情理和谐的主旨在上下阶层互相讽诵的《国风》和与时政密切相关的《雅》及歌颂祖先功德的《颂》中都有充分的体现。如上所言，《国风》类诗歌是经过采诗者和乐官的精挑细选、加工整理而成，意在通过采风而获知民瘼舆情，为当政者治国提供参照。它描述儿女情长、哀乐愁怨者的内容居多，而究其背后深义，仍在追求合情合理、中正不偏的思想，以之规范人们的言行思想。读者只有紧紧抓住美德、情理与中正三大线索，才可更全面、深入地理解《国风》乃至整部《诗经》诸篇的主旨要义。从文本与思想生成的角度而论，读者也可通过这种思路，揣测创作、收纳和整理国风诸诗篇者的用意，所谓"他人有心，予忖度之"。篇幅所限，这里谨从《国风》首篇《关雎》入手，管窥《诗经》弘扬中正和谐的思想主旨。

《关雎》位列《诗经》之首，绝非偶然为之，而是大有深意。以往学界对此诗含义作了不同角度的解读，众说纷纭，莫衷一是。不过，我们结合距离此诗篇形成时代最近的学者（如孔子）的解读，参照当时历史文化背景和笔者对《诗经》的整体理解，试探析此篇含义与旨趣，借以管窥全书主旨。先看《关雎》原文：

---

① 参见孙明君《"思无邪"与"温柔敦厚"辨异》，《人文杂志》2000 年第 2 期。

一、关关雎鸠，在河之洲。窈窕淑女，君子好逑。
二、参差荇菜，左右流之。窈窕淑女，寤寐求之。
三、求之不得，寤寐思服。悠哉悠哉，辗转反侧。
四、参差荇菜，左右采之。窈窕淑女，琴瑟友之。
五、参差荇菜，左右芼之。窈窕淑女，钟鼓乐之。

此诗分五节，围绕追求佳偶的主题，向读者展示了一段爱情故事：一对青年男女从初识、暗恋到相思、苦求，又到受挫、坚持，再到出现转机，最终修成正果。全诗内容完整，充满波折，婉转往复，曲尽其妙。

第一节，作者先以兴的笔法入手，描写这样一幅场景：在河中央的空地上，鸟儿欢叫，"关关雎鸠，在河之洲"。然后直奔"求佳偶"的主题，描写一位英俊潇洒的青年贵族遇到一位芳华正茂的妙龄女子，一见钟情，爱慕不已，"窈窕淑女，君子好逑"。古人讲"食色，性也"，"饮食男女，人之大欲存焉""爱美之心，人皆有之"，汉乐府诗《陌上桑》中描写人们见到美妇罗敷的情形，"行者见罗敷，下担捋髭须。少年见罗敷，脱帽着帩头。耕者忘其犁，锄者忘其锄。来归相怨怒，但坐观罗敷"，讲的都是这种人皆爱美的现象。

第二节，作者放缓笔调，从青年贵族目睹或回忆水中央的女子捋取水草的情景写起，左右摇摆的水草撩拨着思念佳偶的心，描绘他日夜思慕不已、满眼皆是心上人的情形，"参差荇菜，左右流之。窈窕淑女，寤寐求之"。

第三节，作者笔锋一转，描述这位痴情男子在表白后被婉拒，求偶不得，痛苦不堪，日夜思慕，急火攻心，以致频频失眠，思念到天亮，平添了一份欲而不能得的苦楚。"求之不得，寤寐思服。悠哉悠哉，辗转反侧"，将多情男子相思成病的情形刻画得活灵活现，跃然纸上。作者通过情节设置和形象描述，将本诗求佳偶主题中悲情苦味的氛围烘托到极致。

第四节，作者笔锋再转，描写青年男子在为伊消得人憔悴、体验思恋之苦后，峰回路转，似乎找到了化苦为乐和追求爱情的方法。你看，他正对着河边采摘河草的心上人，弹奏动听的琴瑟，婉转地表达自己诚挚的爱意，所谓"参差荇菜，左右采之。窈窕淑女，琴瑟友之"。此节表达的仍是一种思慕佳偶之情，只是主人公从原来的思恋、追求、痛苦之情中走出来，通过欢快的音乐取悦于人，安慰自己。

第五节，作者揭晓答案，这位痴情男子通过美妙的音乐获得佳偶的芳心，最后在钟鼓齐鸣声中，欢天喜地迎娶心上人，有情人终成眷属。求佳偶的主题在一种喜庆的氛围中落下帷幕，完美剧终。"参差荇菜，左右芼之。窈窕淑女，钟鼓乐之。"

从上面分析可知，作者将《关雎》思佳偶的主题步步推进，陈述始末原委，书写一个简缩的爱情故事。细究其主旨，从起初通过兴、赋的手法描写青年邂逅和爱慕河中央的妙龄女子，到后来他经受相思之苦和欲而不得的磨炼，复以合乎礼义的奏乐方式舒缓苦恋之情，坚守自己的爱情，苦中寻求乐趣，最终修成正果。这个过程大致类似孔子所言成人之道，即"兴于诗，立于礼，成于乐"，亦与后来司马迁所言孔子"去其重，取可施于礼义"的删诗原则大致契合。全诗核心就是表达发乎常情、止乎礼义的思想。

那么，诗中所反映的礼义具体指什么呢？如果我们阅读过《礼记》特别是《中庸》篇，应该知道，它指的就是致中和之道。《中庸》言"喜怒哀乐之未发，谓之中；发而皆中节，谓之和；中也者，天下之大本也；和也者，天下之达道也。致中和，天地位焉，万物育焉"。在《论语·八佾》中，孔子明确地指出《关雎》篇倡导一种"乐而不淫，哀而不伤"的中和、中正思想，不过分地沉浸在快乐或哀伤情绪的影响中。汉代儒者为《诗经》所作的《毛诗序》中讲《关雎》，认为它是比喻"后妃之德也，风之始也，所以风天下而正夫妇也"，并指出"变风"的要义与情礼、政治的密切关系，言"变风发乎情，止乎礼义。发乎情，民之性也；止乎礼义，先王之泽也"。其实，去除序言附会"后妃之德"和对"变风"的狭窄化解读，《关雎》一诗弘扬礼义道德，端正男女之义，讲求中正中和之道，是显而易见的。它主张通过思虑、表白、音乐等手段抒发、缓解相思之苦，追求自己正常和美好的爱情梦想。这种手段就是发乎情而止乎礼，遵循"礼之用，和为贵"和"发而皆中节"的中和原则，而不是任性地为所欲为或一味地压抑感情。这种有放有收、张弛得法之道，是儒家弘扬礼乐文明的核心主张。

《关雎》本义绝非如汉代儒者那样牵强地联系、附会王妃之德，但它确实关乎一种异性交往的道德原则。它指明饮食男女在追求、经营爱情事业时应该恪守礼义，合乎情理，以至中正。这种礼义思想贯穿寻求、追求、渴求、求得甜美爱情的全过程。它是之后两人进入婚姻殿堂、组成新家之后幸福与安定的根基与关键。兹事为大，不可轻忽。《关雎》的要义就是"乐而不淫，哀而不伤"，《诗经》的主旨是"思无邪"，二者追求的都是中和、中正的礼义精神。孔子曾教诲他的儿子："人而不为《周南》《召南》，其犹正墙面而立也与？"希望其子追求情理和谐下的男女大义与幸福爱情，以礼义精神指导和照亮人生。《关雎》被列为《周南》之首，自然在孔子教导其子读《诗经》之列，是孔子诗礼家教中的重中之重，明白礼义是人之为人的根本标准。如果一个人懂得发乎情、止乎礼的道理，才可能更好地安身立命，为人处事。所以，这首诗对于青年男女成人、成家具有重要的启示意义。《关雎》与男女关系、家庭成立、人生幸福密切关联，不可谓不大。《周易·家人》卦中《象传》言"女正位乎内，男正位乎外。男女正，天地之大义也……父父，子子，兄兄，弟弟，夫夫，妇妇，而家道正。正家而天下定矣"，《礼记·礼运》言"父子笃，兄弟睦，夫妇和，家之肥也"，都指出男女关系中正、夫妇感情和谐对于天地伦理与家庭兴旺的重要作用。所以，《中庸》讲"君子之道，造端乎夫妇；及其至也，察乎天地"。以上所论皆为放之四海而皆准的人生至理，古今中外，概莫能外。

这里举一个科学家和他妻子的例子。美国华裔物理学家、哈佛大学终身教授何毓琦教授，长期从事系统控制科学及工程应用研究，在最优控制、微分对策、团队论、离散事件动态系统和智能系统等方面作出过重大贡献。这些成就固然与何教授独特的天分、勤奋与机遇等密切相关,但他常将之归功于妻子。2005年,何教授在克利夫兰州立大学作报告时,有学生提问:"如果您只有一次机会,您会给一个即将步入社会的青年最重要的指点是什么?"他不假思索地回答:"娶一个好女孩。"他在自己的博客中写道"没有一个人能像你妻子那样更透彻地了解你的为人、长处和短处""当你在事业上越爬越高,你会听到越来越多的'是',越来越少的'否',而你的妻子是唯一拥有这样的智慧和动机,能够给你诚恳、坦率有时是逆耳忠言的人",还追忆当年(1959年)情人节向妻子求婚的情形,期待未来与伴侣白首偕老,非常感人。

其实,如果我们平时细心观察周围社会,留意媒体相关报道,就会发现有不少因家庭和谐而事业兴旺,也有因家庭不和而身败名裂。所谓"夫妇相和,家之肥也;夫妇不和,家之殃也"(《礼记·礼运》)。特别是有些人因不正当男女关系介入爱情与婚姻及家庭中,轻则吵闹、分手,重则跳河、跳楼,生离死别,搞得彼此身心俱疲,甚至家破人亡,触目惊心。究其根本原因,肯定与当初夫妻双方在青年时是否处理好男女关系有密切关联,之后二人如何维护情感、经营家庭也非常关键。《周易·文言传》载"积善之家有余庆,积不善之家有余殃",《史记·魏世家》载"家贫则思良妻"。就家而言,夫妻双方互相善待,并善于对待他人,是家和事兴的重要途径。如果双方将男女、夫妻关系控制在合情合理的礼义范围内,尽量做到发乎情而止乎礼,遵循中正无邪之道而行,收放自如,张弛有道,就能够处理好男女、夫妇、亲友等不同的人际关系。只有这样,双方才可能更好地修身齐家,立人达人,成为德性圆满、情理圆融、世事洞明、家庭和美的伴侣。

总之,我们通过介绍诗歌体裁与内容要义,着重分析《国风》首篇《关雎》,借助孔子等儒家的解读,揭示《诗经》弘扬美德、力求中正的主旨。古人通过诗歌抒发感情,以礼义调节人情,发挥诗乐美化政俗、敦厚时风、通畅情理的作用。也许正因为此，钱穆先生曾言："《诗经》是中国一部伦理的歌咏集。中国古代人对于人生伦理的观念，自然而然的由他们最恳挚最和平的一种内部心情上歌咏出来了。我们要懂中国古代人对于世界、国家、社会、家庭种种方面的态度观点，最好的资料，无过于此《诗经》三百篇。"① 诚哉是言。

二 《诗经》与人文修养

《诗经》在古代典礼仪式、贵族宴会、赋诗言志、美化语言等方面具有广泛的应用。如《论语·阳货》篇有一章专门讲到《诗经》的作用，所谓"《诗》可以兴，可以观，可以群，可以怨；迩之事父，远之事君；多识于鸟兽草木之名"，大意是说《诗经》可以抒发情感志向，观察社会人生，交结不同朋友，怨刺人间不平；近可孝敬父亲，远可效忠君王；认识更多动植物的名称。至今《诗经》在道德修养、见识增长、文学修辞、情感陶冶、思想启迪等人文修养方面仍然发挥着重要的作用。

（一）《诗经》与道德修养

如前所论，《诗经》是一部追求合情合理、弘扬中和之道的伦理诗歌集，主旨在于以诗歌表达感情，以礼义疏导人情，以发乎情而止乎礼的中和之道来调整自我身心与人际关系，达到中正无邪的和谐境界。儒家讲深于诗教的人能够达到"温柔敦厚而不愚"，也是就中正中和之道而论。它是提升道德修养的根本途径和理想境界。

《诗经》推崇中正、中和之道与君子之德，实为一种为政的道德。所谓"显允君子，莫不令德"，"乐只君子，德音不已"，"淑人君子，其德不回"，以政德为主，如正直（"淑人君子，其仪不忒。其仪不

---

① 钱穆：《中国文化史导论》，商务印书馆1996年版，第67页。

式，正是四国"，"岂弟君子，莫不令仪"）、温厚（"温温恭人，维德之基"，"言念君子，温其如玉"）、亲民（"乐只君子，邦家之基"，"乐只君子，民之父母"，"岂弟君子，民之父母"）等。书中对开国或中兴的君王（如周文王、周宣王）之德记载较多，有的还很集中，如《大雅》中《文王》《旱麓》《思齐》《皇矣》《文王有声》和《周颂》中《清庙》《维天之命》《维清》《我将》等对周文王功德的颂扬。《诗经》中颂扬道德的对象多针对治政、贵族修身而论。儒家认为一个国家中每位国民学习《诗经》，追求中和之道与君子之德，培养一种"温柔敦厚而不愚"的修养，会在很大程度上改良政治和社会风气。自从人类进入文明社会，政治就是世界各民族文化的重要载体，如古希腊哲学家所言，人是一种理性的政治动物。古今中外，无不如此。先秦儒家追求修齐治平、道洽政治的理想，《诗经》蕴含的政治意义被他们凸显、弘扬，传于后世，经久未绝。如孔子教诲弟子："诵《诗》三百；授之以政，不达；使于四方，不能专对；虽多，亦奚以为？"（《论语·子路》），阐发诗教作用，"入其国，其教可知也。其为人也，温柔敦厚而不愚，则深于《诗》者也"（《礼记·经解》），在春秋时期，《诗经》频频地出现在诸侯国交往中，诵诗言志达意成为各国使者的必备素养，形成一种传统，影响深远。后人言"以三百五篇谏"[1]或"诵诗闻国政"[2]，在中国与日本、朝鲜等国的文化交流史中也常见诗歌唱和的情形，至今百姓家中门联常见"忠厚传家远，诗书继世长"之语，都是明证。这些都与中国古代学术"务为治""利用厚生"的实用理性文化传统密切相关。

除了为政之德，《诗经》中还表彰孝悌（《蓼莪》《凯风》《常棣》）、忠贞（《无衣》《葛生》《绿衣》）等美德。如下所示，

---

[1] 《汉书·儒林传·王式》。
[2] 此说出自唐代张说《恩制赐食于丽正殿书院宴赋得林字》诗："东壁图书府，西园翰墨林。诵诗闻国政，讲易见天心。位窃和羹重，恩叨醉酒深。缓歌春兴曲，情竭为知音。"

蓼莪（提倡孝德）

蓼蓼者莪，匪莪伊蒿。哀哀父母，生我劬劳。
蓼蓼者莪，匪莪伊蔚。哀哀父母，生我劳瘁。
瓶之罄矣，维罍之耻。鲜民之生，不如死之久矣！
无父何怙，无母何恃！出则衔恤，入则靡至！
父兮生我，母兮鞠我。抚我畜我，长我育我。
顾我复我，出入腹我。欲报之德。昊天罔极！
南山烈烈，飘风发发。民莫不谷，我独何害！
南山律律，飘风弗弗，民莫不谷，我独不卒！

凯风（提倡孝德）

凯风自南，吹彼棘心。棘心夭夭，母氏劬劳。
凯风自南，吹彼棘薪。母氏圣善，我无令人。
爰有寒泉，在浚之下。有子七人，母氏劳苦。
睍睆黄鸟，载好其音。有子七人，莫慰母心。

常棣（提倡悌德）

常棣之华，鄂不韡韡。凡今之人，莫如兄弟。
死丧之威，兄弟孔怀。原隰裒矣，兄弟求矣。
脊令在原，兄弟急难。每有良朋，况也永叹。
兄弟阋于墙，外御其侮。每有良朋，烝也无戎。
丧乱既平，既安且宁。虽有兄弟，不如友生？
傧尔笾豆，饮酒之饫。兄弟既具，和乐且孺。
妻子好合，如鼓瑟琴。兄弟既翕，和乐且湛。
宜尔室家，乐尔妻帑。是究是图，亶其然乎？

无衣（悼念亡妻，体现忠贞之德）

岂曰无衣七兮？不如子之衣，安且吉兮！
岂曰无衣六兮？不如子之衣，安且燠兮！

葛生（悼念亡夫，体现忠贞之德）

葛生蒙楚，蔹蔓于野。予美亡此，谁与独处！
葛生蒙棘，蔹蔓于域。予美亡此，谁与独息！

角枕粲兮，锦衾烂兮。予美亡此，谁与独旦！
夏之日，冬之夜。百岁之后，归于其居！
冬之夜，夏之日。百岁之后，归于其室！

《诗经》为我们展现了周朝人们的道德世界和德行追求，重在政德，这一点与下讲《尚书》中咸有一德、道洽政治的主题如出一辙，相映成趣。但《诗经》对于私德记载与宣扬更多些，展示的道德范畴更为完备。广而言之，任何社会多一些诗意，就多一份温和、温润、温厚、温情，多一份发乎情止乎礼的理智，它们都是文明昌盛的重要标志。

（二）《诗经》与认知修养

《诗经》是一部反映上古西周时期经济、政治、社会、历史文化的百科全书，包括农林渔牧、治国理念、衣食住行、婚丧嫁娶、鸟兽草木、喜怒哀乐等，展示了古人的生产、生活、知识、情感世界。

1. 反映古人的生产

《诗经》中多篇农事诗歌反映西周时期农业生产的场景，如《甫田》《大田》《噫嘻》《良耜》等。最有代表性的是《七月》，为后人详细展现了关中某地农民耕种、收获、庆祝丰收等情景。

七月

七月流火，九月授衣。一之日觱发，二之日栗烈。无衣无褐，何以卒岁？三之日于耜，四之日举趾。同我妇子，馌彼南亩；田畯至喜。

七月流火，九月授衣。春日载阳，有鸣仓庚。女执懿筐，遵彼微行，爱求柔桑。春日迟迟，采蘩祁祁。女心伤悲，殆及公子同归。

七月流火，八月萑苇。蚕月条桑，取彼斧斨，以伐远扬，猗彼女桑。七月鸣鵙，八月载绩。载玄载黄，我朱孔阳，为公子裳。

四月秀葽，五月鸣蜩。八月其获，十月陨萚。一之日于貉，取彼狐狸，为公子裘。二之日其同，载缵武功。言私其豵，献豜于公。

五月斯螽动股，六月莎鸡振羽。七月在野，八月在宇，九月在户，十月蟋蟀入我床下。穹窒熏鼠，塞向墐户。嗟我妇子，曰为改岁，入此室处。

六月食郁及薁，七月亨葵及菽。八月剥枣，十月获稻；为此春酒，以介眉寿。七月食瓜，八月断壶，九月叔苴。采荼薪樗，食我农夫。

九月筑场圃，十月纳禾稼，黍稷重穋，禾麻菽麦。嗟我农夫！我稼既同，上入执宫功：昼尔于茅，宵尔索綯，亟其乘屋，其始播百谷。

二之日凿冰冲冲，三之日纳于凌阴。四之日其蚤，献羔祭韭。九月肃霜，十月涤场。朋酒斯飨，曰杀羔羊，跻彼公堂，称彼兕觥，万寿无疆！

这首诗里讲到农夫全家耜耕、田官巡视的情形，还有妇女采摘桑叶、纺织、制衣，猎户狩猎，农人收割各种作物（如郁、薁、葵、菽、枣、稻、瓜、壶、苴、樗、禾稼、黍稷重穋、禾麻菽麦等），酿酒造冰等，非常详细。其他诗也涉及农田耕作与丰收场景，如《大田》描述农夫劳动工具、除草、去害虫、祭祀田祖等。

大田多稼，既种既戒，既备乃事。以我覃耜，俶载南亩。播厥百谷，既庭且硕，曾孙是若。既方既皂，既坚既好，不稂不莠。去其螟螣，及其蟊贼，无害我田稚。田祖有神，秉畀炎火。

又如《良耜》讲到耕种、除草和大丰收的场景，令人印象深刻。

畟畟良耜，俶载南亩。播厥百谷，实函斯活。或来瞻女，载筐及苣,其饷伊黍。其笠伊纠,其镈斯赵,以薅荼蓼。荼蓼朽止,黍稷茂止。获之挃挃,积之栗栗。其崇如墉,其比如栉,以开百室。百室盈止,妇子宁止。

除了农耕、收获之外,一些诗还反映了其他经济形态,如采集经济。这从题名上即可知其大概,如《采苹》《采葛》《采苓》《采薇》《采芑》《采菽》《采绿》《采蘩》篇名都带"采"字,涉及的植物有苹、葛、苓、薇、芑、菽、绿;从零散篇章的内容也可了解详情,如《关雎》载"参差荇菜,左右采之",《卷耳》载"采采卷耳,不盈顷筐",《芣苢》载"采采芣苢,薄言采之",《草虫》载"陟彼南山,言采其蕨",《采苹》载"于以采苹?南涧之滨。于以采藻?于彼行潦",《谷风》载"采葑采菲,无以下体",《桑中》载"……爰采唐矣?沬之乡矣……爰采麦矣?沬之北矣……爰采葑矣?沬之东矣"等,涉及植物有荇菜、卷耳、芣苢、蕨、苹、藻、葑、菲、唐、麦等。从表现主题上考察,不少篇章反映了采桑养蚕业等,如《桑中》《汾沮洳》《十亩之间》《芣苢》《采蘩》等,某些章节句首多有对采集经济的集中描述,也讲到唐、麦、葑、葛、萧、艾、苓、苦、绿、蓝、莫、桑、蕢等很多植物,如下所示。

桑中(部分)

爰采唐矣?沬之乡矣。……

爰采麦矣?沬之北矣。……

爰采葑矣?沬之东矣。……

采葛

彼采葛兮,一日不见,如三月兮。

彼采萧兮,一日不见,如三秋兮。

彼采艾兮,一日不见,如三岁兮。

采苓(部分)

采苓采苓,首阳之巅。……

采苦采苦，首阳之下。……

采葑采葑，首阳之东。……

采绿（部分）

终朝采绿，不盈一匊。……

终朝采蓝，不盈一襜。……

汾沮洳（部分）

彼汾沮洳，言采其莫。……

彼汾一方，言采其桑。……

彼汾一曲，言采其藚。……

2. 反映古人的生活

《诗经》中有些篇章记载了西周时人的婚丧嫁娶、衣食住行，反映了部分社会生活情形。其中婚嫁求子、贵族宴饮的礼俗较多，以下几例生动形象，比较典型。

（1）反映婚嫁、生育等礼俗

婚嫁诗其一《著》（迎娶新娘）

俟我于著乎而，充耳以素乎而，尚之以琼华乎而！

俟我于庭乎而，充耳以青乎而，尚之以琼莹乎而！

俟我于堂乎而，充耳以黄乎而，尚之以琼英乎而！

婚嫁诗其二《樛木》（祝贺新郎）

南有樛木，葛藟累之。乐只君子，福履绥之！

南有樛木，葛藟荒之。乐只君子，福履将之！

南有樛木，葛藟萦之。乐只君子，福履成之！

婚嫁诗其三《桃夭》（祝贺新娘）

桃之夭夭，灼灼其华。之子于归，宜其室家。

桃之夭夭，有蕡其实。之子于归，宜其家室。

桃之夭夭，其叶蓁蓁。之子于归，宜其家人。

婚嫁诗其四《燕燕》（送嫁情形）

燕燕于飞，差池其羽。之子于归，远送于野。瞻望弗及，泣涕如雨！

燕燕于飞，颉之颃之。之子于归，远于将之。瞻望弗及，伫立以泣！

燕燕于飞，下上其音。之子于归，远送于南。瞻望弗及，实劳我心！

仲氏任只，其心塞渊。终温且惠，淑慎其身。"先君之思"，以勖寡人！

求子诗其一《椒聊》（祝福多子如花椒粒）

椒聊之实，蕃衍盈升。彼其之子，硕大无朋。椒聊且！远条且！

椒聊之实，蕃衍盈匊。彼其之子，硕大且笃。椒聊且！远条且！

求子诗其二《螽斯》（祝福多子如蝈蝈）

螽斯羽，诜诜兮。宜尔子孙，振振兮。

螽斯羽，薨薨兮。宜尔子孙，绳绳兮。

螽斯羽，揖揖兮。宜尔子孙，蛰蛰兮。

求子诗其三《麟之趾》（祝福多子如麒麟趾头）

麟之趾。振振公子，于嗟麟兮！

麟之定。振振公姓，于嗟麟兮！麟之角。振振公族，于嗟麟兮！

生育诗《斯干》（部分章节，占梦预测生男生女、区别对待男女婴儿）

下莞上簟，乃安斯寝。乃寝乃兴，乃占我梦。吉梦维何？维熊维罴，维虺维蛇。

大人占之："维熊维罴，男子之祥；维虺维蛇，女子之祥。"

乃生男子，载寝之床，载衣之裳，载弄之璋。其泣喤喤，朱芾斯皇，室家君王。

乃生女子，载寝之地，载衣之裼，载弄之瓦。无非无仪，唯酒食是议，无父母诒罹。

(2) 反映衣食住行

有些篇章记载西周时人们的衣食住行。①衣饰方面，如"青青子衿""羔裘豹饰""衣锦褧衣，裳锦褧裳""纠纠葛屦""锦衣狐裘""黻衣绣裳""与子同袍""麻衣如雪"等。②饮食方面，如"宜言饮酒，与子偕老""侯尔笾豆，饮酒之饫""厌厌夜饮，不醉无归""每食四簋""岂其食鱼，必河之鲤""六月食郁及薁"。③居住方面，如"在其板屋，乱我心曲""八月在宇，九月在户，十月蟋蟀入我床下""伊威在室，蟏蛸在户""筑室百堵，西南其户""殖殖其庭，有觉其楹"。④出行方面，如"我行其野，芃芃其麦""就其深矣，方之舟之。就其浅矣，泳之游之""有女同车，颜如舜华。""汶水汤汤，行人彭彭""昔我往矣，杨柳依依。今我来思，雨雪霏霏。行道迟迟，载渴载饥""我行其野，蔽芾其樗""我任我辇，我车我牛。我行既集，盖云归哉""有栈之车，行彼周道""有客有客，亦白其马。有萋有且，敦琢其旅。有客宿宿，有客信信。言授之絷，以絷其马""游于北园，四马既闲。輶车鸾镳，载猃歇骄"等。以下再抄录几首集中反映贵族宴会时衣饰、饮食的诗，以便于大家对当时上层社会人士的生活有初步的了解。

贵族衣饰诗《都人士》

彼都人士，狐裘黄黄。……

彼都人士，台笠缁撮。……

彼都人士，充耳琇实。……

彼都人士，垂带而厉。……

匪伊垂之，带则有余。……

贵族宴饮诗其一《鹿鸣》

呦呦鹿鸣，食野之苹。

我有嘉宾，鼓瑟吹笙。吹笙鼓簧，承筐是将。人之好我，示我周行。

呦呦鹿鸣，食野之蒿。

我有嘉宾，德音孔昭。视民不恌，君子是则是效。我有旨酒，嘉宾式燕以敖。

呦呦鹿鸣，食野之芩。

我有嘉宾，鼓瑟鼓琴。鼓瑟鼓琴，和乐且湛。我有旨酒，以燕乐嘉宾之心。

贵族宴饮诗其二《鱼丽》

鱼丽于罶，鲿鲨。君子有酒，旨且多。

鱼丽于罶，鲂鳢。君子有酒，多且旨。

鱼丽于罶，鰋鲤。君子有酒，旨且有。

物其多矣，维其嘉矣！物其旨矣，维其偕矣！物其有矣，维其时矣！

贵族宴饮诗其三《南有嘉鱼》

南有嘉鱼，烝然罩罩。君子有酒，嘉宾式燕以乐。

南有嘉鱼，烝然汕汕。君子有酒，嘉宾式燕以衎。

南有樛木，甘瓠累之。君子有酒，嘉宾式燕绥之。

翩翩者鵻，烝然来思。君子有酒，嘉宾式燕又思。

贵族宴饮诗其四《瓠叶》

幡幡瓠叶，采之亨之。君子有酒，酌言尝之。

有兔斯首，炮之燔之。君子有酒，酌言献之。

有兔斯首，燔之炙之。君子有酒，酌言酢之。

有兔斯首，燔之炮之。君子有酒，酌言酬之。

3. 反映古人的知识

《诗经》记载了很多古人对自然世界与人类社会各种事物、现象和心理的认知与理解。

（1）《诗经》反映时人对自然万物的认知

孔子言《诗》"多识于鸟、兽、草、木之名"，就是针对此而论。如《周颂·潜》集中记有各种名称的鱼——鳣、鲔、鲦、鲿、鰋、鲤，所谓"猗与漆沮，潜有多鱼。有鳣有鲔，鲦鲿鰋鲤。以享以祀，以介景福"。

又如《小雅·皇皇者华》中讲不同类别的马——驹、骐、骆、駰：

> 皇皇者华，于彼原隰。駪□征夫，每怀靡及。
> 我马维驹，六辔如濡。载驰载驱，周爰咨诹。
> 我马维骐，六辔如丝。载驰载驱，周爰咨谋。
> 我马维骆，六辔沃若。载驰载驱，周爰咨度。
> 我马维駰，六辔既均。载驰载驱，周爰咨询。

其他诗篇还讲到园中草木，如桃、李、梅、花椒树、萱草、秋葵、葛、枣、木瓜、匏等，还有野外的有蒹葭、麦、麻、稻、荍、黍、扶苏等，有的名称比较生僻，如楰木、苓苢、杕杜、蓼莪等。诗中也论及鸟兽，包括马、牛、狐、猪、羊、蜉蝣、螽斯、兔子、麋鹿、雄雉、鹑、鹊、硕鼠、蟋螓、蟋蟀、黄鸟、鸤鸠、鸤鸮、狼、雁、鹤等。有的分类较细，如野猪中的豝、豵即是从雌雄幼长来分，驷、骊则是从毛色而论。凡此等等，不一而足。

（2）《诗经》反映时人对人类社会的认知

西周时期人们对于世间冷暖、人事无常、轮回规律等的认识在某些篇章多有体现，充满哲理。如"人可以食，鲜可以饱""无草不死，无木不萎""何草不黄，何日不行""何草不玄，何人不矜""筑室于道谋，是用不溃于成""白圭之玷，尚可磨也；斯言之玷，不可为也""君子屡盟，乱是用长""哲夫成城，哲妇倾城""何其久也？必有以也""匪女之为美，美人之贻""中冓之言，不可道也。所可道也？言之丑也""谁谓河广？一苇杭之""一日不见，如三秋兮""无信人之言，人实不信""岂不尔思？中心是悼""如月之恒，如日之升""鼠思泣血，无言不疾""谋夫孔多，是用不集""不愧于人？不畏于天""心乎爱矣，遐不谓矣""月离于毕，俾滂沱矣""靡不有初，鲜克有终""靡哲不愚""柔亦不茹，刚亦不吐；不侮矜寡，不畏强御""德輶如毛，民鲜克举之""谁谓荼苦？其甘如荠"等。

4. 反映古人的情感世界

诗缘情而发，与情感密不可分。作为中国古代诗歌的鼻祖，《诗经》也多谈人间情感，显示两千多年前古人的喜怒哀乐、爱恨情愁、美刺怨慕。从中可知，时人通过吟诵、创作、唱和诗歌来抒情，并试图以礼乐义理规范感情。这涉及《诗经》与情感修养问题，与上述道德修养相类似，但又有相异之处。简单而论，《诗经》既讲求言外之意的人伦道德，也讲言内之意的人情感受。前者隐藏于诗，后者明显于外。所以，孔子曾经言"《诗》可以兴，可以观，可以群，可以怨。迩之事父，远之事君；多识于鸟、兽、草、木之名"，列举《诗经》广泛的用途，依朱子的解释，就是"感发志意""考见得失""和而不流""怨而不怒"，其中"兴""怨"就是指情感而言。以《国风》诸篇为例，如下所示，它表达的情感除了哀怨，还有思恋、忧伤、爱憎、美刺等。

（1）思念之情

思佳偶（《关雎》《汉广》《摽有梅》《采葛》《大车》《有杕之杜》《蒹葭》《东门之池》《月出》《泽陂》）、思妻子（《东山》）、思丈夫（《卷耳》《汝坟》《草虫》《殷其雷》《终风》《雄雉》《伯兮》《君子于役》《东门之墠》《小戎》）、思家乡（《击鼓》《河广》《黍离》《扬之水》《葛藟》《陟岵》《匪风》）、思父母（《凯风》）、思归宁（《葛覃》《竹竿》）、思亡人（《甘棠》《绿衣》《无衣》《葛生》《黄鸟》《素冠》）、思君王和思发小（《甫田》）等。

（2）恋爱之情

相会（《野有死麕》《匏有苦叶》《静女》《桑中》《子衿》《绸

缪》《东门之杨》)、相恋(《东方之日》)。

(3) 忧伤之情

忧丈夫(《有狐》)、忧不得志(《北门》)、忧失宠(《晨风》)、忧人生(《蜉蝣》)。

(4) 悲哀之情

悲观厌世(《园有桃》《权舆》《隰有苌楚》)、哀女远嫁(《燕燕》)、苦远征(《式微》)、哀失意(《兔爰》)、哀失恋(《褰裳》)、哀流浪(《杕杜》)。

(5) 怨恨之情

吏怨官(《小星》)、臣怨君和民怨君(《鸨羽》)、仆怨主(《葛屦》)、女怨男(《江有汜》《柏舟》《日月》《氓》《中谷有蓷》《遵大路》《狡童》)、悔怨(《丰》)。

以上每首诗的背后都包含一段真情实意，隐藏一段陈年往事。它们一方面反映了当时人们充满喜怒哀乐、爱恨情愁的情感世界，这是古今诗赋咏叹的永恒主题。另一方面，不同情感借助这些诗歌得以舒缓、抒发，在调节身心、和谐情理方面发挥着独特的作用，即"可以兴，可以风，可以群，可以怨"。如诵《河广》以抒发近地思乡之情，想像游子隔河眺望故乡而不得归之苦闷无奈：

谁谓河广？一苇杭之。谁谓宋远？跂予望之。
谁谓河广？曾不容刀。谁谓宋远？曾不崇朝。

如表达思恋待见爱人之情，最贴切的莫过于《采葛》，层层排比递进，抒发一往情深：

彼采葛兮，一日不见，如三月兮。
彼采萧兮，一日不见，如三秋兮。
彼采艾兮，一日不见，如三岁兮。

如表达经历磨难后欣喜相逢之情，可诵《风雨》，悲喜交集，无以复加：

> 风雨凄凄，鸡鸣喈喈。既见君子，云胡不夷！
> 风雨潇潇，鸡鸣胶胶。既见君子，云胡不瘳！
> 风雨如晦，鸡鸣不已。既见君子，云胡不喜！

如表达邂逅令人心动的异性之情，可诵《绸缪》，一唱三叹，以诗言志：

> 绸缪束薪，三星在天。今夕何夕，见此良人？子兮子兮，如此良人何？
> 绸缪束刍，三星在隅。今夕何夕，见此邂逅？子兮子兮，如此邂逅何？
> 绸缪束楚，三星在户。今夕何夕，见此粲者？子兮子兮，如此粲者何？

如表达悼念亡妻之情，或可诵《唐风·无衣》，产生共鸣：

> 岂曰无衣七兮？不如子之衣，安且吉兮！
> 岂曰无衣六兮？不如子之衣，安且燠兮！

如表达同仇敌忾之情，或可诵《秦风·无衣》，振奋士气：

> 岂曰无衣？与子同袍。王于兴师，修我戈矛，与子同仇！
> 岂曰无衣？与子同泽。王于兴师，修我矛戟，与子偕作！
> 岂曰无衣？与子同裳。王于兴师，修我甲兵，与子偕行！

如表达思念爱人之情，读一首《月出》，令人心动：

月出皎兮，佼人僚兮。舒窈纠兮，劳心悄兮！
月出皓兮，佼人懰兮。舒忧受兮，劳心慅兮！
月出照兮，佼人燎兮。舒夭绍兮，劳心惨兮！

如果我们扩大视野，发现在《国风》之外的《雅》《颂》中也有不少可以陶冶情感、引发共鸣的佳作，如《鹿鸣》《伐木》对朋友之情的歌颂，《常棣》对兄弟之情的描述，《蓼莪》对孝子之情的书写，《何草不黄》对思乡之情的刻画，等等。但总体而言，在情感的丰富性、表达的深刻性和修辞的简明性方面，《国风》要略胜一筹，是体察《诗经》描写人情的佳选。

总之，通过分析《诗经》相关内容，我们进一步了解周朝时期人们的生活世界、知识世界、情感世界，对于提升读者的历史与文化认知有很大的帮助。

（三）《诗经》与文学修养

言为心声，语言是一种传情达意的媒介。《诗经》是修炼语言文字、提升文学修养的重要途径。古人云"诗言志"，汉儒解诗，讲"诗者，志之所之也，在心为志，发言为诗，情动于中而形于言，言之不足，故嗟叹之，嗟叹之不足，故咏歌之，咏歌之不足，不知手之舞之足之蹈之也"（《毛诗正义序》）。我们从欣赏和修炼语言甚至文化创作的角度去研读《诗经》文字，考察其用语背后的精神诉求、观念世界和修辞方法，磨炼自己的文笔，是一个不错的选择。古人言"腹有诗书气自华"，这是一种学习、体悟包括《诗经》在内的诸多古典文籍与要义之后，自内而外体现的文化修养，但熟悉其语言文字是第一步。辩证而论，学《诗经》的初级阶段是语言，最终也将回归语言。读者从中品味和捕捉的一切都离不开语言，古今皆然。语言作为载体，是后人附加于《诗经》以各种解说与意义的载体，也是对《诗经》所要表达的人情、人理、人性、人道的限制和规范。语言是一种充满无限可能和吊诡悖论的限定性存在，正因为此，道家指出"道可道，非常道""言者不知，知者不言""言默不足以载道"。语言最大的魅力或许就在于此。《诗经》言"他人有心，予忖度之"，为理解其用语背后隐藏的含义提供了某种心理依据与无限的可能性。

《诗经》对今人文学修养的提升与启示，既体现在遣词造句的形义之美、笔法之美上，也体现在人们对其语言文字的巧妙应用上。

1. 《诗经》中遣词造句的美感

在遣词造句上，一方面，《诗经》选用某些文字形象地表达各种含义，呈现出一种形式、含义甚至音韵上的美感，即<u>形义之美</u>；另一方面作者通过比、兴、赋等修辞方法表达各种情感，表现出一种笔法结构和语法修辞意义上的美感，即<u>笔法之美</u>。下面展示、选读某些典型的诗篇，领略《诗经》用语在形义和笔法的美妙之处，为提升文学修养提供一些启示。

（1）形义之美

《诗经》中不少诗篇应用某些字词，形义兼具，表情达意，以形传神，赏心悦目。它们反映了上古时代丰富的词汇和诗人运用文字的高超水平，令人感佩，如下所示。

其一，在以思念佳偶为主题的《陈风·泽陂》中，作者描写了一位多情男子思念心上人的情形，令读者回味无穷。

> 彼泽之陂，有蒲与荷。有美一人，伤如之何？寤寐无为，涕泗滂沱。
>
> 彼泽之陂，有蒲与蕳。有美一人，硕大且卷。寤寐无为，中心悁悁。
>
> 彼泽之陂，有蒲菡萏。有美一人，硕大且俨。寤寐无为，辗转伏枕。

此诗首句末尾用"涕泗滂沱"，生动形象地展示了主人公一把鼻涕两行泪、涕泗纵横于面的情景，突显主人公遭受的巨大悲痛。它与后面痛哭之余的"中心悁悁""辗转伏枕"等描述心里忧虑、彻夜失眠的情形相配合，全面地描述一思念爱人者的痛苦之状。而且细节隐现有变，由外面脸上的泪水到内心的悲苦，再到孤枕难眠，刻画了这位多情男子的思恋之情。特别是开始的这种涕泪并下的痛哭，非常夸张，但也很好地达到了文学修辞表达的理想效果。联系其他诗篇中关于泣涕的描述，如"泣涕如雨"（《邶风·燕燕》）、"泣涕涟涟"（《卫风·氓》），也可见此处描述显然更具强大的表现力。同样是思念佳偶主题的诗作，《周南·关雎》在描摹思念之苦时，只用"寤寐思服""辗转反侧"，而此诗除了以"寤寐无为"常见的套路起笔并贯穿全诗之外，在首句末尾刻意引用了"涕泗滂沱"一词，以肆意的大哭来表现主人公为情所伤、悲恸不已、痛彻心扉的情形。这个成语的应用除了能强烈地表达悲伤情绪之外，关键是它在字形结构上全是三点水偏旁，且不重复，这是"泣涕如雨""泣涕涟涟"等其他类似词汇所不具备的。从文字表达强度而言，凭借此点睛之笔，《陈风·泽陂》完全可以荣登《诗经》思念佳偶主题诗篇的首席之位。

其二，在烘托以雨雪为主题的四字词汇中，《诗经》某些篇章颇有特色。如在《邶风·北风》的开始两句，作者以北风中的雨雪起笔，两致其辞，从"雨雪其雱"至"雨雪其霏"，似步步深入，用兴的手法作烘托、渲染，继而表达后面讽刺政坏人亡的主题，非常贴切。

  北风其凉，雨雪其雱。惠而好我，携手同行。其虚其邪？既亟只且！
  北风其喈，雨雪其霏。惠而好我，携手同归。其虚其邪？既亟只且！
  莫赤匪狐，莫黑匪乌。惠而好我，携手同车。其虚其邪？既亟只且！

除了在首句外，有的诗末尾亮出雨雪类四字成语，同样起到一种很好的烘托效果。如《小雅·角弓》主题为劝亲亲，远小人，末尾用"雨雪瀌瀌，见晛曰消。莫肯下遗，式居娄骄。雨雪浮浮，见晛曰流。如蛮如髦，我是用忧"，劝君主重用贤亲而远离奸佞；《小雅·采薇》主题为戍卒返乡，末句用"昔我往矣，杨柳依依。今我来思，雨雪霏霏。行道迟迟，载渴载饥。我心伤悲，莫知我哀"，表达悲伤之情，升华诗的主题，都非常贴切。

在《诗经》中，还有其他此类例子，限于篇幅，不再列举。值得一提的是，这些词汇即便脱离具体某诗的语境，同样具有赏心悦目、传情达意的作用。如上面的"涕泗滂沱""泣涕涟涟""雨雪其雱""雨雪其霏"，还有"鲦鳣鰋鲤""忧心忡忡""滔滔江汉""桧楫松舟""苾苾芬芬""维山崔嵬""蒹葭苍苍""菶菶萋萋"等。千百年来，《诗经》中很多脍炙人口的两字词汇、四字成语、多字语段朗朗上口，流传久远，它们在形义表达上呈现某种美感和强度，令人叹为观止。受《诗经》此类词语用法的影响，后世典籍中涌现不少形、声、义兼佳的词语，如怡情悦性（《红楼梦》第十七回）、魑魅魍魉（张衡《文选·西京赋》）、清流激湍（王羲之《兰亭集序》）、芳草萋萋（崔颢《黄鹤楼》）、波涛汹涌（《三国志·吴书·孙策传》）、汹涌澎湃（司马相如《上林赋》）、沉潜涵泳（今人独创）等。有时，它还体现在一些对联用语中，如民间流传这样一副挽联，上联为：泪洒江河流满海，下联为：嗟叹号啕喉哽咽，横批：呜呼哀哉，此联用语尽管在词性对称和韵律搭配上有些问题，但各字都保持相同偏旁，形成一种整齐的形式，主题指向致哀，基本达到拟联哀思的目的，因此得到广泛应用。除了欣赏之外，这些《诗经》和其他典籍中的用语例子也为今人文字创新、遣词造句和文学创作提供了宝贵的素材与有益的启示。

（2）笔法之美

在《诗经》中，作者通过比、兴、赋等修辞方法表达各种情感，表现出一种笔法结构与语法修辞意义上的美感，即笔法之美。下举数例，略作评述。

如《王风·采葛》：

> 彼采葛兮，一日不见，如三月兮！
> 彼采萧兮，一日不见，如三秋兮！
> 彼采艾兮，一日不见，如三岁兮！

此诗运用比喻、排比的修辞手法，通过变化场景（采葛、采萧、采艾）、语句重复（一日不见）、夸大想象中的时长（度日如三个月、如三秋即三季九个月，如三岁即三年三十六个月）等方法，表达思念佳偶的深情，生动而夸张地刻画出痴情男子的相思之苦。

又如《郑风·子衿》：

> 青青子衿，悠悠我心。纵我不往，子宁不嗣音？
> 青青子佩，悠悠我思。纵我不往，子宁不来？
> 挑兮达兮，在城阙兮。一日不见，如三月兮。

此诗运用赋、比的修辞手法，两度重复某些固定结构的语句（如青青XX，悠悠我X），描述了一个约会场景，突显女主角的思念、嗔怨、懊悔等复杂心情。

再如《邶风·静女》：

> 静女其姝，俟我于城隅。爱而不见，搔首踟蹰。
> 静女其娈，贻我彤管。彤管有炜，说怿女美。
> 自牧归荑，洵美且异。匪女之为美，美人之贻。

此诗运用赋的写实手法，直叙其事，描写一对恋人约会的情形，并加以适当的自白或想象之辞，如末句"自牧归荑，洵美且异。匪女之为美，美人之贻"，详尽地表现了恋爱中男子的急切、甜美、珍惜、赞美、欢喜的心情。

再如《陈风·东门之杨》：

东门之杨，其叶牂牂。昏以为期，明星煌煌。
东门之杨，其叶肺肺。昏以为期，明星晢晢。

此诗运用纯粹写实的手法，可谓之为赋，但又不尽然，简明地描述了一场被人放鸽子、爽约的相会。文字中似乎没有伤心、期盼、思念、怨愤等描写与含义，只有白杨树、星星和彻夜的等待。但在貌无实有之间，于无情处见有情，甚至此处无情胜有情。这种描写实中有虚、虚实相间，貌似写实，平白无奇，却给读者留下无尽的想象空间。就如国画在主题内容之外留白一样，言形有尽而意趣无穷，妙不可言。只是此处的"留白"太大了，"昏以为期"中的"期"是本诗的主题与关键，是"留白"之外的内容，但它又是一切"留白"和想象的来源。古人通过这种文辞组合的方式传情达意，在道法自然中不乏创新，手法高明。此诗曲径通幽，微言大义，可为描写幽会的绝唱之作。

再如《卫风·硕人》：

硕人其颀，衣锦褧衣。齐侯之子，卫侯之妻。东宫之妹，邢侯之姨，谭公维私。

手如柔荑，肤如凝脂。领如蝤蛴，齿如瓠犀。螓首蛾眉，巧笑倩兮，美目盼兮。

硕人敖敖，说于农郊。四牡有骄，朱幩镳镳，翟茀以朝。大夫夙退，无使君劳。

河水洋洋，北流活活。施罛濊濊，鳣鲔发发，葭菼揭揭。庶姜孽孽，庶士有朅。

此诗运用了赋的手法，比较成功且格外引人注目的是第二部分，"手如柔荑，肤如凝脂，领如蝤蛴，齿如瓠犀，螓首蛾眉，巧笑倩兮，美目盼兮"，为读者展示了当时贵族乃至整个社会阶层的审美观，高个头、瘦身材、手指、皮肤、脖颈、牙齿、额头、眉毛这些静态的美和笑容、眼神的动态美。此处寥寥数语，一静一动，即将这位出嫁的女性贵族之美描写得淋漓尽致。它频频以赋写实，手法独到，非常奇妙，后世描写美貌之作很多，只有《洛神赋》可与其比肩，但在意蕴和简约上仍逊色不少。

第二，今人对《诗经》语言的妙用

在现代社会，尽管《诗经》的应用已大不如以往那样广泛，但在语言修辞、文学素养和人际交流方面仍有独特的用处，是涵养和提升人文修养的重要组成部分。

其一，贺寿选语。1950年9月19日，毛泽东主席写信为老友、上海第二军医大学教授张维的母亲祝寿，信中提到"令堂大人八十寿辰，无以为赠，写了几个字，借致庆贺之忱"，这"几个字"是"如日之升，如月之恒"，出自《诗·小雅·天保》。联系此语上下文，"如月之恒，如日之升。如南山之寿，不骞不崩。如松柏之茂，无不尔或承"，可知这八个字是贺寿之辞的佳选。现代人也有选用《诗经》中其他语句，作为祝寿之辞，如《豳风·七月》中的"为此春酒，以介眉寿"。二者各有千秋，深得寿辞本意。

其二，书信交往。1930年10月初，青岛大学校长杨振声邀请胡适来校讲演。但因风高浪急，胡适所乘船只无法入港，靠岸登陆。胡适发去电报，以《秦风·蒹葭》语"宛在水中央"形容人船水上漂泊的情形。杨振声接到电报后，引用东汉五言古诗"盈盈一水间，脉脉不得语"答复。二人引诗唱和，传情会意，非常恰当，巧若天成，显示了当时学人的一份诗意与雅致，更多的则是蕴藏其后的人文修养。

其三，命名人物。如果大家对古今文人学者的姓名和身边某些建筑、厅堂的命名有些了解，就会发现其中不少取自《诗经》。（1）人名命名。如唐代宰相杜如晦取自"风雨如晦，鸡鸣不已。既见君子，云胡不喜"，清代文字学家朱骏声取自"文王有声，遹骏有声"，散文家方苞取自"实方实苞，实种实褎"，当代学者许倬云取自"倬彼云汉，为章于天"，陈祖武取自"昭兹来许，绳其祖武"，裘锡圭取自"锡尔介圭，以作尔宝"，近代学者屠呦呦取自"呦呦鹿鸣，食野之苹"。在《大雅·板》中有一句诗"价人维藩，大师维垣，大邦维屏，大宗维翰，怀德维宁，宗子维城"，非常有趣，从百度上搜张姓，后面缀以"维藩""维垣""维屏""维翰""维宁""维城"者很多。这些名字都寄托了不同时代长辈对后人的美好期望与祝愿，《诗经》中某些字词被运用到人名拟定上，对后世产生了深远的影响。人们经常从自己喜欢的唐诗宋词中寻找起名字的灵感，就是如此。（2）物名命名。这里有两个身边的例子，一个是现在我们曲师大新校区两个餐厅的名字："齐风""鲁颂"，大家一看就知道是取自《诗经》。另一个例子中的用名就不易猜测了。它也是一所中式餐厅——国交餐厅，曾坐落在我校国际交流学院楼体西侧，与综合楼斜对过。餐厅分上下两层，每层楼各个房间名称取自《诗经》某些篇章，用意古雅，比较贴切，体现了一种诗意与文化底蕴。可惜这个餐厅后来因整体规划被拆了，现在荡然无存，楼厅与名字无处可寻。我们通过下图，还原当时餐厅各个房间的布局与名称，借以了解《诗经》在物名选取方面的用途。

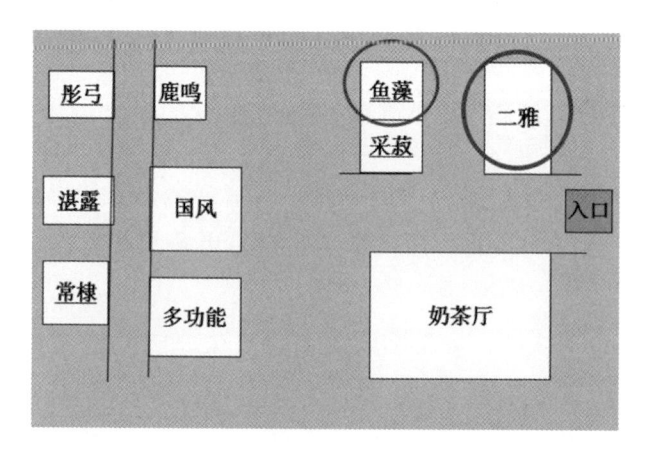

图1.4 曲阜师大原国交餐厅房间名称与布局示意图

我们从上图可知，餐厅分上下两层，共有九个房间，一层三个房间，分别取名二雅、鱼藻、采菽；二层六个房间，五个取名为国风、鹿鸣、彤弓、湛露、常棣。在这些名称中，除二雅、国风之外，其余六个都来自《诗经·小雅》同名篇章，内容主要描绘天子与诸侯、诸侯与贵族之间宴乐与相会的情况，如《鹿鸣》章为贵族宴宾、《彤弓》章为宴赏诸侯、《湛露》章为宴请诸侯、《常棣》提倡兄弟之间的悌德、《鱼藻》描绘周王宴乐、《采菽》为王侯相会，它们的篇名被今人借用，作为宴饮房间的名称，非常贴切。国风、二雅是《诗经》中风、雅两类诗歌的总称，取其风雅之意，命名餐饮场所，也比较贴切。只是不如前面六章那样联系密切。

三 《诗经》读法

《诗经》是一部咏诵人情事理、人生礼俗、社会交际和政治生活的诗集。对于如何阅读《诗经》，刘毓庆先生在《怎样读〈诗经〉》（《中华读书报》2015年5月20日，第8版）一文中指出要从正面理解诗意；缩短与《诗经》的时间距离，将其想象成自己或身边人作的；静心平读，反复涵泳，不掺杂丝毫私意。他认为走近《诗经》，要破除近世观念形态上的三大障碍，如仅仅认《诗经》为"文学"而否定其为"经学"；强调用对待知识的方法去分析，一味地追求所谓的"创新"；强调重视《诗经》的经学道德教化功能，用心感悟《诗经》的精神与意义，务实守正。褚斌杰亦曾就阅读《诗经》开示几条方法，对于初学者和一般文学爱好者，首先，读《诗经》选本；其次，读选本所附今人译文；再者，熟读兼吟咏某些《诗经》作品；还看读些今人所著《诗经》名篇鉴赏类的书。至于有志于研究诗学者，则要从充分了解历代研究成果、具备正确的理论观点和相关的学科知识两方面入手①。

基于个人阅读体验,此处陈列以下几条读法也可作为学习《诗经》的参考途径。

第一,从相对形象、贴近人情的角度而论,先从《国风》读起,然后再读《颂》《雅》。从《国风》中摘选赏心悦目、沁人心脾的篇章与语录来读。朗朗上口者亦可咏诵,诗言志亦缘乎情,所选必须能打动人心,韵律整齐。私意以为,粗通一点乐理知识,具备一些乐感,了解一些唐诗宋词(甚或当今中外流行乐曲),对语言文字与韵律有一定的敏感度,有利于读者尽快进入《诗经》的世界,领略其中奥妙。

第二,读《诗经》在后世应用的例子。如本章所示引诗颂寿、诗歌唱和等故事,拉近古诗与今人的距离,并从《诗经》中寻找当时社会日常生活史料,如当时的祝婚词、约会诗、采摘诗、农业诗等,使之具体化、形象化,增加阅读兴趣。

第三,综合他人的解读和个人的阅读,体会风雅颂各篇中颇有意味的章节,读出自己心中的《诗经》。读不出自己心中的《诗经》,不是真正的读诗;读不出《诗经》中的自我,也不是真正的读诗。古人讲兵法,"阵而后战,兵法之常,运用之妙,存乎一心",读《诗经》也是如此,用心体会、体味、体察。《诗》无达诂,人人可诂,百人眼里有百人的《诗经》。所谓"他人有心,予忖度之",《诗经》中早已言之,可视作读诗之法。同样它也是解读所有经典的不二法门。但一切方法都是个体经历、体验之后的产物,具有一定的参考作用,但不能代替自己用心体会和用智摸索。如刘毓庆先生所言,对于《诗经》"不能用对待知识的方法去分析她,把握她,更重要的是要用心灵去感悟她,去感知她作为精神存在的

---

① 褚斌杰:《经史说略:十三经说略·诗经》,北京燕山出版社2002年版,第92—96页。

意义"①。

其四，在熟读和理解《诗经》之义到一定程度后，尝试创作诗歌，从缘情向言志升华，突显读诗的两大作用，在应用中培养并提升阅读、解读诗歌的能力和素养。

课后思读

一　讨论思考

1. 试评价孔子对《诗经》"思无邪""温柔敦厚""兴观群怨"等各种解释。

2. 试论《诗经》主旨对当代人文修养的启示。

3. 结合下列韩愈诗，如何理解"人之能为人，由腹有诗书"。

二　参考文献

吕思勉：《经子解题·诗经》，华东师范大学出版社1995年版。

褚斌杰：《经史说略：十三经说略·诗经》，北京燕山出版社2002年版。

程俊英撰：《诗经注译》，上海古籍出版社2004年版。

阴法鲁：《经书浅谈·诗经》，中华书局2005年版。

周予同：《群经概论·诗经》，中国书籍出版社2006年版。

夏传才：《十三经讲座·诗经》，广西师范大学出版社2006年版。

刘毓庆、杨文娟：《诗经讲读》，华东师范大学出版社2008年版。

朱自清：《经典常谈·诗经》，上海古籍出版社2009年版。

刘毓庆：《怎样读〈诗经〉》，《中华读书报》2015年5月20日第8版。

刘毓庆：《〈诗经〉：顺人情而循礼义（上、下）》，《名作欣赏》

---

① 刘毓庆：《怎样读〈诗经〉》，《中华读书报》2015年5月20日第8版。

2017 年第 1、2 期。

三 延伸阅读

下录韩愈劝学长诗，体会古人言"人之能为人，由腹有诗书"的原因，与苏轼言"粗缯大布裹生涯，腹有诗书气自华"有异曲同工之妙。

韩愈《符读书城南》

木之就规矩，在梓匠轮舆。人之能为人，由腹有诗书。诗书勤乃有，不勤腹空虚。欲知学之力，贤愚同一初。由其不能学，所入遂异闾。两家各生子，提孩巧相如。少长聚嬉戏，不殊同队鱼。年至十二三，头角稍相疏。二十渐乖张，清沟映污渠。三十骨骼成，乃一龙一猪。飞黄腾踏去，不能顾蟾蜍。一为马前卒，鞭背生虫蛆。一为公与相，潭潭府中居。问之何因尔，学与不学欤。金璧虽重宝，费用难贮储。学问藏之身，身在则有余。君子与小人，不系父母且。不见公与相，起身自犁锄，不见三公后，寒饥出无驴。文章岂不贵，经训乃菑畬。潢潦无根源，朝满夕已除。人不通古今，马牛而襟裾。行身陷不义，况望多名誉。时秋积雨霁，新凉入郊墟。灯火稍可亲，简编可卷舒。岂不旦夕念，为尔惜居诸。恩义有相夺，作诗劝踌躇。

第二讲 《尚书》导读

（敬天爱民，尊道贵德）

在儒家元典中，有一部上古三代先民留下的官方档案资料汇编，记载了帝王治国之道，反映了从尧舜禹时代至夏商周时期的政治文化概貌。它以记言为主，以言叙事，言精意深，但佶屈聱牙、晦涩难懂，被视作天书。它主旨鲜明，宣扬敬天崇德、爱民重命、以史为鉴、正德厚生等思想，具有疏通知远、资治通鉴的作用，影响深远，至今在国人道德、知识与文学修养、治国理政等方面仍发挥着重要的作用。它就是本章拟讲的《尚书》。

一 《尚书》简介

（一）《尚书》来历

《尚书》，原称《书》，又称《书经》，集中反映了上古三代典故与先王之道。因为各种历史缘故，《尚书》成为一部残断不全、疑云密布、真伪难辨的文献。

言其残断不全，是因为《尚书》某些篇章在流传中或被删节，或遭厄遗失。早在春秋末期，《尚书》曾经孔子等士人的删削、精选和整理，后经乱世战火与秦朝焚书的破坏，至汉初，时人只传伏胜教授的二十八篇了。武帝时，人们在孔子故宅壁藏书中发现古文《尚书》，但囿于小范围的流播，最终近乎失传。东晋时，梅赜献五十八篇古文《尚书》，使今古文合一，至唐代由孔颖达等人注疏，通行于后世。这个新版本《尚书》篇目较多,但仍有逸文散篇不在其中,个别篇章只列名称,没有正文。《尚书》残缺不全,由此可见。

言其疑云密布,如《尚书》的书名含义是什么、编者和体例有哪些、是记言体还是记事体、其所记历史的真实性、其与后世史籍相关记载的分歧等,众说纷纭,莫衷一是。有的问题陷入真伪难辨的境地。

言其真伪难辨,是指我们现在常见宋人所传版本或清儒校刻(如十三经注疏本)版本的《尚书》是以梅赜所献古文《尚书》为底本,这个本子自宋代以来,就倍受质疑与争论,虽经清儒阎若璩等人的考证,认定其中古文《尚书》部分内容(指今文二十八篇之外的内容)为伪,但又难以坐实、证明其全部依托,而是伪中有真、半伪半真。当代出土文献(如清华简)的发现与研究,使原来被指为伪书的结论需要接受更多新证据的考验。这为研究晚出古文《尚书》(如梅氏所献)的真伪提供了新材料,同时又将此书疑云增厚加浓,学者需细加辨别。只有具体研究、辨别每篇的真伪,分析其中真伪的成分,才能得出一个相对接近事实的结论。但在有限的证据和条件下,真正完全廓清还有很大难度。

不过,可以清楚的一点是,《尚书》在形成过程中,从夏商周三代至两汉魏晋,经历了由少到多和删繁就简、在起伏中走向稳定的过程。当初史官记录官方治政要事,形成原始档案,后来经过历代史官、士人、学者不断的积累、增删、整理,形成一部内容丰富、主旨鲜明的历史档案汇编。全书分《虞书》《夏书》《商书》《周书》四大部分。一般认为,《虞书》和《夏书》是商、周时的人根据远古传说和部分从夏代传下来的资料追记的;《商书》一部分是商代流传下来的文献,一部分经过后人的加工;《周书》全是周代档案文献[①]。

自先秦到唐朝,《尚书》在传承、讲授中经历了数次起伏不定的复杂变化,引起不少夹杂于学术、政治之间的争鸣,出现了先秦本、伏胜

[①] 夏传才《十三经概论·尚书》,天津人民出版社1998年版,第98页。

今文本（下又分欧阳氏、大夏侯、小夏侯三家）、孔壁古文本、张霸百两本、刘歆整理本、汉石经本、杜林漆书本、郑玄整理本、梅赜所献伪古文本、五经正义本等不同版本的《尚书》。其中，伏生传今文《尚书》、孔壁《古文尚书》、东晋梅赜所献《孔传古文尚书》最为知名，尤其是最后版本的《尚书》包括孔安国传、序和五十八篇《尚书》，到唐时被正式定为官学经典。玄宗时，卫包改隶书为楷书，并镂于金石，刻为"唐石经"，成为后来诸版刻本《尚书》的鼻祖[①]。和其他先秦元典一样，《尚书》被卷入汉代今古文经学之争中，今古文《尚书》的经文内容大体一致，文字有些微差别，思想主旨息息相通，如出一辙。二者主要区别是某些版本、文字及注解，后经郑玄等学者糅合，加之官方推动，才基本统一。

值得一提的是，在《尚书》的传授、注解过程中，儒家做出了巨大的贡献。他们不仅从《尚书》的研习中汲取思想养分，还将其作为学派传习的经典，不断注释、解读，演化成一个庞大的《尚书》学派，影响深远。正因为此，《尚书》被奉为儒家元典。

(二)《尚书》内容

现在常见的十三经注疏本或各种注译本《尚书》，都是从唐代古、今文合一的《尚书》而来。其中古文《尚书》部分已被宋代以来诸多学者证实不是原本真迹，视作伪古文《尚书》。但这部分内容伪中有真，主题思想（如尚德重命、敬天爱民、颂扬王道等）与今文《尚书》别无二致，有的篇章内容与思想还成为后来儒家思想的重要理论渊薮。如被宋儒视作"虞廷十六字心传"的"人心惟危，道心惟微，惟精惟一，允执其中"，即出自《尚书·大禹谟》，可见其深远影响与重要价值。所以，至今人们无法也不可能将二者断然分开。随着近年来大量"书"类出土文献特别是清华简的发现和深入研究，越来越多的人认为在没有完全证实每篇皆伪之前，不宜将伪古文《尚书》全部

[①] 参见李民、王健撰《尚书译注》，上海古籍出版社2004年版，第25页。

概括为伪作而轻视、忽略其应有的史料价值。今人应当将其视作研究早期中国夏商周历史的重要补充性材料，加以恰当利用。有鉴于此，本讲虽然着重讲今文尚书，但也介绍伪古文《尚书》，剖析其内容与思想，分析二者一以贯之的思想和文辞，探析其对当今青年提升人文修养、人生智慧的启示。

今文尚书共 28 篇，分虞书、夏书、商书、周书四部分，具体篇目名称如下所示：

一、虞书 2 篇：1. 尧典（舜典）、2. 皋陶谟（益稷）；

二、夏书 2 篇：3. 禹贡、4. 甘誓；

三、商书 5 篇：5. 汤誓、6. 盘庚（上、中、下）、7. 高宗肜日、8. 西伯戡黎、9. 微子；

四、周书 19 篇：10. 牧誓、11. 洪范、12. 金滕、13. 大诰、14. 康诰、15. 酒诰、1.6 梓材、17. 召诰、18. 洛诰、19. 多士、20. 无逸、21. 君奭、22. 多方、23. 立政、24. 顾命、25. 吕刑、26. 文侯之命、27. 费誓、28. 秦誓。

从体例上来看，《尚书》大致可分为"典、谟、诰、训、誓、命"六类。其中诰类篇章，记载商周君王对臣下的告诫，多为历史档案汇编，可信度和史料价值较高，是《尚书》的主要内容。尤其是周书中的"周初八诰"[①]（包括《大诰》《康诰》《酒诰》《梓材》《召诰》《洛诰》《多士》《多方》）、"周公十二篇"（依刘起釪论，指周初八诰加与周公相关的其他几篇《金滕》《无逸》《君奭》《立政》），被今人视作研究西周初历史的一手资料，非常重要。今参见吕思勉《经子解题·尚书》、刘起釪《经史说略：尚书说略》、夏传才《十三经讲座·尚书》，介绍今文《尚书》28 篇的内容梗概、体例、真伪、史料价值等。

---

① 参见杜勇《〈尚书〉周初八诰研究》，中国社会科学出版社 1998 年版。

表2.1　　　　　　　今文《尚书》各篇内容等示意

内容等＼篇名	内容	体例	成书时代与真实性	史料价值
1.《尧典》（包括《舜典》）	记尧舜为政言论、事迹、治水、禅让等。	"典"体（记载被后世所奉为君王的言论、事迹）。	战国至秦汉间，某些学者利用远古传说和流传下来的旧材料而成，有相当部分是虚构的。	论先王丰功伟绩、德刑并用之道，凸显《尚书》记政事的主题。
2.《皋陶谟》（包括《益稷》）	记禹、皋陶（gāo yáo）、伯益之事。	"谟"体（记载君臣之间谈话、策划、谋议大事）。	同上。	继承上篇主题，歌颂先王之道、丰功伟绩。
3.《禹贡》	记禹治水之事。	"典"体（据刘起釪之说）。	同上。	此篇为我国古代最早的地理专论之作。
4.《甘誓》	记启伐有扈战于甘之誓辞。	"誓"体（君王诸侯在征战前率队誓师动员之词）。	基本是原始档案，文字等经过后人的加工，不可尽信，亦不可轻疑。	此篇为我国历史上最早、最简短（188字）的战争誓令。
5.《汤誓》	记汤伐桀时誓辞。	"誓"体。	基本是原始档案，文字等经过后人的加工，不可尽信，亦不可轻疑。	汤奉天命灭夏，"汤武革命"的重要组成部分。
6.《盘庚》（上、中、下）	记盘庚自河北徙河南时诰下之辞。	"诰"体（君主对近臣、贵族、民众的诰谕、劝诫）。	以人名标题，原始档案，在思想和文字上基本可信。	用词古奥难懂，"周诰殷盘，诘屈聱牙"中的"殷盘"即指此。
7.《高宗肜（róng）日》	记武丁祭成汤、祖己训王之词。	"训"体（臣子对君王的劝教之辞）。	基本是原始档案，文字等经过后人加工，不可尽信，亦不可轻疑。	以事标题，反映殷商祭礼等。

续表

篇名 / 内容等	内容	体例	成书时代与真实性	史料价值
8.《西伯戡黎》	记文王灭黎，祖伊奔告于纣事。	以事为标题。	基本是原始档案，文字等经过后人的加工，不可尽信，亦不可轻疑。	记载了商、周等邦国交往的历史。
9.《微子》	记纣太师、少师劝微子去纣之语。	以人名为标题。	基本是原始档案，文字等经过后人的加工，不可尽信，亦不可轻疑。	反映了没落贵族的精神思想。
10.《牧誓》	记武王与纣战于牧野时之誓辞。	"誓"体。	基本是原始档案，文字等经过后人的加工，不可尽信，亦不可轻疑。	此篇是典型的记言体文，研究武王伐纣的一手资料。
11.《洪范》	记商朝遗臣箕子与武王谈大禹"洪范九畴"、治国之道。	"谟"体。	基本是原始档案，文字等经过后人的加工，不可尽信，亦不可轻疑。	此篇为后人关注和研究最多的篇章，"洪范九畴"富含宗教、哲学、思想等方面的史料。
12.《金縢》	记周公以身代武王受疾苦的原委。	以内容为标题。	基本是原始档案，文字等经过后人的加工，不可尽信，亦不可轻疑。	《尚书》中少有的以记事为主的篇目之一。
13.《大诰》	记周公东征时通告臣民的诰辞。	"诰"体，"周初八诰"之一。	原始档案，在思想和文字上可信。	反映周初政治局势。
14.《康诰》	记分封康叔时的诰辞，多涉刑法。	"诰"体，"周初八诰"之二。	原始档案，在思想和文字上可信，不可尽信，亦不可轻疑。	反映西周分封制。

续表

篇名 内容等	内容	体例	成书时代与真实性	史料价值
15.《酒诰》	记传告康叔治国之道的诰辞。	"诰"体，"周初八诰"之三。	原始档案，在思想和文字上可信。	可见当时妹邦酗酒之甚，及周治之刑法之严。
16.《梓材》	记传告康叔为政之道的诰辞。	"诰"体，"周初八诰"之四。	原始档案，在思想和文字上可信。	反映商周政治思想及变化。
17.《召（shào）诰》	记周公、召公营建洛邑之事。	"诰"体，"周初八诰"之五。	原始档案，在思想和文字上可信。	周公视察洛邑营建中的讲话，集中谈天命。
18.《洛诰》	记洛邑成后，周公报告成王之语。	"诰"体，"周初八诰"之六。	原始档案，在思想和文字上可信。	周公和成王相互遣使送达的来往信件。
19.《多士》	记周迁殷人，通告臣民的诰辞。	"诰"体，"周初八诰"之七。	原始档案，在思想和文字上可信。	反映西周管理殷商遗民概况，集中谈天命。
20.《无逸》	记周公告诫成王。	以内容为标题。	基本是原始档案，文字等经过后人的加工，不可尽信，亦不可轻疑。	反映周公摄政的历史。
21.《君奭》	记周公还政成王后告诫召公。	臣子之间的言辞。	基本是原始档案，文字等经过后人的加工，不可尽信，亦不可轻疑。	反映周公还政后的历史，集中谈天命。
22.《多方》	记成王灭奄后，归告多方的诰辞。	"诰"体，"周初八诰"之八。	原始档案，在思想和文字上可信。	反映西周初年邦国外交概况，集中谈天命。

续表

内容等＼篇名	内容	体例	成书时代与真实性	史料价值
23.《立政》	记周公还政后告诫成王。	以内容为标题。	基本是原始档案，文字等经过后人的加工，不可尽信，亦不可轻疑。	反映周初的治政理念。
24.《顾命》（合今本《康王之诰》）	记成王去世、康王立之事。文字颇为优美。	"命"体，君王任命官员、赏赐诸侯时的册命之词。	基本是原始档案，文字等经过后人的加工，不可尽信，亦不可轻疑。	以记事为主的篇目，类似《金縢》。
25.《吕刑》	记穆王改定刑法、通告臣民。	类似"诰"体。	原始档案，在思想和文字上基本可信。	可见西周德刑并用的思想。
26.《文侯之命》	记春秋时期城濮之战后，周襄王表彰晋文公的册书。	"命"体，类似诰辞。	原始档案，在思想和文字上可信。	可与《左传》晋楚争霸中的城濮之战相关内容对读。
27.《费誓》	记伯禽伐淮夷的誓辞。	"誓"体。	原始档案，在思想和文字上可信。	此为鲁国初期的珍贵史料。
28.《秦誓》	记春秋时期秦穆公战后发布誓辞。	"誓"体。	原始档案，在思想和文字上可信。	可与《左传》秦楚殽之战等相关记载对读。

按：今古文合一的《尚书》是现在学界常见的版本，共有虞书5篇、夏书4篇、商书17篇、周书32篇，总计58篇①（伪古文《尚书》，

---

① 此58篇是由表2.1今文《尚书》28篇分后的33篇（即将尧典分为尧典与舜典、皋陶谟分为皋陶谟与益稷、盘庚上中下分为三篇、顾命分为顾命与康王之诰，多出的5篇，凑成33篇）和表2.2所示伪古文《尚书》19篇分后的25篇（即将太甲、说命、泰誓篇的上中下篇皆分为三篇，多出的6篇，凑成25篇）组合而成的。

以"[w]"标示)。具体篇目名称与数量如下所示：

虞书（5 篇）：《尧典》、《舜典》、《大禹谟》[w]、《皋陶》（gāo yáo）谟、《益稷》。

夏书（4 篇）：《禹贡》、《甘誓》、《五子之歌》[w]、《胤征》[w]。

商书（17 篇）：《汤誓》、《仲虺（huī）之诰》[w]、《汤诰》[w]、《伊训》[w]、《太甲》（上中下）[w]、《咸有一德》[w]、《盘庚》（上中下）、《说命》（上中下）[w]、《高宗肜（róng）日》、《西伯戡黎》、《微子之命》。

周书（32 篇）：《泰誓》（上中下）[w]《牧誓》、《武成》[w]、《洪范》、《旅獒》[w]、《金縢》、《大诰》、《微子之命》[w]、《康诰》、《酒诰》、《梓材》、《召（shào）诰》、《洛诰》、《多士》、《无逸》、《君奭》（shì）、《蔡仲之命》[w]、《多方》、《立政》、《周官》[w]、《君陈》[w]、《顾命》、《康王之诰》、《毕命》[w]、《君牙》[w]、《冏命》[w]、《吕刑》、《文侯之命》、《费（bì）誓》、《秦誓》。

此处列表如下，大致介绍伪古文《尚书》内容、体例、成书、真伪与史料价值等。

表 2.2　　　　　伪古文《尚书》各篇内容等示意

篇名 内容等	内容	体例	成书时代与真实性	史料价值
1.《大禹谟》	记舜禹等君臣讨论政事、禅让、大禹治政等。	"谟"体	大致成书于战国，经过不断编次、整理，真伪相杂，以下皆类此。	其中虞廷十六字、五行观念、正利厚和的思想，影响深远。

续表

篇名 内容等	内容	体例	成书时代与真实性	史料价值
2.《五子之歌》	记贵族（"五子"）对太康失德、失帝位的责怨。		大致成书于战国，经过后世整理，真伪相杂。	大致反映夏朝衰落时期的内部矛盾。
3.《胤征》	夏王仲康大臣、胤国国君出征前誓词。	"誓"体	大致成书于战国，经过后世整理，真伪相杂。	
4.《仲虺（huī）之诰》	记商汤灭夏后，自愧不如古贤，大臣仲虺加以劝解。	"诰"体	大致成书于战国，经过后世整理，真伪相杂。	宣扬天命论，为商取代夏寻求合理依据。
5.《汤诰》	记汤告诫诸侯学习大禹、皋陶、后稷，勤勉于事。	"诰"体	大致成书于战国，经过后世整理，真伪相杂。	反映商朝的史鉴观、贤能政治思想等。
6.《伊训》	记商朝老臣伊尹训导即位的太甲。	"训"体	大致成书于战国，经过后世整理，真伪相杂。	反映商人以史为鉴、以德治国的思想。
7.《太甲》（上中下）	记伊尹对无德太甲的惩罚与劝勉。	"训"体	大致成书于战国，经过后世整理，真伪相杂。	为贤臣树立榜样，并受到后世儒者的赞扬。
8.《咸有一德》	记伊尹还政于太甲，加以劝勉之辞。	"训"体	大致成书于战国，经过后世整理，真伪相杂。	篇名意味深长，可用此概括今古文尚书各篇崇德主旨。

续表

篇名 内容等	内容	体例	成书时代与真实性	史料价值
9.《说命》（上中下）	记武丁任傅说为相的命辞、傅说对武丁的谏言。	"命"体	大致成书于战国，经过后世整理，真伪相杂。	反映先秦政治思想中的天道观、史鉴观和贤能观。
10.《泰誓》（上中下）	记周武王伐商的誓师之辞。	"誓"体	此篇汉初仍存，但后佚失，现所见为伪造之作。	可与相同主题的《牧誓》对读。
11.《武成》	记武王灭商的善后举措。		大致成书于战国，经过后世整理，真伪相杂。	反映王朝更迭时期的概况。
12.《旅獒》	记太保召公劝武王勿受他族（"旅"）所献之獒，以免玩物丧志。	"训"类	大致成书于战国，经过后世整理，真伪相杂。	反映周朝为政以德的思想。
13.《微子之命》	周初册封微子于宋的命令。	"命"体	大致成书于战国，经过后世整理，真伪相杂。	反映西周初分封异姓、治理殷商遗民的举措。
14.《蔡仲之命》	周成王册封贵族蔡叔之后于蔡时的命令。	"命"体	大致成书于战国，经过后世整理，真伪相杂。	反映西周统治者分封同姓，处理内部矛盾。
15.《周官》	记成王向百官阐述本朝设官、分职、居官的法则。		大致成书于战国，经过后世整理，真伪相杂。	反映西周政治建制，对于研究职官制流变有一定参考价值。

续表

篇名 内容等	内容	体例	成书时代与真实性	史料价值
16.《君陈》	记成王策命大臣君陈前往洛邑治殷民。	"命"体	大致成书于战国，经过后世整理，真伪相杂。	反映周治理异族的举措。
17.《毕命》	记康王命毕公（文王之子）继承周公、君陈，治理殷朝遗民。	"命"体	大致成书于战国，经过后世整理，真伪相杂。	老臣毕公高与召公共同辅佐康王，总结治理成周与殷商遗民的经验。
18.《君牙》	周穆王命大臣君牙为大司徒时发布的策命之文。	"诰"体	大致成书于战国，经过后世整理，真伪相杂。	反映当时的为臣之道、血缘世袭贵族政治的概貌。
19.《冏命》	记周穆王对太仆伯冏讲事君之道。	"命"体	大致成书于战国，经过后世整理，真伪相杂。	反映当时的为臣之道，德行和常法缺一不可。

（三）《尚书》主旨

《尚书》内容丰富，探讨保民而王的治政之道，弘扬天命与德性思想。在今古文《尚书》中，论及天、命、德、民之处相对多些，有的篇章更是以较长篇幅集中论述。以今文《尚书》为例，其论及四个思想范畴的次数分别为：德（108 次）、天（101 次）、命（94 次）、民（86 次），古文《尚书》也大致如此。就此而观，《尚书》的主旨就是敬天崇德，目标是治政利民，追求立德立功立言、正德利用厚生。这里仅就书中敬天崇德思想作一分析、阐述。

1. 敬天。《尚书》中讲天有两类，一类为自然之天（如昊天、旻天、天象、上天、天灾、天时、天物），一类为人文之天。这里所言的崇天主要就后者而论。《尚书》中讲人文之天，谈天下、天道（"惟德动天，无远弗届。满招损，谦受益，时乃天道""天道福善祸淫"）、天功，天之历数、天禄、天牧、天德、天秩、天戒、天纪、天罚（"致天之罚""奉予一人，恭行天罚"）、天吏、天休（"各守尔典，以承天休"）、天位（"天位艰哉"）、天心（"克享天心"）、天性、天毒、天威（"肃将天威"）、天役等，将天化作有人格、意志和感情的神明，善恶由天奖惩，所谓"天聪明""天明畏""天作孽""天降之咎""天讨有罪""天道福善祸淫"，论及王权天授（"天子""天子威命""天生聪明时乂""天乃锡王勇智"）、强调在治政中的天命观，认为命由天赐（"皇天眷命""天子之休命"），大谈"熙天之命""屑播天命""大宅天命""享天之命""图天之命""天其申命用休""敕天之命""钦崇天道，永保天命""天之明命、天监厥德，用集大命，抚绥万方""受天明命""恪谨天命""知天之断命""天其永我命于兹新邑"等。正是基于这样的天命观，所以《尚书》多记载历代君王祈求天命，希望天帝保佑王位、民生、长治久安（"王其德之用，祈天永命""王以小民受天永命""上天孚佑下民"）等事语，并以此解释王权朝代的更迭（"皇天改大邦殷之命""天用剿绝其命，今予惟恭行天之罚""天命殛之""非天私我有商，惟天佑于一德""皇天震怒，命我文考，肃将天威，大勋未集""商罪贯盈，天命诛之。予弗顺天，厥罪惟钧"）。总之，《尚书》中蕴含深厚的敬天、敬天命思想，贯穿全书。

2. 崇德。《尚书》格外突出天德、人德，弘扬德性文化，带有深厚的崇德色彩。据笔者粗略统计，不管是今文《尚书》，还是伪古文《尚书》（伪古文《尚书》中德出现的频率与次数较多，更强调德的因素），每篇都大谈德性，可谓"咸有一德"，不胜其多，如俊德、玄德、惇德、正德、敏德、败德、度德、同德、离德、树德、崇德、慎德、昭德、丧德、享德、明德、显德、暴德、逸德、作德、懋德、九德、三德、六德、大德、中德、天德、公德、祖德、好生之德、匡救之德、文德、惭德、听德、俭德、昏德、比德、好德、敬德、酒德、凶德、义德、耆德、庸德、实德、积德、非德、爽德、台德、恶德、秽德、元德、帝德、朕德、民德、周公之德、先哲王德、古人之德、夏德、桀德等，不一而足。《尚书》崇尚德性，主要推崇、歌颂上古三代先王修身、立国、治世之德，所谓"德裕乃身""皇天无亲，惟德是辅。民心无常，惟惠之怀""德惟善政"。《尚书》弘扬"帝德""朕德""周公之德""先哲王德""古人之德"，论德与善的关系，如"德无常师，主善为师"；德与刑的关系，如"明德慎罚""明德惟馨""刑发闻惟腥"；宣扬德之功用，如"惟德动天，无远弗届"。这些有关道德的论述非常精辟，为后来儒家取法先王之道，"祖述尧舜，宪章文武"，提倡以德润身、为政、论史等思想奠定了坚实的基础。

《尚书》中丰富的敬天、崇德论是中国传统文化中天人合一思想的集中体现，对后世的影响深远。如敬崇天，现代国人在表达绝望、愤懑、惊奇、痛苦、高兴等各种情绪时，常常会诉诸"天"，称"天哪""我的老天爷"，谈天意、天数等。在痛斥某种不文明现象时，也会求诸天，如"天杀的""老天会惩罚你的""人在作，天在看"等等。再如，古代皇帝发布诏书，开头即称"奉天承运，皇帝诏曰"，草莽英雄起义，口号称"替天行道"，还有历代学者津津乐道的汤武革命，都不离对天、天命的依托和信奉。而中国人对于德的崇尚，也不亚于对天的崇信，如古人有三德、四德、五德、六德、八德、九德、百行君子之说，就是指有修为的人应该具备各种德行，这种崇德思想发展至极，演化为泛德论，认为玉、水、龙、人身等物体都有德，不无比附与泛滥之虞，但都是重视道德的表现。

这里需要强调的一点是：和所有先秦元典一样，《尚书》具有"务为治"的政治诉求，关注民生，心存淑世。《尚书》基本是记录或追述先王政道的原始档案，即"政事之纪"，体现了上古三代王官文化和礼乐文明，具有深切的政治关怀，化用《尚书》中语，即"道洽政治，泽润生民"。

总之，《尚书》的内容主旨是敬重天命、崇尚德性。它追求道洽政治，泽润生民，是一部古老的官方档案和政治教科书，被后人传承与光大，奉为治世宝典，影响深远。

二 《尚书》与人文修养

《尚书》是具有代表性的儒家元典，在中国传统政治、社会和思想文化的塑造与发展方面发挥了重要的作用，如确立了圣王系统与王道政治典范、确立了以"德"为核心的价值系统、展示了圣王的忧患意识、树立了天下观念与世界精神[①]，具有独特的地位和价值。钱宗武在《〈尚书〉研究的当代价值》一文中指出《尚书》的四方面价值：汲取古老的政治智慧探求中国特色的治政理念，揭示华夏文明始创论述延续传统文化的学术正脉，揭示世道人心的传统内涵展现《书》学教育的当代价值，展示中华经典再生的正能量研究文化国际传播的新策略[②]。如果从提升人文修养的角度而论，《尚书》的作用与价值大致可归纳为以下几方面。

（一）《尚书》与道德修养

《尚书》崇尚德性，德性主要针对君王治国理政而论。但随着时间的推移，在漫长的历史文化发展特别是儒家的诠释、演绎下，《尚书》文化的影响下沉扩展，"旧时王谢堂前燕，飞入寻常百姓家"，成为社会各阶层人士修身知世、为人处事的宝典。就道德修身而论，以下箴言值得珍视、品味，合理化用，可裨益身心。如《尚书》中言"威克厥爱，允济；爱克厥威，允罔功"，至每个人与他人（包括亲友、弟子、乡党、下属等）相处中，要把握两个原则，"威爱之

---

① 刘毓庆：《〈尚书〉述三代以彰王道》（中、下），《名作欣赏》2016年第7、8、9期。
② 钱宗武：《〈尚书〉研究的当代价值》，《中国社会科学报》2016年8月3日。

道，谦虚之德"，既要有"威"，又要有"爱"。在现实生活中，同学朋友们之间相处，以后为人父母、老师等，教育孩子、管理学生，都要把握距离，既要严肃，又要活泼；既要保持一种威严，同样要怀有一种仁爱。就像当年孔子在弟子眼里的形象那样，"温而厉，威而不猛，恭而安"，涵养"望之俨然，即之也温，听其言也厉"的气象。

又如《尚书》言"满招损，谦受益，时乃天道"，此言教导世人为人处事要恪守谦虚之德，但要有分寸。在言行与思想上保持谦逊，不要骄傲自满，同时还要分场合和时机、中道而行，做到自信但不自大，不卑不亢，恰到好处，而不是一味地表示谦卑或骄傲，非常中肯切实。《尚书》反对任何形式的骄奢，认为"骄淫矜侉，将由恶终。虽收放心，闲之惟艰"。

再如在善与恶的纠葛与选择中，有时会出现"从善如登，从恶如崩"的情形。《尚书》主张"树德务滋，除恶务本"，要从小处入手，不要以小善而不为，否则"不矜细行，终累大德。"书中告诫人们务求真实不伪，向善行德，"作德，心逸日休；作伪，心劳日拙"，不轻侮他人或沉迷外物，否则"玩人丧德，玩物丧志"。在《尚书》中还有很多类似的崇德修身之言，言简意赅，发人深省，如暮鼓晨钟，警世觉民。

（二）《尚书》与知识修养

和其他儒家元典一样，《尚书》也保存了很多古代的文化知识，包括政治、经济、思想等各方面，为人们认识上古三代的历史以及鉴古知今、知人论世提供了珍贵的资料。古人对此有深刻的认识，如孔子与弟子描述其读《尚书》体会，认为某些篇章中潜藏各种含义。据《尚书大传·略说》载可知，孔子讲道，他常常专心研读《尚书》，达到一定境界，仿佛看到高岸、大溪，从其他篇中观仁义之德，休会到戒、度、事、治、美等政治之道，达到对《尚书》大义的深刻体悟与理解，所谓"丘常悉心尽志以入其中，则前有高岸，后有大溪，填填正立而已。《六誓》(《甘誓》《汤誓》《泰誓》《牧誓》《费誓》《秦誓》)可以观义,《五诰》(《大诰》《康诰》《酒诰》《召诰》《洛诰》)可以观仁,《甫刑》可以观戒,《洪范》可以观度,《禹贡》可以观事,《皋陶谟》可以观治,《尧典》可以观美"①,其他文献中也有类似说法②,今人称之"孔子《书》教"。后人遵循这条理路,从不同角度阐发《尚书》内容与意义。以下试就书中某些方面的历史知识,作简要介绍与分析。

1. 征服自然的知识

《尚书》中含有很多后世历史故事的原型,如大禹治水。在《尧典》《舜典》《益稷》《洪范》《禹贡》里有不少相关记载,描述了当年鲧、禹父子率部族治水的经历,既有"汤汤洪水""浩浩滔天"的灾难与恐怖记忆,也有"鲧堙洪水,汩陈其五行""九载,绩用弗成"的失败教训,还有家族父死子嗣、前赴后继治水("殛鲧于羽山""鲧则殛死,禹乃嗣兴")的悲壮追忆,更有"随山刊木""决九川,距四海,浚畎浍距川""随山浚川""敷土,随山刊木,奠高山大川""启呱呱而泣,予弗子,惟荒度土功"的艰辛,终得"东渐于海,西被于流沙,朔南暨声教讫于四海。禹锡玄圭,告厥成功"的功成名就与天下太平。这些追述连缀而成家族治水的历史,实际上是一个甚至数个族群联合治理洪水与社会的缩影,反映了上古时代中国人在治水中与自然的斗争,在治世中人与人、群体与群体之间的相争与融合。

---

① 陈寿祺辑校:《尚书大传·略说》,商务印书馆1937年版。
② 如《孔丛子·论书》载子夏问《书》大义。子曰"吾于《帝典》见尧、舜之圣焉,于《大禹》、《皋陶谟》、《益稷》见禹、稷、皋陶之忠勤功勋焉。于《洛诰》见周公之德焉。故《帝典》可以观美。《大禹谟》《禹贡》可以观事。《皋陶谟》《益稷》可以观政。《洪范》可以观度。《泰誓》可以观义。五诰可以观仁。甫刑可以观诫。通斯七者。则书之大义举矣。"孔子曰:"书之于事也。远而不阔。近而不迫。志尽而不怨。辞顺而不谄。吾于《高宗肜日》见德有报之疾也。苟由其道致其仁,则远方归志而致其敬焉。吾于《洪范》见君子之不忍言人之恶而质人之美也。发乎中而见乎外以成文者。其唯《洪范》乎。"(傅亚庶:《孔丛子校释》,中华书局2011年版,第17—18页)。

2. 军事战争的知识

《尚书》中也有不少反映武王伐纣、商周易命的历史。如从《牧誓》中可见战前激动人心的誓师大会，所谓"称尔戈，比尔干，立尔矛，予其誓""惟恭行天之罚""勖哉夫子，尔所弗勖，其于尔躬有戮"，从《武成》《洪范》中可见战场上残酷的场面（"血流漂杵"）、前师倒戈的变化（"有敌于我师，前途倒戈，攻于后以北"）、战争结束的各种抚恤善后工作（如"偃武修文，归马于华山之阳，放牛于桃林之野，示天下弗服""散鹿台之财，发钜桥之粟，大赉于四海，而万姓悦服"）、安置殷商遗民（"乃反商政，政由旧。释箕子囚，封比干墓，式商容闾""胜殷，杀受，立武庚，以箕子归""王访于箕子"）等。如果结合《史记》等文献来读，对这段历史会有更全面、详细的了解。

3. 治国理政的知识

《尚书》主要内容是论述如何上古三代圣王贤能如何治国安邦，教化民众，以实现一统天下、四方宾服的理想，所谓"道洽政治，泽润生民，四夷左衽，罔不咸赖"。它讲求天命、人德、民心、君道，四者治国，缺一不可，所谓"皇天无亲，惟德是辅。民心无常，惟惠之怀"。这种思想在西周初期已经基本成型，并得到强化，如周初八诰记载了周公谆谆教导王族成员如何以史为鉴、德力并行、治理国政、处理邦国之间关系等。此外，书中记载尧舜禅让、授时治历、经营四方、商人迁徙等故事，为今人了解当时历史提供了宝贵的一手资料，值得格外关注。

4. 社会生产、生活的知识

《尚书》中也有些内容透露了上古或东周时期人们的社会生活状况，如对时人饮食的描述，从《商书》中一个比喻"若作酒醴，尔惟麹糵；若作和羹，尔惟盐梅"可知，早在殷商时期，人们已经掌握制作饮料（如酒、羹）的方法。再如，从《尚书·周书·梓材》"若稽田，既勤敷菑，惟其陈修，为厥疆畎。若作室家，既勤垣墉，惟其涂塈茨。若作梓材，既勤朴斫，惟其涂丹雘"可知，当时人们经营农业、居室装修、手工业发展的情形。

5. 上古思想观念的知识

从思想史的角度来看,《尚书》记载、展现了很多影响深远的观念和意识,如史鉴观、天命观、鬼神观、感应观、福祉观、忧患意识等。

关于史鉴观、天命观,在《召诰》中有一段集中的论述,可以见证之。

> 我不可不监于有夏,亦不可不监于有殷。我不敢知曰,有夏服天命,惟有历年;我不敢知曰,不其延。惟不敬厥德,乃早坠厥命。我不敢知曰,有殷受天命,惟有历年;我不敢知曰,不其延。惟不敬厥德,乃早坠厥命。今王嗣受厥命,我亦惟兹二国命,嗣若功。

关于福祉观,在《洪范》中有一段对五福论述,颇有代表性,

> 五福:一曰寿,二曰富,三曰康宁,四曰攸好德,五曰考终命。

关于忧患意识,如"心之忧危,若蹈虎尾,涉于春冰""我心之忧,日月逾迈,若弗云来""惟事事,乃其有备,有备无患""厥惟艰哉,思其艰以图其易,民乃宁",所用语言的表现力很强,有的可与诗经、易传中的相关记载对读,以加深对古人忧患思想的认识和理解。

另外,《尚书》中某些记载体现了当时中国人对天的信仰,将某些感情诉诸上天,所谓"以哀吁天""无辜吁天",表达对自己和家族的期望,"身其康强,子孙其逢"等,都反映了当时某种社会心理、思想观念。这些话语出自当时权贵之口,书诸史官之笔,传之后世,对中华民族传统文化与心理的形成产生了深远的影响。

(三)《尚书》与文学修养

《尚书》是中国传统记言散文的鼻祖,如研究者所言,"《尚书》代表了三代散文的水平,它的文章不是片段式的短文,而是有标题、有主题、有层次、有头有尾、结构完整的成型散文,并具备了后世散文的多种样式"①,表现出很高的文学造诣,在修辞之美与修辞之用上尤其如此。阅读《尚书》是体会汉字形义之美、厚生之用的重要途径,古今无数学者从中汲取文字修辞的力量与启迪,传承与创新中华文明。

1. 修辞之美

在遣词造句、属辞比事上,《尚书》集形式、表义、结构、布局之美于一体,展现出高超的修辞技巧。

(1) 就形式之美而论,如以"汤汤洪水方割,荡荡怀山襄陵,浩浩滔天"(《尧典》),描述洪水泛滥之状,用形象的"氵"偏旁的叠音之词"汤汤""荡荡""浩浩",将大水弥漫、肆虐天地的情形展现无遗,承载了古人对大洪水灾难的记忆。又如"保抱携持""剿割夏邑""怵惕惟厉",是以同一偏旁(如"扌""刂""忄")的连缀字集中出现的形式,表达某种含义,富有形式之美。再如《尚书》中运用了一些实词或虚词构造某些成语,也表现出某种形式之美,如"乃圣乃神,乃武乃文""克勤于邦,克俭于家""克宽克仁""念兹在兹,释兹在兹,名言兹在兹,允出兹在兹""人心惟危,道心惟微,惟精惟一,允执厥中"等。

(2) 就表义之美而论,主要体现有三:

其一,基于音律而言的表义之美。在《尚书》中,用词重视韵律,有的朗朗上口,节奏感强。如"能自得师者王,谓人莫已若者亡""作善降之百祥,作不善降之百殃""德无常师,主善为师。善无常主,协于克一""无怠无荒,四夷来王",类此非一,不再赘举。

---

① 杨树增等:《儒学与中国古代散文》,中国社会科学出版社2017年版,第143页。

其二，基于类比、比喻、类推、夸张、反问等修辞而言的表义之美。如比喻，《尚书·商书·说命上》中言"朝夕纳诲，以辅台德。若金，用汝作砺；若济巨川，用汝作舟楫；若岁大旱，用汝作霖雨，启乃心，沃朕心，若药弗瞑眩，厥疾弗瘳；若跣弗视地，厥足用伤"，以连贯的比喻修辞来形容君王求贤若渴、寄予厚望的心情，令人叹为观止。又如"予临兆民，懔乎若朽索之驭六马，为人上者，奈何不敬""栗栗危惧，若将陨于深渊""其心愧耻，若挞于市""心之忧危，若蹈虎尾，涉于春冰""今殷其沦丧，若涉大水，其无津涯"，等等。又如以类比的方式告诫臣民要敬德自重，"无起秽以自臭"，勿自取其辱，表达忧患之心则用"我心之忧，日月逾迈，若弗云来"，表达对德刑之治的好恶，想象二者散发出香甜或腥臭的味道，则用"上帝监民，罔有馨香德，刑发闻惟腥""至治馨香，感于神明。黍稷非馨，明德惟馨尔"，非常形象，表现有力。再如比喻、夸张或二者结合的方式形容王道德治一统天下、影响广远的情形，"海隅出日，罔不率俾""惟德动天，无远弗届""德日新，万邦惟怀""万邦咸休""万邦咸宁"。还有以反问的方式表达尊君畏民思想，"可爱非君？可畏非民？众非元后，何戴？后非众，罔与守邦？"等，具有口语化和说理性的特征，表现力较强。

其三，基于措辞简约而论的表义之美，描述战争场面最为典型。如《武成》篇以寥寥数语，形象、全面地讲述了牧野之战的始末，"甲子昧爽，受率其旅若林，会于牧野。罔有敌于我师，前途倒戈，攻于后以北，血流漂杵。一戎衣，天下大定"，涉及战争的时间、时刻、规模、地点、倒戈、现场血战、结局等，堪为讲述战争的经典语段。再如大禹在征伐三苗之乱时，发布的战前誓辞言简意赅，铿锵有力，"济济有众，咸听朕命。蠢兹有苗，昏迷不恭，侮慢自贤，反道败德，君子在野，小人在位，民弃不保，天降之咎，肆予以尔众士，奉辞伐罪。尔尚一乃心力，其克有勋"。此外，夏启伐有扈氏的《甘誓》、武王伐纣的《牧誓》也是如此，限于篇幅，不再赘述。

（3）就结构之美而论，主要指以一定规模的句式来表达或强调某种含义。如"儆戒无虞，罔失法度。罔游于逸，罔淫于乐。任贤勿贰，去邪勿疑。疑谋勿成，百志惟熙。罔违道以干百姓之誉，罔咈百姓以从己之欲"，以"无""罔""勿"等否定词加其他内容，形成某种句式，表达臣子对君王言行思虑的劝谏、规范。再如"德惟善政，政在养民。水、火、金、木、土、谷，惟修；正德、利用、厚生、惟和。九功惟叙，九叙惟歌""明王奉若天道，建邦设都，树后王君公，承以大夫师长，不惟逸豫，惟以乱民。惟天聪明，惟圣时宪，惟臣钦若，惟民从乂。惟口起羞，惟甲胄起戎，惟衣裳在笥，惟干戈省厥躬。王惟戒兹，允兹克明，乃罔不休。惟治乱在庶官。官不及私昵，惟其能；爵罔及恶德，惟其贤。虑善以动，动惟厥时。有其善，丧厥善；矜其能，丧厥功。惟事事，乃其有备，有备无患。无启宠纳侮，无耻过作非。惟厥攸居，政事惟醇。黩于祭祀，时谓弗钦。礼烦则乱，事神则难"，均以"惟"字为线索串联，构词组句，一气呵成，铿锵有力，直抒胸臆，同样显示出一种结构之美。又如"无偏无陂，遵王之义；无有作好，遵王之道；无有作恶，尊王之路。无偏无党，王道荡荡；无党无偏，王道平平；无反无侧，王道正直。会其有极，归其有极"，则以"无"字串连组句，呈现一种结构和韵律上的美，斐然成章，读来朗朗上口。

2. 修辞之用

《尚书》荟萃上古记言散文的精华，保存了很多富有哲理的成语、箴言和佳句，脍炙人口，流芳百世，有的成为后代人物起名的重要来源与参照，体现出恒久的魅力和广泛的价值。

（1）成语箴言

从《尚书》中产生了很多成语、箴言，影响深远。今文《尚书》有"惟辟作福，惟辟作威"（《洪范》）、"如丧考妣"（《舜典》）、"多材多艺"（《金縢》）、"人惟求旧，器非求旧，惟新"（《盘庚上》）、"我心之忧，日月逾迈"（《秦誓》）等。古文《尚书》则更多，如"正德、利用、厚生"（《大禹谟》）、"念兹在兹"（《大禹谟》）、"人心惟危，道心惟微，惟精惟一，允执厥中"（《大禹谟》）、"无远弗届"(《大禹谟》)、"满招损,谦受益"(《大禹谟》)、"玉石俱焚"(《胤征》)、"天作孽,犹可违;自作孽,不可逭"(《太甲中》)、"有备无患"(《说命中》)、"非知之艰,行之惟艰"(《说命中》)、"天地万物父母,惟人万物之灵"(《泰誓上》)、"大邦畏其力,小邦怀其德"(《武成》)、"玩人丧德,玩物丧志"(《旅獒》)、"不矜细行,终累大德。为山九仞,功亏一篑"(《旅獒》)、"不学墙面,莅事惟烦"(《周官》)、"黍稷非馨,明德惟馨"(《君陈》)、"有容,德乃大"(《君陈》)等。

(2) 人物起名

和其他儒家元典一样,《尚书》也是古今人们起名的重要源头。不少名人的名或字与《尚书》有关,如现代史学家钱穆,姓钱,名穆,字宾四,其中的"穆"与"宾四"就是出自《尚书·舜典》中的"宾于四门,四门穆穆",原意指尧命舜在明堂的四个门口欢迎朝觐尧帝的各地部落首领,来朝的宾客都肃然起敬。再如刘玄德名字,与"浚咨文明,温恭允塞,玄德升闻"(《舜典》)相关,李德裕名字与"宏于天,若德裕乃身"关联(《康诰》),钱谦益取自"满招损,谦受益"(《大禹谟》),董其昌可能取自《仲虺(huī)之诰》"推亡固存,邦乃其昌",张亮采名字来自"日严祗敬六德,亮采有邦"(《皋陶谟》),常乃德名字来自"用康乃心,顾乃德"(《康诰》),詹天佑或取自"皇天眷佑有商,俾嗣王克终厥德,实万世无疆之休",龙永图取自"慎乃俭德,惟怀永图"(《太甲上》),等等。

此外,在一些外来人名、植物的称谓翻译或现代某些网络用语方面,不少来自《尚书》。如美国著名作家 Ernest Miller Hemingway, 即欧内斯特·米勒·海明威,翻译者以"海明威"对应"Hemingway","明威"一词出自《尚书·皋陶谟》,"天聪明,自我民聪明。天明畏,自我民明威",显示了译者的文学素养;而来自异域的一种花"carnation",译者用"康乃馨"对应此词的中译文,这个词化用了《尚书·康诰》"丕则敏德,用康乃心"。再如网络搜索引擎"百度",人们常说它与宋词"众里寻她千百度"直接相关,殊不知它的原始出处是

《尚书·旅獒》中言"不役耳目，百度惟贞"。

不仅是人名、物名，史籍体裁、体例中的名称也有不少与《尚书》密切相关，如二十四史中大半都以"书"为后缀，就是如此，《汉书》《后汉书》《宋书》《南齐书》《北齐书》《梁书》《陈书》《魏书》《晋书》《隋书》《唐书》等，而有的正史列《五行志》《食货志》，"五行""食货"之名也来自《尚书》。

《尚书》的用途广泛，但主要是政治。书中蕴含着王道君德，被后人誉为"政事之纪"，具有知远广听、资政垂教的作用。正因为此，古代政治家与学者在诏书、政令或著作中的引用《尚书》论证观点、推行政令，有的还曾尝试以《禹贡》治河、以《洪范》察变。综合前面所言内容与主旨，理解《尚书》的各种作用，更为周全。

三 《尚书》读法

陈寅恪先生曾言：无论一个人的爱憎好恶如何，《诗经》《尚书》乃人人必读之书。因为它们是我们先民智慧的结晶。但《尚书》用语古奥，"词汇古老""语法变化""虚词很少"[①]，含义隐晦、费解，被后人视作最难读的文本。韩愈在《讲学解》中言"周诰殷盘，佶屈聱牙"，即指周书诸诰、商书盘庚等诸篇文字艰涩，语句拗口。对于如何阅读这部元典，学界有专文讲述，当代学者姜广辉曾在《怎样读〈尚书〉》一文（《中华读书报》2015年6月3日第8版）中介绍伏生所传《尚书》真本的思想内容，重点介绍其崇"敬畏"、重"修德"的思想。如果从提升人生道德修养和古典文学修养的角度而论，可尝试从以下方面入手。

第一，不分今文、古文《尚书》，选择成语典故较多、文字优美可观且对后世影响较大的著名篇章来读。如《大禹谟》《洪范》《金縢》《牧誓》等，先看译文注释，再揣摩其意。如果记性好的话，应

---

① 夏传才：《十三经概论·尚书》，天津人民出版社1998年版，第139页。

该熟读成诵，为之后深入阅读全书奠定坚实的基础。同时，也要读些近代以来学人对《尚书》诸篇内容的解读，详见本章后列参考文献，辅助理解选篇内容的真伪、含义、价值和地位等。

第二，带着一个问题、一条线索和思路来读今古文《尚书》，如探讨先秦时人的天命观、道德观、忧患观、史鉴意识等，探讨周初统治者如何巩固政权，探讨《尚书》中周公的形象、大禹治水、汤武革命等，然后搜集相关资料，再辅以《逸周书》《国语》《左传》《史记》等典籍所载相关内容，了解和描绘完整的史事轮廓，探究其实。

第三，分清今、古文《尚书》，对比二者内容、思想，察其异同，在了解和研究西周或更早的历史时，要谨慎、合理地应用这两类史料。不管针对今文还是古文《尚书》，不管初步了解还是深入研究，读者探讨其书或书中某篇的真实性都不可或缺。但是，如果将时段稍微拉长至先秦或周秦两汉，不执着或拘泥于上古三代历史，而是从思想史和提升人文修养的角度来探讨，那么此书中某些篇章的真实性反而不是特别重要。上述阅读方法多从这个角度而论。

课后思读

一 讨论思考

1. 试论《尚书》对于提升人文修养的启示。
2. 试论《尚书》中天命、道德、民本思想的现实价值。
3. 参照下列孔子的读书心得，理解《尚书》与道德、政治的关系。

二 参考文献

吕思勉：《经子解题·尚书》，华东师范大学出版社1995年版。
朱自清：《经典常谈·尚书》，上海古籍出版社2009年版。
周予同：《群经概论·尚书》，中国书籍出版社2006年版。
夏传才：《十三经讲座·尚书》，广西师范大学出版社2006年版。
刘起釪：《十三经说略·尚书》，北京燕山出版社2002年版。

程元敏：《尚书学史》，华东师范大学出版社 2013 年版。

马士远：《周秦尚书学研究》，中华书局 2008 年版。

吕思勉：《经子解题·尚书》，华东师范大学出版社 1995 年版。

李民、王健：《尚书译注》，上海古籍出版社 2004 年版。

刘毓庆：《〈尚书〉述三代以彰王道》（上、中、下），《名作欣赏》2016 年第 7、8、9 期。

三　延伸阅读

《孔丛子》中记载孔子回答弟子问题，谈及阅读《尚书》的心得，不无启示。

吾于《帝典》见尧、舜之圣焉，于《大禹》、《皋陶谟》、《益稷》见禹、稷、皋陶之忠勤功勋焉。于《洛诰》见周公之德焉。故《帝典》可以观美。《大禹谟》《禹贡》可以观事。《皋陶谟》《益稷》可以观政。《洪范》可以观度。《泰誓》可以观义。五诰可以观仁。甫刑可以观诫。通斯七者。则书之大义举矣。……吾于《高宗肜日》见德有报之疾也。苟由其道致其仁，则远方归志而致其敬焉。吾于《洪范》见君子之不忍言人之恶而质人之美也。发乎中而见乎外以成文者。其唯《洪范》乎。

第三讲 《礼记》导读

（人道教化，君子中庸）

礼是中国传统文化的核心范畴之一，是古人修身齐家治世之本，所谓"不知礼，无以立"，"人无礼则不生，事无礼则不成，国家无礼则不宁"。在儒家元典中，有一部专门阐发礼学要义的经典，它内容丰富，包罗万象，描述先秦时期中国社会风貌，展示古人修身齐家治世之道，为我们认识中华传统礼乐文明、提升人文修养提供重要的指导，具有独特的价值与意义，受到后世学者的持续推崇和研究，称其为"万世之书"。它就是本章拟讲的《礼记》。

一 《礼记》简介

（一）《礼记》来历

礼是中国传统文化和儒家思想的核心范畴，在先秦西汉时期，曾经流传三部礼学文献——《仪礼》《周礼》《礼记》，集中展现和阐发了早期中华礼乐文明的主要内容、用途和精神。本讲的《礼记》成书、面世最晚，它较多地解释了《仪礼》中的礼学内容，是儒家在诠释礼学经典中产生的新经典。三部礼学文献的主要内容各有侧重，《仪礼》主要介绍冠、婚、丧、祭、饮、射、燕、聘、朝觐等具体礼仪程序，《周礼》通过记述三百六十多种职官的职务，展现一种理想的社会政治制度设计方案，《礼记》兼二者所论，侧重阐明礼的作用和意义。它们都围绕以礼修养身心、治理国家与天下而论。在这些礼学经典中，礼被分为五类（吉、凶、军、宾、嘉），六类（冠、昏、丧、祭、乡、相见），八类（丧、祭、射、御、冠、昏、朝、聘）等，体现一种礼治思想。如研究者所见，尽管《仪礼》《周礼》两书的体例比较完整，而《礼记》可能是一部没什么体例可言的儒学杂编，取得经典地位也最晚，但从对社会和人们思想的影响来看，《礼记》远比《仪礼》《周礼》大。下面对三书作一介绍，重点探讨《礼记》的内容、主旨。

1. 《仪礼》

《仪礼》原称《礼》，后来汉朝官方立五经学官，又有《礼经》《士礼》之称，至晋才固定为此称，直到现在。《仪礼》主要记载西周士人贵族遵循的人生、社会与政治仪式程序，很少讲其背后含义。现在所见《仪礼》共有十七篇，它的篇目与次序由汉代郑玄所定，讲述冠礼、士昏礼、士相见礼、乡饮酒礼、乡射礼、燕礼、大射仪、聘礼、公食大夫礼、觐礼、丧服、士丧礼、既夕礼、士虞礼、特牲馈食礼、少牢馈食礼、有司彻。据宋代王应麟依照《周礼·春官·大宗伯》"五礼"说（吉凶军宾嘉）的分类，《仪礼》十七篇大致可分为四类：吉礼（《特牲馈食礼》《少牢馈食礼》《有司彻》三篇记祭祀鬼神、祈求福佑）、凶礼（《丧服》《士丧礼》《既夕礼》《士虞礼》四篇记丧葬）、宾礼（《士相见礼》《聘礼》《觐礼》记宾主相见）、嘉礼（《士冠礼》《士昏礼》《乡饮酒礼》《乡射礼》《燕礼》《大射礼》《公食大夫礼》记冠婚、宾射、燕飨）。各篇大致内容如下：

《士冠礼》篇：介绍周朝贵族男子二十岁时举行加冠典礼的详细经过。

《昏礼》篇：记载成年男女从纳采到婚后庙见的一系列礼仪，婚仪六礼影响深远。

《士相见礼》篇：记载贵族之间首次登门拜访、回拜的礼节仪式，包括见面所执礼物。

《乡饮酒礼》篇：记载基层社会每年定期举行敬老酒会的具

体仪式。

《乡射礼》篇：记载基层社会定期举行射箭比赛的具体仪节。

《燕礼》篇：记载贵族酒会的详细礼节，展示上层社会钟鸣鼎食、载歌载舞的情形。

《大射礼》篇：记载在国君主持下举行贵族射箭比赛的具体仪节。

《聘礼》篇：记载国君派遣大臣出访他国的具体礼节。

《公食大夫礼》篇：记载国君举行宴会招待来访使节的礼节。

《觐礼》篇：记载诸侯朝见天子的礼节。

《丧服》篇：记载时人通过不同规制的丧服、服期表达对死去的亲属的哀思，体现宗法社会中族内族外成员亲疏远近的关系。其中五服制对后世影响最大，至今依然。

《士丧礼》篇、《既夕礼》篇：记载贵族从死亡到埋葬的一系列丧礼仪节。

《士虞礼》篇：记载贵族在礼葬其父母后，回家举行的一些其他礼仪。

《特牲馈食礼》篇：记载贵族定期在家祭祀祖先的礼节。

《少牢馈食礼》篇、《有司彻》篇：记载贵族在家庙中祭祀祖先的礼节。

如细而论之，《仪礼》内容有以下几个特点：

其一，《仪礼》规定了士人贵族在成人、成婚和其他社交活动中的礼仪程序，贯穿生死，无所不及，体现了礼在中上层社会的不同用途。

其二，《仪礼》中所记诸礼，以丧礼居多，这深深地影响后来的《礼记》，较多地论述了丧礼，体现了儒家对死亡的格外关怀，是中国传统生死哲学的重要组成部分。

其三，《仪礼》凸显礼仪对现实生活特别是政治的指导作用，展现了西周礼乐文明的政治、社会与个人等方面的多重功用。

2.《周礼》

《周礼》，原名《周官》，在西汉末期改为此称，集中反映了我国上古三代政治制度。学界一般认为是战国时期学者憧憬上古西周礼乐文明而设计的政治蓝图，杂糅当时的现实因素与人们的理想成分，"既利用了从西周到战国的许多材料，又加以理想化，是关于国家政治体制和经济体制的设计蓝图"①，是集先秦时期政治文明之大成的理论成果。在彭林等当代学者看来，六篇布局有明显的"以人法天"的思想。天、地、春、夏、秋、冬六官象征天地四方六合。它把天、地、四时和六大官属相联系，构成国家行政机构体系，取其囊括一切、无所不包的意思。

《周礼》的内容包括《天官》《地官》《春官》《夏官》《秋官》《冬官》六篇，但《冬官》篇在西汉初亡佚，后人取内容相近的《考工记》补之。《周官》规定六官（国家中枢机构的六部分）和各级属官的职掌及各种制度。书中所列三百六十多个中央和地方官职，展现了当时人们心目中的国家行政机构模式。六官的内容大同小异，前五官（天官、地官、春官、夏官、秋官）在开头部分都有"惟王建国，辩方正位，体国经野，设官分职，以为民极"之语，各官之后又指出其长官的主要职能。如天官，"乃立天官冢宰，使帅其属而掌邦治，以佐王均邦国"，冢宰为六官之首，主管朝廷及宫中事务；地官，"乃立地官司徒，使帅其属而掌邦教，以佐王安扰邦国"，司徒主管土地和户口，负责分配土地，收取赋税；春官，"乃立春官宗伯，使帅其属而掌邦礼，以佐王和邦国"，宗伯即礼官，"掌建邦之天神、人鬼、地祇之礼"，主管祭祀和礼仪；夏官，"乃立夏官司马，使帅其属而掌邦政，以佐王平邦国"，司马主管军政；秋官，"乃立秋官司寇，使帅其属而掌邦禁，以佐王刑邦国"，司寇即刑官，主管刑罚、司法、治

---

① 夏传才：《十三经概论》，天津人民出版社1998年版，第201页。

安。在五官之下，还分列六十个左右的属官，附有很多分支与职掌，都表现出《周礼》以礼治国的主旨。

有些特殊的是第六篇《冬官》，本为主管百工、土木建筑等，相当于后世工部，但因亡佚，编者以《考工记》补之。其论述形式与内容多不同于前五篇，记载了治木之工、治金之工、设色之工、刮摩之工等，较多地论及车、削、矢、剑、钟、量、甲、韦革、皋陶、染羽、磬、玉、弓等制作。

3. 《礼记》

《礼记》是孔门后学等早期儒家学者研习、阐发《仪礼》等礼学经典要义的论文杂编，经历春秋战国至西汉前期的不断补充、修订，形成定本，总称"记"。如《汉书·艺文志》载："《礼古经》五十六卷，经七十篇，记百三十一篇，七十子后学所记也。"它最初作为解读《仪礼》的资料，附于书后，并传于世，后经过西汉礼学名家戴德、戴圣叔侄二人整理，形成大戴、小戴两个版本的《礼记》，就是现在我们所见的《大戴礼记》和《礼记》。

《礼记》虽然晚出，但内容丰富，思想深刻。它对传统社会、政治、思想和文化的影响很大，故在唐代之后升格为儒家礼经，被人们不断传习、阐发和运用。特别是《大学》《中庸》《礼运》《乐记》等篇章的某些概念，经宋明理学家的创造性转化、利用，焕发出新的生命力，成为当时儒学复兴的重要理论来源。《礼记》中某些思想至今仍然闪现着其历久弥新的价值，是中华优秀传统礼学文化的杰出代表。

(二)《礼记》内容

《礼记》总共四十九篇，近十万字，在儒家元典中篇幅较长，仅次于《左传》。其中所载内容论及先秦时期贵族士人从生至死之间的婚丧嫁娶、衣食坐立、行卧起居、言谈外貌、喜怒哀乐和齐家治国等，内容广博，蔚然可观。今参照杨天宇《礼记译注》序言、吕思勉《经子解题·礼记》，制定以下表格，分门别类，大致介绍《礼记》内容。

1. 内容梗概

《礼记》各篇内容概览

篇名 内容等	内容 （参照《礼记译注》序言）	备注 （参照《经子解题·礼记》）
1.《曲礼》上 2.《曲礼》下	论及礼的大义与细节，既多亦杂，吉、凶、军、宾、嘉皆涉及，多为微文小节，亦有触及礼的精义者。	杂记各种礼制，明其委曲者。
3.《檀弓》上 4.《檀弓》下	大部分为孔门弟子与先师谈论丧礼之事，语及大量失礼、疑礼与变礼，可见春秋战国时期"礼崩乐坏"之一斑。	杂记诸礼，丧礼居多。
5.《王制》	记古代王者治天下之制，包括封国、爵禄、职官、祭祀、丧葬、巡守、刑罚、养老、建城、选官。	作于汉文帝时期。
6.《月令》	记一年诸月天象、物候及天子如何因天时以制人事，如居住、车马、衣食、器具、行政等。	此篇与《吕氏春秋·十二纪》《淮南·时则训》多同。
7.《曾子问》	孔子、曾子及子游、子夏师徒，关于丧礼、吉礼中丧变的处理等问题。	皆问丧礼丧服，多可补经所不备。
8.《文王世子》	主要论及西周初，文王、武王周公时期有关太子教育问题（以文王、武王，做太子时的表现为榜样），亦及大学教育，天子养老礼、人才选拔、公族管理。	此篇可考学制、刑法、世子事父之礼、王族与异姓之殊。
9.《礼运》	主要论及礼的发展演变和运用。	与下《礼器》篇，颇错杂，存古制及孔门大义甚多。论礼意处，尤为纯美。
10.《礼器》	杂记礼的表现形式及演变历程、践行路径等，阐及礼之大义、本质等。	

续表

内容等＼篇名	内容 （参照《礼记译注》序言）	备注 （参照《经子解题·礼记》）
11.《郊特牲》	杂记和阐发诸礼，多及祭礼（祭天、祭祖、祭社稷、大腊祈丰），亦及他礼（冠、婚、燕、夫妇之礼、飨、朝觐等）与夫子论礼。	此篇在《礼记》中最为错杂，大体论祭祀，而冠昏之义，皆错出其中。
12.《内则》	有关家庭内部的礼仪法则，涉及时人的饮食起居、生养礼俗、家庭教育、孝养父母、敬老爱幼等。	皆家庭琐事，所记各节尤可见古代卿大夫之家生活情况。
13.《玉藻》	杂记诸礼，多为天子和诸侯衣服、饮食、居处之礼，亦及冠带笏佩、命妇服制与礼节、礼容、称谓之法。	多记服饰，前后倒错极多，编次颇杂，可见其传授之久。
14.《明堂》	鲁国依天子礼乐的规制祭祀周公，即祭周公之礼。	记周公摄王位，以明堂之礼朝诸侯，与《逸周书·明堂篇》略同。鲁人所传。
15.《丧服小记》	杂记丧服制度细节，偶及宗法制度和庙祭制度。	与下篇《大传》记古代宗法最有条理，是后世图说丧服的底本。
16.《大传》	主要杂记宗法制度，兼及祭法和服制，尤强调亲亲之大道大义。	
17.《少仪》	颇类似曲礼，多杂记琐细礼仪。	记相见及荐羞之小威仪。
18.《学记》	主要记办学兴教的意义、学校设置、教学原则与经验、方法及其他注意事项等。	皆论教育之法，涉学制者甚少。为人君说法，所论教育之理极精。
19.《乐记》	论及乐的理论。	论乐之义极精，《荀子》《吕览》诸书论乐者，多与此相重合，或有共同的祖本，各有所传与损益。

续表

篇名 内容等	内容 （参照《礼记译注》序言）	备注 （参照《经子解题·礼记》）
20.《杂记上》 21.《杂记下》	杂记丧礼、另及祭祀、婚礼、避讳、出妻、女子加笄等礼。	杂记诸侯以下至士之丧事。
22.《丧大记》	依丧礼演进的先后次序，杂记国君、大夫、士等贵族丧礼的大致过程。	记人君以下，始死、小敛、大敛及殡葬之礼。
23.《祭法》	记上古三代及春秋战国时期祭祀天地人间诸神的礼数，论王者之祭祀群神。	记虞夏商周四代之祀典，极有条理。
24.《祭义》	主要从伦理感情（而非礼制）上记载论述孝敬双亲，行悌顺兄，另论及祭天地日月之礼、礼乐教化的意义等。	与下篇《祭统》皆论祭祀。
25.《祭统》	多方面论述祭祀的意义及祭前祭后的仪式，论及鼎铭之文的性质、内容与意义等，周天子赐给鲁国的天子礼乐。	
26.《经解》	多谈礼的重要意义，亦及经书意义，天子之德、霸王之器。	论《诗》《书》《乐》《易》《礼》《春秋》之治，各有得失。六艺称经，此为最早。下文有论礼处，颇同《荀子》。
27.《哀公问》	哀公与孔子君臣问答，行礼的意义与途径，治理国家之道（分为问礼与问政）。	与下两篇《仲尼燕居》《孔子闲居》，文体相类，皆谈孔门中事，反复推论，词旨详尽，或为一家之书。

续表

内容等＼篇名	内容 （参照《礼记译注》序言）	备注 （参照《经子解题·礼记》）
28.《仲尼燕居》	孔子与子张、子贡、子游等弟子谈论关于礼的内容、本质、作用、意义、违礼之弊以及礼与乐、礼与诗、礼与德、礼与政的关系等。	
29.《孔子闲居》	子夏与孔子有关王者之德的问答录。	
30.《坊记》	孔子关于如何防范违礼、不忠不孝、犯上作乱、乱伦、贪利忘义等言论观点。	论礼以坊民，列举多事为证。
31.《中庸》	论致中和的中庸之道、治国之道、诚和德性等。	此篇为孔门最高哲学。
32.《表记》	君子修身之道与上古三代之治，事君之道、卜筮等，较突出地论述了仁德。	论君子之德，见于仪表者。
33.《缁衣》	围绕君臣之道德、君臣关系而论，亦及君民关系、交友之道、言行、好贤等。	与上三篇《坊记》《中庸》《表记》文体相类，或出自孔门子思学派之手。
34.《奔丧》	记在他乡回家奔丧之礼，亦及其他丧礼，如为无服者哭丧、相识者吊唁、同居者举丧之礼等。	记居于他国，问丧奔归之礼。
35.《问丧》	记父母死丧、送丧、祭祀、守丧之礼，以及关于三日而敛、袒免挂杖之礼的意义等。	此与《服问》《闲传》《三年问》诸篇皆释丧礼之义，及丧服轻重所由，是解释《仪礼》经文的传类著作。
36.《服问》	记从服关系的等差，丧服在身又遭丧之礼，天子公卿等丧服，杂记有关丧礼服制。	释丧礼之义。

续表

内容等＼篇名	内容 （参照《礼记译注》序言）	备注 （参照《经子解题·礼记》）
37.《间传》	服丧者哀情的各种表现（言谈举止、行卧饮食等），前后丧兼服之义等。	释丧礼之义。
38.《三年问》	以自问自答的设问方式，说明为父母服丧三年（或四年）的原因、服大功九月以下之丧的原因。	释丧礼之义。
39.《深衣》	深衣（一种丧服）的制度、意义、用途。	记深衣（古代天子达于庶人之服）之制，为若能深明其制，则其余服制，皆易明矣。
40.《投壶》	记投壶的具体礼仪。	记古人一种游戏：投壶之礼。
41.《儒行》	主要论儒者的十余种德行。	记孔子对哀公列举儒者之行。与《墨子·非儒》《荀子·非十二子》等篇对看，可见当时所谓儒者的情形。
42.《大学》	记博学以为政，讲格物、致知、正心、诚意的修养之事，以及由此而推扩的齐家治国平天下之事。	论学以治国之理，与《学记》合看，可见古代学与政相关。
43.《冠义》	释士冠礼（即贵族成人礼）的意义。	此篇与《昏义》《乡饮酒义》《射义》《燕义》《聘义》，都是解释《仪礼》经文之传。
44.《昏义》	释士昏礼的意义及王后六宫礼制的意义。	解释《仪礼》经文。
45.《乡饮酒义》	释乡饮酒礼的意义。	解释《仪礼》经文。
46.《射义》	泛论射礼的意义，侧重论天子用射礼择士之义。	解释《仪礼》经文。
47.《燕义》	释诸侯、群臣闲暇宴会之礼的仪式、制度和意义等。	解释《仪礼》经文。
48.《聘义》	多为解释聘礼的意义。	解释《仪礼》经文。

续表

内容等 \ 篇名	内容（参照《礼记译注》序言）	备注（参照《经子解题·礼记》）
49.《丧服四制》	论古代制定丧服制的四项原则（恩理节权）及其与四德（仁义礼知）的联系。	解释礼经中《丧服》之传。

从上表可见，《礼记》内容丰富，涉及广泛，包含政治理想、礼治思想、社会生活、人生哲学以及教育、音乐、天文等方面。其中以解释《仪礼》的内容为主，较多地论及丧祭之礼。它既是反映先秦政治制度、社会生活、思想文化的镜子，更是历代君王修身、齐家、治国、平天下的指南。书中不乏有益人生修养的理论与思想，对后世产生了深远的影响。

2. 内容类别

从类别上来看，《礼记》内容大致可分四类：专释《仪礼》之属（21篇），考述古礼之属（13篇），杂记孔子及其弟子思想言行之属（8篇），儒家学术论文之属（7篇）。①

(1) 专门阐释《仪礼》之属21篇。探讨制礼的意义和礼治精神，数量较多。其中7篇《冠义》《昏义》《乡饮酒义》《射义》《燕义》《聘义》《丧服四制》对应通释《仪礼》的《士冠礼》《士昏礼》《乡饮酒礼》《乡射礼》《大射礼》《燕礼》《聘礼》《丧服》等篇；另外的14篇《曾子问》《丧服小记》《丧大记》《奔丧》《问丧》《间传》《服问》《三年问》《杂记》上下、《郊特牲》《祭义》《祭法》《祭统》则针对《仪礼》中丧礼、祭礼的专题而论。

(2) 考述古礼之属13篇。《曲礼》上、《曲礼》下、《王制》《月令》《明堂位》《文王世子》《礼器》《大传》《缁衣》《玉藻》《少仪》《内则》《投壶》。这些篇章补充《仪礼》中未载古礼，内容广泛而杂

---

① 参见夏传才《十三经概论》，天津人民出版社1998年版，第228—231页。

乱，有作授时颁政之用，如《月令》；有论王子的礼乐教育，如《文王世子》；有记述日常生活礼节和守则，涉及道德修养方面，如《曲礼》上下、《内则》《少仪》等；有考述各种礼器用具以及明堂方位，如《礼器》《玉藻》《明堂位》等篇。对于人生修养的提升（《曲礼》上、下）、贵族社会生活（《内则》）、政治制度（如《王制》《月令》）、治国之道（《缁衣》）等研究皆有一定的参考作用。

（3）杂记孔子及弟子言论之属8篇。《仲尼燕居》《孔子闲居》《哀公问》《檀弓》上下、《坊记》《丧记》《缁衣》，记述孔门师徒言论、事迹等，多为儒者托名孔子或其弟子所作。其中《檀弓上》以杂记的故事丰富、哲理至深而被后人重视、传习，当作撰写文章的范本。

（4）学术论文之属7篇。《礼运》《学记》《乐记》《经解》《中庸》《大学》《儒行》，论述了儒家思想精义，在《礼记》中最具研读价值，《大学》《中庸》更是单独成书，被后人诵习不已，成为修身养性、齐家治国的理论源泉与精神养分。

3. 内容特点

从形式上来看，《礼记》既记载具体礼仪的细则、程序，也在很多篇章阐发礼学精义。它反映了西周贵族士大夫阶层言行举止、修齐治平的行为规范，可以说是贵族的"清规戒律"。这从《礼记》首篇《曲礼》所载即可见知，如从开篇讲"毋不敬，……敖不可长，欲不可从，志不可满，乐不可极"，到最后讲"国君不乘奇车。车上不广欬，不妄指。立视五巂，式视马尾，顾不过毂。国中以策彗恤勿驱，尘不出轨"，很多内容都谈士人贵族的言行规矩、宜忌，尤其是禁忌，常以"不××"的形式出现。以《曲礼上》所载相关内容为例，它的宜忌色彩非常浓厚，具有一定的代表性。

（1）为人子者的禁忌，"为人子者，居不主奥，坐不中席，行不中道，立不中门；食飨不为概，祭祀不为尸；听于无声，视于无形；不登高，不临深；不苟訾，不苟笑。孝子不服暗，不登危，惧辱亲也。父母存，不许友以死；不有私财。为人子者，父母存，冠衣不纯素。孤子当室，冠衣不纯采""父母有疾，冠者不栉，行不翔，言不惰，琴瑟不御，食肉不至变味，饮酒不至变貌，笑不至矧，怒不至詈。疾止复故"。

（2）丧葬之礼的禁忌，"居丧之礼：毁瘠不形，视听不衰，升降不由阼阶，出入不当门隧""适墓不登垄，助葬必执绋。临丧不笑。揖人必违其位。望柩不歌。入临不翔。当食不叹。邻有丧，舂不相；里有殡，不巷歌。适墓不歌，哭日不歌。送丧不由径，送葬不辟涂潦。临丧则必有哀色，执绋不笑，临乐不叹，介胄则有不可犯之色。故君子戒慎，不失色于人"。

（3）侍奉长者的禁忌，"幼子常视毋诳，童子不衣裘裳，立必正方，不倾听。长者与之提携，则两手奉长者之手。负剑辟咡诏之，则掩口而对。从于先生，不越路而与人言。遭先生于道，趋而进，正立拱手。先生与之言，则对；不与之言，则趋而退。从长者而上丘陵，则必向长者所视""侍坐于君子，君子欠伸、撰杖屦、视日蚤莫，侍坐者请出矣。侍坐于君子，君子问更端，则起而对。侍坐于君子，若有告者曰'少间，愿有复也'则左右屏而待。毋侧听，毋噭应，毋淫视，毋怠荒。游毋倨，立毋跛，坐毋箕，寝毋伏。敛发毋髢，冠毋免。劳毋袒，暑毋褰裳。侍坐于长者，屦不上于堂，解屦不敢当阶""侍食于长者，主人亲馈，则拜而食；主人不亲馈，则不拜而食。其食不饱，共饭不泽手。毋抟饭。毋放饭。毋流歠。毋咤食。毋啮骨。毋反鱼肉。毋投与狗骨。毋固获。毋扬饭。饭黍毋以箸。毋嚃羹。毋絮羹。毋刺齿。毋歠醢。客絮羹，主人辞不能亨。客歠醢，主人辞以窭。濡肉齿决，乾肉不齿决。毋嘬炙"。

（4）男女交往的禁忌，"男女不杂坐，不同椸枷，不同巾栉，不亲授。嫂叔不通问，诸母不漱裳。外言不入于梱，内言不出于梱。女子许嫁，缨。非有大故，不入其门。姑、姊、妹、女子子已嫁而反，兄弟弗与同席而坐，弗与同器而食。父子不同席。男女非有行媒，不相知名。非受币，不交不亲"。

（5）其他礼仪禁忌，"礼不妄说人，不辞费。礼不踰节，不侵侮，不好狎""临财毋苟得，临难毋苟免。很毋求胜，分毋求多。疑事毋质,直而毋有""登城不指。城上不呼。将适舍,求毋固。将上堂,声必扬。户外有二屦,言闻则入,言不闻则不入。将入户,视必下。入户奉扃,视瞻毋回。户开亦开,户阖亦阖。有后入者,阖而勿遂。毋践屦,毋踖席,抠衣趋隅。必慎唯诺。大夫、士出入君门,由闑右,不践阈""帷薄之外不趋,堂上不趋,执玉不趋。堂上接武,堂下布武,室中不翔。并坐不横肱。授立不跪,授坐不立""贫者不以货财为礼,老者不以筋力为礼""名子者不以国,不以日月,不以隐疾,不以山川""君子不尽人之欢,不竭人之忠""吊丧弗能赙,不问其所费。问疾弗能遗,不问其所欲。见人弗能馆,不问其所舍。赐人者不曰来取,与人者不问其所欲""礼不下庶人,刑不上大夫。刑人不在君侧"。

在《礼记》其他篇章中,类似礼仪规矩、宜忌也很多,不再赘述。在这些礼仪的基础上,后人又不断发展,形成更多的规矩、禁忌。如在《礼记》宣扬的妇德、妇容基础上产生的女子言行礼仪,所谓"生而如鼠,犹恐如虎,笑不露齿,行不露趾",或"行莫回头,语莫掀唇,坐莫动膝,立莫摇裙,喜莫大笑,怒莫高声"等,过犹不及。不过,《礼记》记载的某些言行思想规范、约束在传统社会多具有积极的意义,如"爱而知其恶,憎而知其善""自卑而尊人,虽负贩者,必有尊也""贫者不以货财为礼,老者不以筋力为礼""君子不尽人之欢,不竭人之忠""君子不以其所能者病人,不以人之所不能者愧人""情欲信,辞欲巧""可亲而不可劫也,可近而不可迫也,可杀而不可辱也"等。此外,更多的内容和背后思想呈现的情况较为复杂,有的是精华与糟粕并存,如"男女不杂坐,不同椸枷,不同巾栉,不亲授";有的则纯粹是糟粕,如"寡妇之子,非有见焉,弗与为友""父母怒,不悦,而挞之流血,不敢疾怨,起敬起孝";有的在形式上流于烦琐、迂腐、过时,如"男女非有行媒,不相知名。非受币,不交不亲",等等,不一而足。今人在面对传统文化中良莠不齐的礼仪规矩,不可泥古不化,食古不化,盲目遵从与抛弃古礼中精糟并存的内容。我们需要细加辨别、分析,以有益于身心健康、人际、群际和谐交往为根本原则，在继承与批判中去糟存精，传承革新，师古不泥，古为今用。

（三）《礼记》主旨

自从"人猿相揖别"，人类跨入文明社会，无不标榜人是万物之灵、天地间最尊贵者、万物存在的尺度，努力与其他动物划清界限。但有时不免令人失望，因为孟子言："人与禽兽之别，几希矣。"但人与禽兽毕竟有别，差别在哪里？这牵涉一个重要的哲学问题：人是什么。中外古今贤哲对此多有论述。《礼记》给出古代中国人的答案，即礼义是人之为人的根本标准。如《冠义》篇言"凡人之所以为人者，礼义也"，《曲礼》篇言"鹦鹉能言，不离飞鸟。猩猩能言，不离禽兽。今人而无礼，虽能言，不亦禽兽之心乎？夫唯禽兽无礼，故父子聚麀。是故圣人作，为礼以教人，使人以有礼，知自别于禽兽"。如何确立礼义呢？《冠义》篇讲"礼义之始，在于正容体，齐颜色，顺辞令。容体正，颜色齐，辞令顺，而后礼义备，以正君臣、亲父子、和长幼。君臣正，父子亲，长幼和，而后礼义立"，就是在人际交往中确立一种中正、亲切、和谐的关系。《礼记》所论着重从道德、知识与情感等层面，说明人与禽兽的差别、人之为人的标准，实则讲的是一种教化之礼。教化之礼是指依照人道之礼的标准，通过各种礼仪规范，在道德、智慧、情感、意志方面勤加修炼，澡身浴德，最终有别于禽兽，实现人类思想的境界从自然、功利走向道德甚至天地。简言之，《礼记》主旨就是人道与教化。

其实，通观《礼记》，我们发现从开篇《曲礼》论"圣人作，为礼以教人，使人以有礼，知自别于禽兽"到末篇《丧服四制》论"仁、义、礼、知，人道具矣"，再到中间的《礼运》篇论"礼义也者，人之大端也，所以讲信修睦，而固人之肌肤之会、筋骸之束也；所以养生、送死、事鬼神之大端也，所以达天道、顺人情之大窦也"，《礼器》篇言"忠信，礼之本也；义理，礼之文也。无本不立，无文不行。礼也者，合于天时，设于地财，顺于鬼神，合于人心，理万物者也",《乐记》篇论"中正无邪,礼之质也;庄敬恭顺,礼之制也""著诚去伪,礼之经也""礼乐之说,管乎人情矣",《丧服小记》篇论"亲亲、尊尊、长长、男女之有别,人道之大者也",等等,这些论述都反复指出礼是人之为人的根本标准,它是关系到人道、人情、人心、人文和天地万物治理的根本法则。这一法则既是自然法(nature law),也是人间法(human law)。《中庸》言"天命之谓性,率性之谓道,修道之谓教",讲天人合一之道,从自然天命中生发出人性、人道,完成人文教化。从某种意义上论,它展示了《礼记》视域下的人道教化路径,敬天命、率人性、修人道、治人情、教人礼,体现了礼的本质与用途在于究天人之际、修天道人情。

在《礼记》中,儒家将礼、事、理联系在一起,探讨礼乐文明的要义。孔子认为礼是"即事之治","君子有其事,必有其治","礼也者,理也。乐也者,节也。君子无理不动,无节不作"(《仲尼燕居》),"乐也者,情之不可变者也。礼也者,理之不可易者也"(《乐记》),郑玄注"理,犹事也"。一个人如果想过一种合情合理的生活,必须遵循礼乐精神而行。这种精神可称为情理精神或情感理性,它既是《礼记》主旨——人道与教化的核心,更是礼乐文明的精髓。

《礼记》致力于阐发人道与教化,弘扬礼乐文明的要义,主张恭俭庄敬,敬人有道,君子行从中庸,追求情理中和、思行中正的境界,构建和谐心态、和谐人生与和谐世界。在《礼运》《乐记》《中庸》《大学》诸篇,儒者对礼如何"达天道而顺人情",作了较多的阐发,不乏精深之见。

众所周知,中国传统文化饱含探究天人之学、务求道洽政治的淑世情怀。礼是中国传统文化的核心范畴,礼学包括礼乐、礼义、礼制、礼俗四大方面,追求通达天道而顺治人情,所谓"凡礼之大体,体天地,法四时,则阴阳,顺人情,故谓之礼"(《礼记·丧服四制》),这一点在《礼运》篇中有更为集中的论述。如礼是"先王以承天之道,以治人之情"的产物,礼有"达天道、顺人情"之用。在追溯礼的来源与功用时,古人主张遵循由上而下、由天而人的路径,认为礼"必本于天，殽于地，列于鬼神，达于丧祭射御，冠昏朝聘。故圣人以礼示之，故天下国家可得而正也"，"夫礼必本于天，动而之地，列而之事，变而从时，协于分艺。其居人也曰养，其行之以货力、辞让、饮食、冠昏、丧祭、射御、朝聘。故礼义也者，人之大端也，所以讲信修睦，而固人之肌肤之会、筋骸之束也；所以养生、送死、事鬼神之大端也，所以达天道、顺人情之大窦也"。所谓"顺人情"中的"顺"，就是《礼运》中所言的"大顺"，"四体既正，肤革充盈，人之肥也；父子笃，兄弟睦，夫妇和，家之肥也；大臣法，小臣廉，官职相序，君臣相正，国之肥也；天子以德为车，以乐为御，诸侯以礼相与，大夫以法相序，士以信相考，百姓以睦相守，天下之肥也。是谓大顺"。简言之，这种"大顺"就是《大学》篇中所言身修、家齐、国治、天下平。

如何使礼达天道而顺人情，《礼运》篇所论遵循由上而下、由天及人的思路而论，格外强调以礼义治人情，所谓"圣人作则，必以天地为本，以阴阳为端，以四时为柄，以日星为纪，月以为量，鬼神以为徒，五行以为质，礼义以为器，人情以为田，四灵以为畜""圣王修义之柄、礼之序，以治人情。故人情者，圣王之田也，修礼以耕之，陈义以种之，讲学以耨之，本仁以聚之，播乐以安之。故礼也者，义之实也；协诸义而协，则礼虽先王未之有，可以义起也"。

在《乐记》《中庸》《大学》等篇中，相关论述也大致遵循天人之际的思路，提供了情理合一、求同别异、中和人情、格致诚正等不同的实践路径。《礼记》中谈礼必谈乐，礼乐一体则无二致，共同构成礼乐文明的大厦。《乐记》篇有集中的论述。它将乐引入对礼的阐发中，指出礼、乐与人情、天地的密切关联。礼乐是治理天地万事万物的总法则，所谓"大乐与天地同和，大礼与天地同节。和，故百物不失；节，故祀天祭地。明则有礼乐，幽则有鬼神。如此，则四海之内合敬同爱矣。礼者，殊事、合敬者也；乐者，异文、合爱者也。礼乐之情同，故明王以相沿也""乐者，天地之和也。礼者，天地之序也。和，故百物皆化；序，故群物皆别。乐由天作，礼以地制。过制则乱，过作则暴。明于天地，然后能兴礼乐也"。

再如《中庸》从天命、人道、教化的角度论述礼学精义与实践路径。开头的三句非常凝练、精辟、高明，讲"天命之谓性，率性之谓道，修道之谓教"，指出天命、率性、修道、教化的修养之途；随后标举"致中和"之道是"天地位焉，万物育焉"的法门，所谓"喜怒哀乐之未发，谓之中，发而皆中节，谓之和。中也者，天下之大本也；和也者，天下之达道也。致中和。天地位焉，万物育焉"，也可视作从实践角度和理想境界提出修养之途。儒者站在人道确切而言是君子之道的立场上论人生修养之道。《中庸》认为"君子之道，造端乎夫妇；及其至也，察乎天地""道不远人。人之为道而远人，不可以为道"，并指出礼与人情（亲亲）、人义（尊贤）的关系，"仁者人也，亲亲为大；义者宜也，尊贤为大。亲亲之杀，尊贤之等，礼所生也"，人道有五大方面，"君臣也，父子也，夫妇也，昆弟也，朋友之交也，五者天下之达道也"。其他诸篇亦就此而论，如《昏义》篇言："敬慎重正，而后亲之，礼之大体，而所以成男女之别，而立夫妇之义也。男女有别，而后夫妇有义；夫妇有义，而后父子有亲；父子有亲，而后君臣有正。故曰：婚礼者，礼之本也。"

和《乐记》所论"著诚去伪，礼之经也"一样，《大学》《中庸》也强调行礼要守"诚意"。如《中庸》格外强调"诚者"之道，"诚之"之道，将其与天道、人道联系起来，"诚者，天之道也；诚之者，人之道也。诚者不勉而中，不思而得，从容中道，圣人也。诚之者，择善而固执之者也"。在此基础上，论者又以诚来呼应《中庸》之首的天命、率性、修道、礼教，即"自诚明，谓之性。自明诚，谓之教。诚则明矣，明则诚矣。唯天下至诚，为能尽其性；能尽其性；则能尽人之性；能尽人之性，则能尽物之性；能尽物之性，则可以赞天地之化育；可以赞天地之化育，则可以与天地参矣"，将天地、万物与人性诸事的治理贯通起来，浑然一体。此外，儒者深入细述成己、成物之别，探讨至诚之道，涉及天道与人情、外物与自身的密切关系，"诚者，自成也；而道，自道也。诚者，物之终始，不诚无物。是故君子诚之为贵。诚者，非自成己而已也，所以成物也。成己，仁也；成物，知也。性之德也，合外内之道也，故进措之宜也"，最终进至"至诚无息"之境，上达至"为物不贰""生物不测""博也，厚也，高也，明也，悠也，久也"的天地之道。由此实现天命、天道与人性、人情之间的畅通。这与《礼运》所言"达天道而顺人情"之意息息相通。

此外，《大学》篇将天道、人情凝练成大学之道，以三纲（即"明明德，在亲民，在止于至善"）、八目（格物、致知、诚意、正心、修身、齐家、治国、平天下）为线索，提纲挈领地标举"为人君，止于仁；为人臣，止于敬；为人子，止于孝；为人父，止于慈；与国人交，止于信"，讲"无情者不得尽其辞"，求心正、意诚，皆与《礼运》《中庸》篇中所论以礼正人情、以诚成物成己彼此呼应，弘扬仁义大道。不过，《大学》较集中地论述修身治政之道，很少论及天地之道。和前面《中庸》《乐记》《礼运》综论天道人情、天人之道对比，显示它的独特之处，但略有缺憾。

整体而观，《礼记》追求达天道而顺人情，要求人守礼而行，应以礼敬人，所谓"夫礼者，自卑而尊人，虽负贩者，必有尊也"；崇尚善言、善行、善德、善道，所谓"大学之道，在明明德，在亲民，在止于至善"（《大学》），"修身践言，谓之善行。行修言道，礼之质也"（《曲礼》上）；秉持情理合一、中庸中和的精神为人处事，所谓"爱而知其恶，憎而知其善""好而知其恶，恶而知其美者"，喜怒哀乐"发而皆中节"。这是礼主敬向善、中庸而行的本质属性的体现，也是人类进入文明时代对言行思考的基本要求。这种敬人、向善、理性的礼学诉求成为后世历代中国人处理各种人际、群际关系遵循的基本规范与精神理念，灼灼其华，亘古未变，至今仍洋溢着饱满的生命和强劲的动力，指导着人们去更清醒地观察、适应和改造主客观世界，使人类的精神生活与思想境界更加美好。

二 《礼记》与人文修养

中国是千年礼仪之邦，以达礼、明礼、礼敬于人等闻名于世，屹立于世界东方。古人言"国于天地，必有与立"（《左传·昭公元年》），"中国者，礼义之国也"（见《公羊》隐公七年"不与夷狄之执中国"何休注）。当代学者多视礼为中国传统思想、历史、文化的核心，标举礼对个体、家国的重要性和特殊性。如钱穆曾言，中国传统文化如果用一个字来概括，那就是礼①。《礼记》的内容广博，在传统和当代社会中的用途广泛。如《礼记》中某些内容与思想影响到近代以来的政治理想设计。从 20 世纪至今，国人提出各种政治理想，勾勒社会蓝图，其中闪现着《礼记》的影子。如近代学者康有为曾提出大同社会的思想，当代我国全面建设小康社会，"大同""小康"就出自《礼记·礼运》篇。再如当前我国提倡构建人类命运共同体，主张世界各国人民应该秉持"天下一家"的理念，张开怀抱，彼此理解，求同存异，其中的"天下一家"就是化用了《礼记·礼运》中语"圣人耐以天下为一家、以中国为一人者"。又如，出自《礼记·礼运》篇的"天下为公"思想，受到后人的重视，被奉为一种政治理想或宣传口号。近代革命先行者孙中山曾将此作为重要的建党、兴国理念和口号，显示了古典礼学在现代散发的独特魅力与作用。在政治之外，《礼记》中某些名言警句的内涵深刻，意义隽永，有不少劝学箴言传于后世，作为教学理念被应用到现代教育实践中，这是《礼记》这部儒家元典的独特作用。当代国内高校很多校训出自《礼记》②，其中《中庸》《大学》《学记》某些语句的应用频率较高，如下所示，就是最好的证明。

---

① [美] 邓尔麟：《钱穆与七房桥世界》，蓝桦译，社会科学文献出版社 1995 年版，第 8 页。

② 参见吕友仁《礼记五讲》，载郭齐勇主编《儒家文化研究》第三辑，《礼学研究专号》，生活·读书·新知三联书店 2010 年版，第 279—282 页。

摘自《礼记》的国内大学校训概览

大学名称	校训（画线部分出自《礼记》）	划线内容的《礼记》具体出处（篇名、内容）
东南大学	<u>止于至善</u>	《大学》："大学之道，在明明德，在亲民，在止于至善。"
厦门大学	自强不息，<u>止于至善</u>	同上
河南师大	厚德<u>博学</u>，<u>止于至善</u>。	《中庸》："博学之，审问之，慎思之，明辨之，笃行之。" 《大学》："大学之道，在明明德，在亲民，在止于至善。"
福州大学	<u>明德至诚</u>，<u>博学</u>远志	《大学》："大学之道，在明明德。" 《中庸》："博学之，审问之，……唯天下至诚，为能经纶天下之大经。"
香港大学	<u>明德格物</u>	《大学》："大学之道，在明明德，……致知在格物。"
中国政法大学	厚德明法<u>格物</u>致公	同上
中山大学	<u>博学 审问 慎思 明辨 笃行</u>	《中庸》："博学之，审问之，慎思之，明辨之，笃行之。"
兰州大学	<u>博学笃行</u>，自强为新	同上
山东师大	弘德明志，<u>博学笃行</u>	同上
辽宁工程技术大学	诚朴求是，<u>博学笃行</u>	同上
湘潭大学	<u>博学笃行</u>，盛德日新	同上
安徽大学	<u>至诚</u>至坚，<u>博学笃行</u>	《中庸》："博学之，审问之，……唯天下至诚，为能经纶天下之大经。"

续表

大学名称 校训、出处	校训（画线部分出自《礼记》）	划线内容的《礼记》具体出处（篇名、内容）
黑龙江大学	<u>博学慎思</u>，<u>参天尽物</u>	《中庸》："博学之，审问之，慎思之，明辨之，笃行之。……能尽物之性，则可以赞天地之化育。"
香港浸会大学	笃信<u>力行</u>	《中庸》："好学近乎知，力行近乎仁，知耻近乎勇。"
北京邮电大学	厚德<u>博学</u>，<u>敬业乐群</u>	《中庸》："博学之，审问之，慎思之，明辨之，笃行之。"《学记》："一年，视离经辨志。三年，视敬业乐群。"
香港城市大学	<u>敬业乐群</u>	《学记》："一年，视离经辨志。三年，视敬业乐群。"
长安大学	求是笃学，<u>敬业乐群</u>	同上

在当代学者看来，《礼记》是"讲究礼仪的百科全书"，中国素有千年礼仪之邦的美名，最大功臣应是《礼记》[①]。它宣扬礼治思想，是中华传统文化的核心组成部分，影响深远。清代学者焦循在《礼记补疏序》言："《周礼》《仪礼》，一代之书也；《礼记》，万世之书也。《记》之言曰：'礼以时为大。'此一言也，以蔽千万世制礼之法可矣。"至今我们论一个人有修养，称其"知书达礼""通情达理"；称赞家庭有文化，会讲"诗礼传家"；赞叹一个文明国家，称"礼仪之

---

① 参见吕友仁《礼记五讲》，载郭齐勇主编《儒家文化研究》第三辑《礼学研究专号》，生活·读书·新知三联书店2010年版，第277页。

邦"。礼对于个人修养、家庭和谐、国家安定与天下太平，都有格外重要的作用，所谓"人无礼则不生，事无礼则不成，国家无礼则不宁"（《荀子·修身》）。《礼记》亦言"人有礼则安，无礼则危"（《曲礼上》），"君子无物而不在礼"（《仲尼燕居》），指出礼对于人生安危的重要意义，讲"君子不失足于人，不失色于人，不失口于人"（《表记》），在我们日常生活中就可见一些在言谈举止上失礼于人的例子，值得重视，引以为鉴。如 2010 年 4 月 17 日晚，央视新闻频道《新闻调查》以直播方式播出了地震专题节目《玉树 72 小时》。主持人与前方记者进行现场连线，说："对于一个国家来说，在两三年的时间内发生二次这么大的地震，是一个不幸的事件；但对于中国国家救援队来说，能够在如此短暂的时间内进行两次这样的实践练习，却是非常难得的机会。"这后半句话是典型的"失口于人"。再如围棋冠军曾在央视《艺术人生》端午节特别节目录播现场数次睡着，主持人朱军不得不叫醒他，就是典型的"失色于人"。总之，《礼记》在现代社会仍具有非常重要的作用，以下从提升人文道德、知识与文学等方面分而述之。

（一）《礼记》与道德修养

《礼记》中有很多关于道德修养的礼仪要求和理论阐发，有益人生。不管古今，人们都面临类似的问题，如在家中为人父母、子女，在校内为人师表、弟子，在社会上为人上司、下属，在职场如何应聘、洽谈商务等问题，随之而来的是不同角色与场合的规范要求。《礼记》阐述了礼在成就一个有道德的人、教化民众、平息争讼、构建和谐的人际关系和治理人世等方面发挥的重要作用，所谓"礼者，所以定亲疏，决嫌疑，别同异，明是非也""道德仁义，非礼不成。教训正俗，非礼不备。分争辨讼，非礼不决。君臣、上下、父子、兄弟，非礼不定。宦学事师，非礼不亲。班朝治军，莅官行法，非礼威严不行。祷祠、祭祀、供给鬼神，非礼不诚不庄。是以君子恭敬撙节，退让以明礼"（《曲礼上》），"夫礼，必本于天，淆于地，列于鬼神，达于丧、祭、射、御、冠、昏、朝、聘。故圣人以礼示之，故天下国家可得而正也"（《礼运》）。一方面礼用来治情修义，约束、节制和疏导人情，使人与人之间的关系达到一种合情合理、张弛有道的适宜状态，《礼运》篇称之为"人义"即"父慈，子孝，兄良，弟悌，夫义，妇听，长惠，幼顺，君仁，臣忠"，《大学》中所言为人之道——"为人君，止于仁；为人臣，止于敬；为人子，止于孝；为人父，止于慈；与国人交，止于信"。另一方面，它也可用来指导君主贤臣治政，如《礼运》篇所言"礼者，君之大柄也，所以别嫌明微，傧鬼神，考制度，别仁义，所以治政安君也""礼义以为纪，以正君臣，以笃父子，以睦兄弟，以和夫妇，以设制度，以立田里"。此处谨以《曲礼》《中庸》《大学》《儒行》《冠义》等篇所载相关内容为例，联系古今，附以评议，略论其中有益于修身之礼。

如上所言，《曲礼》属于"考述古礼之属13篇"之一，论及古礼的范围广泛，内容丰富，蔚然大观，在整部《礼记》中都很罕见。它主要涉及进食之礼、衣饰之礼、相见之礼、称谓之礼、孝弟之礼、成人之礼、婚嫁之礼、丧祭之礼等，教导人们遵礼而为，敬重他人，彼此互往，节制性情，正义而行，保持一份理智。此处择其中可通古今、益人生的数段语句，供大家参考。

其一，《曲礼》载："毋不敬，俨若思，安定辞安民哉。敖不可长，欲不可从，志不可满，乐不可极。贤者狎而敬之，畏而爱之。爱而知其恶，憎而知其善。积而能散，安安而能迁。临财毋苟得，临难毋苟免，很毋求胜，分毋求多，疑事毋质，直而勿有""临财毋苟得，临难毋苟免""礼尚往来，往而不来，非礼也；来而不往，亦非礼也""君子不尽人之欢，不竭人之忠，以全交也"。这些内容教导人们要守礼，做到敬爱他人，爱之有道，适度而为，保持理智，勿生贪念等。

其二，《曲礼》载："侍食于长者，主人亲馈，则拜而食；主人不亲馈，则不拜而食。共食不饱，共饭不泽手。毋抟饭。毋放饭。毋流歠。毋咤食。毋啮骨。毋反鱼肉。毋投与狗骨。毋固获。毋扬饭。饭黍毋以箸。毋嚺羹。毋絮羹。毋刺齿。毋歠醢。客絮羹，主人辞不能亨。客歠醢，主人辞以窭。濡肉齿决，干肉不齿决。毋嘬炙""羹之有菜者用梜，其无菜者不用梜。"此处详细记载古人的进食礼仪，体现了礼学敬人、文雅、适宜的精神，影响深远，至今仍然闪现于人们的饮食场合中。如用筷礼，今人常见的禁忌有：忌放在杯子两边、忌两根筷子不等齐、忌舔筷、迷筷、移筷、粘筷、插筷、跨菜、掏菜、剔筷，并留下"仙人指路""品箸留声""执箸巡城""迷箸刨坟""泪箸遗珠""颠倒乾坤""定海神针""当众上香""落地惊神"等成语来讽刺用筷失礼的举动。另外，在儿童饮食时，特别禁忌敲打碗筷，民间留下近乎诅咒的谚语"敲碗敲筷，乞讨一辈""敲筷敲碗，娶个媳妇烂眼"，来提醒未成年者遵循正确的用筷礼仪。

其三，《冠义》言"凡人之所以为人者，礼义也。礼义之始，在于正容体，齐颜色，顺辞令。容体正，颜色齐，辞令顺，而后礼义备，以正君臣、亲父子、和长幼。君臣正，父子亲，长幼和，而后礼义立。故冠而后服备，服备而后容体正、颜色齐、辞令顺"，首举"正容体"，《玉藻》篇亦言"君子之容舒迟，见所尊者齐遬。足容重，手容恭，目容端，口容止，声容静，头容直，气容肃，立容德，色容庄，坐如尸"，古礼非常重视容貌、容德，从足容、手容、目容、口容、声容、头容、气容、立容、色容等各个方面作具体的要求，以达到"容体正"。南开中学曾立"容止格言"，规定学生"面必净，发必理，衣必整，纽必结；头容正，肩容平，胸容宽，背容直；气象：勿傲，勿暴，勿怠；颜色：宜和，宜静，宜庄"，其中对容德有头容、肩容、胸容、背容四个方面的规范，或可视作现代中学生简化版的"君子之容"。

其四，《中庸》言"天命之谓性，率性之谓道，修道之谓教"，为后人修养身心提供一个总的纲目。今人常言"江山易改，本性难易"，究其原因，或如此处所言"天命之谓性"。《中庸》讲"天地之道，可壹言而尽也。其为物不贰，则其生物不测"，人是天地万物进化中的意外之作（即"accidents of nature"），有其不同的殊相和性格，构成一个小宇宙。人类个体在合情合理的范围内通过不同的方式修身养性，是顺遂而非拂逆其性，即顺天命、法天道，所谓"天之生物，必因其材而笃焉。故栽者培之，倾者覆之"。而修养的终端是通过法天道、行教化而得修身齐家治国理政的人道、礼教，所谓"修道之谓教"。礼学追求一种为人处事、修身养性的中正之美，最终达到中和之境，而这恰是率性、修道的人文教化和实践中庸之道的理想目标。所以，《中庸》推崇中和之道，言"喜怒哀乐之未发，谓之中，发而皆中节，谓之和。中也者，天下之大本也；和也者，天下之达道也。致中和。天地位焉，万物育焉"。知天命、率天性、修天道、达人道、成礼教、致中和，《中庸》为后人展示了一条究天人之际、修一己身心的修养大道，弥足珍贵。在本篇后文中，仍然围绕此而展开论述，如"君子不可以不修身；思修身，不可以不事亲；思事亲，不可以不知人；思知人，不可以不知天""君子之道，造端乎夫妇；及其至也，察乎天地"。今天我们经常说"尽人事而听天命""命定运不定""人的命天注定"，作为解释和改造主观或客观世界的理论武器和精神支柱，都与《中庸》中的天命、修道、人文礼教有密切的关系。《中庸》讲人道，其实就是君子之道，亦即敬己爱人、修身治世之道，所谓"君子笃恭而天下平"。对于如何达到君子仁、知、勇之道，此篇也开示了明确的方法，"好学近乎知，力行近乎仁，知耻近乎勇"，对于"费而隐"的君子之道，《中庸》坦言"君子之道，造端乎夫妇；及其至也，察乎天地"，要紧紧围绕"仁者人也，亲亲为大；义者宜也，尊贤为大"的人道展开。在编撰《礼记》的儒者看来，"人道政为大"（《哀公问》），故《中庸》既讲治国大道，"凡为天下国家有九经，曰：修身也，尊贤也，亲亲也，敬大臣也，体群臣也，子庶民也，来百工也，柔远人也，怀诸侯也"，也谈处事之理，"凡事豫则立，不豫则废。言前定则不跲，事前定则不困，行前定则不疚，道前定则不穷"，而后者对于今人的修身养性、为人处事更有指导和启示意义。在解释如何学习礼、如何变得聪明和强大时，《中庸》展示了学行五部曲，"博学之，审问之，慎思之，明辨之，笃行之。有弗学，学之弗能，弗措也；有弗问，问之弗知，弗措也；有弗思，思之弗得，弗措也；有弗辨，辨之弗明，弗措也；有弗行，行之弗笃，弗措也。人一能之己百之，人十能之己千之。果能此道矣，虽愚必明，虽柔必强"，博学、审问、慎思、明辨、笃行成为后人学习、修身的重要途径。《中庸》所论也展示一种修身境界，"天下至圣为能聪明睿知，足以有临也；宽裕温柔，足以有容也；发强刚毅，足以有执也；齐庄中正，足以有敬也；文理密察，足以有别也"，强调一份"虽善无征，无征不信"的理性，告诫人们"愚而好自用，贱而好自专；生乎今之世，反古之道。如此者，灾及其身者也"。这些佳妙之言都值得今人涵泳玩味，提炼精华，学以致用到个人学习与修身之中，将礼学精神发挥光大。

其五，《大学》开宗明义，讲"大学之道，在明明德，在亲民，在止于至善"，被后人称作天子以至于庶人的修身三纲，继而列出格物、致知、诚意、正心、修身、齐家、治国、平天下的修身八目，而这八个方面环环相扣，圆融无碍地形成一个往复不已、生生不息的循环，构成传统中国人知识与道德世界的全部。古人在学习、修身、入仕中不断周转，大化流行，学仕相益，实现自我的人生价值，所谓"仕而优则学，学而优则仕"（《论语·子张》）。《大学》展示修身境界"富润屋，德润身，心广体胖"，指出为人之道在于"为人君，止于仁；为人臣，止于敬；为人子，止于孝；为人父，止于慈；与国人交，止于信"，非常明确。在文末大谈修身需要一定的经济基础，要追求正义之利，所谓"生财有大道。生之者众，食之者寡，为之者疾，用之者舒，则财恒足矣。仁者以财发身，不仁者以身发财""国不以利为利，以义为利也"，对今人修身、齐家、治国树立正确的义利观，颇富启示。和《中庸》一样，《大学》也展示了礼学的基本精神——理性，如所言"好而知其恶，恶而知其美""身有所忿懥，则不得其正；有所恐惧，则不得其正；有所好乐，则不得其正；有所忧患，则不得其正""唯仁人为能爱人，能恶人"等。

其六，和《中庸》《大学》一样，还有一篇学习《礼记》和儒家文化者都应知道的名篇——《儒行》。表面看来，它列出一些有关儒者的道德准则、清规戒律，实际上是所有立志于道德修养者的礼义规范，虽不免理想，但确实有其可爱或令人肃然起敬之处，对于提升道德素养与思想境界有很大的启示作用。此篇主要内容从志向、容貌、思想、言行、入仕、交友等方面展开，论及儒者的德行。

（1）自立自强，"席上之珍以待聘，夙夜强学以待问，怀忠信以待举，力行以待取"。

（2）容貌慎谦，"衣冠中，动作慎；其大让如慢，小让如伪，大则如威，小则如愧；其难进而易退也。粥粥若无能也"。

（3）恭敬不争，"居处齐难，其坐起恭敬，言必先信，行必中正，道途不争险易之利，冬夏不争阴阳之和，爱其死以有待也，养其身以有为也"。

（4）从政有德，"不宝金玉，而忠信以为宝；不祈土地，立义以为土地；不祈多积，多文以为富；难得而易禄也，易禄而难畜也""非时不见""非义不合""先劳而后禄"。

（5）特立独行，"委之以货财，淹之以乐好，见利不亏其义；劫之以众，沮之以兵，见死不更其守；鸷虫攫搏，不程勇者；引重鼎，不程其力；往者不悔，来者不豫；过言不再，流言不极；不断其威，不习其谋"。

（6）刚毅有节，"可亲而不可劫也，可近而不可迫也，可杀而不可辱也。其居处不淫，其饮食不溽，其过失可微辨而不可面数也"。

（7）忠信礼义，"忠信以为甲胄，礼义以为干橹；戴仁而行，抱义而处；虽有暴政，不更其所"。

（8）出仕入仕，"一亩之宫，环堵之室，筚门圭窬，蓬户瓮牖；易衣而出，并日而食；上答之，不敢以疑；上不答，不敢以谄"。

（9）忧道思人，"今人与居，古人与稽；今世行之，后世以为楷；适弗逢世，上弗援，下弗推，谗谄之民有比党而危之者，身可危也，而志不可夺也；虽危，起居竟信其志，犹将不忘百姓之病也"。

（10）宽裕自得，"博学而不穷，笃行而不倦，幽居而不淫，上通而不困；礼之以和为贵，忠信之美，优游之法；举贤而容众，毁方而瓦合"。

（11）举贤援能，"内称不辟亲，外举不辟怨；程功积事，推贤而进达之，不望其报；君得其志，苟利国家，不求富贵"。

（12）任人举贤，"闻善以相告也，见善以相示也，爵位相先也，患难相死也，久相待也，远相致"。

（13）特立独行，"澡身而浴德，陈言而伏，静而正之，上弗知也；粗而翘之，又不急为也；不临深而为高，不加少而为多；世治不轻，世乱不沮；同弗与，异弗非也"。

（14）独立理智，"上不臣天子，下不事诸侯；慎静而尚宽，强毅以与人，博学以知服；近文章，砥厉廉隅；虽分国，如锱铢；不臣，不仕"。

（15）以道交友，"合志同方，营道同术；并立则乐，相下不厌；久不相见，闻流言不信；其行本方立义；同而进，不同而退"。

（16）宽仁尊让，"温良者，仁之本也。敬慎者，仁之地也。宽裕者，仁之作也。孙接者，仁之能也。礼节者，仁之貌也。言谈者，仁之文也。歌乐者，仁之和也。分散者，仁之施也。儒皆兼此而有之，犹且不敢言仁也"。

其他篇章中也有不少脍炙人口、沁人心脾、有益修身的语段和论述，鉴于篇幅所限，不再专述。希望读者可按前面所示方法或本书后面所附语录，寻找和阅读相关资料，消化吸收，化为提升个人道德境界的思想养分。

（二）《礼记》与知识修养

通过阅读《礼记》，我们可以了解先秦时人的社会、政治、经济、思想文化等方面的知识，还原当时历史情景，洞察时人的生活智慧，为理解其他儒家经典中某些观点提供了丰富的文化背景。

1. 社会

《礼记》在最大程度上记载了先秦时人们衣食住行等社会生活场景。如在《曲礼》中有一段史料涉及关于老年人的清洁卫生知识，用草木灰清洗脏衣服，定时洗头、洗澡，用米汤洗脸、洗脚。

（父母）冠带垢，和灰请漱；衣裳垢，和灰请浣；衣裳绽裂，纫针请补缀。五日则燂汤请浴，三日具沐。其间面垢，燂潘请靧；足垢，燂汤请洗。

又在《内则》记载了两千多年前古人丰富的饮食材料。

饭：黍、稷、稻、粱、白黍、黄粱、稰、穛。
膳：膷、臐、膮、醢、牛炙、醢、牛胾、醢、牛脍、羊炙、羊胾、醢、豕炙、醢、豕胾、芥酱、鱼脍、雉、兔、鹑、鷃。
饮：重醴、稻醴、清糟、黍醴、清糟、粱醴、清糟。或以酏为醴、黍酏、浆、水、醷、滥。
酒：清，白。
羞：糗饵粉、酏。
食：蜗醢而苽食、雉羹、麦食、脯羹、鸡羹、析稌、犬羹、兔羹、<u>和糁不蓼</u>。濡豚，包苦实蓼；濡鸡，醢、酱，实蓼；濡鱼，卵酱实蓼；濡鳖，醢、酱，实蓼。服修，蚳醢；脯羹、兔醢；麋肤、鱼醢；鱼脍、芥酱；麋腥，醢、酱；桃诸，梅诸，卵盐。……牛脩、鹿脯、田豕脯、麋脯、麕脯。麋、鹿、田豕、麕，皆有轩。雉、兔皆有芼。爵、鷃、蜩、范、芝、栭、菱、椇、枣、栗、榛、柿、瓜、桃、李、梅、杏、楂、梨、姜、桂。

上面讲到很多古人的饮食种类，各种飞禽走兽、果品蔬菜，洋洋大观。其中讲到"和糁不蓼"，指出某些羹要用"糁"（即磨成的谷物碎粒），加进去，煮成糊状，不加蓼菜。"糁"（shēn）是先秦时期的一种汤食，《内则》记载了它的做法："糁，取牛、羊、豕之肉，三如一，小切之，与稻米，稻米二肉一，合以为饵煎之。"这种饮食至今仍流传于山东临沂等地，方言中"糁"的读音为"sá"，是民间常见的早餐小吃。古今做法大致相仿，原料和调料上有所增减，现在有羊肉糁、牛肉糁、鸡肉糁、鸡蛋糁等。

再如《礼记》记载如何食用某些东西,讲究规矩、卫生,表现出古人的饮食礼仪。如吃某些瓜果的规矩,不同阶层的人有不同的吃瓜之礼,"为天子削瓜者副之,巾以絺。为国君者华之,巾以绤。为大夫累之,士疐之。庶人齕之",意指为天子削瓜去皮后,要切成四瓣,用细麻巾盖好;为国君削瓜去皮后,要横切成两瓣,用粗麻巾盖好;为大夫削瓜去皮后,整个放置;士人只切瓜蒂;庶人就带皮吃。食用水果,核、皮要恰当处理,"食枣、桃、李,弗致于核。瓜祭上环,食中,弃所操",即吃枣、桃、李子,不要随地乱扔果核。切瓜祭祖,选连着瓜蒂的一半来祭祀,吃瓜瓤,扔瓜皮。

再如服饰礼仪,在《礼记》中也颇多,如《玉藻》中记载不同阶层、场合人们穿裘衣的规矩,即古代礼服的裼(xī)袭之制,比较典型。

  君衣狐白裘,锦衣以裼之。君之右虎裘,厥左狼裘。士不衣狐白。君子狐青裘豹褎,玄绡衣以裼之;麑裘青犴褎,绞衣以裼之;羔裘豹饰,缁衣以裼之;狐裘,黄衣以裼之。锦之狐裘,诸侯之服也。犬羊之裘不裼。不文饰也,不裼。裘之饰也,见美也。吊则袭,不尽饰也。君在则裼,尽饰也。服之袭也,充美也。是故尸袭,执玉圭袭。无事则裼,弗敢充也。

以上这段材料详细展示了古人穿着裘皮衣服的礼仪要求。国君穿狐皮白裘,以锦衣作外罩(即"裼")。国君右边卫士穿虎皮裘,左边卫士穿狼皮裘。士人不得穿狐皮白裘。士大夫如果穿狐皮青色裘衣,以豹皮作袖口镶边,外面就以玄绡衣作罩衣;穿幼鹿皮裘,以青犴皮作袖口镶边,外面就配青黄色的罩衣;如果穿黑色羔皮裘衣,以豹皮作袖口镶边,外面就配黑色的罩衣;如果穿的是狐皮裘衣,外面就配黄色的罩衣。诸侯穿的衣服是狐裘配锦衣外罩。平民穿的衣服是犬羊之皮做的裘衣,不用外罩。在不需要修饰的场合不用外罩。外罩与裘衣的搭配修饰是为了显示内服之美。吊丧时要用左衽袍服(即衣襟在左边的"袭"），不可显露修饰，表达悲痛心情。在国君面前要用外罩显示修饰，表达恭敬之心。袭服是用来掩藏内服之美。在丧礼上，代替死者接受祭礼的尸者手执玉和龟甲等宝物，要用袭服，以示庄重肃穆。这些特殊的丧礼完成后，其他正式场合要穿裼服，不掩内服之美。这里涉及古人穿着礼制——裼袭之别，裼是指敞开外衣而显露里面的袭衣。袭指不敞外衣、遮掩袭衣。依礼制，在盛大的正式场合，以袭为敬，其他正式场合以裼为宜。

《礼记·礼运》中还展现了先秦时期社会生活的其他方面，如饮食、居住、服饰兴起的历史，"昔者先王未有宫室，冬则居营窟，夏则居橧巢；未有火化，食草木之实、鸟兽之肉，饮其血，茹其毛；未有麻丝，衣其羽皮。后圣有作，然后修火之利，范金，合土，以为以台榭宫室牖户；以炮，以燔，以亨，以炙，以为醴酪；治其麻丝，以为布帛；以养生送死，以事鬼神上帝"。大意讲：从前古人没有宫殿和居室，冬天住在土垒成的洞穴里，夏天住在柴木搭成的窠巢中。人们没有学会用火煮食物，生吃草木的果实和鸟兽的肉，连血带毛一起入口，也没有学会纺织丝麻，只穿戴鸟兽的皮毛。后来有圣人面世，然后学会利用火铸造金属、烧制泥土，建造台榭、宫室、门窗，用火烧烤烹煮食物，酿制甜酒和乳酪。又学会了纺织丝麻，制成麻布和丝绸，以此供养活人，葬送死者，敬奉鬼神和上帝。

以上仅摘录具有代表性的资料，作一简单例证，相关材料在《礼记》中还有很多。如大家感兴趣，可以进一步阅读，查找相关资料，近距离考察、了解先秦时期古人的社会生活情形。

2. 政治

春秋以来，西周政治制度遭到破坏，出现礼坏乐崩、天下无道的情形，哲人时贤在动乱中不断革易旧礼，推行新制。这在《礼记》某些篇章中表现得非常充分。如《坊记》篇中开始论"君子之道，辟则坊与！坊民之所不足者也。大为之坊，民犹逾之"，并在下文列举了十多项贵族或平民违反礼制的行为，如"诸侯犹有畔""民犹得同姓以弑其君""民犹偝死而号无告""民犹薄于孝而厚于慈""民犹忘其亲""民犹争利而忘义""诸侯犹有薨而不葬者""子犹有弑其父者""民犹忘其亲而贰其君""民犹贵禄而贱行""民犹忘义而争利,以亡其身""民犹有自献其身""阳侯犹杀缪侯,而窃其夫人。故大飨废夫人之礼""民犹以色厚于德""民犹淫佚而乱于族""妇犹有不至者",从中可见当时礼乐制度破败之状。

在其他篇中也记载了某些旧礼的新变,如"士之有诔,自此(按:鲁庄公及宋人战于乘丘之年)始也""鲁妇人之髽而吊也,自败于台鲐始也""帷殡非古也,自敬姜之哭穆伯始也""庙有二主,自桓公始也""丧慈母,自鲁昭公始也""下殇用棺衣棺,自史佚始也""庭燎之百,由齐桓公始也""大夫之奏《肆夏》也,由赵文子始也""大夫强而君杀之,义也,由三桓始也""公庙之设于私家,非礼也,由三桓始也""朝服之以缟也,自季康子始也""夫人之命于天子,自鲁昭公始也""官于大夫者之为之服也,自管仲始也",等等。

《礼记》也有对近世政治的形象描述,如《礼运》载"小康"社会,"今大道既隐,天下为家,各亲其亲,各子其子,货、力为己;大人世及以为礼,城郭沟池以为固,礼义以为纪,以正君臣,以笃父子,以睦兄弟,以和夫妇,以设制度,以立田里,以贤勇知,以功为己。故谋用是作,而兵由此起"。《礼记》中也有时人对未来理想政治的憧憬,如《礼运》言大同社会,讲太平盛世的情形:"天降膏露,地出醴泉,山出器车,河出马图,凤凰麒麟皆在郊棷,龟龙在宫沼,其余鸟兽之卵胎,皆可俯而窥也。"《中庸》论天下一统的标准:"今天下车同轨,书同文,行同伦",还提出治政九经,"修身也,尊贤也,亲亲也,敬大臣也,体群臣也,子庶民也,来百工也,柔远人也,怀诸侯也",在数量上与《尚书》中的洪范九畴存在紧密的继承关系。《王制》则对未来疆域作庞大的规划,"自恒山至于南河,千里而近。自南河至于江,千里而近。自江至于衡山,千里而遥。自东河至于东海,千里而遥。自东河至于西河,千里而近。自西河至于流沙,千里而遥,西不尽流沙,南不尽衡山,东不尽东海,北尽不恒山,凡四海之骨，断长补短，方三千里，为田八十万亿一万亿亩。方百里者，为田九十亿亩。山陵、林麓、川泽、沟渎、城郭、宫室、途巷，三分去一，其余六十亿亩"，与《尚书·禹贡》描述当时天下疆域有类似之处。

《礼记》中还包括关于治政理念等方面的史料，为后世留下很多经典的箴言，如"民以君为心，君以民为体""以天下为一家、以中国为一人者""立爱自亲始，教民睦也。立敬自长始，教民顺也""爱与敬，其政之本与""为政先礼，礼其政之本与""为政在人，取人以身，修身以道，修道以仁""八政：饮食、衣服、事为、异别、度、量、数、制"，等等。

3. 思想

《礼记》记载了大量先秦时期贵族社会礼仪、规制，这些仪制背后反映了当时中国文化深层的思想观念。以占据《礼记》巨大篇幅的丧礼为例，所见资料中包含有关丧葬、守孝的仪式、制度，有的表现出一种丧亲尽哀之情，有的表现出节哀顺变、适可而止的理智之情，有的表现出亲疏、内外、尊卑、男女之别，有的表现出处理特殊情况的变通观念，有的表现出某种乐观生死的态度，反映了古人对死亡、亲属、人生等全面而深刻的认识。以死亡观为例，《礼记》中有不少篇章论及此，留下一些典故与名言，如《檀弓》中的两则故事，形象地反映了当时人们对待生死的达观态度，

> 公叔文子升于瑕丘，蘧伯玉从。文子曰："乐哉斯丘也！死则我欲葬焉。"蘧伯玉曰："吾子乐之，则瑗请前。"
>
> 成子高寝疾。庆遗入，请曰："子之病革矣，如至乎大病，则如之何？"子高曰："吾闻之也：'生有益于人，死不害于人。'吾纵生无益于人，吾可以死害于人乎哉？我死，则择不食之地而葬我焉！"

在其他篇章中，亦有论生死的名言或规矩，如"生则不可夺志，

死则不可夺名""生与来日,死与往日。知生者吊。知死者伤。知生而不知死,吊而不伤。知死而不知生,伤而不吊""父母存,不许友以死""死亡贫苦,人之大恶存焉""大凡生于天地之间者皆曰命。其万物死皆曰折,人死曰鬼""天子死曰崩,诸侯曰薨,大夫曰卒,士曰不禄,庶人曰死。在床曰尸,在棺曰柩。羽鸟曰降,四足曰渍。死寇曰兵。祭王父曰皇祖考,王母曰皇祖妣,父曰皇考,母曰皇妣,夫曰皇辟。生曰父,曰母,曰妻;死曰考,曰妣,曰嫔。寿考曰卒,短折曰不禄""死而不吊者三:畏,厌,溺",等等。中国人重生不轻死,死亡哲学或文化蔚然可观,早在《礼记》中已经有很丰富的历史积淀,对后世的影响亦大。

4. 其他

《礼记》中还有经济、管理等其他方面的史料,饶有趣味,如《王制》中所载经济史资料展示了当时市场贸易之一斑,"有圭、璧、金、璋,不粥(通"鬻",指卖)于市。命服、命车,不粥于市。宗庙之器,不粥于市。牺牲,不粥于市。戎器,不粥于市,用器不中度,不粥于市。兵车不中度,不粥于市。布帛精粗不中数,幅广狭不中量,不粥于市。奸色乱正色,不粥于市。锦文珠玉成器,不粥于市。衣服饮食,不粥于市。五谷不时,果实未孰,不粥于市。木不中伐,不粥于市。禽兽鱼鳖不中,不粥于市,关执禁以讥,禁异服,识异言"。此处主要讲的是当时市场中禁止买卖某些禁品的规定。再如《礼运》中有一条关于如何任用、管理人才的资料,"用人之知去其诈,用人之勇去其怒,用人之仁去其贪",很有现实启示意义。类此非一,不再举例。

(三)《礼记》与文学修养

《礼记》中有很多富含哲学理趣和启发意义的名言警句、经典故事,其言简意赅,在内容与形式上表现出一种充沛而简洁的美感,显示了当时学者运用语言文字的高超水平。此处谨以《檀弓》篇为中心,结合对其他篇章相关材料的举例引证,从形义之美、修辞之美两个方面，略论《礼记》中有益于提升读者文学修养、写作能力的某些语句和段落。

1. 形义之美

（1）某些词语的形义之美

形象之美，主要指多个偏旁部首相同或类似的字构成一个成语或某些实词的短语，从字形或字体上可想象和体会其所传达的某种意思，如"泫然流涕""疾痛苛痒""藜莠蓬蒿""先河而后海""哭踊有节""日暮人倦"等。第一个成语"泫然流涕"最为典型。它形象地描述了孔子得知双亲合墓受雨冲而崩后的悲伤之情，故事如下：

> 孔子既得合葬于防，曰："吾闻之，古也墓而不坟。今丘也，东西南北之人也，不可以弗识也。"于是封之，崇四尺。孔子先反，门人后。雨甚至。孔子问焉，曰："尔来何迟也？"曰："防墓崩。"孔子不应。三，孔子泫然流涕，曰："吾闻之，古不修墓。"（《檀弓》上）

又如"疾痛苛痒"这个成语，出自《内则》篇，描述孝子孝妇在早晨去父母住所问安的细节，"及所，下气怡声，问衣燠寒；疾痛苛痒，而敬抑搔之"。整体意思是疾病、疼痛、疥癣、身痒。四字多以病字旁"疒"构成，将老年人平常身体不适的大致状况概括地非常细致。

表义之美，主要指某些成语、短语的表达有力、充实、饱满、丰富、形象。如"礼尚往来"、"疾止复故"、"疾止复初"、"发扬蹈厉"（精神奋发，意气昂扬）、"焄蒿悽怆"（祭品发出的气味，凄惨悲切的心情）"易直子谅之心"（平易、正直、慈爱、诚信之心）、"毁方而瓦合"、"澡身而浴德"、"观者如堵墙"、"昭然若发矇"、"蹶然而起"等。

(2) 叙事方面的形义之美

《礼记·文王世子》曰:"圣人之记事也,虑之以大,爱之以敬,行之以礼,修之以孝养,纪之以义,终之以仁。"综观整部《礼记》,其论述、叙事修辞考究,言简意赅。

在论述方面,如描写孟春行秋令可能遭遇自然灾害的情形,"猋风暴雨总至,藜莠蓬蒿并兴";描写冬至之月来临,"是月(季冬之月)也,日穷于次,月穷于纪,星回于天,数将几终,岁且更始";描述生男与生女礼俗,"子生,男子设弧于门左,女子设帨于门右。三日始负子,男射女否",在论及射箭的不同时,只用"男射女否",讲射艺上的男女之别,文笔简洁;再如描述饮酒的醉容,非常形象简明,"君子之饮酒也,受一爵而色洒如也,二爵而言言斯,礼已三爵而油油以退"。

在叙事方面特别是某些故事的构思和措辞上,《礼记》也表现出惜字如金、言简意赅之美,《檀弓》篇中这方面的故事较多,其修辞与讲述水平颇高,以至于后世文豪(如苏轼)竟以此篇中某些章节为练习写作的范本。兹试举数例如下,供鉴赏参考,观摩学习。

其一

陈子车死于卫。其妻与其家大夫谋以殉葬,定而后陈子亢至,以告,曰:"夫子疾,莫养于下,请以殉葬。"子亢曰:"以殉葬,非礼也。虽然,则彼疾当养者,孰若妻与宰?得已,则吾欲已;不得已,则吾欲以二子者之为之也。"于是弗果用。

其二

孔子过泰山侧。有妇人哭于墓者而哀,夫子式而听之。使子路问之,曰:"子之哭也,壹似重有忧者。"而曰:"然。昔者吾舅死于虎,吾夫又死焉,今吾子又死焉。"夫子曰:"何为不去也?"曰:"无苛政。"夫子曰:"小子识之:苛政猛于虎也!"

其三

齐大饥，黔敖为食于路，以待饿者而食之。有饿者蒙袂辑屦，贸贸然来。黔敖左奉食，右执饮，曰："嗟！来食！"扬其目而视之，曰："予唯不食嗟来之食，以至于斯也！"从而谢焉，终不食而死。

其四

仲尼之畜狗死，使子贡埋之，曰："吾闻之也：敝帷不弃，为埋马也；敝盖不弃，为埋狗也。丘也贫，无盖，于其封也，亦予之席，毋使其首陷焉。"

其五

季孙之母死，哀公吊焉。曾子与子贡吊焉，阍人为君在，弗内也。曾子与子贡入于其厩而修容焉。子贡先入，阍人曰："乡者已告矣。"曾子后入，阍人辟之。涉内霤，卿大夫皆辟位，公降一等而揖之。君子言之曰："尽饰之道，斯其行者远矣。"

2. 修辞之美

《表记》篇中讲"情欲信，辞欲巧"，《礼记》在运用比喻与排比修辞上相当娴熟，从容有余，在很大程度上达到了辞巧的效果。

（1）比喻修辞

比喻修辞在《礼记》运用较多，能够形成一定的规模和气势，从而达到较佳的修辞、表达效果。如对"礼"的形象描述、论证，"故礼之于人也，犹酒之有糵也，君子以厚，小人以薄"（《礼运》），"礼，释回，增美质，措则正，施则行。其在人也，如竹箭之有筠也，如松柏之有心也，二者居天下之大端矣，故贯四时而不改柯易叶"

(《礼器》),"礼也者,犹体也。体不备,君子谓之不成人。设之不当,犹不备也"(《礼器》),"治国而无礼,譬犹瞽之无相与!伥伥乎其何之?譬如终夜有求于幽室之中,非烛何见?若无礼,则手足无所措,耳目无所加,进退揖让无所制"(《仲尼燕居》),等。

对礼的比喻句子中,有的比较长,表意更为丰富、深刻,如《礼记·礼运》"治国不以礼,犹无耜而耕也;为礼不本于义,犹耕而弗种也;为义而不讲之以学,犹种而弗耨也;讲之于学而不合之以仁,犹耨而弗获也;合之以仁而不安之以乐,犹获而弗食也;安之以乐而不达于顺,犹食而弗肥也",《经解》篇讲"礼之于正国也,犹衡于轻重也,绳墨之于曲直也,规矩之于方圆也。故衡诚悬,不可欺以轻重;绳墨诚陈,不可欺以曲直;规矩诚设,不可欺以方圆;君子审礼,不可诬以奸诈"。

还有一个非常典型的例子,可见《礼记》对比喻修辞的娴熟运用,即对玉德的形象描述,"君子比德于玉焉:温润而泽,仁也;缜密以栗,知也;廉而不刿,义也;垂之如队,礼也;叩之,其声清越以长,其终诎然,乐也;瑕不掩瑜,瑜不掩瑕,忠也;孚尹旁达,信也;气如白虹,天也;精神见于山川,地也;圭璋特达,德也;天下莫不贵者,道也"(《聘义》)。

其他运用比喻修辞的例子还有很多,含义亦深,如"仁人之事亲也如事天"(《哀公问》),"凡执主器,执轻如不克"(《曲礼下》),"其往也如慕,其反也如疑"(《檀弓上》),"善问者如攻坚木,先其易者,后其节目,及其久也,相说以解。不善问者反此。善待问者如撞钟,叩之以小者则小鸣,叩之以大者则大鸣;待其从容,然后尽其声。不善答问者反此"(《学记》),凡此等等,还有很多,限于篇幅,不再赘述。

(2) 排比修辞

关于排比修辞,《礼记》中也有一些例子。如讲各种身份人士的仪容,"天子穆穆,诸侯皇皇,大夫济济,士跄跄,庶人僬僬";讲君主各种礼仪之美,"言语之美,穆穆皇皇。朝廷之美,济济翔翔。祭祀之美，齐齐皇皇。车马之美，匪匪翼翼，鸾和之美，肃肃雍雍"；讲君子之容，"凡行容惕惕，庙中齐齐，朝廷济济翔翔。君子之容舒迟，见所尊者齐遬。足容重，手容恭，目容端，口容止，声容静，头容直，气容肃，立容德，色容庄。坐如尸。燕居告温温。凡祭，容貌颜色，如见所祭者。丧容累累，色容颠颠，视容瞿瞿梅梅，言容茧茧。戎容暨暨，言容詻詻，色容厉肃，视容清明；立容辨卑、毋诌"；再如讲君子行礼，"君子之于礼也，有所竭情尽慎，致其敬而诚若，有美而文而诚若。君子之于礼也，有直而行也，有曲而杀也，有经而等也，有顺而讨也，有撕而播也，有推而进也，有放而文也，有放而不致也，有顺而摭也"。

三 《礼记》读法

《礼记》是一部篇幅较长、内容较多、思想丰富的儒家元典，是理解中华传统礼乐文明和提升人文道德修养的重要读本。关于《礼记》的读法，近人多有所论，其中王文锦指出：应该把注意力集中在正文和郑注上，采取先易后难、孤立难点的办法，分类阅读，可先读那些文字比较通畅的论文，如《礼运》《学记》等篇；再读有关孔子言论的，如《坊记》《表记》等篇；再读说明《仪礼》的，如《冠义》《昏义》等篇；再读记述各种礼制的，如《礼器》《郊特牲》等篇；再读记载生活日常礼节的，如《曲礼》《内则》《少仪》等篇；最后读那一批有关丧事丧服的。每读一篇，标出看不懂的正文、郑注，等读完后，再看《礼记正义》或其他注解书，逐个解决难词难句的问题（见王文锦《经书浅谈·周礼·仪礼·礼记》）。这种读法很具体、切实，颇富启示。中国台湾学者周何言"认识篇章要义""探索立礼原意"和"体验生活规范"（《儒家的理想国——礼记》），直接切入礼的具体理解和创新，亦富启示。如从培养了解传统礼学兴趣、提升个人文化修养的角度论，以下几点可供参考。

首先，读者应该有初步的问题和目的意识。读者应当抱着一个明确的目的或解决某个问题来读《礼记》，如想了解古人的饮食礼仪和种类、孝子的具体行为规则、礼乐关系、礼坏乐崩的体现，可读《曲礼》《内则》《乐记》《坊记》等；想提升文字写作水平，可选读某些篇章中的故事（如《檀弓》上、下）或论证性语段（如《大学》《中庸》《礼运》《乐记》）；想了解学习方法，可读《学记》《中庸》。读者进行有针对性的阅读，各取所需，以达到快速地初步了解《礼记》某类内容。

其次，读者应该有学以致用的意识。读者需要抱着融通古今、学以致用的态度来读《礼记》，了解其在古代与现代发挥的不同作用，并将有益的礼学思想与规矩传承、发扬、运用到个人的实际生活中。最简便的方式就是撷取其中一些名言佳句，作为个人修身处世的座右铭，如"爱而知其恶，憎而知其善""君子之爱人也以德""用人之知去其诈，用人之勇去其怒，用人之仁去其贪""君子不以其所能者病人，不以人之所不能者愧人""儒有可亲而不可劫也，可近而不可迫也，可杀而不可辱也"等。

最后，读者应该有批判创新的意识。读者对于《礼记》中各种礼仪规矩应该抱有一种温情与敬意，同时保持一种理性与冷静。我们以批判、扬弃和综合创新的眼光传承弘扬中华传统礼学精华，充分吸纳古今中外礼仪文化中的一切优秀成果和理论养分，在创化、创新中拓展古礼之用，以有益于今人身心和谐发展，有利于人际与群体间的和睦交往。或许，经过数代人的努力，新的《礼记》、新的《朱子家礼》等惠及后世的礼学经典在不久的未来诞生，服务于人们的日常生活所需。

课后思读

一　讨论思考

1. 试析《礼记》的主旨。
2. 试论传统礼学的当代作用。
3. 精读后列《礼运》篇选段，谈个人阅读体会。

二 参考文献

吕思勉:《经子解题·三礼》,华东师范大学出版社 1995 年版。

周予同:《群经概论·三礼》,中国书籍出版社 2006 年版。

夏传才:《十三经概论·三礼》,天津人民出版社 1998 年版。

彭林:《十三经说略·三礼》,北京燕山出版社 2002 年版。

杨天宇:《礼记译注》,上海古籍出版社 2004 年版。

杨天宇:《仪礼译注》,上海古籍出版社 2004 年版。

杨天宇:《周礼译注》,上海古籍出版社 2004 年版。

丁鼎:《礼记解读》,中国人民大学出版社 2010 年版。

郭齐勇主编:《儒家文化研究》第三辑,《礼学研究专号》,生活·读书·新知三联书店 2010 年版。

金景芳、王文锦:《经书浅谈·周礼·仪礼·礼记》,中华书局 2005 年版。

刘毓庆:《"礼":制礼义以倡人道》(上、中、下),《名作欣赏》2016 年第 28、31、34 期。

三 延伸阅读

《礼记·礼运》集中讲礼,多有精辟之见。以下摘录的语段,论古人的治国之道、世界观、情义观、礼治观,有助于理解礼学精华,值得深味细品。

故圣人耐以天下为一家,以中国为一人者,非意之也。必知其情,辟于其义,明于其利,达于其患,然后能为之。何谓人情?喜、怒、哀、惧、爱、恶、欲,七者弗学而能。何谓人义?父慈、子孝、兄良、弟弟、夫义、妇听、长惠、幼顺、君仁、臣忠十者,谓人之义。讲信修睦,谓之人利。争夺相杀,谓之人患。故圣人之所以治人七情,修十义,讲信修睦,尚辞让,去争夺,舍礼何以治?饮食男女,人之大欲存焉。死亡贫苦,人之大恶存焉。故欲恶者,心之大端也。人藏其心,不可测度也。美恶皆在其心,不见其色也。欲一以穷之,舍礼何以哉?

第四讲 《周易》导读

(三才之道，厚德载物)

有这样一部儒家元典，它记录了上古三代的卜筮活动及后人不同诠释，内容涉及早期中国政治、经济、社会、思想等方面，闪现着先秦哲人思想的吉光片玉，体现了中华民族文明与思维的鲜明特征，对后世中华文化的发展产生了深远的影响。古人认为通过阅读它可以见天心，预测未来，拟人物名，出将入相，教育后辈，修养身心，今人也从中寻找各种创新的灵感，提升对传统文化的认知和个人文化修养，奉之为中华文化的根源、群经之首、六艺之本、儒道大宗。它就是本章拟讲的《周易》。

一 《周易》简介

《周易》由上古三代至春秋战国的贤哲创造、编纂而成，分为经、传两大部分，前者注重象、占，后者侧重理、数。《周易》内容丰富，含义深奥，主要讲道论德，探索立天、立地、立人之道，谈论天地自强、厚重之德，弘扬圣贤、君子人格，追求中正不邪、偕时而行、循环不息的思想境界，与其他儒家元典共同开启了中国传统道德文化的先河。

(一)《周易》来历

1. 《周易》成书与名称

《周易》记载了很多上古三代的历史，是了解三皇五帝、夏商周时期社会政治、经济、文化等方面的重要文献。它由先秦时期的历代先贤增益、集体编纂而成,大致经历了从"夫人作享,家为巫史"的上古英雄时代至"百家争鸣""处士横议"的战国诸子时代的漫长演变过程。易学的某些观念(如阴阳观)萌生于中华文明曙光初现之时,《周易》始由伏羲等人作八卦,经夏、商两朝的发展,至商周之际文王等人演绎、增益而成六十四卦,基本完成六十四卦卦形、卦辞、爻辞的创作。春秋战国时期,孔子等儒者解读《易经》,形成《易传》。传文与经文互相呼应,《周易》基本成型。

一般而论,《周易》书名中的"周"指周代,《易》之意何指,历来学者众说纷纭。汉代郑玄《易赞》解释其有三义,所谓"易之为名也,一名而含三义。易简一也,变易二也,不易三也";今人从字形构成上追溯、忖度易的本义,有蜥蜴、日月等说。据学者研究,从易字的甲骨文字构形来看,它本指把满杯中的水倒入另一相对不满的杯中,反映的是大自然中损益、盈缺的原理和法则,富有深刻的哲学内涵[①],其本义指变易,他义皆由此而衍生。故《周易》是一本在周代形成、讲万物周流变化之道的书。如《易》传中所言"《易》之为书也不可远,为道也屡迁,变动不居,周流六虚,上下无常,刚柔相易,不可为典要,唯变所适""《易》穷则变,变则通,通则久"。事实上,在《周易》创制者成卦、观卦的过程中,始终贯穿着一种阴阳变化、流转变通的思想,如传中所言"十有八变而成卦""圣人设卦观象,系辞焉而明吉凶,刚柔相推而生变化""观变于阴阳而立卦""参伍以变,错综其数。通其变,遂成天下之文;极其数,遂定天下之象"。纵观六十四卦,从天地乾坤、泰否流转、剥复坎离、晋而明夷至既济未济,彼此之间都体现着一种变易、转化的思想。

---

① 参照孙熙国《先秦哲学的意蕴:中国哲学早期重要概念研究》,华夏出版社2006年版,第176页。

2. 《周易》卦画与诸卦

（1）卦画

《周易》思想的基本支点是阴阳观念，所谓"易以道阴阳"。这种观念通过阳爻"—"、阴爻"— —"两类符号（即卦画）来表现，构成《易经》全部卦形、卦象的基础。关于卦画"—""— —"的起源与含义，自古及今，众说纷纭，有结绳说、生殖崇拜、天文仪器、占筮数字说等，迄无定论。

（2）八卦

八卦，指由八种上述阳爻、阴爻自重三叠或互连三叠而成的三画卦形，即《周礼》所言"经卦"。其名称（卦名）和形状（卦形）依次是：乾（☰）、坤（☷）、坎（☵）、离（☲）、震（☳）、艮（☶）、巽（☴）、兑（☱），分别象征天、地、雷、风、水、火、山、泽，如下表所示。

八卦卦名、卦形、象征对应表

形状	名称	象征	类别	形状	名称	象征	类别
☰	乾	天	阳	☷	坤	地	阴
☵	坎	水	阳	☲	离	火	阴
☳	震	雷	阳	☶	艮	山	阳
☴	巽	风	阴	☱	兑	泽	阴

朱熹《周易本义》载"八卦取象歌"，即"八卦象数记忆口诀"，"乾三连，坤六断。震仰盂，艮覆碗。离中虚，坎中满。兑上缺，巽下断"，可帮助识记八卦卦形。

依《系辞》传所言，八卦为远古君王包牺氏（即伏羲）所创，即"古者包牺氏之王天下也，仰则观象于天，俯则观法于地，观鸟兽之文与地之宜，近取诸身，远取诸物，于是始作八卦，以通神明之德，以类万物之情"。当然，从历史主义的角度来看，八卦绝非某一君王独创，而是那个时代巫史等握有文化政治权力者集体合作的结果，而且八卦还远未能够完全达到"通神明之德,以类万物之情"。直到后来,文王等贤哲基于八卦而演绎出六十四卦和卦爻辞,加上儒家不断传习和阐释甚至附会,才在更宽广的范围实现创易者的初衷和后世易学者的至愿。

（3）六十四卦

六十四卦,指由八卦卦画上下两两相叠、排列组合而成的六十四个不同的六画卦形,即《周礼》所言"别卦"。其中有八卦是两个同名的八卦卦画重叠而成,卦名不变,如乾（☰）、坤（☷）、坎（☵）、离（☲）、震（☳）、艮（☶）、巽（☴）、兑（☱）；其他五十六个卦由异名八卦卦画重叠而成,卦名另起,如下震上乾的无妄卦（䷘）、下乾上震的大壮卦（䷡）、下离上坎的既济卦（䷾）、下坎上离的未济卦（䷿）等。从三画卦的八卦（经卦）,经两两重叠、排列组合而成六画卦形的六十四卦（别卦）,其名形可参见下图所示。

八卦相配成六十四卦图示

(二)《周易》内容

从历史演变与形式构成的角度而论,《周易》内容包括经、传两个部分;从功能作用与逻辑构成的角度而论,《周易》内容又可分为象、数、理、占四大方面。

1.《周易》经传

现在所见《周易》分经、传两部分,《易经》指形成于上古三代的原初卦画与文字(包括卦形、卦辞、爻辞),传指春秋战国以来学者对这些原始文字大义的解释和阐发。经、传当初是分开的,单独流传于世,后来有的传(如象传、彖传、文言)被按照顺序紧列于相应的各卦经文之后,有的传(如系辞、说卦、杂卦等)被统一附录于六十四卦之后,形成今天我们看到的经、传分合情形。

(1)《易经》

在战国秦汉时期,《周易》被儒家等各派学者奉为五经或六艺之一,《易经》之名,渐渐流行并固定。《易经》有上、下经之分,上经为自《乾》至《离》的30卦,下经为自《咸》至《未济》的34卦。现依常见版本的《周易》,六十四卦名称、顺序和卦形大致如下:

1. 乾（☰）2. 坤（☷）3. 屯（䷂）4. 蒙（䷃）5. 需（䷄）6. 讼（䷅）7. 师（䷆）8. 比（䷇）9. 小畜（䷈）10. 履（䷉）11. 泰（䷊）12. 否（䷋）13. 同人（䷌）14. 大有（䷍）15. 谦（䷎）16. 豫（䷏）17. 随（䷐）18. 蛊（䷑）19. 临（䷒）20. 观（䷓）21. 噬嗑（䷔）22. 贲（䷕）23. 剥（䷖）24. 复（䷗）25. 无妄（䷘）26. 大畜（䷙）27. 颐（䷚）28. 大过（䷛）29. 坎（䷜）30. 离（䷝）31. 咸（䷞）32. 恒（䷟）33. 遁（䷠）34. 大壮（䷡）35. 晋（䷢）36. 明夷（䷣）37. 家人（䷤）38. 睽（䷥）39. 蹇（䷦）40. 解（䷧）41. 损（䷨）42. 益（䷩）43. 夬（䷪）44. 姤（䷫）45. 萃（䷬）46. 升（䷭）47. 困（䷮）48. 井（䷯）49. 革（䷰）50. 鼎（䷱）51. 震（䷲）

52. 艮（☶）53. 渐（☶）54. 归妹（☶）55. 丰（☶）56. 旅（☶）
57. 巽（☶）58. 兑（☶）59. 涣（☶）60. 节（☶）61. 中孚（☶）
62. 小过（☶）63. 既济（☶）64. 未济（☶）

  以上只是今人熟知的一种排序而成的六十四卦，据马王堆帛书等出土的易学文献所见，早在战国秦汉之时，还有其他依不同排序而成的六十四卦，但未久传于世，鲜为人知。不同版本的《周易》，在各卦排列顺序和名称及解释上多所不同，但总体数量皆为六十四，每卦由卦形、卦辞、爻辞构成其主体。

  今天我们常见的《周易》经文，卦辞（64条）、爻辞（386条）构成经文部分，约五千字，是《周易》最原始、最基础的内容。具体到每一卦的经部分，均由卦名、卦形（或称卦象、卦画）、卦辞、爻辞组成。卦辞解释每一卦总的含义，爻辞分别解释每一爻的含义。每一卦的爻辞有六部分，从下往上数，阳爻叫"九"，阴爻叫"六"。如《谦》卦，卦名为"谦"；卦形为，坤上艮下，即☷；卦辞是"亨，君子有终"，各爻序号自下而上分别称作"初六""六二""九三""六四""六五""上六"；每爻后面有相应的爻辞及象传。整体布局与内容如下图所示。

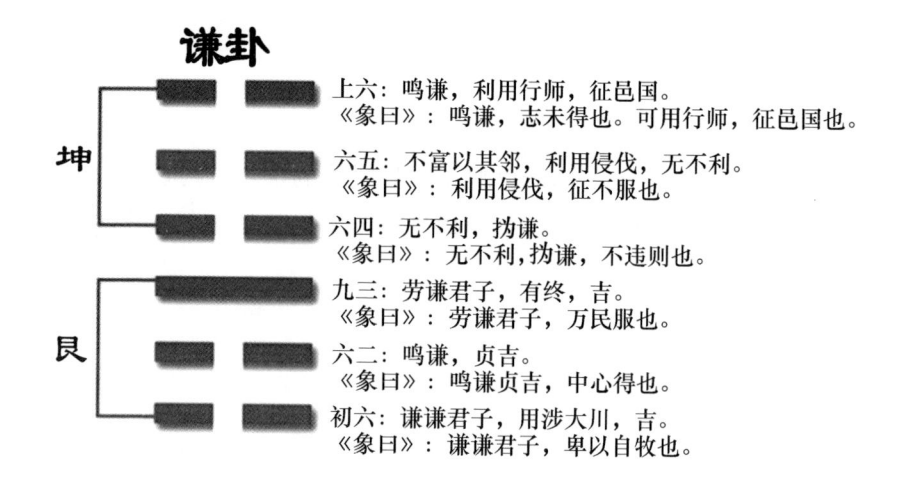

谦卦

坤
- 上六：鸣谦，利用行师，征邑国。
  《象曰》：鸣谦，志未得也。可用行师，征邑国也。
- 六五：不富以其邻，利用侵伐，无不利。
  《象曰》：利用侵伐，征不服也。
- 六四：无不利，㧑谦。
  《象曰》：无不利，㧑谦，不违则也。

艮
- 九三：劳谦君子，有终，吉。
  《象曰》：劳谦君子，万民服也。
- 六二：鸣谦，贞吉。
  《象曰》：鸣谦贞吉，中心得也。
- 初六：谦谦君子，用涉大川，吉。
  《象曰》：谦谦君子，卑以自牧也。

在卦辞和爻辞中，每一条文辞古奥，信息丰富，意义含蓄，具有相当大的阐释与发挥空间。就其内容而论，卦辞和爻辞大致可分为记事之辞、取象之辞、论说之辞、断占之辞①，主要反映了上古时代的政治、社会、经济、军事、文化、思想等方面的内容，其中又以行旅、军事、婚姻、祭祀居多，蕴含着丰富的历史信息。但就对易学的发展而论，如研究者所见，卦辞、爻辞叙说哲理，多用"假象寓意"的譬喻方式，使隐含在"卦形"背后的《周易》义理较为具体、生动地显示。六十四卦卦形的暗示是《周易》的符号象征，卦爻辞是《周易》的语言文字象征，后者的形成使《周易》成为兼具卦形和文辞、独具特色的古代哲学论著，以完整的面目和严密的体系出现于世，流传不衰，影响深远。②

古人占筮得到某卦某爻，查看其相应的文辞，多通过阴爻、阳爻自上而下的当位、不当位等，综合其他方面来判断有待占卜之事的利贞、吉凶。所谓当位就是阳爻应当在一、三、五的奇数位（称"单位"），阴爻当在二、四、六的偶数位（称"耦位"）。如《谦》卦（☷），初六、六五不当位，六二、六四、上六、九三当位，在卦象上比较吉利；而剥卦，初六、六三、六五、上九皆不当位，六二、六四当位，不当位少，卦象不吉。当然，在《周易》六十四卦三百八十爻的爻辞中言吉者有一百二十一爻，凶者五十二，无咎者八十五，其他若干，言吉求吉居多。即使是有谈不利和凶险者的卦爻辞，也多与利或吉杂于一起而论，讲如何逢凶化吉，遇难成祥，真正从卦辞到爻辞纯粹谈凶的卦绝无仅有。这既反映了中华民族的求吉避凶心理，也体现了华夏先民在与天和与人斗争中勇于克服困难、善于生存发展的乐观心态。

（2）《易传》

在西周时期，《周易》基本是一门贵族学问，流传于上层社会，

---

① 夏传才：《十三经概论·周易》，天津人民出版社1998年版，第63页。
② 参见黄寿祺、张善文《周易译注》，上海古籍出版社2004年版，第616页。

范围相当有限。因为时代久远、文字变革及文献佚失等缘故，至春秋战国之时，如果没有专人指导或文献参考，一般人很难理解这些带有不少历史信息和某些哲理的卦辞、爻辞之义。而在当时，随着礼乐文明崩坏，王官之学下移，士人阶层崛起，更多的人能够接触、学习《周易》，他们从不同角度解说易的卦形、卦名、卦爻辞。这在很大程度上推动了易学的普及与发展，使《周易》由"旧时王谢堂前燕"，最终"飞入寻常百姓家"。其中一些士人传习、解说的内容被后人整理，形成一些文本，命名为文言传、彖辞传（上、下）、象辞传（大、小）、系辞传（上、下）、说卦传、序卦传、杂卦传，共七种十篇，达万余字，就是今天我们见到的《易传》。

《易传》是相对于《易经》而言，二者构成更为完善的《周易》的全部内容。古人称《易传》为"十翼""易大传"。以"翼"比喻《易传》所处附属和辅助的地位，具有护卫《易经》（即今人所言"协助经典飞翔"）的作用。称之为"大"，有《易传》繁多、自成一体、蔚然大观之意。随着时间的推移和易学的发展，《易传》最终成为一部相对独立、义理精深、影响深远的易学专著。

《易传》与《易经》一样，非一人一时、一蹴而就，而是集众人所述经久形成。现在学界一般认为它大体成书于战国中后期[1]，初由一些易学研究者们阐发、解释《周易》，形成一些论文、篇章，被后儒搜集整理而成，是跨数代、经数人的集体撰修之作[2]。这些学者论著在阐发易学的同时，也滋生出反映当时人们宇宙观念、伦理道德

---

[1] 张岱年：《论〈易大传〉的著作年代与哲学思想》，《张岱年全集》第5卷，河北人民出版社1996年版，第212—234页。

[2] 关于《易传》形成的时代和作者，学界多有争论。传统的观点认为易传出自春秋末年孔子之手，如司马迁、郑玄、陆德明、颜师古、孔颖达等人主张此说，主要依据为《史记·孔子世家》《汉书·艺文志》所载"孔子晚而喜《易》，序《彖》《系》《象》《说卦》《文言》"、"孔氏为之《彖》、《象》《系辞》《文言》《序卦》之属十篇"。近代钱玄同、顾颉刚等学者力证《易传》非孔子所作。当代学者多认为：《易》卦辞传文春秋时期即有，春秋末年至战国初，孔门师徒增删修订传文，之后儒者不断修缮补充，最终形成传于后世的《易传》。

（特别是儒家和道家）、历史演变、天人关系等方面的内容与思想。换言之，《易传》既源自、依附于《易经》，又有独辟蹊径、自成一体的成分。各传原与经文分离，独立成篇，单行于世；后来，在传习过程中，汉代学者将某些传（《彖传》《象传》以及《文言传》）附属或者缀列于具体每卦的经文之后，其他传《系辞传》《说卦传》《序卦传》《杂卦传》一仍其旧，成为现在我们常见的《周易》经、传基本合一的情形。各传主要内容如下所示：

《彖辞传》，解释六十四卦卦辞的基本含义。

《象辞传》，有《大象传》《小象传》之分，根据卦爻的象分别解释卦辞、爻辞的大意。

《文言传》，专论乾、坤两卦的要义，现在分别附于两卦卦辞、爻辞、彖辞、象辞之后，它大体上是"阴阳学说和儒家伦理的杂拌儿"[①]。

《系辞传》，总论《周易》义理，内容涉及易学诸卦，也与宇宙生成理论与宇宙结构学说密切相关，是诸传的精华部分，被今人视作"中国古代思想史上最重要的文献之一"[②]。

《说卦传》，总述八个基本卦的象征，将符号化、抽象化的卦象形象化，与自然界各种事物相联系，以三才说、往顺知逆说来解释一卦六爻、六爻自下往上数的原因等。

《序卦传》，论六十四卦排列次序，串联诸卦，使之在整体上"组成一个从天地万物之始到万事万物不可穷尽这样一个运动流转的序列"，以说明彼此之间的联系。

《杂卦传》，说明各卦大意和彼此之间的关系，在诸卦中篇幅最短，各卦的顺序杂乱，不同于《序卦传》中所列，价值相对小些，故被置于《周易》全书之末。

（3）卦中经传举例

我们以《谦》卦为例，大致了解《易经》和传在具体一卦中的分布

[①] 葛兆光：《中国经典十种·周易》，中华书局2008年版，第11页。
[②] 葛兆光：《中国经典十种·周易》，中华书局2008年版，第11页。

情形。标黑划线部分为《易经》，包括卦形、卦名、卦辞、爻辞。其他为《易传》，包括彖传、大《象传》、小《象传》。

䷎ **谦：亨，君子有终。**（卦形：䷎。卦名：谦。卦辞："亨，君子有终"）

《彖》曰：谦，亨。天道下济而光明，地道卑而上行。天道亏盈而益谦，地道变盈而流谦，鬼神害盈而福谦，人道恶盈而好谦。谦尊而光，卑而不可逾；君子之终也。（《彖传》）

《象》曰：地中有山，谦；君子以裒多益寡，称物平施。（《大象传》）

初六，谦谦君子，用涉大川，吉。（爻辞）

《象》曰："谦谦君子"，卑以自牧也。（小《象传》）

六二，鸣谦，贞吉。（爻辞）

《象》曰："鸣谦贞吉"，中心得也。（《小象传》）

九三，劳谦，君子有终，吉。（爻辞）

《象》曰："劳谦君子"，万民服也。（《小象传》）

六四，无不利，㧑谦。（爻辞）

《象》曰："无不利，㧑谦"，不违则也。（《小象传》）

六五，不富以其邻，利用侵伐，无不利。（爻辞）

《象》曰："利用侵伐"，征不服也。（《小象传》）

上六，鸣谦，利用行师、征邑国。（爻辞）①

《象》曰："鸣谦"，志未得也；"可用行师"，征邑国也。（《小象传》）

2. 象数理占

《周易》经、传内容如上所示，如细而析之，它又可大致分象、数、

---

① 按：《乾卦》、《坤卦》特殊，比其他卦常见的六爻多出"用九""用六"一爻。而且在这一爻的象传之后，分别附以《文言传》对卦、爻辞的解释，角度与彖辞、象辞有所不同。

理、占四个板块。只有整体了解象、数、理、占的要义，才能对《周易》经传大义有更全面、客观的认识。

(1) 象

"象"本指触目可见到的事物表象，所谓"见乃谓之象，形乃谓之器"，其引申义又包括现象、物象、事象、形象、意象、法象等，大致可分为自然之中原本的形而下之象（即物象、事象、形象、现象）与人类思维符号化的形而上之象（即意象、法象）两类，简称表象与意象。易象在培养人基于形象思维基础之上的想象、抽象思维，有很大的作用。

可以说，《周易》从卦画、八卦开始，就与表象、意象密切关联。学界对于阴爻、阳爻的起源尚无定说，但它无疑是古人对事物表象符号化和抽象化的结果。进而言之，它是介于形象和抽象之间的产物。然后由此生八卦，扩而为六十四卦，指代、象征更多的事物，与象密不可分。大而言之，不光是《周易》的生成如此，在认识论与方法论等层面去识记、理解、运用《周易》也是如此。

(2) 数

依今人之见，"数"分两种，一种是实测、定量之数，一种是表象、定性之数。而《周易》中的数是基于定性而侧重定性表象的数。卦的产生与演变都与数密切相关，所谓"《易》有大极，是生两仪。两仪生四象。四象生八卦，八卦定吉凶，吉凶生大业"，《易传》的《系辞》中谈及如何用蓍草成卦、占卜，有一段集中论数，将数在占卦中的作用作了详细的说明。

大衍之数五十，其用四十有九。分而为二以象两，挂一以象三，揲之以四以象四时，归奇于扐以象闰；五岁再闰，故再扐而后挂。天数五，地数五。五位相得而各有合，天数二十有五，地数三十，凡天地之数五十有五，此所以成变化而行鬼神也。《乾》之策二百一十有六，《坤》之策百四十有四，凡三百六十，当期之日。二篇之策，万有一千五百二十，当万物之数也。是故四营而成

《易》，十有八变而成卦，八卦而小成。

后人以钱币等代替筮草来占卜吉凶，虽然简化了原始卜筮的程序，但依旧需要数次操作，与数密切关联。如金钱卦（亦称"火珠林""钱筮法"），其占卜程序大致如下：

铜钱三枚，随手抛落，观其落地后的正面（称为"面"）和反面（称"背"）排列情况，按以下要求，标出相对应的阴、阳爻：

落地后钱币正、反面排列	阴阳的名称	对应的爻画
两正一反	少阳	—
两反一正	少阴	- -
三枚皆反	老阳	□
三枚皆正	老阴	×

连续抛六次，排出六爻，如果都是少阴、少阳，只要一卦即可。如果有老阳、老阴在内，根据《周易》"老变少不变"的原则，就是变卦，还要再将老阴、老阳变成相反的爻，最终成一卦，协助进行占筮、测算。比如抛六次铜钱，结果是：

二正一反　　少阳（七），记为 —（初爻）

二反一正　　少阴（八），记为 - -（二爻）

三反　　　　老阳（九），记为 □（三爻）

二正一反　　少阳（七），记为 - -（四爻）

三正　　　　老阴（六），记为 ×（五爻）

二反一正　　少阴（八），记为 - -（六爻）

依序排列，初爻在下端，六爻在上端，其他由下而上，排在中间，得到䷶，即《丰》卦，但其中三、五爻是变爻，依"老变少不变"的原则，两爻阳变阴，阴变阳，成为☷，即《随》卦，于是最终成卦为"遇丰之随"，然后再查卦爻辞或占筮书的解说，了解此卦的含义和寓意。①

不管是早期还是后世，人们在以筮草或钱币等占卦、卜问吉凶中，都涉及数，它和象一样是占卜、解卦的关键环节，只有数、象皆具，才可能成卦，并以之推测吉凶、阐发义理。

（3）理

春秋战国时期，儒家通过阐发义理来解释《周易》，宣扬自己的仁义道德之说。在《易传》中，可见儒家将理纳入易道中②，揭示哲学意义上的理，探讨"天下之理""地理""性命之理"，所谓"易简而天下之理得矣。天下之理得，而成位乎其中矣"，圣人作《易》"和顺于道德而理于义，穷理尽性以至于命""将以顺性命之理"。而在《易传》对易道、天下之理的阐发中，有很多论述极富思辨性、启发性，甘之如饴，裨益身心，一如《易传·文言》中所言，"君子黄中通理，正位居体，美在其中而畅于四支，发于事业，美之至也"。如讲到各类人相处之道，"二人同心，其利断金。同心之言，其臭如兰""三人行则损一人，一人行则得其友""二女同居，其志不同行""二女同居，其志不相得，曰革"，论及同心和异志的利弊，曲尽其微，非常精辟。又如讲言行之道，"君子安其身而后动，易其心而后语，定其交而后求。君子修此三者，故全也""言行，君子之枢机。枢机之发，荣辱之主也。言行，君子之所以动天地也，可不慎乎""乱之所生也，则言语以为阶。君不密则失臣，臣不密则失身，几事不密则害成。是以君子慎密而不出也"，强调言语谨慎，对后世中国人谨言慎行的内敛性格产生了深远的影响。再如讲男女夫妇外内关系的正位，对家庭、社会和政治和谐稳定的作用，也非常精辟，"女正位乎内，男正位乎外。男女正，天地之大义也。

---

① 参见葛兆光《中国经典十种·周易》，中华书局2008年版，第19—20页。
② 尽管学界对《易传》以儒家还是道家思想为主一直存在争议，但从全书内容与思想倾向来看，《易传》是一部反映儒家和道家思想合流之作，儒家的成分更多些。

家人有严君焉,父母之谓也。父父,子子,兄兄,弟弟,夫夫,妇妇,而家道正。正家而天下定矣"。

(4) 占

古人占卜的器物和方法有很多,兽骨、星相、望气、占候、草木、钱币、扶乩等,无所不用。《周易》中有关于用蓍草成卦、占卜的记载,如《系辞》载"大衍之数五十,其用四十有九。分而为二以象两,挂一以象三,揲之以四以象四时,……是故四营而成《易》,十有八变而成卦,八卦而小成",即把一种叫作蓍草的茎,按照一定的规则分成几份,通过演算,分过数次之后,形成一些数据,得出卦象,然后依此寻找相应的卦辞、爻辞来解释卦义,这种方法被称作"揲蓍布卦"。我们通过后世人们对这种占卜法的解释、说明,可知《周易》用蓍草占筮的方法程序大致如下:

(1) 用五十根蓍草,先抽去一根象征"太极",始终不用,剩下四十九根,信手分成两半,象征"两仪",左右手各拿一半。

(2) 从右手抽出一根,夹在左手小指与无名指之间,象征"三才"(天、地、人) 中的"人"。

(3) 放下右手所拿的蓍草,用右手数左手中的蓍草,四根数一次,剩下最后的余数又夹在左手无名指与中指之间,传说四根象征"四季",而余数象征"闰月"。

(4) 以左手数右手原来所拿的那一半蓍草,方法和上面一样,余下来的蓍草夹在左手中指与食指之间。这时,左手夹的蓍草合在一起,不是五根,就是九根,剩下的蓍草不是四十根就是四十四根。

(5) 把那九根或五根蓍草放在一边,剩下的四十或四十四根再分成两半放在左右手中,又从右手那把里抽出一根夹在左手小指和无名指之间,像上面所说的那样四根一次地数,数完左手那一把再数右手这一把,两次余下来的蓍草加上先夹在左手的一根,一定是四根或八根。这时,剩下的蓍草不是三十二根、三十六根就是四十根。

(6) 再如法炮制一次,余数又形成八根或四根,去除余数后,剩下的蓍草不是二十四根、二十八根、三十二根就是三十六根。

以上三次分数蓍草，叫做"三变"。三变的结果有四种，二十四、二十八、三十二、三十六，这四个数是由第一"变"时一分为二的偶然性决定的，占筮者事先无法自行选择其结果，所以古人相信其中有"命数"或"天意"，可以预知未来，暗示吉凶。这四个数是"四"这个数的六、七、八、九倍，六和八是偶数，属阴，七和九是奇数，属阳。属阴的《周易》记为"– –"，但其中六是"老阴"，八是"少阴"；属阳的《周易》记为"—"，但九是"老阳"，七是"少阳"。古人规定，"老变少不变"，如果占筮结果是七、八（即余下二十八、三十二根蓍草），则这一爻就算数。一卦（六爻）中如果都是七、八即少阳、少阴，这一卦就可以用来定吉凶了。可如果出现六、九即老阳、老阴，以后还要再将这几个老阴、老阳变一下，变阴为阳，变阳为阴，又构成一卦，参考上一卦来帮助预测。因为老阳、老阴会变化，所以叫"变爻"。三变"才得了一爻，《周易》用蓍草占验吉凶预测未来要有一卦才行，一卦有六爻，所以要来六次共十八变，这就是《周易·系辞》所说的"十有八变而成卦"，成了卦就能预测了。因此现在《周易》这本书的最基本部分中，首先就是卦象本身，也就是由6个阳爻（—）或阴爻（– –）构成的卦。[①]

后世人们将这种占卜、演卦的方法加以简化，自魏晋南北朝以来，出现一种以钱币代替蓍草卜卦，即前文讲"数"所言的金钱卦，简言之，铜钱三枚，随手抛落，观其背（钱的反面）、面（钱的正面），标明相应的阴、阳爻。

两面一背为少阳，━。两背一面为少阴，━ ━。
三枚皆背为老阳，□。 三枚皆面为老阴，X。

连续抛六次钱币，排出六爻。如这六爻中没有变爻（即老阳或老阴），看卦辞取断、解说其义即可。如只有一个或两个以上的变爻，则

[①] 葛兆光：《中国经典十种·周易》，中华书局2008年版，第5—6页。

分别看本卦的爻辞取断或主要根据卦象的变化来取断。

春秋战国时期，理性主义思潮高涨，《周易》道德化阐释趋势渐增，在《易传》中，学者讲道论德，明理达义，消解《周易》原初的占卜色彩，言"德行亡者，神灵之趋；智谋远者，卜筮之蔡""君子德行焉求福，故祭祀而寡也；仁义焉求吉，故卜筮而希也"（《马王堆汉墓帛书·要》），主张"善为《易》者不占"（《荀子·大略》），使《周易》在后世的占卜作用渐降，而学者士人以之阐发道德义理的作用渐增。不管魏晋玄学宗法《周易》讲义理，还是宋明理学汲取易学讲心性，都是如此。当然，在士人之外的民间，以易占卜之风一直长盛不衰，至今犹然。雅文化下知识精英主导的大传统与俗文化下普通大众主导的小传统对《周易》的传承与发扬路径、重点不同，都做出了重要的贡献。

总之，占卜是易学的重要组成部分，与象、数、理共同构筑起蔚然可观的易学大厦，将传统文化中道德、义理、天命等各种思想传承和弘扬开来，作用至大，影响深远。

（三）《周易》主旨

《周易》内容广泛，范围天地，包罗万象，但主旨都在讲道论德。如《易传·系辞》中所论，"《易》之为书也，广大悉备。有天道焉，有人道焉，有地道焉"，圣人之作《易》"将以顺性命之理。是以立天之道曰阴与阳，立地之道曰柔与刚，立人之道曰仁与义""幽赞于神明而生蓍，参天两地而倚数，观变于阴阳而立卦，发挥于刚柔而生爻，和顺于道德而理于义，穷理尽性以至于命"（《说卦传》）。这集中地反映了先秦时期中华文明尊道贵德的鲜明特征和崇高追求。

《周易》讲道，种类繁多，如乾道、坤道、妻道、臣道、君子道、小人道、吝道、天道、地道、人道、中道、神道、君道、木道、柔道、昼夜之道、变化之道、圣人之道、天下之道、天地之道、日月之道、《易》之道、饮食之道、夫妇之道、家道、井道等，不一而足。归纳而论，《周易》之道主要讲天道、地道、人道（后世称为三才之道），即

"立天之道曰阴与阳,立地之道曰柔与刚,立人之道曰仁与义"所讲的"三立之道"。其指出如何成就三才之道,化用《易传》中的话,可概括为"阴阳合德、刚柔有体、仁义相成",统称作"易道"。易道的主体与核心不是纯粹就天道、地道而论,而是围绕人道而讲天人合一、法天而行、象地而为的人与自然和谐相处之道。简言之,易道就是一种天地自然交融视域下整体综合的人道。如《郭店楚简·语丛一》所言:"易,所以会天道、人道也。"而《周易》中的人道即成人之道、成就君子之道,成人就是合天人之道后而形成一个"大写的人"。它关乎仁善诸德,所谓"一阴一阳之谓道,继之者善也,成之者性也。仁者见之谓之仁,知者见之谓之知,百姓日用而不知,故君子之道鲜矣"。

《周易》也多论各类德,如厚德、俭德、常德、贤德、文德、天德、四德、龙德、君德、旧德、刚德、健德、明德、盛德、至德、天地之大德、神明之德等。这些德主要指的是具有高德美行的君子修己安人之德。如象传中所言君子"以厚德载物""以果行育德""以懿文德""以俭德辟难""以振民育德""以多识前贤往行,以畜其德""以常德行""以反身修德""以顺德,积小以高大""以居贤德善俗",大人"与天地合其德",等等。

此外,在《周易》传中,由道、德衍生的"理""性"也成为人们新的关注点,如论易道与"天下之理""地理""性命之理""性命""成性"的关系,讲圣人作《易》,"和顺于道德而理于义,穷理尽性以至于命","将以顺性命之理",成为后世贤哲学人论心性、性理、理性、命理等思想命题的重要理论来源。

总之,《周易》提倡以阴阳合德、刚柔有体、仁义相成的易道,培养具有大德高行的圣贤、君子。和《诗经》《尚书》一样,《周易》弘扬道德修养,共同构成中华文明的核心元典,影响深远。

二 《周易》与人文修养

《周易》内容丰富,意蕴精深,作用巨大,如《易传》中所言"夫

《易》,彰往而察来,而微显阐幽,开而当名,辨物正言断辞,则备矣。其称名也小,其取类也大。其旨远,其辞文,其言曲而中,其事肆而隐。因贰以济民行,以明失得之报",对我国古代政治、哲学、文学、史学、伦理、民俗、宗教、军事、医学、天文、历法、音乐等都产生过重要的影响。清代《四库全书总目·易类小序》曾言"《易》道广大,无所不包,旁及天文、地理、乐律、兵法、韵学、算术,以逮方外之炉火,皆可援《易》以为说"。古今《周易》研究枝繁叶茂,流派众多,从清代的两派六宗①至现代的五派②,蔚然可观,著述宏富。特别是当代学者从不同角度阐发《周易》对民族思维、精神、传统国民人格和观念世界、政治和经济思想、法律和军事思想、宗教、教育、伦理、科技、医药等方面的影响。大家感兴趣可以参考谭德贵的《多维文化视野下的周易》(齐鲁书社 2005 年版)一书。以下仅从道德、认知、文学三个方面探讨《周易》经传在提升现代人文修养方面的作用。

(一)《周易》与道德修养

早期儒家讲求人生修养、修身、修心、修愿、修己、修德等修身理论,主张通过道德精神修养,怡性悦情,安顿身心,知人论世,为人处

---

① 此说法来自清儒《四库全书总目》提要《经部·易类序》中的总结:"故《易》之为书,推天道以明人事者也。《左传》所记诸占,盖犹太卜之遗法。汉儒言象数,去古未远也。一变而为京、焦,入于機祥。再变而为陈、邵,务穷造化,《易》遂不切于民用。王弼尽黜象数,说以老庄,一变而胡瑗、程子,始阐明儒理;再变而李光、杨万里,又参证史事,《易》遂日启其论端,此两派六宗,已互相攻驳。"现代学者的理解是:清儒将易学源流演变划分为"两派六宗",两派指象数学派和义理学派;六宗指占卜宗(象数宗)、機祥宗、造化宗(图书宗)、老庄宗(玄学宗)、儒理宗、史事宗。前三者属于象数派,后三者属于义理派。参见朱彦民《史学视野下的易学》,华南理工大学出版社 2017 年版,第 94、158 页。

② 五派指:人文易学派、科学易学派、易医学派、管理易学派、术数派,参见崔波《〈周易〉:中华民族的智慧宝典——访原中国周易研究会会长、中国周易学会顾问、武汉大学唐明邦教授》,《中国国情国力》1999 年第 2 期,第 29 页。学界研究《周易》对民族思维、精神、传统国民人格和观念世界、政治和经济思想、法律和军事思想、宗教、教育、伦理、科技、医药等方面的著作较多,具有代表性的有谭德贵《多维文化视野下的周易》(齐鲁书社 2005 年版)、朱伯昆主编《周易通释·第五编·易学与中华学术》(昆仑出版社 2004 年版,第 377—554 页)、唐明邦主编《周易评注》(中华书局 2009 年版)等。

世，齐家治世。《周易》诸传多出自早期儒者之手，侧重从德性的角度阐发《易经》诸卦要义，使《周易》的道德修身思想大放异彩。如《易传》中言"君子进德修业"（《文言》），"精义入神，以致用也；利用安身，以崇德也"（《系辞》），"君子安其身而后动，易其心而后语，定其交而后求。君子修此三者，故全也"（《系辞》），蹇卦、震卦中象传言"君子以反身修德""君子以恐惧修省"。《系辞下》是对某些卦义的德性化阐释，"《易》之兴也，其于中古乎？作《易》者，其有忧患乎？是故，《履》，德之基也，《谦》，德之柄也，《复》，德之本也，《恒》，德之固也，《损》，德之修也，《益》，德之裕也，《困》，德之辨也，《井》，德之地也，《巽》，德之制也。……《履》以和行，《谦》以制礼，《复》以自知，《恒》以一德，《损》以远害，《益》以兴利，《困》以寡怨，《井》以辨义，《巽》以行权"。这可视作《易传》作者对《易经》作德性化诠释的结果，而《易经》本身也确实存在某些德性因素，如研究者所见，"《易经》作者特别注重人的道德修养，如《中孚》《谦》等卦中所含中正、诚信、谦虚等美德，都蕴含着丰富的德性因素①，这为《易传》的阐发和易学中的人生修养理论奠定了坚实的基础。

1. 修养目标

张载在《正蒙·大易》中言"易为君子谋"，指出《周易》为士人君子谋划策略所用。《周易》也提倡士人做有德君子，提升人生修养，安身立命，齐家治世。《易经》中讲"谦谦君子""劳谦君子""君子终日乾乾，夕惕若"，寥寥数处。《易传》在此基础上扩展《易经》中的君子之义，大讲君子德性修养，数量较多，不乏精义，如"内君子而外小人"，指出君子要"多识前贤往行，以畜其德""进德修业""厚德载物""敬义立而德不孤""以果行育德""以懿文德""以俭德辟难""振民育德""多识前贤往行，以畜其德""以常德行，习教事""自昭

---

① 孙熙国：《先秦哲学的意蕴：中国哲学早期重要概念研究》，华夏出版社2006年版，第272—273页。

明德""反身修德""居德则忌""以顺德,积小以高大""居贤德善俗""以制数度,议德行""敬以直内,义以方外""独立不惧,遁世无闷""惩忿窒欲""藏器于身,待时而动""安而不忘危,存而不忘亡,治而不忘乱""上交不谄,下交不渎""知微知彰,知柔知刚"等,核心要义是讲君子如何修德安身,齐家治国。《易传》将有德君子作为修养的理想目标与重要内容,是对《易经》君子思想的传承与发扬。儒家受诗礼文化与《易经》中君子修身以敬、安人治世思想的影响,也多论君子之道,与《易传》中所论交相辉映,相映成趣,共同构成战国时期君子文化的主流。

2. 修养途径

在如何通过道德修养达到君子之道、圣贤之境上,《周易》指示了如下途径:

(1) 以德修身

《易传》主张以仁、义、礼、俭、谦等道德修身。所谓君子"体仁,足以长人;嘉会,足以合礼;利物,足以和义;贞固,足以干事""敬以直内,义以方外,敬义立而德不孤""非礼弗履""以俭德辟难,不可荣以禄"。德的最终指向是善,所以《易传》讲君子修身要"遏恶扬善,顺天休命""远小人,不恶而严",主张近贤人,"多识前贤往行,以畜其德",从而达到一种"文明以健,中正而应""黄中通理,正位居体,美在其中而畅于四支,发于事业,美之至也"的理想境界。

(2) 谨言慎行

《易传》对君子言行修养方面的论述相当多,要求君子谨慎言语("君子以慎言语")、言有物而行有恒("君子以言有物而行有恒")、慎行、敏行("君子以果行育德"),反对花言巧语,认为"尚口乃穷"。《易传》格外强调谨言慎行、以静观动对于为人处事的重要性,讲"言行,君子之枢机。枢机之发,荣辱之主也。言行,君子之所以动天地也,可不慎乎!乱之所生也,则言语以为阶。君不密则失臣,臣不密则失身,几事不密则害成。是以君子慎密而不出也",主张"君子安其身而后动,易其心而后语,定其交而后求。君子修此三者,故全也"。

(3) 思患豫防

《周易》经传宣扬忧患意识，是一种人文意识与人文理想的重要体现，目的在于引导人们防患未然，化险为夷，趋吉避凶。① 如《系辞下》言："《易》之兴也，其于中古乎？作《易》者，其有忧患乎？"在道德修养上，《易传》也主张君子居安思危，为人处事，所谓"君子以思患而豫防之""君子以恐惧修省""君子安而不忘危，存而不忘亡，治而不忘乱，是以身安而国家可保也""君子以作事谋始。君子见几而作，不俟终日"。这种忧患意识成为后来中华传统修身文化中的重要组成部分，影响久远。

(4) 解读诸卦

从具体某卦的卦象、卦义解读中，我们也可汲取道德修养的启示。如从《乾》卦中学会在人生的不同阶段如何顺应元、亨、利、贞等各种情境，自强不息，有所为而有所不为，理解易学提倡的生生不息、积极入世的精神。从《谦》卦中体会谦受益（"谦，尊而光"）、谦卑有度（"卑而不可逾"）、厚德载物（"劳而不伐，有功而不德，厚之至也"）的道理。从《泰》卦中体会"内阳而外阴，内健而外顺，内君子而外小人"所示的做人之道、"无平不陂，无往不复"所示的哲理认识、"艰贞无咎"所示生于忧患的思想。从《颐》卦中体会大快朵颐的口腹之快和"节饮食"以求中正的修养之道。从《既济》《未济》中体察世界万物从一个完成走向另一个待完成的开始，明白事物往复循环、无始无终的过程和道理。诸如此类，不一而足。简言之，每卦都有其特定的情境、内容、寓意。我们借助《易传》解读和个人体悟，会从中发现一些有益于人生修养的箴言与道理。

(二)《周易》与认知修养

《易传·系辞》中言"夫《易》，彰往而察来，而微显阐幽，开而

---

① 参见杨庆中《忧患·变通·和谐——〈周易〉的人文意识与人文理想》，《高校理论战线》2002 年第 8 期。

当名,辨物正言断辞,则备矣。其称名也小,其取类也大。其旨远,其辞文,其言曲而中,其事肆而隐。因贰以济民行,以明失得之报",所谓往来之彰察、显幽之微阐、物言之辨正、济民行、明失得等,均显示了《周易》中蕴含着丰富的认知及基于此的智慧素养。如李镜池先生在《周易探源》中指出《周易》六十四卦的内容涉及物质生产、社会生活、科学知识三类,卦爻辞中含有丰富的人文事象[1],如《师》谈军事,《大畜》《小畜》谈农业生产,《同人》谈战争,《大有》谈丰收,《临》谈治民之术,《贲》谈婚姻,《复》谈行旅等[2]。如研究者所见,《周易》是中国"最古百科知识小集"[3],如《易经》,"其卦、爻辞产生于古人认识和改造世界的需要,是古人为了求得一种生活上的指导而获得的关于周围世界的整体认识,是古人实践经验的记录和总结"[4],它蕴含着广泛的文化内涵。如结合《易传》的解释,从中可见上古自然现象、政治斗争、战争、农业、畜牧业、商业、交通、历史事件、婚俗、祭祀、占卜、伦理思想、民歌、哲理格言等自然社会知识[5]。学界历来不乏对于《周易》书中所含古代知识、史实的还原考察,发明和利用其内含隐意,鉴古知今,如李光、杨万里等援史证易[6],顾颉刚、高亨、李镜池等从易学中论史,成就斐然[7]。杜庆余从《周易》经传文辞中探讨上古历史、社会生活(如渔猎、畜牧、日常、婚姻家庭等)状况,朱彦民就"史学视野下的易学"作系统的梳理[8]。今踵武前贤,细察经传,

---

[1] 参见李镜池《周易探源》序,中华书局1978年版,第11页。
[2] 参见李镜池《周易探源》序,中华书局1978年版,第10页。
[3] 唐明邦主编《周易评注》后记,中华书局2009年版,第350页。
[4] 孙熙国:《先秦哲学的意蕴:中国哲学早期重要概念研究》,华夏出版社2006年版,第267—271页。
[5] 唐明邦主编《周易评注》,中华书局2009年版,第4—5页。
[6] 新近研究者认为"以史证《易》"是一种解《易》方法,本质特征在于其解《易》宗旨,目标并非简单地讲述史事、认识历史,而是要透过史事探求贯通天人的大中至正之道,进而关切现实、针砭时弊。参见程若昕《切实明理:"史事易"发微》,《周易研究》2020年第5期。
[7] 参见朱彦民《史学视野下的易学》,华南理工大学出版社2017年版。
[8] 参见杜庆余《〈周易〉与史学》,生活·读书·新知三联书店2018年版,第32—103页;朱彦民《史学视野下的易学》,华南理工大学出版社2017年版。

略从衣食住行、婚丧嫁娶、喜怒哀乐、知人论世、思想观念等方面管窥先秦时人的生活世界、知识世界和精神世界，借此提升今人的历史认知修养。

1. 反映古人的社会生活

（1）衣食住行

《周易》中有一些关于先秦古人衣食住行的记载。

服饰，如《既济》卦经文中言"妇丧其茀（头巾）""繻（彩色丝帛）有衣袽（破旧棉絮）"，《系辞》下载"垂衣裳（古代服装上衣下裳）而天下治"，反映了当时人们衣服材料和服饰样式。

饮食，如《噬嗑》卦描述了人们吃肉的某些细节，"噬肤灭鼻"（吃肥肉，掩其鼻）、"噬腊肉遇毒"（吃腊肉，中毒）、"噬干胏（zǐ）得金矢"（吃带骨干肉，发现铜箭头）、"噬干肉得黄金"（吃干肉，发现铜箭头）。又如其他卦中的饮食宜忌："雉膏不食""井泥不食""硕果不食""义不食也""饮食衎衎""困于酒食""我有好爵，吾与尔靡之""节饮食""勿恤其孚，于食有福"等。

居室，如"上古穴居而野处，后世圣人易之以宫室，上栋下宇，以待风雨"（《系辞下》），"栋桡，凶""栋隆，吉"（《大过》），"不出户庭""不出门庭"（《节》），反映了古代由穴居向室居的发展轨迹以及居室上栋下宇的构造、户庭与门庭的布局。

出行，如多处记载渡大河，"利涉大川""不利涉大川""用涉大川""不可涉大川""过涉灭顶"。又如记载君子出行，"明夷，于飞垂其翼。君子于行，三日不食"（《明夷》）、"君子攸行，先迷失道，后顺得常。西南得朋，乃与类行"（《坤》）、"君子夬夬独行，遇雨若濡，有愠无咎"（《夬》）。还有记载旅行遇到的某些特殊情况甚至是尴尬，如"臀无肤，其行次且""苋陆夬夬中行，无咎"（《夬》）、"无妄之灾，或系之牛，行人之得，邑人之灾"（《无妄》）、"旅焚其次，丧其童仆"（《旅》）。

（2）婚丧嫁娶

婚嫁，《周易》记载当时乘马抢婚的礼俗，如《屯》卦载"屯如遭如，乘马班如。匪寇，婚媾。女子贞不字，十年乃字""乘马班如，求婚媾。往吉，无不利"，《贲》卦载"贲如皤如，白马翰如。匪寇，婚媾"，《睽》卦载"睽孤见豕负涂，载鬼一车，先张之弧，后说之弧，匪寇，婚媾。往遇雨则吉"。《周易》还记载当时同胞姐妹共嫁一夫的媵婚制和婚后生活，如《归妹》卦载"归妹以娣""归妹以须，反归以娣""归妹愆期，迟归有时""帝乙归妹，其君之袂不如其娣之袂良"。它还记载时人婚姻观，《蒙》卦载"勿用取女，见金夫，不有躬。无攸利"，批评拜金女；《大过》卦载"枯杨生稊，老夫得其女妻，无不利""枯杨生华，老妇得其士夫，无咎无誉"，对男女改嫁再婚作区别对待；《泰》卦载"帝乙归妹，以祉元吉"，通过政治联姻祈福本族发展。

丧葬，《周易》记载古代丧葬发展历程，如"古之葬者，厚衣之以薪，葬之中野，不封不树，丧期无数。后世圣人易之以棺椁"（《系辞》下）。又如记丧葬致哀的原则，"丧过乎哀"（《小过》）。

（3）家庭生活

《周易》对家庭生活记载最为典型的是家人卦，

> 初九，闲有家，悔亡。
> 六二，无攸遂，在中馈，贞吉。
> 九三，家人嗃嗃，悔，厉，吉；妇子嘻嘻，终吝。
> 九四，富家，大吉。
> 九五，王假有家，勿恤，吉。
> 上九，有孚威如，终吉。

如研究者所论，此卦爻辞中"透露了中国古代家庭的一些基本情况：男子防守家园，谨防内祸外患的滋生。女子担负起持家之重任，家人不可嬉笑、哀怨"[①]。而在《家人》卦的《彖》传，指出处理好家庭

---

① 参见唐明邦主编《周易评注》，中华书局2009年版，第113页。

成员关系、摆正男女和长幼位置（保持中正）的重要性，所谓"家人，女正位乎内，男正位乎外。男女正，天地之大义也。家人有严君焉，父母之谓也。父父，子子，兄兄，弟弟，夫夫，妇妇，而家道正。正家而天下定矣"。

此外，《周易》还记载了古人生活的其他方面，如邻里关系（《既济》卦："东邻杀牛，不如西邻之禴祭，实受其福"），疾病治疗（《无妄》卦："无妄之疾，勿药有喜"、《损》卦："损其疾，使遄有喜，无咎"），期望健康（《复》卦："出入无疾，朋来无咎"），牲畜财产丢失（如"丧牛于易""丧羊于易""丧马勿逐自复"），反映了当时人们的某些生活概貌。

2. 反映古人的知识世界

撰写《周易》的先贤希望通过易道知晓"天地之情"，通晓天文人文，所谓"观其所恒，而天地万物之情可见矣""正大，而天地之情可见矣""观其所聚，而天地万物之情可见矣""观乎天文，以察时变；观乎人文，以化成天下"。《周易》记载了古人对自然、社会和历史的丰富认识、细致观察和独特理解，展现了一种自信乐观、积极向上的精神。

（1）古人对自然现象的细致观察

《周易》中某些卦爻辞对一些自然现象有细致的观察与记载。如其对鸟飞鸣的描述，《渐》卦中记载鸟儿不停地飞翔转移，所谓"鸿渐于干""鸿渐于磐""鸿渐于陆""鸿渐于木""鸿渐于陵""鸿渐于陆"；《中孚》《小过》二卦描述飞鸟鸣叫而引人遐思，"鸣鹤在阴，其子和之。我有好爵，吾与尔靡之""飞鸟遗之音，不宜上，宜下…飞鸟以凶"；还有《明夷》卦描述飞鸟翅膀开合的情形，"于飞垂其翼"。又如《小畜》《小过》两卦描写城西云来雨未至的情形，所谓"密云不雨，自我西郊"；《丰》卦描述日食的情形，所谓"日中见斗""日中见沫"；《小畜》《归妹》《丰》各卦对月相的描述，所谓"月几望""月盈则食"；《姤》卦对陨石飞落的描述，所谓"有陨自天"。又如《明夷》《晋》二卦卦象☷、☲对太阳升落的展现，《复》《姤》二卦卦象☷、☰

对冬至、夏至阴阳节气消长盈缩的展现，《乾》卦经文六条爻辞中龙位的变化（潜龙勿用、见龙在田、或跃在渊、飞龙在天、亢龙有悔）诸象与四月东方苍龙星位的变化息息相关①，等等，不一而足。这些都体现了古人对自然现象的细致观察，并从形象向抽象转化，体现出中国古代先贤的某种理性思维。

（2）古人对世事人情的深入剖析

《周易》认为世事多变，往复循环，人事纷繁复杂，需要循道而为。如《易传》认为《易经》"为道也屡迁，变动不居，周流六虚，上下无常，刚柔相易，不可为典要，唯变所适"，在变化中适应瞬息万变的世间万物，捕捉和遵循变动不居、周流六虚的天地人之道。《周易》对于人道有客观的认识和深入的理解，所谓"一阴一阳之谓道，继之者善也，成之者性也。仁者见之谓之仁，知者见之谓之知，百姓日用而不知，故君子之道鲜矣。显诸仁，藏诸用，鼓万物而不与圣人同忧""人道恶盈而好谦""立人之道曰仁与义"，对于反映人道的礼义来源作了系统的梳理，"有天地然后有万物，有万物然后有男女，有男女然后有夫妇，有夫妇然后有父子，有父子然后有君臣，有君臣然后有上下，有上下然后礼义有所错"。《周易》对于人心、人性和人际关系等方面也有深刻的理解，"二人同心，其利断金。同心之言，其臭如兰""三人行则损一人，一人行则得其友""二女同居，其志不同行""男女正，天地之大义也。……家道正，正家而天下定矣"。对于人们如何在入世的生活中自知知人，明哲保身，《周易》提供了切中肯綮的建议，如通过言辞识别他人，所谓"将叛者其辞惭，中心疑者其辞枝，吉人之辞寡，躁人之辞多，诬善之人其辞游，失其守者其辞屈"；主张谨言慎行，所谓"君子以慎言语"；先静后动，所谓"君子安其身而后动，易其心而后语，定其交而后求"；守正而为，所谓"知进退存亡而不失其正者，其唯圣人乎"，等等。

---

① 参见陈久金《〈周易·乾卦〉六龙与季节的关系》，载《自然科学史研究》1987年第3期；宋会群《乾卦六龙的天文科学含义新解》，载《周易研究》2001年第4期。

(3) 对历史事象的独特理解

《周易》如实记载历史，深入理解历史，形成独特的历史观。《周易》经、传的部分内容反映了某些历史事实。有学者曾列举分析了《周易》"王亥丧牛丧羊于易""包牺氏始作八卦"等经传爻辞所见十三个非常典型的历史故事①，非常具有启发性。我们顺着前人的研究思路，不仅可见相同相类的历史记载，还可察其背后研究阐发易学者的独特理解。如反映殷商征战，"高宗伐鬼方，三年克之，小人勿用"（《既济》），"震用伐鬼方，三年，有赏于大国"（《未济》）。再如《系辞下》某些记载（如下所示）追溯各卦来源，既反映了有关渔业、农业、商业、交通、城市、手工业、军事、文字等方面的历史信息，其实也包含作者对史实的梳理和选择性记载，如利天下、教天下、威天下的表述即反映了古人对于历史器物之产生应用的一种利用厚生观与平治天下观。

> 作结绳而为网罟，以佃以渔，盖取诸《离》。
>
> 包牺氏没，神农氏作，斫木为耜，揉木为耒，耒耨之利，以教天下，盖取诸《益》。
>
> 日中为市，致天下之民，聚天下之货，交易而退，各得其所，盖取诸《噬嗑》。
>
> 刳木为舟，剡木为楫，舟楫之利，以济不通，致远以利天下，盖取诸《涣》。
>
> 服牛乘马，引重致远，以利天下，盖取诸《随》。
>
> 重门击柝，以待暴客，盖取诸《豫》。
>
> 断木为杵，掘地为臼，杵臼之利，万民以济，盖取诸《小过》。
>
> 弦木为弧，剡木为矢，弧矢之利，以威天下，盖取诸《睽》。
>
> 上古结绳而治，后世圣人易之以书契，百官以治，万民以察，盖取诸《夬》。

---

① 杜庆余：《〈周易〉与史学》第二章，生活·读书·新知三联书店2018年版。

《周易》作者基于对历史的观察和思考，形成一种独特的历史认识。如他们对以史修德功用的认识，"君子以多识前言往行，以畜其德"；对历史人物文王、箕子作评价，"内文明而外柔顺，以蒙大难，文王以之"，"利艰贞"，"晦其明也，内难而能正其志，箕子以之"；从天人顺应的角度解释王朝更迭，"汤武革命，顺乎天而应乎人"。这些以史修德论、王朝革命论对后世都产生了广泛而深远的影响。

随着人类认识和改造客观世界能力的不断提升，古代先民对外部世界的神秘与畏惧逐渐减少，克服困难、战胜自然的信心相应地增强。在认识上，古今贤哲提出"人者，天地之心也""天地万物父母，惟人万物之灵""人是万物的尺度"等，弘扬人的主观能力、主宰地位和主体优越性，表现出一种强烈的人本思想、理性精神，洋溢着人类对自我认知能力的高度自信。作为反映早期中华文明的元典，《周易》容纳天道、地道、人道，纵论见"天地之心""天地之情"，以人文"化成天下"，视野开阔，弥漫天地之间。在《周易》中，古人常用"必"来肯定某些事理，如《序卦》中讲"物生必蒙……饮食必有讼……讼必有众起……众必有所比……比必有所畜……物必归焉……有大而能谦必豫……豫必有随……以喜随人者必有事……陷必有所丽……进必有所伤……伤于外者必反于家……家道穷必乖……乖必有难……缓必有所失……损而不已必益……益而不已必决……决必有遇……升而不已必困……困乎上者必反下……井道不可不革……进必有所归……得其所归者必大……穷大者必失其居……有其信者必行之……有过物者必济"。另《文言》云"积善之家必有余庆，积不善之家必有余殃"，《系辞》言"非所困而困焉，名必辱。非所据而据焉，身必危"，《小过》经文言"往厉必戒"，都充分体现了古人对理智力量和认知能力的高度自信。

3. 反映古人的观念世界

《周易》作为一部记载早期中华文明发展印迹的元典，它更多地反映了古代先民对于客观世界和主观世界的认识，有的形成某些固定观念，诉诸文字，记入典册，是我们了解中华传统文化诸多思想观念的根源。《周易》将天、地、人作为三才，以道、德联结贯通，所谓"《易》之为书也,广大悉备。有天道焉,有人道焉,有地道焉。兼三才而两之,故六。六者非它也,三材之道也"(《系辞下》)、"昔者圣人之作《易》也,将以顺性命之理。是以立天之道曰阴与阳,立地之道曰柔与刚,立人之道曰仁与义。兼三才而两之"(《说卦》)、"天道下济而光明,地道卑而上行。天道亏盈而益谦,地道变盈而流谦,鬼神害盈而福谦,人道恶盈而好谦"(《谦》)。在天地人三才观的指导下,《周易》所论涉及古人对天地、天人、圣人、求吉、道德、神话、男女等方面的认识,形成天地观、天人观、求吉观、气节观、男女观、道德观、神话观等,影响深远。以下择要而论。

(1)天地观

在六十四卦中,最先两卦即是与天地相对应的《乾》卦、《坤》卦。《易传》中讲这两卦是理解易学的门径,所谓"乾坤,其《易》之门耶",突出其重要性和独特性;同时以礼讲天地的人格,所谓"天尊地卑";以天地为人类之源,所谓"乾道成男,坤道成女""天地絪缊,万物化醇。男女构精,万物化生""有天地然后有万物,有万物然后有男女"。《易传》多论天地,涉及天地之宜、天地之心、天地万物之情、天地之大义、天地万物、天地之理、天地之情、天地之变、天地之道、天地之化、天地之数、天地之德等,认为"天地以顺动""天地交而万物通""天地不交而万物不通也""观其所感,而天地万物之情可见矣""男女正,天地之大义也""天地睽而其事同也""天地相遇,品物咸章也""天地不交而万物不兴""天地节而四时成""《易》与天地准,故能弥纶天地之道,仰以观于天文,俯以察于地理……与天地相似,故不违……范围天地之化而不过,曲成万物而不遗""天地设位,而《易》行乎其中矣。成性存存,道义之门""天地之大德曰生",凡此种种天地之论构成了独特的天地观。实际上,《周易》主体内容就是讲天地乾坤之间、世界万物生生不息之学。当代学者讲生命哲学、生生哲学,在学理上显然是受易学天地观下万物化生、大德曰生思想的深刻影响。

（2）天人观

天人观，指古代思想家在天人关系问题上的观点，主要包括人与自然或宇宙、天道与人道、自然与人为的关系等问题①，不过核心应该是天道与人道。《周易》所论天人观，讲天道人道，如《郭店楚简·语丛一》言"《易》所以会天道人道也"。它既包括天地之道（即天道），也包括圣人之道（即人道），所谓"《易》有圣人之道四焉：以言者尚其辞，以动者尚其变，以制器者尚其象，以卜筮者尚其占"。在这种观念的指导下，《周易》讲天人相合、人法天行，如居六十四卦之首的《乾》卦、《坤》卦象传分别言"天行健，君子以自强不息""地势坤，君子以厚德载物"，《革》卦、《兑》卦传中也讲"顺乎天而应乎人"，《大有》卦经文中言"自天佑之，吉无不利"，《系辞》言"天之所助者，顺也；人之所助者，信也"，《贲》卦言"刚柔交错，天文也。文明以止，人文也。观乎天文，以察时变；观乎人文，以化成天下"，都反映了圣人、君子顺从天道、法天而行的天人观。所以，在《周易》的相关论述中，圣人应该"知崇礼卑，崇效天，卑法地""天生神物，圣人则之；天地变化，圣人效之""天地养万物，圣人养贤以及万民""天地感而万物化生，圣人感人心而天下和平"。圣人只有学《易》、懂《易》、通《易》，才能掌握治理天下、处理万事的要领，所谓"夫《易》，圣人之所以极深而研几也。唯深也，故能通天下之志；唯几也，故能成天下之务""圣人以通天下之志，以定天下之业，以断天下之疑""圣人有以见天下之赜，而拟诸其形容，象其物宜……圣人有以见天下之动，而观其会通，以行其典礼，系辞焉以断其吉凶"。这种分析承袭儒家的天人观，从功用上而论圣人、《周易》与天地、天下的关系，并涉及某些相应的观念。事实上，《周易》的产生和发展是历代圣贤所为，如先是伏羲等人作八卦，后来文王演六十四卦，最后是孔子等儒者传《易》等，从而形成一个较为完整的易学发展进程。

---

① 郑万耕：《〈易传〉天人观浅析》，《孔子研究》1987年第1期。

（3）求吉观

吉凶思想是易学的重要组成部分，所谓"《易》有大极，是生两仪。两仪生四象。四象生八卦。八卦定吉凶，吉凶生大业"，《周易》最初的主要功用是占卜、预测吉凶，避免风险，转祸为福，逢凶化吉，所谓"圣人设卦观象，系辞焉而明吉凶"。所以，《周易》更多地关注吉事如何由凶转变为吉事，体现一种求吉避凶的观念。遍读《周易》全书，吉字出现280多次，远高于凶字出现的110多次。书中论及各种吉，有"大吉""吉""往吉""元吉""安贞吉""无不利""终吉""中吉""从上吉也""安贞之吉""贞吉""显比之吉"、征吉、大人吉、小人吉、威如之吉、大有上吉、敦临之吉、永贞吉、六五之吉、休复之吉、颠颐之吉、居贞之吉、栋隆之吉、畜牝牛吉、取女吉、居吉、妇人贞吉、畜臣妾吉、君子吉、艰则吉、厉吉、六二之吉、悔厉吉、威如之吉、小事吉、遇雨之吉、其来复吉、有攸往夙吉、用大牲吉、引吉、南征吉、征吉、改命之吉、敦艮之吉、女归吉、旅贞吉、纷若之吉、九五之吉、和兑之吉、孚兑之吉、甘节之吉、豚鱼吉、虞吉、初吉、吉大来、吉事有祥，等。有人统计《周易》六十四卦，真正完全凶险（《否》卦、《困》卦、《大过》卦）或纯粹吉祥的卦（如《乾》卦、《泰》卦、《谦》卦）很少，更多的是变凶为吉、化祸为福的卦，体现凶中有吉、凶可化吉的思想。这种思想影响深远，当代国人凡事喜欢讨个吉利，忌讳各种不吉，通过巫术、占卦等方式禳除凶祸，期望逢凶化吉，就是如此。

此外，我们从《周易》中还可见古人其他观念，如士人气节观（"不事王侯，高尚其事"）、夫妇道德贞节观（"恒其德，贞，妇人吉，夫子凶""妇人贞吉，从一而终也。夫子制义，从妇凶也"）、智慧观（"见险而能止，知矣哉""神以知来，知以藏往""君子知微知彰，知柔知刚，万夫之望""过此以往，未之或知也；穷神知化，德之盛也""象事知器，占事知来""德行恒易以知险""德行恒简以知阻"），等等。限于篇幅，不再展开。

(三)《周易》与文学修养

《周易》经传是古老筮书演变的文本,蕴含着丰富的象数理占信息与内涵,其文字以简明、形象、深刻甚至深奥著称,文学特征也相当明显。如研究者所见,"其思维具有类比和象征性,表述具有实证性。卦辞、爻辞及传文,多采古代历史传说、民间歌谚、日常生活现象,有直观的形象,有时也能将十分抽象的哲理,运用比喻的手段,浅显生动地道出,因此,也具有一定的文学性"[1]。以下就《周易》所用语言文字的特色及对今人文学修养提升的启示略作介绍。

1. 形象简洁,朗朗上口

《周易》的文字表现力极强,兼具形式与义理之美,形象、简洁而深刻。例如"勿疑,朋盍簪",指刚直不疑,朋友像头发括束于簪子一样聚合相从[2],其中以簪发比喻友朋相从,非常形象。又如"好遯,君子吉,小人否",指君子善于隐遁是好事,小人不会有好下场。此处用一"否"字,一笔带过,言简意赅。有些用词充满哲理,如"无往不复""同归而殊途,一致而百虑""穷理尽性""彰往察来""原始要终"等。

《周易》经传描述各种场景,用词非常讲究,表达的意思细腻、丰富。如描写哭泣状的成语,"出涕沱若"表现出一种大哭,泪奔如滂沱大雨的情形;而"赍咨涕洟"指咨嗟悲叹,泪涕齐流,同样形象地表达出一种痛哭之状。"得敌,或鼓或罢,或泣或歌",指俘获敌人,击鼓班师,凯旋歌唱,间有泣声,这是一种悲喜交加的哭。"乘马班如,泣血涟如",乘马的人徘徊不前,泪水不止,哭出了血,可以想象这是何等伤心的悲哭。

又如,《周易》描述笑,情态各异,措辞考究,如"一握为笑,

---

[1] 杨树增等:《儒学与中国古代散文》,中国社会科学出版社2017年版,第142页。
[2] 译文参见黄寿祺、张善文《周易译注》,上海古籍出版社2004年版,第138页;马恒君《周易注释》,华夏出版社2001年版,第168页。

勿恤，往无咎"指相互握手言笑，泯释仇怨，前行，不会有灾咎，这是一笑泯恩仇的笑；"震来虩虩，笑言哑哑"，则是描述在雷声阵阵中，某人依旧谈笑风生，这是镇定自若的笑；"先号咷而后笑"，指与人和睦相处之人，先遭危难而大哭，后得援助而大笑，这是转悲为喜的笑。

《周易》对自然现象的观察与描述，同样用词简美，朗朗上口，体现了当时学人相当高的语言修辞水平，以至于有的学者认为：《易经》里隐藏着一部比《诗经》时代还早的诗歌总集，每一卦都在征引古歌，占辞是对殷周古歌的神学化解说与诠释[①]。最典型的一句就是"明夷于飞。垂其翼。君子于行。三日不食"。其他的尚有"鸣鹤在阴，其子和之。我有好爵，吾与尔靡之""密云不雨，自我西郊。公弋取彼在穴"。在《丰》卦中，以下几句爻辞，用简洁的诗一般的语言，描述了一次午间日食的情形，也是一个比较典型的例子。

六二，丰其蔀，日中见斗。
九三，丰其沛，日中见沫。
九四，丰其蔀，日中见斗。

2. 命名来源，成语渊薮

《周易》经传所用语言文字体现了撰作者高超的语言修辞与文学修养水平，它既可借之以提高书面文字的表现力，也可用于起名和化作成语、校训、书名等。

（1）命名来源

语言修辞体现在写作中，也体现在其他方面，如起名、成语等。古今不少历史人物的名字，多取自《周易》。如唐代史学家刘藏器、刘知几父子，其中的"藏器""知几"，均摘自《易传·系辞》，"君子<u>藏器</u>于身，待时而动""君子上交不谄，下交不渎，其<u>知几</u>乎"。南

[①] 参见黄玉顺《〈易经〉古歌的发现和开掘》，《文学遗产》1993年第5期。

宋学者吴自牧的名字,出自《谦》卦中的象传,"初六,谦谦君子,用涉大川,吉。《象》曰:'谦谦君子',卑以自牧也。"毛泽东的字"润之",出自《易传·说卦》,"雷以动之,风以散之,雨以润之,日以烜之,艮以止之,兑以说之,乾以君之,坤以藏之"。蒋介石中的"介石"与其字"中正",出于《周易·豫》的经文爻辞与象传,"六二,介于石,不终日,贞吉。《象》曰:'不终日贞吉',以中正也"。著名小说《围城》中主人公方鸿渐、古代茶神陆羽,皆出自《周易·渐》的经文爻辞,"上九,鸿渐于陆,其羽可用为仪,吉"。香港影星莫文蔚的名字"文蔚"也是出自《革》卦,"上六,君子豹变,小人革面,征凶,居贞吉。《象》曰:'君子豹变,其文蔚也'"。

除了人名之外,我们还可见某些大学的校训、古今学者著作名称,亦取自《周易》。如清华大学校训"自强不息,厚德载物"出自《乾》《坤》两卦的《象》传,曲阜师范大学的文史楼正面同样镌刻这八个字,可视作是文史院的院训。明清初学者黄宗羲撰写过《明夷待访录》一书,其中的"明夷"来自《明夷》卦,包含了作者对明清王朝鼎革、退隐于世的志向。近代学者冯友兰先生在抗战时期撰写一些论文,将之合集成书,命名为《贞元六书》,其中"贞元"取自《乾》卦经文"元亨利贞",同样蕴含了作者对当时中国处于历史大变革紧要关头的特殊体会和对中华民族文化先难后获、否极泰来的美好期望在内。

(2)成语渊薮

和其他儒家元典一样,《周易》经传中蕴含很多脍炙人口的成语。《易经》中包含的成语:飞龙在天、亢龙有悔、无咎无誉、开国承家、无妄之灾、虎视眈眈、不速之客、突如其来、夬夬独行、一握为笑、笑言哑哑、先号后笑等,还有从卦画和经义转化而来的成语,如一元来复、三阳开泰、否极泰来、革故鼎新、大快朵颐等。《易传》中包含的成语:含弘光大、品物咸亨、自强不息、厚德载物、天玄地黄、尚口乃穷、遏恶扬善、哀多益寡、神道设教、从一而终、偕时而行、物以群分、弥纶天地、见仁见智、出处默语、慢藏诲盗、冶容诲淫、极深研几、开物成务、探赜索隐、钩深致远、书不尽言、言不尽意、确然示人、穷神知化、彰往察来、微显阐幽、殊途同归、一致百虑、原始要终、穷理尽性、穷则思变、寒往暑来、物大可观等。

三 《周易》读法

如何阅读《周易》，前人多有论述。古人读《周易》的方式很多，目的不尽相同。如宋代学者陆游诗中提到"净扫东窗读《周易》""体不佳时看《周易》""穷每占《周易》"，叶采诗中讲"闲坐窗前看《周易》"，魏了翁诗中言"起傍梅花读《周易》"，胡寅诗中言"自将《周易》规儿辈"，释文珦诗言"对着斜阳诵《周易》"，为我们描述了宋人读《周易》的情形。今人黄寿祺、张善文曾分八个方面介绍研究方法：从源溯流、强干弱枝、以《易传》为解经的首要依据、掌握六十四卦表现哲理的特殊方式（象征）、掌握前人总结出来的切实可用的《易》学条例、结合考古学界发现的有关《周易》资料来辨析研究相关问题、重视多学科和多课题相互贯通的比较研究、注意国外汉学者研究的成果[①]，非常全面。姜广辉在《怎样读〈周易〉》（《中华读书报》2015年6月24日第8版）中，从《周易》之本源、内容、经传年代、解卦（首先要根据卦名来判断此卦的具体情境与条件，综合运用各种解卦的方法）、参考书目等方面介绍阅读《周易》之法，深浅得当。如果读者从了解历史文化知识、提升人文修养（道德、文字、文学）的角度读《周易》，可参照以下步骤。

首先打好基本功，熟记六十四卦卦名、卦象、卦序。具体的方法，可通过熟悉的成语、十二月卦（亦称月卦、候卦、消息卦，详见下页表示）、卦卦相对等方法，记忆各个卦的卦名、卦画。

第一，利用成语识记。如大快朵颐与《颐》卦，否极泰来与《否》卦、《泰》卦，无妄之灾与《无妄》卦，革故鼎新与《革》卦、《鼎》

[①] 参照黄寿祺、张善文《周易译注·前言》，上海古籍出版社2004年版，第27—29页。

卦，因革损益与《损》卦、《益》卦，三阳开泰与《泰》卦，一阳来复与《复》卦，等，彼此之间存在密切联系，可辅助识记卦画等。

第二，利用十二月卦识记。十二月卦，指十二卦与十二个月份一一对应，阳爻与阴爻呈互为消长的情形，如《复》对应十一月，在本月特别是冬至日，一阳生（成语一阳来复即源于此）；《临》对应十二月，本月二阳生；《泰》对应一月，本月三阳生（三阳开泰来源于此），依此类推，至《乾》六阳生，对应四月；自《复》至《乾》为息卦。自《姤》至《坤》为消卦，《姤》为一阴消，对应五月；遁二阴消，否为三阴消，观为四阴消，剥为五阴消，坤为六阴消。了解这层关系，再配以天象、岁时知识和某些成语，识记十二卦卦象①。

十二消息卦与月份对应表

12消息卦	复	临	泰	大壮	夬	乾	姤	遯	否	观	剥	坤
斗建	子	丑	寅	卯	辰	巳	午	未	申	酉	戌	亥
节气	冬至	大寒	雨水	春分	谷雨	小满	夏至	大暑	处暑	秋分	霜降	小雪
月份阴历	11	12	1	2	3	4	5	6	7	8	9	10

第三，利用相邻卦的成卦规律（正对、反对）来识记。在六十四卦中，有二十八对（五十六卦）卦相承相邻，相反对应，即以卦形互为倒置为次序，卦形恰好颠倒而形象变，构成两两相依的"反对卦"（亦称覆卦、综卦等），如《屯》卦与《蒙》卦、《师》卦与《比》卦相依；另外四对卦（八卦），乾、坤、颐、大过、坎、离、中孚、小过诸卦，

---

① 古人按阴阳消长的自然状况，把十二消息卦搭配在阴历一年的十二个月里，认为十一月冬至开始一阳生，配复卦，所谓一阳来复；十二月二阳生，配临卦；正月三阳生，配泰卦，所谓三阳开泰，其他以此类推。参见马恒君《周易注释》，华夏出版社2001年版，第179—180页；黄寿祺、张善文《周易译注》，上海古籍出版社2004年版，第630页。

卦体颠倒而形不变，以六爻互为交变为次序（位置对应之爻阴阳互变），构成两两相次的"正对卦"（亦称旁通、变卦、错卦等），如颐与大过，中孚与小过①。通过认识和把握这种成卦的规律，在记下某个卦象的同时，也可依此画出其紧邻的卦象、卦画。

第四，从形象的角度来理解、记忆诸卦，如研究者所见，"颐"卦☷像一张正在进食的嘴，"噬嗑"卦☷像一张咬着硬物的嘴（或带着全副刑具的囚犯），"鼎卦"☷像一个抽象为线条的大鼎，"小过"卦☷像一个展翅飞翔的鸟，"豫"卦☷像头发中插入了簪子，"大过"卦☷有棺椁之象，"大壮"卦☷是上栋下宇之象，"离"卦☷是网罟之象，"观"卦☷是宗庙之象，"中孚"☷是符节对合之象（或一条中空的大船）②。大而言之，"既济"卦可视作烧水煮饭，"明夷"有太阳落山之象，"晋"卦有旭日东升之象，举一反三，触类旁通，从形象的理解入手，来记忆各种纷繁复杂的卦画。另外，还有前人留下的一些歌谣，可帮助我们来识记六十四卦，如朱熹《周易本义》载"八卦象数记忆口诀"，"乾三连，坤六断。震仰盂，艮覆碗。离中虚，坎中满。兑上缺，巽下断"。还有六十四卦"卦名次序歌"，如下所示：

　　乾坤屯蒙需讼师，比小畜兮履泰否；
　　同人大有谦豫随，蛊临观兮噬嗑贲；
　　剥复无妄大畜颐，大过坎离三十备。
　　咸恒遁兮及大壮，晋与明夷家人睽；
　　蹇解损益夬姤萃，升困井革鼎震继；
　　艮渐归妹丰旅巽，兑涣节兮中孚至；
　　小过既济兼未济，是为下经三十四。

---

① 参见黄寿祺、张善文《周易译注》，上海古籍出版社2004年版，第615页；唐明邦主编《周易评注》，中华书局2009年版，第326页。
② 马恒君：《周易注释》，第34—35页。

其次，从传入手，来理解经义。如从《象传》中了解诸卦的基本含义，梳理相邻卦的关系；从《大象传》中了解传对《易经》的道德化解释，有利于提升对古人道德修养的认识；从《系辞》中了解后人对《易经》的哲理化、历史化、道德化解释，知晓《周易》的产生，诸卦的含义和来历，易与天地万物的关系等；从《序卦传》中了解不同卦之间的关系，便于卦画、卦义的理解与识记；从《文言》和《系辞》中有关乾坤卦的解释，理解二卦的深刻含义及其在易学中的重要地位；从《小象传》入手，配合《大象传》《象传》《系辞》等其他传的相关解释，全面理解卦辞中具体每条经文的含义，究其本来义与引申义，原始要终，从中了解丰富的历史信息和古人的知识、思想及生活世界。

再次，在以上学习过程中，欣赏《周易》经传的修辞文采之美，所谓"其称名也小，其取类也大。其旨远，其辞文，其言曲而中，其事肆而隐"；领略其义理精辟之美，所谓"和顺于道德而理于义，穷理尽性以至于命"；领会其彰往察来、微显阐幽、方以智且圆而神的德慧术智，所谓"知周乎万物，而道济天下""蓍之德圆而神，卦之德方以知""多识前言往行，以畜其德"。

最后，需要注意的两点是：其一，易学和其他学问一样，都是在运用中得到牢固、强化，升华，光大其价值，增进、提升人的道德与学问，所谓"精义入神，以致用也；利用安身，以崇德也"。所以，学习《周易》既要注重理论、知识的学习，还要学会在致用中去不断巩固。尽管现在一些易学者热衷于通过占卜来接近《周易》，但这只是其中一条途径，并非全部。易学内容包括象、数、理、占四大方面，其中最有价值的不是占，而是象数与义理。义理是《周易》的根本，是易学的精华，可以提升人的智慧与德慧，是提高人们通观、察知表象世界及背后规律的法宝；占卜只是易学之末技，不足独恃，迷信滥用，更不足取。其二，想学会、弄懂、会通《周易》，还需要阅读一些古今人的著作，应以先读近世今人所写的论著为先，如以本章中所示马恒君、黄寿祺、高亨、夏传才、金景芳、刘大钧、唐明邦、姜广辉、郑万耕、黄玉顺等学者著述为引导，逐步深入地了解、认识和理解《周易》，扬诸家之长，补诸家之短，进而形成自己独特的学习思路和方法甚至是一个文本，如此方为学习《周易》至较高境界的阶段和表现。海纳百川，兼容会通，学贵自得，求其放心，是学习各种儒家元典和古今中外一切文化元典的根本之道。

课后思读

一　讨论思考

1. 如何从《周易》经传学习中体会修身处世的智慧。
2. 阅读下列《系辞》选文，理解《周易》讲道论德的主旨。

二　参考文献

吕思勉：《经子解题·易》，华东师范大学出版社1995年版。

夏传才：《十三经概论·周易》，天津人民出版社1998年版。

郑万耕：《十三经说略·周易》，北京燕山出版社2002年版。

黄寿祺、张善文：《周易译注》，上海古籍出版社2004年版。

杨伯峻：《经书浅谈·周易》，中华书局2005年版。

孙熙国：《先秦哲学的意蕴：中国哲学早期重要概念研究》下篇，《"易"的抽象与"易"的秘密》，华夏出版社2006年版。

葛兆光：《中国经典十种·周易》，中华书局2008年版。

朱自清：《经典常谈·周易》，上海古籍出版社2009年版。

唐明邦主编：《周易评注》，中华书局2009年版。

姜广辉：《怎样读〈周易〉》，《中华读书报》2015年6月24日，第8版。

刘毓庆：《〈周易〉：推天道以明人事（上、中、下）》，《名作欣赏》2016年第10、13、16期。

朱彦民：《史学视野下的易学》，华南理工大学出版社2017年版。

杜庆余：《〈周易〉与史学》，生活·读书·新知三联书店2018年版。

三 延伸阅读

以下选文摘自《周易》传《系辞上》，有助于读者理解易学道德主旨和乾坤二卦精义。

天尊地卑，乾坤定矣。卑高以陈，贵贱位矣。动静有常，刚柔断矣。方以类聚，物以群分，吉凶生矣。在天成象，在地成形，变化见矣。是故刚柔相摩，八卦相荡，鼓之以雷霆，润之以风雨；日月运行，一寒一暑。乾道成男，坤道成女。乾知大始，坤作成物。乾以易知，坤以简能；易则易知，简则易从；易知则有亲，易从则有功；有亲则可久，有功则可大；可久则贤人之德，可大则贤人之业。易简，而天下之理得矣；天下之理得，而成位乎其中矣。……一阴一阳之谓道。继之者善也，成之者性也。仁者见之谓之仁，知者见之谓之知，百姓日用而不知，故君子之道鲜矣。显诸仁，藏诸用，鼓万物而不与圣人同忧。盛德大业至矣哉！富有之谓大业，日新之谓盛德。生生之谓易，成象之谓乾，效法之谓坤，极数知来之谓占，通变之谓事，阴阳不测之谓神。

第五讲 《左传》导读

（属辞比事，惩恶劝善）

有一部儒家元典篇幅最长、部头最大，洋洋洒洒 18 万余字，在经学、史学、文学方面取得了杰出的成就。它以传解经，讲述春秋历史，阐发经学大义，惩恶劝善，评论人事，是我国第一部体例完备、私家修撰的编年体史著。它擅长叙事，工于文辞，勾画了一系列经典的人物和故事，体现了高超的语言文字驾驭能力和应用水平，有"圣人之羽翮，而述者之冠冕""先秦散文叙事之最"的美誉。它融汇上古礼乐文明，弘扬《诗》《书》《易》《礼》《春秋》中尚德向善、明礼重义的思想，构建宏伟的道德理论体系，被列入儒家十三经，世代传诵，至今不绝。它就是本章拟讲的《左传》。

一 《左传》简介

《左传》又名《春秋左传》《左氏春秋》，简称《左传》。它由鲁国士人左丘明撰写，以春秋时期鲁国纪年的形式，记载了春秋二百五十多年诸国的历史。《左传》是《春秋》学的重要组成部分，以解释《春秋》经之传的面貌流传于世。它表彰有德行善的贤士、贤妇，贬斥作恶多端的暴君、佞臣，为后人修身治世提供历史的借鉴。

（一）《左传》来历

《左传》来源于《春秋》学。《春秋》学指古今学者对《春秋》文本和要义的解释性著述，主要由《春秋》经、传及经传注解构成，《左传》属于其中的诸传之一。

1.《春秋》经

《春秋》和《诗》《书》《易》《礼》《乐》同为六经之一，既是儒家尊崇研习的一部中华元典，也是我国现存最早的一部编年体史书。它原为鲁国史官简要记录的国家时政要事，由专人存档管理，编辑成册，经年累月，形成可观的档案资料。至春秋末年，这些资料经孔子整理、修订和传授，形成一部版本相当固定的鲁国史，即《春秋》。史载，孔子晚年有感于"吾欲载之空言，不如见之于行事之深切著明也"，"吾道不行矣，吾何以自见于后世哉"，于是"笔则笔，削则削"，依靠原来的旧史档案，整理编定《春秋》。旧时史家认为孔子作《春秋》，近代以来学者多认为孔子好古，述而不作，应该是编撰整理而非作《春秋》，实际上它是孔子寓作于述、阐发微言大义的史著。后人研读这本史籍，将其列入五经、六经之中，附以各种传解注疏之作，卷帙浩繁，最终形成蔚然可观的《春秋》学，影响深远，至今未绝。

春秋战国时期，"春秋"一词常被用作指称诸侯国的史籍。一般的解释是，因为古代史官逐年记载四季大事，尤其重视春、秋二季，故以之概称史籍。据史载，中原周、燕、宋、齐等国曾有记载各国历史的《春秋》，如《墨子·明鬼》记载"周之《春秋》、燕之《春秋》、宋之《春秋》、齐之《春秋》……吾见百国《春秋》"。此处"百国"固然略显夸张，但当时各国撰史事业之兴盛可见一斑。战国之后，一般讲《春秋》，专指鲁国《春秋》。它经过孔子等鲁国君子的精心改编，内容按照年、季、月、日的顺序，记载某些时段和节点的国家大事，基本真实可信。

《春秋》现存 1.6 万余字，记载了从鲁隐公元年（前 722 年）至鲁哀公十四年（前 481 年）240 多年里的 1800 余条史事，历十二代国君（隐公、桓公、庄公、闵公、僖公、文公、宣公、成公、襄公、昭公、定公、哀公）。全书虽以鲁国纪元，但也记载了其他诸侯国之间及其与周天子核心辖区的内政外交，反映了当时中国政治文明从封建领主制走向封建地主制的转变过程，影响深远，以致后人将这段历史也称为"春秋时代"。

《春秋》以鲁国纪元，运用一套比较系统的话语、模式，按照年、季、月、日的顺序，记载东周历史上鲁国内外的重大政治事件，所谓"属辞比事，《春秋》教也"（《礼记·经解》）。"属辞"，指其用语简洁明了，措辞考究；"比事"，指其记载鲁国内外的要事。所谓"《春秋》之法，常事不书"（《公羊传·桓公四年》），"常事不书"指《春秋》中多记载非常之事，如诸侯之间的国君会盟、交际、婚姻、战争和各国内乱（兄弟相残、父子争权、君臣相杀等）、筑城、祭祀、君臣死丧以及某些自然灾害、天象（如雨雪、地震、日食）等。其中以战争、祭祀、诸侯会盟、君臣死丧之事居多，所谓"诸侯之会，其德刑礼义，无国不记"（《左传·僖公七年》），"国之大事，在祀与戎"（《左传·成公十三年》）。经孔子等鲁国士人的整理，《春秋》"约其文辞而指博"，使简略的行文措辞背后隐含了某种深义，即后人常讲的"春秋之义""春秋大义"。司马迁认为它就是尊王攘夷，贬乱损贼[①]。当代学者刘毓庆则将其归纳为三部分：定是非，正名分，明责任[②]。古代史家认为《春秋》"约其文辞而指博"，这是一种"属辞比事"之法，其叙事方式具有明显的优点和缺点。

优点在于：书中记载历史大事，多有明确的时间节点，脉络清晰。特别是文中措辞简要，最长的四十五字，即定公四年"三月"条记事："公会刘子、晋侯、宋公、蔡侯、卫侯、陈子、郑伯、许男、曹伯、莒子、邾子、顿子、胡子、滕子、薛伯、杞伯、小邾子、齐国夏于召陵，侵楚"；最短的仅一个字，如哀公十二年"十二月"、十三年"九月"和"十二月"下都只记一字"螽"（zhōng）。《春秋》"属辞比事"，指

[①] 司马迁指出孔子整理《春秋》，"约其文辞而指博。故吴楚之君自称王，而春秋贬之曰'子'；践土之会实召周天子，而春秋讳之曰'天王狩于河阳'，推此类以绳当世。贬损之义，后有王者举而开之。春秋之义行，则天下乱臣贼子惧焉"（《史记·太史公记》）。

[②] 刘毓庆：《〈春秋〉：正名分而明责任（上、中、下）》，《名作欣赏》2017年第7、10、13期。

史家将各种字词排列于一处，记录某事。其最独特的地方是：编著者通过字词的选用、称谓的变化等途径，体现其褒贬、尊攘、爱恶等感情与态度，达到某种道德教化或思想表达的目的，所谓"《春秋》之称，微而显，志而晦，婉而成章，尽而不污，惩恶而劝善"（《左传·成公十四年》）。这种书写方法从微言中寻绎大义，被后世称作"春秋书法""春秋笔法"，主要内容与目的就是惩恶劝善、褒贤贬愚、尊王攘夷、正名分、明人伦。

缺点在于：因为全书用字简洁，史官和整理者多用春秋笔法追求微言大义的效果，最终导致书中史事的记载多为粗线条勾勒，有的过于简单，有的时段空白无载，残缺不全。特别是那些语意隐晦的用语，常被后人臆测忖度，导致歧义丛生，众说纷纭。与后来补充了大量内容的传记（如《左传》）相比，《春秋》更像一部记事簿、大事记，有框架而少内容，故被后人讥为"断烂朝报""流水账"等。加之编年体裁所限，某些重要人物事迹和长时段系列事件被割裂，时断时续，不便阅读。针对《春秋》中这些语焉不详、残缺不全、隐含深义等情况，儒者进行解释、补充经文要义的传相继产生，出现《左传》《公羊传》《谷梁传》三大流派，研习授业，传承不绝，形成粲然可观的《春秋》经学大厦。起初，各传与《春秋》文本分开，后来合编，形成定制，沿袭至今。以下就《春秋》诸传，略加介绍。

2.《春秋》传

《春秋》传是儒者解说《春秋》经文、补充相关史实的著作，历史上曾有五家传世，《左氏传》（即《左传》）、《公羊传》、《谷梁传》、《邹氏传》、《夹氏传》。但因稳定的师徒传承和文本记载等缘故，只有前三家得以久传不绝，另两家则昙花一现。《春秋》三传特点鲜明，各有千秋。古人对三传有精辟的评价，如东晋范宁言："《左氏》艳而富，其失也巫（注：此指讲鬼神事较多）；《谷梁》清而婉，其失也短（注：此指文辞简约）；《公羊》辩而裁，其失也俗（注：此指意见适应流俗，取媚君主）。"宋代胡安国言："其事莫备于《左氏》，例莫明于《公羊》，义莫精于《谷梁》。"朱熹言："《左传》是史家，《公》《谷》是经学，史学者记事却详，于道理上便差；经学者于义理上有功，然记事多误。"这些评价对于今人理解《春秋》诸传的内容与特征，都有非常重要的参考价值。细而言之，《春秋》三传既有一些相同之处，又有很多不同之处。

相同之处。编著者相同。相传《公羊传》著者为齐人公羊高，《谷梁传》《左传》则分别由鲁人谷梁赤与左丘明编著。它们都出自齐鲁君子（即当时的史官、士人、儒者）之手，跨越数代，历经上百年，集体撰著而成。宗旨相同。它们在由孔子整理、编定的《春秋》框架内和基础上，评议史事，补充史料，阐发儒家伦理道德。

不同之处。（1）篇幅不同。《公羊传》《谷梁传》的总字数均不过5万，颇简；《左传》则近二十万字，居儒家元典之首，较繁。（2）时限不同。《公羊传》《谷梁传》严格遵循《春秋》经的时间范围，《左传》略长于《春秋》的记史时限。（3）体例不同。《公羊传》《谷梁传》主要以自问自答的形式，针对《春秋》经文中某些内容的叙述方式和内在深义及原因等作分析、评论，《左传》则主要以正叙、插叙、倒叙等形式来补充和叙述历史。（4）文字不同。《左传》为古文，晚出；《公羊传》与《谷梁传》为今文，早出。（5）重点不同。《公羊传》《谷梁传》重在释意，长于评论史事与人物，但二者又有微别，前者强调致用，后者重视事实；《左传》重在述史，长于补充史实，讲述史事。（6）文风不同。《公羊传》善于思辨，阐发义理，很少叙事，抽象而论；《谷梁传》在辩理明义的同时，适当穿插有趣的故事，言简意赅，为后世留下一些修身、治世的良言；《左传》则善于陈述事情原委，补充大量故事，文笔生动，运用了大量谚语、成语和典故等。

在此，我们以《春秋》隐公元年"夏五月，郑伯克段于鄢"这条经文与相应的三传文字为例，略析三者在叙述、分析、篇幅等方面的异同。

（1）《左传》

《左传》用522个字，解释九字经文"夏五月，郑伯克段于鄢"。传文大致可分五部分。

  初，郑武公娶于申，曰武姜。生庄公及共叔段。庄公寤生，惊姜氏，故名曰寤生，遂恶之。爱共叔段，欲立之。亟请于武公，公弗许。及庄公即位，为之请制。公曰："制，岩邑也，虢叔死焉。佗邑唯命。"请京，使居之，谓之京城大叔。祭仲曰："都城过百雉，国之害也。先王之制：大都不过参国之一，中五之一，小九之一。今京不度，非制也，君将不堪。"公曰："姜氏欲之，焉辟害？"对曰："姜氏何厌之有？不如早为之所，无使滋蔓，蔓难图也。蔓草犹不可除，况君之宠弟乎？"公曰："多行不义必自毙，子姑待之。"既而大叔命西鄙、北鄙贰于己。公子吕曰："国不堪贰，君将若之何？欲与大叔，臣请事之；若弗与，则请除之，无生民心。"公曰："无庸，将自及。"大叔又收贰以为己邑，至于廪延。子封曰："可矣，厚将得众。"公曰："不义不昵，厚将崩。"

以上为第一部分，先以"初"起笔，然后详述"郑伯克段于鄢"这一历史事件的原委。

  大叔完聚，缮甲兵，具卒乘，将袭郑。夫人将启之。公闻其期，曰："可矣！"命子封帅车二百乘以伐京。京叛大叔段，段入于鄢，公伐诸鄢。五月辛丑，大叔出奔共。

以上为第二部分，简述"郑伯克段于鄢"的经过和结果。

  书曰："郑伯克段于鄢。"段不弟，故不言弟；如二君，故曰克；称郑伯，讥失教也；谓之郑志。不言出奔，难之也。

以上为第三部分，分析"郑伯克段于鄢"经文中的措辞用意，如经文中为何言"段"，曰"克"，称"郑伯"，不言"出奔"，涉及到对《春秋》行文叙事（即"属辞比事"）及含义的分析。这也被《公羊》《谷梁》作者更充分地认识到，并作更详细、深入的剖析（详见下文所述）

> 遂置姜氏于城颍，而誓之曰："不及黄泉，无相见也。"既而悔之。颍考叔为颍谷封人，闻之，有献于公。公赐之食，食舍肉。公问之，对曰："小人有母，皆尝小人之食矣，未尝君之羹，请以遗之。"公曰："尔有母遗，繄我独无！"颍考叔曰："敢问何谓也？"公语之故，且告之悔。对曰："君何患焉？若阙地及泉，隧而相见，其谁曰不然？"公从之。公入而赋："大隧之中，其乐也融融！"姜出而赋："大隧之外，其乐也泄泄！"遂为母子如初。

以上为第四部分，详述"郑伯克段于鄢"之后的事情和最终结局。

> 君子曰："颍考叔，纯孝也，爱其母，施及庄公。《诗》曰'孝子不匮，永锡尔类'其是之谓乎！"

以上为第五部分，以"君子曰"的形式评价"郑伯克段于鄢"后续故事中的郑国贤臣。

《左传》重在叙事，讲述《春秋》九字经文背后的故事，先追溯原委，叙其经过和结果，涉及大量人物、事件、时间、地点及事态的不断变化等。中间有作者对经文某些字词用义的分析，并附以后续故事，最终以"君子曰"评语结束，补充了大量的史实。其中一些成语，如"多行不义必自毙""其乐融融"等，言简意赅，形象生动，流传后世，为人习用，成为经典。隐公元年开始的这段经文，经过长篇传文，最大程度地还原历史，突显了《左传》内容丰富、情节生动、叙议结合、叙事见长的特点。

(2)《公羊传》

经文：
夏五月，郑伯克段于鄢。

传文：
克之者何？杀之也。杀之则曷为谓之克？大郑伯之恶也。曷为大郑伯之恶？母欲立之，己杀之，如勿与而已矣。段者何？郑伯之弟也。何以不称弟？当国也。其地何？当国也。齐人杀无知何以不地？在内也。在内，虽当国不地也，不当国，虽在外，亦不地也。

如上所见，《公羊传》传文共 93 个字，针对某些字词深义，解释经文"夏五月，郑伯克段于鄢"。其重点在于就"克""段"二字，层层设问，条分缕析，明辨《春秋》文本用字的深义，阐发春秋大义。其中引用了一则齐国兄弟相残之例，论证自己观点。总体而观，《公羊传》侧重从分析文字用意的角度解释经文，给人一种抠字眼、究字义、打破砂锅问到底的感觉。这与《左传》的重在叙史补史、述论结合且多有典故的风格大为不同。

(3)《谷梁传》

经文：
夏五月，郑伯克段于鄢。

传文：
夏，五月，郑伯克段于鄢。克者何？能也。何能也？能杀也。何以不言杀？见段之有徒众也。段，郑伯弟也。何以知其为弟也？杀世子母弟目君，以其目君，知其为弟也。段，弟也而弗谓弟，公子也而弗谓公子，贬之也。段失子弟之道矣，贱段而甚郑伯也。何甚乎郑伯？甚郑伯之处心积虑成于杀也。于鄢，远也。犹曰取之其母之怀中而杀之云尔，甚之也。然则为郑伯者宜奈何？缓追逸贼，亲亲之道也。

《谷梁传》传文共 139 个字，解释经文"夏五月，郑伯克段于鄢"。其重点也在于字词用法和背后含义的剖析，如分析"克"的含义，经文为何不言"杀"，"段"字为何指其弟，为何不直言"弟"或"公子"，为何"甚乎郑伯"，经文为何用"于鄢"。与《公羊传》风格相似，它层层设问，既有经文本身产生的疑问，也有自己分析经文过程中衍生的疑问，然后条分缕析。与《公羊传》文比较，《谷梁传》更全面、详尽地辨析《春秋》文本用字的深刻含义，力求其实。另外，此处分析经文引用"处心积虑""缓追逸贼"二词，言简义丰，非常精辟，被后人奉为经典成语，沿用不绝，从一个侧面展现了作者较高的语言修辞水平。

　　通过以上分析可见，三传都为解释经义而作，记事、析义、求实，涉及对经文字词用法、用意和大义的分析，都关注经文如何行文叙事、属辞比事。但三者重点不一，有的重在补充史实，有的重在评析叙史；有的篇幅较长，有的篇幅较短；有的多用或产生某些典故、成语，有的少用亦未产生典故、成语。诸如此类的异同在三传其他释经的内容中，也多有体现。限于篇幅，不再赘述。研读《春秋》，一般要结合三传，才可能全面理解其书和相应的历史及史家用意。扩大而论，其中的任何一部传，都应该通过经传、传传之间的互相对读，才可能全面了解史料及其内含的深义。其中，《左传》内容丰赡，可读性强，故事众多，富含人文修养资源。以下我们就此书内容、主旨、价值和读法等，略作介绍与分析。

（二）《左传》内容

　　《左传》原始材料出自众多鲁国史官集体之手，在春秋末年由左丘明补充、润色，编撰成型，后经刘向等汉儒整理，最终形成定本，流传至今。《左传》全书共 18 万余字[①]，篇幅之长，居先秦史籍之首。它既是内容最丰富、规模最宏大的一部儒家元典，同时也是我国历史上第一

---

① 据学者统计，《左传》全文 180273 字。参见夏传才《十三经概论·春秋三传》，天津人民出版社 1998 年版，第 256 页。

部体例完备、私家修撰、文辞流畅的编年体史著。它宣扬仁义礼信等道德范畴，扬善贬恶，申明大义，带有深厚的伦理关怀。在历史上，《左传》因其杰出的经学、史学、文学成就，被后人称作"圣人之羽翮，而述者之冠冕""先秦散文叙事之最"，代代传诵。历代学者从中吸取修身齐家、知人论世、治国理政的历史借鉴与思想养分，影响深远。

在内容上，《左传》以春秋时期鲁国纪年的形式，传讲、解《春秋》。它融汇上古礼乐文明，补充相关史料，记载了鲁国十二公执政时期国内外发生的大事，尤其详于鲁、晋等国。《左传》记载的事件大致类似《春秋》，包括诸侯之间的会盟、交际、婚姻、战争和各国内乱、筑城、祭祀、死丧以及某些自然灾害、天象（如雨雪、地震、日食等）等。其中会盟、祭祀、战争、内乱和死丧之事居多。《左传》依照《春秋》编年体的体例，按照年、季、月、日的顺序，记载了250多年（前722—前469）中鲁国内外的政治、社会、自然等事件与现象。不过，《左传》对相关历史记载的数量更多，细节更详，时段更长，且补充了大量《春秋》经文中没有的人物、故事、制度等。另外，《左传》在记载春秋诸国大事的同时，集中展现礼乐文明兴盛时代产生的中华元典《诗》《书》《易》《礼》在不同政治与社会场合的运用情景，并融汇和弘扬上古礼乐文明中的向善明德、崇礼重道的思想，体现了鲜明的文化传承与创新精神。如《左传》记载了很多当时士大夫在外交、战争、生育、婚姻、祭祀等场合中引用诗歌唱和、占卜解《易》的情形。史家也常单引或并引《诗》《书》中的名言来立论，总结升华观点，明确以"礼""非礼"来议论历史人物的言行与事件等。史家还试图通过义、德来贯穿《诗》《书》《礼》《乐》，所谓"《诗》、《书》，义之府也。礼乐，德之则也。德义，利之本也"（《左传·僖公二十七年》）。这些都体现了春秋士大夫与史家对礼乐文化与中华元典的熟练应用与高超凝练。《左传》突出道德要素在历史发展中的作用，大大地拓展了《春秋》的内容与境界。《左传》由此被赋予更深刻的内涵与精神，比《春秋》简单的编年记事更进一步，为后人全面了解春秋历史并深入把握其深刻的文化精神提供了丰富的资料。

《左传》以解释《春秋》经义、补充相关史料为主,但也有很多内容脱离经文,独立述史,与其他的《春秋》传——《公羊传》《谷梁传》迥然不同。以隐公元年为例,《公羊传》《谷梁传》二传严格按照《春秋》经文"元年春王正月。三月,公及邾仪父盟于蔑。夏五月,郑伯克段于鄢。秋七月,天王使宰咺来归惠公、仲子之赗。九月,及宋人盟于宿。冬十有二月,祭伯来。公子益师卒",讲在此年正月、三月、五月、七月、九月、十二月发生的七件大事。《左传》在补充这七件事的原委、记载原因和评价史事之外,又补充了《春秋》中某些月份没有记载的事件,如四月"费伯帅师城郎",八月"纪人伐夷""有蜚",十月"冬十月庚申,改葬惠公""卫侯来会葬""及邾人、郑人盟于翼""新作南门"等。在《春秋》经文中的某些事件上,《左传》记载较详,如前所析,它对"夏五月,郑伯克段于鄢"的详细叙述、分析与评价,对某些事件的记载更为具体,如"五月辛丑,大叔出奔共"就明确记有"共叔段"外逃的具体日期与地点。总之,《左传》补充经文中记载的史事,兼评价历史、分析文本叙述原因等,很多内容脱离经而独立记载和补充某些历史。

　　此外,《左传》以补充《春秋》经文中的史事为主,二者皆以"属辞比事"为主要表现形式,以扬善弃恶为最终目的,是一部承载着浓厚道德倾向的史著,但在表现程度上,《左传》更为明显,《春秋》则较为隐晦。对于道德的关切与诉求,是上古礼乐文明一以贯之的线索和特征,如前几章所示,《尚书》《诗经》《周易》《仪礼》都是如此,《左传》在这个序列中虽然晚出,但表现更精致、明显,内涵更丰富。与《春秋》《尚书》存在文字简略、单调记事或记言等诸多不足相比,《左传》则兼记言事,时段更长,内容更翔实,优点突出。正因为此,《左传》的重要性被后人渐渐发现,受到越来越多的研习,由传而升至儒家九经或十二经、十三经之一。它由《春秋》经文附庸成为儒经正宗,与其鲜明的主旨思想和丰富的历史信息及人文修养资源密切关联。

（三）《左传》主旨

《春秋》由历代鲁国史官编订、整理，最后经孔子增删、修定。史载，孔子晚年感叹"吾欲载之空言，不如见之于行事之深切著明也"，于是笔则笔，削则削，编定《春秋》。书成之后，据说孔子曾对弟子言"吾志在《春秋》，行在《孝经》"，也曾感叹"后世知丘者以《春秋》，而罪丘者亦以《春秋》"。可见，《春秋》寄托了鲁国史官特别是孔子等早期儒家的志向，寓含深意，即"春秋之义"。但它需后人钩沉、阐释与发扬，才能够明晰、扩展甚至光大。所以左丘明、孔子弟子等一批儒者，解读《春秋》大义，形成《左传》《公羊传》《谷梁传》等，各具特色，影响深远。而从历史事实、经义解说、史实评价等不同角度综合诠释《春秋》其事与其义的杰出代表，则非《左传》莫属。

《左传》一书多讲仁义礼智、忠信孝悌等人伦道德，表彰贤能有德的君臣、夫妇、父子、母子、兄弟、朋友等，褒扬"孝敬忠信"等吉德善举，鞭挞"盗贼藏奸"等凶德恶行，彰显美德大义。其所揭示的春秋大义之核心就是：扬善贬恶，循礼而行，所谓《春秋》"惩恶而劝善"（《成公十五年》君子曰），"使昭明，善人劝焉，淫人惧焉"（《昭公三十一年》）。此处大义的标准就是晋国范氏之臣王生所言，"私仇不及公，好不废过，恶不去善，义之经也"（《左传·哀公五年》），而这也是贯穿《左传》全书的主旨。经过早期儒家的阐发，春秋之义最终指向一种合乎情理、公正中和之道。儒家讲"义者宜也"（《中庸》）、"理也，义也"（《孟子·告子上》），"义者循理"（《荀子·议兵》），都是循此而生。这种扬善惩恶、居义而行的思想在不同程度上也体现和贯穿于《书》《诗》《礼》《易》等中华元典中，而《春秋》及《左传》集其大成，并以历史和解说（即今人借西学常讲的阐释、诠释、解释）的形式将其发扬光大。如《左传》中记叙了大量循礼扬善或非礼为恶的历史人物与事迹，从正反两方面诠释了《春秋》劝善惩恶、彰显贤能之义。以下略举数例。

如卫宣公之子急子和寿子，兄弟惺惺相惜，争先赴死，成就二人的悌德令名。

> 公使诸齐，使盗待诸莘，将杀之。寿子告之，使行，不可，曰："弃父之命，恶用子矣！有无父之国则可也。"及行，饮以酒，寿子载其旌以先，盗杀之。急子至，曰："我之求也。此何罪？请杀我乎！"又杀之。(《桓公十六年》)

又如鲁国公孙敖的两个儿子以"远礼不如死"相勉，牺牲性命，维护长者名誉，显示兄弟美德。

> 他年，其二子来，孟献子爱之，闻于国。或谮之曰："将杀子。"献子以告季文子。二子曰："夫子以爱我闻，我以将杀子闻，不亦远于礼乎？远礼不如死。"一人门于句鼆，一人门于戾丘，皆死。(《文公十五年》)

又如重耳在外流亡时，齐桓公许配给他的妻子姜氏，贤明有远见，通过各种方法激励丈夫，图谋大业，彰显贤妇之德。

> 及齐，齐桓公妻之，有马二十乘，公子安之。从者以为不可。将行，谋于桑下。蚕妾在其上，以告姜氏。姜氏杀之，而谓公子曰："子有四方之志，其闻之者吾杀之矣。"公子曰："无之。"姜曰："行也。怀与安，实败名。"公子不可。姜与子犯谋，醉而遣之。醒，以戈逐子犯。(《僖公二十三年》)

又如曹国贵族僖负羁的妻子深谋远虑，劝导丈夫明礼而行，可见贤妇之德。

> (重耳)及曹，曹共公闻其骈胁。欲观其裸。浴，薄而观之。僖负羁之妻曰："吾观晋公子之从者，皆足以相国。若以相，夫子

必反其国。反其国，必得志于诸侯。得志于诸侯而诛无礼，曹其首也。子盍蚤自贰焉。"乃馈盘飨，置璧焉。公子受飧反璧。（《僖公二十三年》）

再如晋国伯宗之妻，明礼晓义，常常劝诫丈夫柔和待人处事，以免遭难，亦见贤妇之德。

晋三郤害伯宗，谮而杀之，及栾弗忌。……初，伯宗每朝，其妻必戒之曰："'盗憎主人，民恶其上。'子好直言，必及于难。"（《成公十五年》）

除了彰显守礼行善、表扬贤士贤妇的正面例子之外，《左传》中也有不少非礼为恶、丧命亡国的反面人物故事。史家以此警示后世治政者，希望他们以史为鉴，弃恶从善，从而达到扬善惩恶的目的。
如晋灵公暴虐无礼，残害下属，拒听臣谏，最终死于非命。

晋灵公不君，厚敛以雕墙，从台上弹人而观其辟丸也。宰夫胹熊蹯不熟，杀之，置诸畚，使妇人载以过朝。赵盾、士季见其手，问其故，而患之。将谏，……犹不改。宣子骤谏，公患之，使鉏麑贼之。……乙丑，赵穿攻灵公于桃园。（《宣公二年》）

又如齐懿公多行不义，虐待臣子，最终身亡，遗臭后世。

齐懿公之为公子也，与邴歜之父争田，弗胜。及即位，乃掘而刖之，而使歜仆。纳阎职之妻，而使职骖乘。夏五月，公游于申池。二人浴于池，歜以扑抶职。职怒。歜曰："人夺女妻而不怒，一抶女庸何伤！"职曰："与刖其父而弗能病者何如？"乃谋弑懿公，纳诸竹中。（《文公十八年》）

又如卫懿公好鹤,失掉民心,为人所弃,最终亡国于狄。

> 冬十二月,狄人伐卫。卫懿公好鹤,鹤有乘轩者。将战,国人受甲者皆曰:"使鹤,鹤实有禄位,余焉能战!"公与石祁子玦,与宁庄子矢,使守,曰:"以此赞国,择利而为之。"与夫人绣衣,曰:"听于二子。"渠孔御戎,子伯为右,黄夷前驱,孔婴齐殿。及狄人战于荧泽,卫师败绩,遂灭卫。(《闵公二年》)

又如郑穆公之女、陈国夏御叔的妻子夏姬,被裹挟于诸国政治与外交之中,身不由己,荒淫无德,最终成为"杀三夫、一君、一子,而亡一国、两卿矣"的恶妇,青史留恶。父母行为不检点,会殃及后人。不光自己遗臭后世,连女儿嫁人也受到晋国贵族夫人的非议(事见《昭公二十八年》)。再如晋国王后骊姬恶妇亡身、败家、弱国。当初她处心积虑,联合大夫,离间献公与诸子的关系,使太子、重耳、夷吾几位王子被迫自杀或流亡,后立其亲生子奚齐继承王位,但最终整个晋国陷入近二十年的王位之争和衰落不振之淖,自己和儿子死于动乱(事见《僖公四年》)。《左传》中不义无礼、为恶遗殃的类似例子还有很多,篇幅所限,不再赘述。

总之,《左传》内容丰富,寓理于事,将二百多年的春秋历史更为翔实地呈现于世。它传承弘扬礼乐文明,融汇五经道德思想,惩恶扬善,倡导礼义,成为《春秋》学的重要组成部分,产生了深远的影响。

二 《左传》与人文修养

《左传》融汇上古三代礼乐文明,在讲述历史中解释《春秋》的微言大义,宣扬道德,语言简美,文史皆工,为今人提升道德、知识和文学修养提供了丰富的历史借鉴与理论资源。

(一)《左传》与道德修养

在道德修养方面,《左传》既有很多形象生动的故事,为后人讲述如何修身立世、为人处事,又依托《诗》《书》《礼》《乐》等文化元典,以礼义为核心构建了道德修养理论,所谓"《诗》、《书》,义之府也。礼乐,德之则也。德义,利之本也"(《僖公二十七年》),"正德、利用、厚生,谓之三事。义而行之,谓之德、礼"(《文公七年》),使德礼、事义相辅相成,共同展示春秋时人的道德世界。仅就理论构建而论,大致有以下两点。

1. 以礼成人

《左传》某些内容集中论述成人与礼义、人德与天道的关系,所谓"人之能自曲直以赴礼者,谓之成人"(《昭公二十五年》),"君人执信,臣人执共,忠信笃敬,上下同之,天之道也"(《襄公二十二年》),核心就是以礼修身处世。《左传》指出用礼义规范人们的言行,如"君令臣共,父慈子孝,兄爱弟敬,夫和妻柔,姑慈妇听,礼也。君令而不违,臣共而不贰,父慈而教,子孝而箴;兄爱而友,弟敬而顺;夫和而义,妻柔而正;姑慈而从,妇听而婉:礼之善物也"(《昭公二十六年》),"君义,臣行,父慈,子孝,兄爱,弟敬,所谓六顺也"(《隐公三年》),"父义、母慈、兄友、弟共、子孝"(《文公十八年》),"爱子,教之以义方,弗纳于邪"(《隐公三年》),使为人父母、子弟、君臣、朋友、夫妇的人有规可循,创建一种和谐的家庭、社会与政治环境。这种论述和《礼记》论人义、人道非常类似,如《礼运》篇论人义:"父慈,子孝,兄良,弟悌,夫义,妇听,长惠,幼顺,君仁,臣忠",《大学》篇言为人之道:"为人君,止于仁;为人臣,止于敬;为人子,止于孝;为人父,止于慈;与国人交,止于信"。这些关于礼的论述讲述每一个社会角色在人际关系中应该遵循的道德规范,为人们如何通过礼义修养成为举止文明的人提供了某种理想的目标。

纵览《左传》全书,对于"礼""无礼""非礼"的论述颇多,强调礼义对于个人修身、齐家治国、对外交往和史家著史的重要性。就个人修身层面而论，《左传》认为礼是一个人安身立命之本，核心就是与人为善，所谓"礼，人之干也。无礼，无以立"（《昭公七年》），"礼，无毁人以自成也"（《昭公十二年》）。其他儒家元典中讲"不知礼，无以立""夫义，路也；礼，门也""积礼义而为君子""人无礼则不生""凡人之所以为人者，礼义也"等对礼的相关论述，与此处《左传》所论如出一辙，都强调礼在安身立命、修养途径、为人之本方面的重要作用。

2. 以德修身

《左传》将德大致分为吉、凶二类，"孝敬忠信为吉德，盗贼藏奸为凶德"。此处所言吉德以孝、敬、忠、信为主，实际上还包括仁、义、节等其他道德。《左传》主张以吉德修身立世，所谓"人所以立，信、知、勇也"（《成公十七年》）。它提出"仁以接事，信以守之，忠以成之，敏以行之。事虽大，必济"（《成公九年》），"心能制义曰度，德正应和曰莫，照临四方曰明，勤施无私曰类，教诲不倦曰长，赏庆刑威曰君，慈和遍服曰顺，择善而从之曰比，经纬天地曰文。九德不愆，作事无悔"（《昭公二十八年》），"体仁足以长人，嘉德足以合礼，利物足以和义，贞固足以干事"，对于以德修身不乏有益的启示。

此外，在与人相处方面，《左传》主张控制私欲与公道、义与利的关系，不要贪婪妄为，保持一种气节和道德底线，所谓"以欲从人，则可；以人从欲，鲜济"（《僖公二十年》），"怀必贪，贪必谋人。谋人，人亦谋己"（《宣公十四年》），"圣达节，次守节，下失节"（《成公十五年》），"君子动则思礼，行则思义，不为利回，不为义疚"（《昭公三十一年》），"利不可强，思义为愈"（《昭公十年》），"私仇不及公，好不废过，恶不去善"（《哀公五年》）。在言语交往上，有修养的人要做到言之有据，守信诚实，只有这样才可能达到"君子之言，信而有征，故怨远于其身"的目标，否则"小人之言，僭而无征，故怨咎及之"（《昭公八年》）。此外它还提出威爱并用、威克其爱的人际交往原则，"威克其爱虽小必济"（《昭公二十三年》），主张无论大事小情，保持一定的威严、威势非常重要。类似的论述也见载于《尚书·夏书·胤征》，

"威克厥爱,允济"。

综上可见,《左传》汲取先秦礼乐文化元典的德礼思想资源,致力于道德修养理论的建构与阐发,为后人修身立世提供了很多理论养分与有益启示。《左传》中还有很多历史故事,我们细心体会,选择其中一些例子,可以更好地理解如何以礼成人、以德修身,把握其惩恶扬善的主旨。

(二)《左传》与认知修养

《左传》是"先秦时期内容最丰富、规模最宏大的一部历史著作"①,记载了春秋时期华夏中原及周边地区政治、社会、经济、外交、军事、思想观念等方面的概况与某些细节,为后人展现了春秋时期"社会全景图"②,大大地充实了后人对当时中国社会的认识与了解。以下略举几个比较典型的例证。

1. 政治

《左传》继承弘扬上古时代推尚贤人德性政治的传统,在记载历史事件的同时,总结治政之道,其中礼治、重民、尊君、举贤、抚民、从时、和政、重人、公正、威爱等理论观点对儒家和传统政治理论的成型与实践运作都产生了很大的影响。

如主张治政要有三事务必慎重对待:

> 政不可不慎也。务三而已,一曰择人,二曰因民,三曰从时。(《昭公七年》)

主张取国安邦,要有五利、去五难:

---

① 夏传才:《十三经概论·春秋三传》,天津人民出版社1998年版,第260页。
② 龚留柱:《春秋弦歌:〈左传〉与中国文化》,河南大学出版社2005年版,第60—77页。

取国有五难：有宠而无人，一也；有人而无主，二也；有主而无谋，三也；有谋而无民，四也；有民而无德，五也。……获神，一也；有民，二也；令德，三也；宠贵，四也；居常，五也。有五利以去五难，谁能害之？（《昭公十三年》）

又如论国家之兴，事、业、礼、威、恭、明，缺一不可。

国家之败，有事而无业，事则不经。有业而无礼，经则不序。有礼而无威，序则不共。有威而不昭，共则不明。不明弃共，百事不终，所由倾覆也。是故明王之制，使诸侯岁聘以志业，间朝以讲礼，再朝而会以示威，再会而盟以显昭明。志业于好，讲礼于等。示威于众，昭明于神。自古以来，未之或失也。存亡之道，恒由是兴。（《昭公十三年》）

又如引用郑国子产的例子，论德主刑辅、宽猛相济的治国之道。

郑子产有疾，谓子大叔曰："我死，子必为政。唯有德者能以宽服民，其次莫如猛。夫火烈，民望而畏之，故鲜死焉。水懦弱，民狎而玩之，则多死焉。故宽难。"疾数月而卒。大叔为政，不忍猛而宽。郑国多盗，取人于萑苻之泽。大叔悔之，曰："吾早从夫子，不及此。"兴徒兵以攻萑苻之盗，尽杀之，盗少止。仲尼曰："善哉！政宽则民慢，慢则纠之以猛。猛则民残，残则施之以宽。宽以济猛，猛以济宽，政是以和。"（《昭公二十年》）

再如集中论述治政威爱并重的道理，非常精辟。

有威而可畏谓之威，有仪而可象谓之仪。君有君之威仪，其臣畏而爱之，则而象之，故能有其国家，令闻长世。臣有臣之威仪，其下畏而爱之，故能守其官职，保族宜家。顺是以下皆如是，是以上下能相固也。《卫诗》曰:"威仪棣棣,不可选也。"言君臣、上下、父子、兄弟、内外、大小皆有威仪也。……君子在位可畏,施舍可爱,进退可度,周旋可则,容止可观,作事可法,德行可象,声气可乐,动作有文,言语有章,以临其下,谓之有威仪也。(《襄公三十一年》)

《左传》中有浓重的重民思想,如"国将兴,听于民;将亡,听于神""天生民而树之君,以利之也",还专门谈及抚民之道:

分贫振穷,长孤幼,养老疾,收介特,救灾患,宥孤寡,赦罪戾,诘奸慝,举淹滞。礼新叙旧,禄勋合亲,任良物官。(《昭公十四年》)

《左传》宣讲忠德与爱国主义,其数量之多,论述之精,其他元典难以企及,如:

临患不忘国,忠也。思难不越官,信也。图国忘死,贞也。谋主三者,义也。(《昭公元年》)
忠信,礼之器也。卑让,礼之宗也。辞不忘国,忠信也。先国后己,卑让也。(《昭公二年》)
谋不失利,以卫社稷,民之主也。(《宣公十五年》)
将死不忘卫社稷。(《襄公十四年》)
君为社稷死,则死之;为社稷亡,则亡之。(《襄公二十五年》)
苟利社稷,死生以之。(《昭公四年》)

《左传》对礼治论(如"礼,经国家,定社稷,序民人,利后嗣者也","如礼,国之干也。敬,礼之舆也")、尚德论(如"庸勋亲亲,昵近尊贤,德之大者也")、举贤论(如"近不失亲,远不失举")、中正论(如"王不立爱,公卿无私,古之制也")等也有集中的阐发,篇幅所限，不再展开。

2. 社会

《左传》中很多记载如实地反映了当时社会阶层、礼俗、风尚、观念等，是一部春秋时代社会文化百科全书。如社会阶层，从以下几处记载可知，春秋时期的社会阶层大致由天子、公卿、大夫、士、庶人、工、商、皂、隶、牧圉构成：

是故天子有公，诸侯有卿，卿置侧室，大夫有贰宗，士有朋友，庶人、工、商、皂、隶、牧、圉皆有亲昵，以相辅佐也。善则赏之，过则匡之，患则救之，失则革之。自王以下，各有父兄子弟，以补察其政。史为书，瞽为诗，工诵箴谏，大夫规诲，士传言，庶人谤，商旅于市，百工献艺。（《襄公十四年》）

王臣公，公臣大夫，大夫臣士，士臣皂，皂臣舆，舆臣隶，隶臣僚，僚臣仆，仆臣台，马有圉，牛有牧，以待百事。（《昭公七年》）

又如婚姻礼俗。《左传》对上层社会阶层各种婚姻有所记载，有的荒诞不经，有的正气凛然，有的则反映了婚姻自由和婚姻决斗，如下面三段记载：

齐棠公之妻，东郭偃之姊也。东郭偃臣崔武子。棠公死，偃御武子以吊焉。见棠姜而美之，使偃取之。偃曰："男女辨姓，今君出自丁，臣出自桓，不可。"武子筮之，遇《困》☷之《大过》☰。史皆曰："吉。"示陈文子，文子曰："夫从风，风陨妻，不可娶也。且其繇曰：'困于石，据于蒺藜，入于其宫，不见其妻，凶。'困于石，往不济也。据于蒺藜，所恃伤也。入于其宫，不见其妻，凶，无所归也。"崔子曰："嫠也何害？先夫当之矣。"遂取之。（《襄公二十五年》）

公之未昏于齐也，齐侯欲以文姜妻郑大子忽。大子忽辞，人问其故，大子曰："人各有耦，齐大，非吾耦也。《诗》云：'自求多福。'在我而已，大国何为？"君子曰："善自为谋。"及其败戎师也，齐侯又请妻之，固辞。人问其故，大子曰："无事于齐，吾犹不敢。今以君命奔齐之急，而受室以归，是以师昏也。民其谓我何？"遂辞诸郑伯。(《桓公六年》)

郑徐吾犯之妹美，公孙楚聘之矣，公孙黑又使强委禽焉。犯惧，告子产。子产曰："是国无政，非子之患也。唯所欲与。"犯请于二子，请使女择焉。皆许之，子晳盛饰入，布币而出。子南戎服入。左右射，超乘而出。女自房观之，曰："子晳信美矣，抑子南夫也。夫夫妇妇，所谓顺也。"适子南氏。子晳怒，既而囊甲以见子南，欲杀之而取其妻。子南知之，执戈逐之。及冲，击之以戈。子晳伤而归，告大夫曰："我好见之，不知其有异志也，故伤。"(《昭公元年》)

再如起名现象。当时人们有通过占卜、梦境、战争、生理特征等为子女起名的习俗：

昔成季友，桓之季也，文姜之爱子也，始震而卜。卜人谒之，曰："生有嘉闻，其名曰友，为公室辅。"及生，如卜人之言，有文在其手曰"友"，遂以名之。(《昭公三十二年》)

初，郑文公有贱妾曰燕姞，梦天使与己兰，曰："余为伯鯈。余，而祖也，以是为而子。以兰有国香，人服媚之如是。"既而文公见之，与之兰而御之。辞曰："妾不才，幸而有子，将不信，敢征兰乎。"公曰："诺。"生穆公，名之曰兰。(《宣公三年》)

初，宋芮司徒生女子，赤而毛，弃诸堤下，共姬之妾取以入，名之曰弃。(《襄公二十六年》)

是岁也，狄伐鲁。叔孙庄叔于是乎败狄于咸，获长狄侨如及虺也豹也，而皆以名其子。(《襄公三十年》)

《左传》还对起名之术作了一定的理论总结，如：

公问名于申繻。对曰："名有五，有信，有义，有象，有假，有类。以名生为信，以德命为义，以类命为象，取于物为假，取于父为类。不以国，不以官，不以山川，不以隐疾，不以畜牲，不以器币。周人以讳事神，名，终将讳之。故以国则废名，以官则废职，以山川则废主，以畜牲则废祀，以器币则废礼。晋以僖侯废司徒，宋以武公废司空，先君献，武废二山，是以大物不可以命。"（《桓公六年》）

此外，《左传》对占卜、相面之术也有不少记载，预言贵贱、生死，充满诡异，如：

（文公）元年春，王使内史叔服来会葬。公孙敖闻其能相人也，见其二子焉。叔服曰："穀也食子，难也收子。穀也丰下，必有后于鲁国。"（《文公元年》）

惠公之在梁也，梁伯妻之。梁嬴孕，过期，卜招父与其子卜之。其子曰："将生一男一女。"招曰："然。男为人臣，女为人妾。"故名男曰圉，女曰妾。及子圉西质，妾为宦女焉。（《僖公十七年》）

郑公子曼满与王子伯廖语，欲为卿。伯廖告人曰："无德而贪，其在《周易》《丰》☲之《离》☲，弗过之矣。"间一岁，郑人杀之。（《宣公六年》）

（文公）十八年春，齐侯戒师期，而有疾，医曰："不及秋，将死。"公闻之，卜曰："尚无及期。"惠伯令龟，卜楚丘占之曰："齐侯不及期，非疾也。君亦不闻。令龟有咎。"二月丁丑，公薨。（《文公十八年》）

（襄公三十一年）冬十月，滕成公来会葬，惰而多涕。子服惠伯曰："滕君将死矣！怠于其位，而哀已甚，兆于死所矣。能无从

乎?"……(昭公三年)三年春,王正月丁未,滕子原卒。(《襄公三十一年》)

(定公)十五年春,邾隐公来朝。子贡观焉。邾子执玉高,其容仰。公受玉卑,其容俯。子贡曰:"以礼观之,二君者,皆有死亡焉。夫礼,死生存亡之体也。将左右周旋,进退俯仰,于是乎取之;朝祀丧戎,于是乎观之。今正月相朝,而皆不度,心已亡矣。嘉事不体,何以能久?高仰,骄也,卑俯,替也。骄近乱,替近疾。君为主,其先亡乎!"……夏五月壬申,公薨。仲尼曰:"赐不幸言而中,是使赐多言者也。"(《定公十五年》)

3. 外交

《左传》记载了很多春秋时期诸侯国之间的外交,从盟誓、聘使、婚约到互质、互恤、战争等,为读者展示了当时邦国交往的情形。在相关记载中,最值得关注的有以下三方面:

其一,春秋时人归纳大、小国家之间交往的理论,主张道德外交思想。如鲁国大夫子服景伯等人主张小国与大国之间秉持以德交往:"小所以事大,信也。大所以保小,仁也。背大国,不信;伐小国,不仁"(《哀公七年》),认为"小所以事大,信也""小国无文德,而有武功,祸莫大焉"(《襄公八年》)。又如子产主张大国对小国要仁礼相待,大度为上,"宥其罪戾,赦其过失,救其灾患,赏其德刑,教其不及"(《襄公二十八年》);小国对大国恭顺守礼,有自知之明,不逞强妄为,如"说其罪戾,请其不足,行其政事,共某职贡,从其时命"(《襄公二十八年》)。这种道德优先的外交主张比较理想,尤其是在"春秋无义战"的乱世,它明显受到《诗》《书》《论语》等其他儒家元典中所倡为政以德、德性外交思想的影响。

其二,记载大量外交场合赋诗的情形,为了解春秋时期具有君子风度的贵族外交提供了丰富的史料。这种本国士大夫与外交使节主宾之间的赋诗一般出现在宴饮中,目的有二,一为委婉地透露自己国家的意图,即诗言志,一为检验赋诗方诗学和礼仪方面的修养,以前者为主。正因为此，孔子曾讲："诵《诗》三百，授之以政，不达；使于四方，不能专对，虽多，亦奚以为？"在赋诗参与者和数量上，有的是某方单独赋一首或双方各赋一首，有的则是数人各赋一首，尤为壮观。如下所示郑国与晋国的两次交往中，先后派出六位或七位大夫，赋诗言志，在互相唱和中，各表其意，尽欢而散，赋诗数量规模之大，冠绝全书。

> 郑伯享赵孟于垂陇，子展、伯有、子西、子产、子大叔、二子石从。赵孟曰："七子从君，以宠武也。请皆赋以卒君贶，武亦以观七子之志。"子展赋《草虫》，赵孟曰："善哉！民之主也。抑武也不足以当之。"伯有赋《鹑之贲贲》，赵孟曰："床笫之言不逾阈，况在野乎？非使人之所得闻也。"子西赋《黍苗》之四章，赵孟曰："寡君在，武何能焉？"子产赋《隰桑》，赵孟曰："武请受其卒章。"子大叔赋《野有蔓草》，赵孟曰："吾子之惠也。"印段赋《蟋蟀》，赵孟曰："善哉！保家之主也，吾有望矣！"公孙段赋《桑扈》，赵孟曰："'匪交匪敖'，福将焉往？若保是言也，欲辞福禄，得乎？"卒享。（《襄公二十七年》）

> 夏四月，郑六卿饯宣子于郊。宣子曰："二三君子请皆赋，起亦以知郑志。"子齹赋《野有蔓草》。宣子曰："孺子善哉！吾有望矣。"子产赋《郑之羔裘》。宣子曰："起不堪也。"子大叔赋《褰裳》。宣子曰："起在此，敢勤子至于他人乎？"子大叔拜。宣子曰："善哉，子之言是！不有是事，其能终乎？"子游赋《风雨》，子旗赋《有女同车》，子柳赋《萚兮》。宣子喜曰："郑其庶乎！二三君子以君命贶起，赋不出郑志，皆昵燕好也。二三君子数世之主也，可以无惧矣。"宣子皆献马焉，而赋《我将》。子产拜，使五卿皆拜，曰："吾子靖乱，敢不拜德？"（《昭公十六年》）

其三，展现了春秋时人对兵战的全面看法。春秋无义战，但记春秋历史与战争的《左传》多讲兵德、信义，体现出一种独特的战争观，如论战争以德为先，所谓"德、刑、详、义、礼、信，战之器也。德以施惠，刑以正邪，详以事神，义以建利，礼以顺时，信以守物。民生厚而德正，用利而事节，时顺而物成"（《成公十六年》）；小国对外动兵要与文德相配合，否则"小国无文德，而有武功，祸莫大焉"（《襄公八年》）。在追溯战争的起源时，时人认为"圣人以兴，乱人以废，废兴存亡昏明之术，皆兵之由也"（《襄公二十七年》）。对于武力战争的积极与消极作用古人也有清醒的认识，"夫武，禁暴、戢兵、保大、定功、安民、和众、丰财者也"（《宣公十二年》）"兵，民之残也，财用之蠹，小国之大灾也"（《襄公二十七年》），这些对后世中华传统文明中突出的和平性特征的形成与发展产生了深远的影响。

以上仅从某些典型事例和特色理论的角度，大致列举《左传》中所载春秋时期各国的政治、社会、外交方面的情形，使读者有一个感性的认知与初步的了解。事实上，《左传》在各方面为我们了解当时的历史都提供了丰富的资料和信息，此处不再多列。

（三）《左传》与文学修养

《左传》以生动细微的情景叙事、丰富神奇的趣味性、缓急有节的战争描写、形象鲜明的人物塑造、词约义丰的语言技艺、个性化的人物对话，展现了杰出的文学成就[①]。作者驾驭不同的语言文字，利用某些修辞手法，在事件叙述、人物勾勒、成语运用方面为我们提供了丰富的学习素材和借鉴典范。

1. 叙事简明，方式多元

"属辞比事，《春秋》教也"，《春秋》以善于叙事闻名后世。用词简要，辞约旨博是其突出的特点。如用以"大"字开头的词汇（大水、大旱、大雩、大雨、大雨雪、大雨雹、大灾、大饥、大无麦禾、大蒐、大阅、大有年）来表现某种现象的严重程度或广大范围。再如僖公十六

[①] 参见龚留柱《春秋弦歌：左传与中国文化》，河南大学出版社2005年版，第135—149页。

年载"春，王正月戊申朔，陨石于宋五"，用十二字详细记载了陨石天象发生的确切时间、地点、数量。在《春秋》个别历史的记载上，编者运用了一定的修辞，如庄公七年载"夏四月辛卯，夜，恒星不见。夜中，星陨如雨"，即用比喻来形容陨星坠落的情景。

《左传》在叙事方面既继承了《春秋》言简义丰的特点，又表现出生动、形象、翔实、多样的特点。如作者以三个梦、三条命为线索，叙述成公十年晋景公生病、去世前发生的事情，行文明快，内容丰富，情节曲折，非常形象。

> 晋侯梦大厉，被发及地，搏膺而踊，曰："杀余孙，不义。余得请于帝矣！"坏大门及寝门而入。公惧，入于室。又坏户。公觉，召桑田巫。巫言如梦。公曰："何如？曰："不食新矣。"公疾病，求医于秦。秦伯使医缓为之。未至，公梦疾为二竖子，曰："彼，良医也。惧伤我，焉逃之？"其一曰："居肓之上，膏之下，若我何？"医至，曰："疾不可为也。在肓之上，膏之下，攻之不可，达之不及，药不至焉，不可为也。"公曰："良医也。"厚为之礼而归之。六月丙午，晋侯欲麦，使甸人献麦，馈人为之。召桑田巫，示而杀之。将食，张，如厕，陷而卒。小臣有晨梦负公以登天，及日中，负晋侯出诸厕，遂以为殉。

再如作者叙述定公五年申包胥出使秦国，请求援救被困的楚王，先通过对话展开故事，最后以直接的描写完成，或徐或疾，或详或简。末两句收尾简明利落，形象生动，笔法高超，令人叹止。

> 申包胥如秦乞师，曰："吴为封豕、长蛇，以荐食上国，虐始于楚。寡君失守社稷，越在草莽。使下臣告急，曰：'夷德无厌，若邻于君，疆埸之患也。逮吴之未定，君其取分焉。若楚之遂亡，君之土也。若以君灵抚之，世以事君。'"秦伯使辞焉，曰："寡人闻命矣。子姑就馆，将图而告。"对曰："寡君越在草莽，未获所

伏。下臣何敢即安？"立，依于庭墙而哭，日夜不绝声，勺饮不入口七日。秦哀公为之赋《无衣》，九顿首而坐，秦师乃出。

又如以下一段简要记叙战争的过程，末句描写雨水对战争的影响，尤显精练而形象。

楚师伐郑，次于鱼陵。右师城上棘，遂涉颍，次于旃然。蒍子冯、公子格率锐师侵费滑、胥靡、献于、雍梁，右回梅山，侵郑东北，至于虫牢而反。子庚门于纯门，信于城下而还。<u>涉于鱼齿之下，甚雨及之，楚师多冻，役徒几尽。</u>

《左传》叙事手法多元，除了平铺直叙、正面描写之外，还通过插叙或倒叙的形式，多处引入长短不一的文字，补充某些事件的原委，使情节更加完整、丰满。有的地方以明显的标志性词语来完成相关事件的倒叙，如创造性地以连词"初"起笔，插叙某些历史，笔法影响深远。试举书中数例相证。

（1）如文公十八年齐懿公之死的记载，作者先讲一段往事，然后再入主题，使读者明白齐懿公之死的前因后果。

齐懿公之为公子也，与邴歜之父争田，弗胜。及即位，乃掘而刖之，而使歜仆。纳阎职之妻，而使职骖乘。夏五月，公游于申池。二人浴于池，歜以扑抶职。职怒。曰："人夺女妻而不怒，一抶女庸何伤！"职曰："与刖其父而弗能病者何如？"乃谋弑懿公，纳诸竹中。

（2）又如宣公十五年记载晋将魏颗俘获秦将杜回，以"初"字起笔，插叙此事的原委。

初，魏武子有嬖妾，无子。武子疾，命颗曰："必嫁是。"疾病，则曰："必以为殉。"及卒，颗嫁之，曰："疾病则乱，吾从其治也。"及辅氏之役，颗见老人结草以亢杜回，杜回踬而颠，故获之。夜梦之曰："余，而所嫁妇人之父也。尔用先人之治命，余是以报。"

（3）再如宣公三年，在记"冬，郑穆公卒"之后，同样以"初"字开始，追述其名的来历。

初，郑文公有贱妾曰燕姞，梦天使与己兰，曰："余为伯儵。余，而祖也，以是为而子。以兰有国香，人服媚之如是。"既而文公见之，与之兰而御之。辞曰："妾不才，幸而有子，将不信，敢征兰乎？"公曰："诺。"生穆公，名之曰兰。

此外，《左传》还适当运用对比、比喻、排比等修辞手法描写、叙述某些历史事件、现象等。

（1）比喻。左传中较多地运用到比喻，形象地描述某些事物。如"夫兵犹火也，弗戢，将自焚也""所不与舅氏同心者，有如白水""晋人，虎狼也""从善如流""戎，禽兽也""其言粪土也""视民如子""政如农功""礼之于政，如热之有濯也""爱之如父母，而归之如流水""臣闻以德和民，不闻以乱。以乱，犹治丝而棼之也""为国家者，见恶如农夫之务去草焉，芟夷蕴崇之，绝其本根，勿使能殖""夫兵犹火也，弗戢，将自焚也""宾至如归""邢迁如归""怀服如归""相待如宾""赵衰，冬日之日也。赵盾，夏日之日也""季孙之爱我，疾疢也。孟孙之恶我，药石也""见无礼于其君者，诛之如鹰鹯之逐鸟雀也""抑君似鼠。夫鼠昼伏夜动，不穴于寝庙，畏人故也""众怒如水火焉，不可为谋"等。《左传》有的地方连续运用比喻，蔚然可观，令人叹止，显示了作者高超的语言运用和文字驾驭水平，如：

晋侯以齐侯宴，中行穆子相。投壶，晋侯先。穆子曰："有酒如淮,有肉如坻。寡君中此,为诸侯师。"中之。齐侯举矢,曰:"有酒如渑,有肉如陵。寡人中此,与君代兴。"亦中之。(《昭公十二年》)

又如:

良君将赏善而刑淫,养民如子,盖之如天,容之如地。民奉其君,爱之如父母,仰之如日月,敬之如神明,畏之如雷霆(《襄公十四年》)。

(2)排比。较为突出的例子是定公四年,引用了郑子大叔在黄父之会对晋赵简子的"夫子语我九言","无始乱,无怙富,无恃宠,无违同,无敖礼,无骄能,无复怒,无谋非德,无犯非义"(《定公四年》),这也反映了春秋时人运用排比修辞的水平。在运用类似排比的修辞中,有时一气呵成,粲然可睹,如"季氏甚得其民,淮夷与之,有十年之备,有齐、楚之援,有天之赞,有民之助,有坚守之心,有列国之权,而弗敢宣也,事君如在国"(《昭公二十七年》),连用"有……之……"结构的短句,使意思的表达更加充分、饱满,令人叹止。又如,"王者知命之不长,是以并建圣哲,树之风声,分之采物,著之话言,为之律度,陈之艺极,引之表仪,予之法制,告之训典,教之防利,委之常秩,道之礼则,使无失其土宜,众隶赖之,而后即命"(《文公六年》),此处是连用了"……之……"的短句。

(3)对比。如通过舆论前后截然相反的评介,突出子产执政的成效。

从政一年,舆人诵之,曰:"取我衣冠而褚之,取我田畴而伍之。孰杀子产,吾其与之!"及三年,又诵之,曰;"我有子弟,子产诲之。我有田畴,子产殖之。子产而死,谁其嗣之?"(《襄公三十年》)

唐代刘知几曾在《史通·杂说》中曾评价《左传》叙事：

> 述行师则簿领盈视，哤聒沸腾；论备火则区分在目，修饰峻整；言胜捷则收获都尽，记奔败则披靡横前；申盟誓则慷慨有余，称谲诈则欺诬可见；谈恩惠则煦如春日，纪严切则凛若秋霜；叙兴邦则滋味无量，陈亡国则凄凉可悯。或腴辞润简牍，或美句入咏歌，跌宕而不群，纵横而自得。若斯才者，殆将工侔造化，思涉鬼神，著述罕闻，古今卓绝。

如果仔细阅读、品味，读者还会发现《左传》在以上所言"行师""备火""胜捷"等叙事方面的优点。感兴趣者可寻找相关例证，欣赏揣摩其文笔之佳。

2. 勾画形象，描写生动

《左传》通过直接描述、语言对话等方式，成功地塑造了不同的人物形象，栩栩如生，淋漓尽致。如作者通过"投袂而起，屦及于窒皇，剑及于寝门之外，车及于蒲胥之市"（《宣公十四年》），描写楚王急于伐宋报仇的心态。又如通过"中军、下军争舟，舟中之指可掬也"（《宣公十二年》），描写晋楚邲之战中战争的惨烈。又如用"不顾而唾"四字来描摹晋将先轸对国君放归秦国降将的极端愤怒。又如作者通过简短的片断、定格描写，勾勒郑穆公去世的凄美、神秘场景。

> 穆公有疾，曰："兰死，吾其死乎，吾所以生也。"刈兰而卒。（《宣公三年》）

又如通过讲述小故事，正面勾勒邾庄公急躁、易怒、爱洁、昏庸的国君形象。

> （定公）三年春二月辛卯，邾子在门台，临廷。阍以瓶水沃廷。邾子望见之，怒。阍曰："夷射姑旋焉。"命执之，弗得，滋怒。自

投于床，废于炉炭，烂，遂卒。(《定公三年》)

又如通过言语勾画在临乱出逃中齐国大夫申鲜虞丰富多变的形象。

闾丘婴以帷缚其妻而载之，与申鲜虞乘而出，鲜虞推而下之，曰："君昏不能匡，危不能救，死不能死，而知匿其昵，其谁纳之？"行及弇中，将舍。婴曰："崔、庆其追我！"鲜虞曰："一与一，谁能惧我？"遂舍，枕辔而寝，食马而食。驾而行，出弇中，谓婴曰："速驱这！崔、庆之众，不可当也。"遂来奔。(《襄公二十五年》)

又如通过语言会话、行为对比，勾勒出懦弱的鲁国大夫施氏和刚烈的妻子的不同人物形象。

郤犨来聘，求妇于声伯。声伯夺施氏妇以与之。妇人曰："鸟兽犹不失俪，子将若何？"曰："吾不能死亡。"妇人遂行，生二子于郤氏。郤氏亡，晋人归之施氏，施氏逆诸河，沉其二子。妇人怒曰："己不能庇其伉俪而亡之，又不能字人之孤而杀之，将何以终？"遂誓施氏。(《成公十一年》)

再如对楚国大夫左师前倨后恭、势利小人的形象描写：

左师见夫人之步马者，问之，对曰："君夫人氏也。"左师曰："谁为君夫人？余胡弗知？"圉人归，以告夫人。夫人使馈之锦与马，先之以玉，曰："君之妾弃使某献。"左师改命曰："君夫人。"而后再拜稽首受之(《襄公二十六年》)。

再如对逃亡在外的重耳与秦姬怀嬴夫妇二人不同形象的勾勒：

秦伯纳女五人，怀嬴与焉。奉匜沃盥，既而挥之。怒曰："秦、晋匹也，何以卑我！"公子惧，降服而囚。(《僖公二十三年》)

再如射手不同形象的描述与勾勒：

初，尹公佗学射于庚公差，庚公差学射于公孙丁。二子追公，公孙丁御公。子鱼曰："射为背师，不射为戮，射为礼乎。"射两鞫而还。尹公佗曰："子为师，我则远矣。"乃反之。公孙丁授公辔而射之，贯臂。(《襄公十四年》)

再如对正直史官为直笔记史前后赴死的简明书写：

大史书曰："崔杼弑其君。"崔子杀之。其弟嗣书而死者，二人。其弟又书，乃舍之。南史氏闻大史尽死，执简以往。闻既书矣，乃还。(《襄公二十五年》)

3. 成语众多，蕴含启示

和其他儒家元典一样，《左传》中也产生了很多脍炙人口、传诵不衰的成语、名言、警句，其中有的蕴含了深刻的哲理，启迪心智，裨益修身。

如从《左传》中直接生成或间接转化而来的成语，比较常见的有"大义灭亲""尔虞我诈""鞭长莫及""有备无患""尾大不掉""量力而行""退三舍辟""风马牛不相及""人尽可夫""数典忘祖""食肉寝皮""一鼓作气""唇亡齿寒""狼子野心""言归于好""厉兵秣马""相待如宾""华而不实""铤而走险""筚路蓝缕""困兽犹斗""从善如流""以小人之腹为君子之心""其兴也勃，其亡也忽""假虞伐虢""甚嚣尘上""楚材晋用""胜之不武""口血未干""不幸言中"等。

另外，《左传》中还有不少极具教育意义的名言警句，如"人谁无过？过而能改，善莫大焉""多行不义必自毙""非我族类，其心必异""大上有立德，其次有立功，其次有立言，虽久不废，此之谓不朽""众怒难犯，专欲难成""畏首畏尾，身其余几""皮之不存，毛将安傅""以欲从人则可，以人从欲鲜济""松柏之下，其草不殖""人心之不同，如其面焉""国于天地，有与立焉""求逞于人，不可；与人同欲，尽济""天道远，人道迩""树德莫如滋，去疾莫如尽""私仇不及公，好不废过，恶不去善""亲仁善邻，国之宝也""救灾恤邻，道也""人弃常则妖兴""吉凶由人""善败由己""言之无文，行而不远""邻于善，民之望也""三折肱知为良医""民之多幸，国之不幸也"等，意味隽永，启迪心智。

　　除上述三点之外，和其他儒家元典一样，《左传》在某些字词或短句的构成、形式与表义上具有一种形义兼美的特点。字词如"瑾瑜匿瑕""险阻艰难""栋折榱崩""蓬蒿藜藋"等，短句如"川泽纳污，山薮藏疾，瑾瑜匿瑕，国君含垢，天之道也"等，都具有很强的表现力，值得我们赏析、借鉴，尝试应用到自己的写作中。

　　总之，《左传》述史论德，语言简美，有益于今人提升文化道德修养，了解春秋时期历史，提高语言文字应用能力。这些需要我们在阅读中仔细观摩，潜心学习，从中汲取语言与思想养分，启迪心智，激发灵感，提升自己的人文素养。

三 《左传》读法

　　对于怎样读《左传》，今人吕思勉、杨伯峻、郭丹等学者多有论及。如从提高人文修养和全面领会其义的角度，就个人阅读此书的体会和经验而论，约有以下几法可试：

　　第一，通过某种有趣的方式读《左传》。1. 如从阅读有趣的故事入手。这类故事可以是战争、外交方面，也可以是君王宫廷生活方面，还可以是贵族在朝廷和家庭方面，但一定要有趣、耐读，具有文学性、趣味性、思想性。如讲君王生活与贵族思想的有"晋景公三梦丧三命",讲邦国外交的有申包胥秦廷乞师、庆封受相鼠诗、晋文公与秦穆公对诗、齐鲁夹谷之会等,讲战争的有晋楚城濮之战、秦晋崤之战、齐鲁勺之战、宋楚泓水之战、晋齐鞌之战等,讲贵族家庭方面的如晋文公与众妇(齐姜、怀嬴)、负僖羁夫妇、伯宗夫妇、施氏夫妇、晋献公父子受谗相仇、卫国寿子和急子兄弟同亡等,都很有代表性。2. 又如从成语、格言探源入手。即从《左传》中寻找自己感兴趣、有丰富故事背景和深刻寓意的格言、成语,探求其发生的故事背景,进而了解更多的历史事实。上文所示某些经典成语,如上下其手、人尽可夫、好整以暇、退避三舍等。某些格言,如古人"立德,立功,立言"三不朽论,均可作实践此法的绝佳素材。3. 再如从考察春秋时人有趣的名字入手。了解《左传》的某些社会风俗,特别是起名的学问,如从周公黑肩、公子黑臀、晋侯黑臀、黑要、卫侯之弟黑背、公孙黑、卫子叔黑背、郑公孙黑肱、楚公子黑肱、邾黑肱、武城黑等名字中,可知当时人们起名时对身体某些黑色部位的敏感。再如通过怀孕所梦、异相和初生体征等起名为圉、奴或兰等。总之,找到兴趣点,然后从此入手读《左传》,是一条比较可行、受益良多的途径。

  第二,先粗读,再精读,循序渐进。粗读,即通过阅读辅助性资料浏览《左传》。如根据个人爱好和所长及手头可读书籍,从阅读今人从经学、史学、文学等角度解读《左传》的注译、专著或论文入手,了解某些事件的梗概,优先阅读那些辅助性资料,如注释类著作和翻译水平较高的著作。精读,就是在前面粗读基础上,就某一人物、事件或问题,选择阅读一些有代表性的研究类论著,帮助我们深入了解相关问题。在这个基础上,多读原典,反复揣摩,细品某些篇章要义,学习作者高超的文字驾驭能力,在写作中引用或化用经典语句和修辞方法,提升个人文字应用能力和欣赏水平。

  第三,借助必要的工具书来辅助阅读。如利用《春秋左传辞典》(杨伯峻编)、《春秋大事表》(顾栋高),扫除阅读中的一些典故、字词等方面的障碍,梳理事件线索,建立历史时空观念。读者也可选读前人注疏之作的序或读书笔记(如杜预《春秋左传集解》序、《春秋大事表·读春秋偶笔》序等），加深对《左传》学术史和某些特点的理解。这是一种中等层次的《左传》阅读要求和实践途径。

第四，三传对读，经传互解。有时为了解某一史实，需要三传对读，才可能对之有更全面的认识和深入的理解。如前所言，在读《左传》到一定程度，读者必须结合其他两传《公羊》《谷梁》对经文（如隐公元年"郑伯克段于鄢"，宣公二年"晋赵盾弑其君夷皋"，僖公九年"诸侯盟于葵丘"，僖公二十二年"宋公及楚人战于泓"，僖公十六年"陨石于宋五。是月，六鹢退飞过宋都"，哀公十四年"西狩获麟"等）的不同解释，理解和把握《春秋》经义，全面了解史实，体会各传的书写特点。只有这样，才可能更为全面、深刻地理解《左传》，领略其独特的文字与思想魅力。进而言之，读《春秋》经文与诸传，应该在读传中理解经，在读传中互解传，读经中理解传，联结、通达和涵泳经传而读《左传》，最终在经传互解中还原、充实、展现历史和撰史者背后的用意。如明儒万斯大提倡互通治经法，"非通诸经不能通一经；非悟传注之失，则不能通经；非以经释经，则亦无由悟传注之失"。事实上，《左传》汇集上古三代礼乐文明，融合早期中华文化元典《诗》《书》《礼》《易》《乐》的资料和观点，尊道贵德的思想主旨一以贯之。如果想深入理解这本书，显然又要在经传互解的基础上，将思维的触角作更多的追溯与联系，在更广泛的"经""传"互解中去解读《左传》，领略其中的精粹与魅力。

课后思读

一 讨论思考

1. 试谈自己对本讲所列《左传》精辟语句或经典故事的感想。
2. 评价《左传》中所讲贤妇、贤士故事透露的惩恶劝善思想。
3. 结合下列延伸阅读材料，试论儒家元典对提升人文修养的启示。

二 参考文献

杨伯峻：《春秋左传注》，中华书局1990年版。

沈玉成：《左传译文》，中华书局 1997 年版。

李梦生：《左传译注》，上海古籍出版社 1998 年版。

夏传才：《十三经概论·春秋三传》，天津人民出版社 1998 年版。

孔颖达等：《春秋左传正义》，北京大学出版社 1999 年版。

曹道衡：《十三经说略·〈左传〉与〈三传〉说略》，北京燕山出版社 2002 年版。

杨伯峻：《经书浅谈·春秋三传》，中华书局 2005 年版。

龚留柱：《春秋弦歌：〈左传〉与中国文化》，河南大学出版社 2005 年版。

徐中舒等：《左传选》，中华书局 2009 年版。

朱自清：《经典常谈·春秋三传》，上海古籍出版社 2009 年版。

郭丹：《怎样读〈左传〉》，《中华读书报》2015 年 6 月 17 日第 8 版。

刘毓庆：《〈春秋〉：正名分而明责任（上、中、下）》，《名作欣赏》2017 年第 7、10、13 期。

三 延伸阅读

以下摘录古今贤哲对儒家元典功用的看法，供学习参考。

《礼记·经解》："入其国，其教可知也。其为人也，温柔敦厚，诗教也；疏通知远，书教也；广博易良，乐教也；絜静精微，易教也；恭俭庄敬，礼教也；属辞比事，春秋教也。故诗之失愚，书之失诬，乐之失奢，易之失贼，礼之失烦，春秋之失乱。温柔敦厚而不愚，则深于诗者也；疏通知远而不诬，则深于书者也；广博易良而不奢，则深于乐者也；絜静精微而不贼，则深于易者也；恭俭庄敬而不烦，则深于礼者也；属辞比事而不乱，则深于春秋者也。"

《史记·滑稽列传》："六艺于治一也。《礼》以节人，《乐》以发和，《书》以道事，《诗》以达意，《易》以神化，《春秋》以义。"

杜维明曾用《五经》概括人的多样性，认为："《诗经》体现了人是感性动物,《尚书》体现了人是政治动物,《礼记》体现了人是社会动物,《春秋》体现了人是历史动物,《易经》体现了人是追求意义的动物。"[1]

---

[1] 杜维明:《21 世纪儒学面临的五大挑战(上)》,《探索与争鸣》2011 年第 10 期。

第六讲 《论语》导读

（仁礼君子，学道爱人）

有一部语录体儒家元典，它以孔子与弟子的言论为主，记载早期儒者的嘉言懿行，反映了春秋时期士人的风貌。它继承上古三代礼乐文明，融汇六艺旧学，阐发五经要义，开拓古典新境，被后人称作"五经之辐辖，六艺之喉衿""群经之锁钥，百代之权衡""东方圣经"。它提倡修己以敬、学道爱人的君子思想，追求克己复礼、天下归仁的理想社会，寄托着古今贤达修身齐家、平治天下、振兴中国的期望，为儒家学派的兴盛、中华文明的发展奠定了坚实的基础，影响深远。它就是本章拟讲的《论语》。

一 《论语》简介

《论语》由孔门后学编纂而成，记载了孔子等早期儒者的言行，反映了春秋末年士人的学术、生活与精神世界。它推崇君子人格，主张君子仁爱礼敬、学道爱人、敬己安人，创立了以安身立命、为人处世为主要内容的儒家人道哲学。

（一）《论语》来历

1. 《论语》编撰

"仲尼没而微言绝，七十子丧而大义乖"，《论语》是在孔子师徒去世之后"微言绝""大义乖"的背景下开始和完成编撰的，似乎是应对某种危机的产物。《论语》成书经历了较长的时段，编者为孔子弟子及其后学，可称为孔门后学或早期儒家。汉代史家对此有详细的解释，"《论语》者，孔子应答弟子时人及弟子相与言而接闻于夫子之语也。当时弟子各有所记，夫子既卒，门人相与辑而论纂，故谓之《论语》"（《汉书·艺文志》），"弟子取其正实而切事者，别出为《论语》"（《孔子家语》孔安国序）。最初，由孔子一传弟子（即七十子）特别是长期陪伴孔子身边的"二三子"编纂整理，初步形成一个《论语》辑本。后又由乐正子春、子思等二传弟子和孔子后裔不断补充、增订，形成更完备的修订本①，流传于世。简言之，《论语》由在鲁国讲学、求学的士人为传承弘扬孔子学说而编撰，是最具开创意义的儒家元典。

《论语》成书后，最初被称作"语""传"，固定为现在常见的"论语"称呼则是西汉初的事情。西汉时期，社会上曾流传《齐论》《古论》和《鲁论》三个版本的《论语》，后经张禹、郑玄校对、整理，形成统一版本，可惜全书都佚失。至魏晋时期，何晏又整理出《论语集解》，保存了张、郑等汉儒的某些整理成果，流传久远，成为后世众多版本《论语》的祖本。尽管汉唐以来先后出现石经本、敦煌本、竹简本等各种版本的《论语》，但主要内容大同小异，不影响人们对核心要义的正确理解。

2. 《论语》主人公

孔子是《论语》中的主人公，为春秋末期鲁国士人。他出生在一个没落的贵族家庭中，自幼勤奋好学，钟情礼仪，深研六艺，在兴办私学、入仕从政中，形成一套比较完整的修身、齐家、治世和教育理论，影响深远，至今不绝。孔子在日常生活和长期的教学及短暂的从政生涯中，既展现了常人所有的喜怒哀乐、牢骚忧怨，又能超越凡人的某些苦恼幽怨之情，将之化为弘道行道的力量，成就不凡的自我，从而度过平凡而伟大、孤苦而乐观的一生。

---

① 黄怀信：《论语新校释》前言，三秦出版社2006年版，第1—30页。

(1) 平凡而伟大的士人

言其平凡，孔子有喜怒哀乐、急躁行事、受屈辩白等常人之情。如孔子五十六岁时，"由大司寇行摄相事，有喜色"。当他听说季氏在庭中观看只有天子才可配享的八佾舞，怒斥"是可忍也，孰不可忍也？"在弟子颜渊去世后，他大呼："噫！天丧予！天丧予！"在听到郑国贤臣子产去世的消息后，他潸然泪下，赞其"古之遗爱也"（《左传·昭公二十年》）。在与弟子子路讨论卫国政治时，子路抱怨他的正名主张有点迂阔，孔子马上对之以"野哉，由也"。他主张仁者、智者各有其乐，哪怕是贫苦中亦可体会，保持一份乐观心态，所谓"贫而乐""饭疏食饮水，曲肱而枕之，乐亦在其中矣"。在人生失意、仕途不畅时，他也有过饥不择食、求用于世的心思，如"公山弗扰以费畔，召，子欲往""佛肸召，子欲往"，直呼"吾岂匏瓜也哉？焉能系而不食？"只是被弟子提醒，在一番牢骚后，最终没有付诸实施。在被冤枉后，他曾发誓以表清白。如他接受南子的召见后，弟子子路不悦。夫子就曾对天发誓："予所否者，天厌之！天厌之！"

言其伟大，指孔子"极高明而道中庸"，寓伟大于平凡中，在平凡的人生中超脱，追求高尚卓越。如他既立大志，又有常志。一方面，他十五志于学，有志于挽救礼崩乐坏的衰乱世道，宣称"郁郁乎文哉，吾将从周""如有用我者，吾其为东周乎"；另一方面，他吐露"老者安之，朋友信之，少者怀之"之志，向往弟子所言的"莫春者，春服既成，冠者五六人，童子六七人，浴乎沂，风乎舞雩，咏而归"之志。孔子既勤奋好学，博学于文，又能保持谨慎、诚实、谦虚的态度。他以学博见闻于世，"多能鄙事""不试，故艺"，多才多艺，但他从不以此自夸，主张讷言，"多闻阙疑，慎言其余"，在某些方面勇于承认自己的无知，他曾言："吾有知乎哉？无知也。有鄙夫问于我，空空如也"，樊迟请学稼，子曰："吾不如老农。"请学为圃，曰："吾不如老圃。"孔子也有说话过头或言语不严谨时，但他主张"君子之过也，如日月之食焉：过也，人皆见之；更也，人皆仰"，认为"观过知仁""过而不改，是谓过矣"。孔子说到做到，犯错知错，勇于改正，如《阳货》篇记载他与子游的故事就是如此：

> 子之武城，闻弦歌之声。夫子莞尔而笑，曰："割鸡焉用牛刀？"子游对曰："昔者偃也闻诸夫子曰：'君子学道则爱人，小人学道则易使也。'"子曰："二三子！偃之言是也。前言戏之耳！"

孔子知过而改，幽默乐观，在平凡中追求不凡，极高明而道中庸，博学而笃行，最终成为一个有内涵、有层次和有境界的君子。这种理想人格的完成或许与孔子本身天性有一定关系，但更多的是他在困苦的人生经历与不断的学习磨炼中养成达观处世的思维方式所致。

（2）孤苦、乐观、充实的一生

言其孤苦，主要指其人生在世多不得意，弘道淑世屡受挫折。虽然孔子称"德不孤，必有邻"，也在乱世之中呼吁以仁礼之道治邦，但却不得世人的认可与君王的采纳，成为孤独的弘道者。如在青年时期，他学而不厌，诲人不倦，有所成就，但仕途蹇滞，道不得行；五十多岁时，曾在鲁国从政数年，但好景不长，很快在国君与贵族争权失势后，受到权贵季氏等人的排挤，远走他乡。此后十四年，他周游诸国，宣扬仁礼之道，但无果而终，壮志难酬。期间，孔子遭受贵族君王的冷遇、时人旁观的讥讽、不时地碰壁、失意与哀伤、体肤饥饿和生命危险（如陈蔡之厄、宋人伐树、匡人围攻等）。临终时，他蒿目时艰，壮志难酬，己道未行，痛心不已，长歌哀泣，在病中与世长辞。言其苦，孔子三岁丧父，与母亲被迫离开家族，寄居他处，相依为命，十七岁前后丧母，开始独立生活，不可谓不苦。晚年先后经历丧妻失子、高徒颜渊与子路离世的沉痛打击，至亲妻儿先后离世，均为人生暮年之大苦。总之，孔子早年失怙失恃、中年入仕失宠、老年丧妻失子、痛失高徒，一生多半孤苦伶仃，备尝艰辛。

言其乐观，主要指孔子面临悲苦命运的磨炼，从不低头，轻言放弃，而是心中坚定"学而不厌，诲人不倦""学道则爱人""修己以安人"的师者君子信念，坚守"知者不惑，仁者不忧，勇者不惧"的君子之道。即使在人生最困难的时期，他仍然坚持向追随自己的门生或所遇各种人士讲道论学，诲人不倦，弦歌不辍，弘道不已。在面对人生苦难境遇和处理各种困难时，孔子思考和提炼出很多乐观人生的方法。如他主张做人要有道义和事业的追求，胸怀知、仁之道，方可"发愤忘食，乐以忘忧""忧道不忧贫""知者乐水，仁者乐山""知者乐，仁者寿"。人要有自知之明、知人之哲，怀有一颗"躬自厚而薄责于人"的心，方可一切释然，乐观过往与未来，做到"饭疏食饮水，曲肱而枕之，乐亦在其中矣""人不知而不愠，不亦君子乎？""不患人之不己知，患不知人也"。另外，孔子主张在明礼爱人中收获乐观，以礼乐文明、情理精神规范言行为乐，以讲别人的美德善行为乐，以多结交贤能良善为乐，所谓"乐节礼乐，乐道人之善，乐多贤友"，摒弃那些"乐骄乐，乐佚游，乐宴乐"的骄奢淫逸的世俗有损之乐，以遵从中庸之道表达乐哀之情，所谓"乐而不淫，哀而不伤"。再者，孔子提倡并实践在传授学业、以友辅仁中的学道、育才之乐，所谓"学而时习之，不亦说乎？有朋自远方来，不亦乐乎？""闵子侍侧，誾誾如也；子路，行行如也；冉有、子贡，侃侃如也。子乐。"此外，孔子还通过音乐、歌唱等手段忘却一些失意与痛苦，如"子在齐闻《韶》，三月不知肉味。曰：'不图为乐之至于斯也。'"在陈蔡之厄时，夫子依然弦乐不止，即便临终前，仍叹歌"太山其颓乎！梁木其摧乎！哲人其萎乎！"以抒发其忧憾。在孔子看来，悲苦固然很多，但化苦为乐、化悲为喜的方法更多。

言其人生充实，是因为孔子一生忧国忧民，忧道不行，学而不厌，诲人不倦，为弘道而笃行不已，度过了忙碌、充实的一生。在经历磨难之后，孔子练就了一颗强大的心脏，坦然面对一切，达到"忧道不忧贫""贫而乐""乐以忘忧""乐而不淫"的境界。最终他在苦难中获得新生，度过充实的人生，获得弟子的爱戴与传扬。如弟子子贡称其师德学高明，言"仲尼日月也，无得而逾焉""夫子之不可及也，犹天之不可阶而升也""夫子之墙数仞，不得其门而入，不见宗庙之美，百官之富""固天纵之将圣，又多能也"，颜渊称"仰之弥高，钻之弥坚"。孔子的德学与成就也受到时人的肯定和赞誉，如太宰称"夫子圣者与"，仪封人直呼"天将以夫子为木铎",达巷党人感叹"大哉孔子"。之后,儒家称其先圣先师,史家称"孔子布衣,传十余世,学者宗之。自天子王侯,中国言六艺者折中于夫子,可谓至圣矣"(《史记·孔子世家》),官方封号"尼父""邹国公""宣父""大成至圣文宣王""大成至圣先师"等,尊宠不已。至今,孔子仍被国人奉为华夏先贤、思想巨子、教育鼻祖、文化圣人,他的学问与精神受到世界各国人士的尊敬和学习。

总之,孔子一生孤苦伶仃,虽然经历不同磨难和很多不幸,但他不畏困苦,迎难而上,学而不厌,诲人不倦,以仁礼之道爱人济世,以礼乐精神化苦为乐,在平凡中成就伟大,最终成为一代宗师、万古先贤。他孤苦、乐观、充实但奋斗不息的一生为后人留下"仁者先难而后获""艰难困苦,玉汝于成"的激励,也印证了"伟大的背后都是苦难"的道理。

(二)《论语》内容

1.《论语》各篇内容

《论语》共二十篇,约五百章,近一万六千字,内容以儒家创始人之言及其孔子与弟子的对话为主。各篇篇名分别为:《学而》《为政》《八佾》《里仁》《公冶长》《雍也》《述而》《泰伯》《子罕》《乡党》《先进》《颜渊》《子路》《宪问》《卫灵公》《季氏》《阳货》《微子》《子张》《尧曰》。为便于以后深入研读《论语》,初学者最好先记下这些篇名,可尝试用谐音歌诀来识记,如"学为八里公、永树太子党、咸盐子嫌味、极痒微子咬"。

《论语》每篇论述的主题虽各有不同,但都以君子之道为核心展开,论述士人如何安身立命,为人处世,修齐治平,不同内容彼此呼应,自成一体。今参考黄怀信《论语新校释》(三秦出版社2006年版)以及朱熹《四书章句集注》(中华书局2012年版)、钱穆《论语新解》(生活·读书·新知三联书店2002年版)诸先生著作中的相关论述,特作下表,介绍《论语》各篇内容主旨。

《论语》各篇内容主旨

篇名＼内容	各篇内容主旨 （参见黄怀信《论语新校释》篇旨）	备注 （参见朱、钱诸先生注解）
1.《学而》	以劝学为主，兼言孝、悌、信、义等修身为人、处世交友，及治国为君之道	所记多务本之意，乃入道之门、积德之基、学者之先务也
2.《为政》	皆孔子语或孔子答问之语，有论《诗》、论孝者，有自言生平者，有评论颜回者，有言观人知法者，有论为学及为人处世者，真正与为政治民有关者不过十章	孔门论学，最重人道。政治，人道中之大者。人以有群而相生相养相安，故《论语》编者以为政次学而篇
3.《八佾》	所论皆礼乐祭祀之事	本篇皆论礼乐之事。礼乐为孔门论学论政之共通要点，故编者以此篇次为政之后
4.《里仁》	总论修德修身，以仁为主	孔子论学论政，皆重礼乐，仁则为礼乐之本。故《论语》编者以里仁次八佾之后
5.《公冶长》	多记孔子评价臧否古今人物之言，以论弟子者为多	本篇皆论古今人物贤否得失。胡氏以为疑多子贡之徒所记云
6.《雍也》	论诸弟子及君子德行，除一章闵子骞语外，余皆孔子语或孔子与他人问对	本篇自十四章以前，多讨论人物贤否得失，与上篇相同。十五章以下，多泛论人生
7.《述而》	综论孔子品行、为人、思想、教学，以至体貌、坐姿，多借孔子之语以述之	本篇多记孔子之志行、圣人谦己诲人之辞及容貌行事之实
8.《泰伯》	赞古往贤达，讲为君治民及修身为政之道，为国君及欲为政治天下者立言	

续表

内容 \ 篇名	各篇内容（参见黄怀信《论语新校释》篇旨）	备注（参见朱、钱诸先生注解）
9.《子罕》	前十六章多论孔子德行，以教人；后十四章多孔子教学之言，教做事做人	
10.《乡党》	总记孔子言谈举止，行为容仪，及衣着、饮食等生活习惯与讲究	本篇记孔子居乡党，日常容色言动，以见道之无不在，而圣人之盛德，宛然在目矣
11.《先进》	主要论诸弟子行为志向及孔子对诸弟子的评价	本篇多评门弟子贤否，为其分别弟子先后学风最扼要
12.《颜渊》	论修身崇德、为政理民，及交友处世之法	
13.《子路》	论从政理民之法及士人之行、君子之德	
14.《宪问》	言修德修身及仕进为官之道，亦与为政利民有关	
15.《卫灵公》	多记孔子箴戒之言，涉及学习、修身、为人、为政、教学诸多方面，又有孔子行事及品评人物数章，凡四十二章	
16.《季氏》	杂言辅国治国、天下之乱、侍君慎言、择友择乐、修身护身、行身做事、为学处世、求志达道、重德轻富、学《诗》学礼、远子教子等事，亦以箴戒为主，凡十四章，除末章外皆作"孔子曰"，文体亦少殊	本篇或以为乃齐论，因每章皆称孔子曰，而三友三乐三愈三戒三畏九思等，行文不与他篇相类。下十篇之论定，似稍逊于上十篇，本篇尤然
17.《阳货》	杂言修德治民。	

续表

内容 \ 篇名	各篇内容 (参见黄怀信《论语新校释》篇旨)	备注 (参见朱、钱诸先生注解)
18.《微子》	主要论赞古今人才、贤士,兼及孔子出世为民、执着其道的言行	此篇多记圣贤之出处
19.《子张》	杂记子张、子夏、子游、曾子、子贡之语,或言士行,或言交友,或言修德,或劝学,或勉改过,或言治狱,或论子张,或评仲尼,凡二十五章,无统一主题,要皆弟子之语	本篇皆记门弟子之言,子夏为多,子贡次之
20.《尧曰》	前三章分别引述舜、汤、武王之言;第四章论周人分封,第五、六、七三章皆述武王之事;第八章言君德;第九章言君子行政之法:皆为国君立言,反映编者治国平天下的思想。末章言编者宗旨,有似书之结语与后序	此章乃战国末年人意见,上承荀子尊孔子为后王而来,又慕效《孟子》书末章而以己意附此于《论语》之末。为全书后序而出于编订者某一人或某几人之手

这里需要指出的是,《论语》各篇诸章在《论语》中相对独立,但在论述某些主题时相互重叠,遥相呼应,若即若离,从而形成一种含混、朦胧的风格,充满不确定性,亦具启发性。这为后人忖度其义,特别是今人利用阿尔都塞所言的"症候阅读法"（Symptomatic Reading),于文字间读出空白、犹豫和沉默等,提供了充分的发挥空间。不过,有些篇章主题集中,整理有序,地位独特。如前六篇主旨明确集中,《学而》讲学道爱人,《为政》讲学优则仕,《八佾》讲为国以礼,《里仁》讲为人而仁,《公冶长》《雍也》皆讲孔子师徒知人论世、点评人物。其中,某些篇章经过严格的整饬,如第四篇各章大多以"子曰"开头（唯一例外的是末章）。这六篇涉及五大主题,涵盖之后诸篇所论的绝大部分话题,奠定了整个《论语》的思想基调。相比较而言,其余十四篇各

章节的排列相对零乱，主题混杂不一。推测其原因，应该是前六篇经过较早且多次修订所致，其他则不然。

整体而观，《论语》全书围绕士君子之学、道、德、政、知、教等主题立论，各篇有一个或数个相对集中的话题。钱穆先生认为："《论语》分上下编，上编首《学而》篇，末《乡党》篇，多学而优则仕一边语。下编首《先进》篇，末《尧曰》篇，多士而优则学一边语。其余各篇大率皆然，读者试自参之。"① 黄怀信先生亦认为今本《论语》各篇内容皆有一定的主旨，二十篇自为学修身至治国平天下，是一完整体系，各篇之间，互存一定的逻辑关系②。例如《论语》首篇首章讲"学而时习之，不亦说乎？有朋自远方来，不亦乐乎？人不知而不愠，不亦君子乎？"末篇末章讲"不知命，无以为君子也。不知礼，无以立也。不知言，无以知人也"，二者首尾呼应，共讲君子之学、君子之知，这至少说明《论语》在整体上经过精心的编辑，君子之学、知贯穿始终。

在《论语》中，孔子与弟子探讨大量历史和现实中的人物，重点颂赞那些立功、立德、立言的政治与文化界的贤能人士。这些人多为帝王将相、士卿大夫。政治人物如尧、舜、禹、汤、周文王、周公、周武王、齐桓公、晋文公、齐景公、卫灵公、鲁定公、鲁哀公等历代君王，还有皋陶、伯益、伊尹、周代八士（伯达、伯适、仲突、仲忽、叔夜、叔夏、季随、季騧）、管仲、晏子、蘧伯玉、子产等辅佐君王的贤臣；文化人物如伯夷、叔齐、虞仲、夷逸、朱张、柳下惠、少连、接舆、长沮、桀溺等江湖隐士。当然《论语》中孔子等儒者也会讽刺或鞭挞那些无道的昏臣、奸臣，善善而恶恶，但基本能够做到"惟仁者能好人，能恶人"（《里仁》）"爱而知其恶，憎而知其善"（《礼记·曲礼上》），给予客观公正的评价。

2.《论语》与六艺之学

从汉代至清代，人们研读《论语》，认为"《论语》者，六经之精

---

① 钱穆：《论语新解》，生活·读书·新知三联书店2005年版，第276页。
② 黄怀信：《论语新校释》前言，三秦出版社2006年版，第24页。

华""经学要旨,皆在《论语》中",将其视作"五经之錧辖,六艺之喉衿""群经之锁钥,百代之权衡",指出《论语》与经、艺的密切关系。汉代之后,"五经"指《诗》《书》《礼》《易》《春秋》,"六经"在"五经"基础上加了"《乐》",但《乐》已经早佚;"六艺"指士人贵族常习的六项技艺:礼、乐、射、御、书、数。《论语》言孔子追慕周代文化,感叹"郁郁乎文哉,吾将从周""《诗》《书》执礼,皆雅言也",主张"兴于《诗》,立于《礼》,成于《乐》",谈论五经、六艺之学,而《论语》其书最初以"传"命名、传世,即有辅佐士人读经、习艺的含义和作用。《史记·孔子世家》载"孔子以《诗》《书》《礼》《乐》教,弟子盖三千焉,身通六艺者七十有二人",《论语》中记载了不少孔子对《诗》《书》《礼》《乐》的精辟见解。从某种意义上而言,《论语》是春秋末期儒者传承发展西周礼乐文明和阐发六经、实践六艺的产物。《论语》与经艺之间的关联密切,毋庸多言。

在后人看来,孔子删《诗》《书》,定《礼》《乐》,赞《易》,修《春秋》,是六经之学的弘扬者与集大成者。与六经并行的是六艺,即礼、乐、射、御、书、数。形式上,它与经学有不同,也有重叠(如礼、乐),旨在从实践的层面体行经典中蕴含的道理,目标都是培养合格的士人、优雅的君子,服务于贵族群体与整个社会,修身齐家治世。其实,在汉代,经艺重叠,经亦入艺,原来概称礼、乐、射、御、书、数的六艺,也被学者用来代指《诗》《书》《礼》《易》《乐》《春秋》,使六艺成为一个内涵更丰富的概念,即广义的六艺。后人将六艺分为理论和实践两个层面的六艺,前者指六经,后者指礼、乐、射、御、书、数。这从某个侧面反映了六经、六艺在古代培养士人目标上的高度一致。当今学者马一浮认为《诗》《书》《礼》《易》《乐》《春秋》之学是在旧六艺(礼、乐、射、御、书、数)基础上发展而来的新六艺,是孔子之教,认为"《论语》大义,无往而非六艺之要"(《复性书院讲录》),大致不错。不过孔子,既重视新六艺,又不轻忽旧六艺,在见闻学识之知与身体力行之知上追求仁智勇三全的君子之艺,所谓"志于道,据于德,依于仁,游于艺",致力于培养身心全面发展的君子儒。

就此而论，《论语》作为研究孔子思想的一手文献，它既是后世研习六经的入门读物，也是实践六艺的重要指南，更是孔子传承、弘扬广义六艺的产物。

汉代赵岐称《论语》为"五经之錧辖，六艺之喉衿"，指出《论语》与五经、六艺的密切关系，非常精准。从《论语》可见，孔子师徒以君子圣贤、上古先王为学习榜样，修身、齐家、治国、平天下，展现出一种温厚、通知、广博、静精、恭俭、庄敬的气象和不愚、不诬、不奢、不贼、不烦、不乱的风范。实际上，这与他们对六经的深刻理解、细心体会和大力实践密不可分。孔子对于六经的作用曾有精辟的阐发，《礼记·经解》载"温柔敦厚而不愚，则深于诗者也；疏通知远而不诬，则深于书者也；广博易良而不奢，则深于乐者也；絜静精微而不贼，则深于易者也；恭俭庄敬而不烦，则深于礼者也；属辞比事而不乱，则深于春秋者也"。其中不少论述为后人引用阐发，广为流传，影响深远。北京大学王博教授曾提出儒墨道法文化四季说，其中言《论语》气温，是因为它的心灵是有温度的。儒家哲学就是爱的哲学，似春天①。如果这种说法大致不错，那么赋予《论语》一种温润感觉的文化来源当溯自五经，即本课堂之前讲的中华元典（亦可从学术主旨与传承意义上将之命为儒家元典）：《诗》《书》《礼》《易》《春秋》。如本书导论所言，《论语》《孟子》《荀子》《孝经》是儒家开山或奠基之作意义上的儒家元典，而被儒家长期关注、阐发和赖以依托的六经则是历史传承意义上的儒家元典，二者合一而成为本书所讲儒家元典的全部。但在这个元典谱系中，《论语》承前启后、继往开来，无疑又占据一个非常独特和重要的地位。后人言其为"五经之錧辖""群经之锁钥""六经之精华"，定位非常恰当。在此基础上，《论语》寄托了古今贤达政治、信仰等层面的理想与诉求，于是有了"半部《论语》治天下""半章《论语》可以振兴中国""《论语》是中国人的'圣经'"等不同说法。

---

① 参见王博《心灵四季》，《文摘报》2012年8月4日第8版。

（三）《论语》主旨

《论语》围绕士君子之学、道、德、政的主题而论，是一部讲君子之学，君子之道的书。辜鸿铭言"孔子全部的哲学体系和道德教诲可以归纳为一句话，即君子之道"①，诚为卓见。君子之道也是《论语》的主旨，它既指修身意义上的仁智勇诸德，所谓"仁者不忧，知者不惑，勇者不惧"，又包括从政意义上的敬惠义诸礼，所谓"其行己也恭，其事上也敬，其养民也惠，其使民也义"。简言之，就是修己安人、内圣外王之道。君子之道的核心是仁礼二德，实践路径是学道爱人，起点基础是修身养性，终极关怀是治国安邦。而且儒家主张修身、齐家、治世，是在仕而优则学与学而优则仕之中形成一个开放的循环圈，使修己内圣与安人外王的兼修之道相辅相成，往复不已。以下试从君子的学习、道德、爱人、做人四方面，简析《论语》的主旨。

1. 君子的学习

古人讲"学字乃孔门第一义"（刘宗周《论语学案》），《论语》从某种程度上是孔子的讲学记录。其中所言的学，内涵丰富，所谓"子以四教，文行忠信"，指出孔子教学的四方面内容。细而论之，孔子主张的君子之学既有典籍之学，又有实践之学。典籍之学指学习《诗》《书》《礼》《乐》《易》《春秋》等传世经典、六经之学。实践之学包括操作六艺、入仕从政、具体生产、人伦道德与日常生活。六艺之学指操作礼、乐、射、御、书、数，从政之学指"学干禄""为小相""学道则爱人""仕而优则学"等，生产之学指"学稼""学为圃"，人伦道德与日常生活之学指孔子所言"君子食无求饱，居无求安，敏于事而慎于言，就有道而正焉"，子夏言"贤贤易色；事父母能竭其力；事君能致其身；与朋友交言而有信"。在实践与理论的学习上，孔子主张"行有余力，则以学文"，行先学后，格外重视实践。

---

① 辜鸿铭：《中国人的精神》，海南出版社1996年版，第50页。

在论述君子之学时,《论语》中有很多精辟的见解,如孔子认为君子之学的根本目的是要"君子学以致其道""下学上达",解除认识上的偏蔽,达到"毋意,毋必,毋固,毋我"。如果只盲目地固守一种空洞的道德而疏于学习理论与体行实践,就会出现"好仁不好学,其蔽也愚;好知不好学,其蔽也荡;好信不好学,其蔽也贼;好直不好学,其蔽也绞;好勇不好学,其蔽也乱;好刚不好学,其蔽也狂"的弊病。在孔门师徒看来,学习是为了学到古圣先贤的德行与智慧,使自己成为德智双修,仁智勇三全的君子,所谓"多识前言往行,以畜其德"。学习是成人、成德、成贤的途径,而非谋取名利的工具,所谓"古之学者为己,今之学者为人"。又如学习方法,孔子主张"博学于文,约之以礼""学而不思则罔,思而不学则殆",博与约、学与思相辅相成之道是学习一切知识、文化、道德的根本原则。学习要有诚实的态度,所谓"知之为知之,不知为不知,是知也"。学习也要讲方向,不可偏执,否则有害于身心,所谓"攻乎异端,斯害也已矣"。

另外,《论语》对不同层次的学习状态也有非常细致、精辟的分析,如"学而知之者,次也;困而学之,又其次也。困而不学,民斯为下矣"。其实,学习本来就是一件非常清苦、困难的事情,所谓"心如平原走马,易放难收;学如逆水行舟,不进则退",孔子的"困而学之"指出普通人学习的困境,勉励士人切勿畏难不前,轻言放弃,以免"困而不学",沦为凡民。对于学习的境界,孔子认为不光是知之,还要好之、乐之,所谓"知之者不如好之者,好之者不如乐之者"。只有做到这些,才是真正的快乐式学习、享受型学习,才可能达到"学而时习之,不亦说乎"的境界。

2. 君子的道德

程子曰:"读《论语》、《孟子》而不知道,所谓'虽多,亦奚以为'。"《论语》中讲道,从名称上来看,有"先王之道""父之道""夫子之道""古之道""君子之道""文、武之道""天下之道""邦有道""以道事君""小道""天道"等。但其论道主要是修治人情、人心、人性的成人之道与治国安邦之道,即人道,很少谈及人道之外的天道、地道、鬼神道。正因为此，弟子子贡曾坦言："夫子之文章，可得而闻也；夫子之言性与天道，不可得而闻也。"（《公冶长》）从根本上来说，这种人道是指"修己以安人"（《宪问》）的圣贤之道，即君子之道，核心为仁礼。人们常说老子著《道德经》，其实《论语》也是一本讲道德之书。从孔子门徒开始，历代儒家就"游文于六经之中，留意于仁义之际……于道最为高"，六经是礼乐文明的精华，仁义则为儒家思想的关键。乐附于礼，义属于仁，礼乐仁义之道就是礼仁之道，它们构成中华传统道德文明与君子之道的核心。

《论语》中有对君子之道的明确梳理，如孔子指出君子道者三："仁者不忧，知者不惑，勇者不惧"，评价子产有君子之道四："其行己也恭，其事上也敬，其养民也惠，其使民也义"，曾子亦言"君子所贵乎道者三：动容貌，斯远暴慢矣；正颜色，斯近信矣；出辞气，斯远鄙倍矣。笾豆之事，则有司存"。君子之道包含仁智勇、恭敬惠义等道德，核心是仁礼。仁主爱，礼主敬。孔子当年和弟子曾子交谈，言"吾道一以贯之"，曾子悟出夫子之道就是"忠恕"二字。忠一般指对内忠实于己心，以仁存心；恕指对外厚待于他人，以礼存心。前者修己，后者安人，讲的是仁礼之德、君子之道。贯以忠恕的夫子之道与仁礼为主的君子之道，名异而实同，皆指向为人处事之道。

纵观孔子大半生，他都在孜孜不倦地学道、论道、行道、闻道、弘道、传道，多就人道事理而论。《慎子》讲"孔子曰：'丘少而好学，晚而闻道，此以博矣'"，大致不错。其道即为人处世的仁礼之道、君子之道。如孔子十五志于学，学以致其道；成年志于道，据于德，依于仁，游于艺，以艺、仁、德来涵养道，身体力行于教学和入仕中，以君子的标准来衡量自己、教育他人、游说君王。不过，令人遗憾的是，或因乱世之故，无君知遇，终其一生，孔子都没有实现其邦有道、天下有道的目标，以致晚年时他曾感叹"吾道穷矣"，婉言"谁能出不由户？何莫由斯道也"，临终前仍哀怨"天下无道久矣，其孰能宗予"。道难行，难于上青天。后人追随孔子明道、弘道者少，但是从孔子论道、讲道的文章中体会做文之道者不少，以期从中渔利。如唐代李觏曾言"孔子之言满天下，孔子之道未尝行。簠簋牲币庙以王礼，食其死不食其生，师其言不师其道。得其言者为富贵，得其道者为饿夫"，宋代冯京作诗，更是直言"孔子之文满天下，孔子之道满天下。得其文者公卿徒，得其道者为饿夫"，都是就此而论。

除了讲君子仁礼之道外，《论语》也谈论了不少如何学、行君子之道的途径。如"君子学道则爱人，小人学道则易使""人能弘道，非道弘人""君子食无求饱，居无求安，敏于事而慎于言，就有道而正焉""可与共学，未可与适道；可与适道，未可与立；可与立，未可与权"等。这些论述强调从仁知勇诸德和日常生活中多方面去体悟、践行君子之道，以期做到"仁者不忧，知者不惑，勇者不惧"。

3. 君子的爱人

宋代儒家代表人物朱熹曾言"某少时读《论语》便知爱，自后求一书似此者卒无有"[①]。《论语》中确实多有言爱之处，仁爱、礼爱为主的敬人爱人之论最为突出。这些爱因程度的不同，可分为孝爱、悌爱、泛爱、仁爱等；因对象的差异，又有爱人、爱亲、爱羊、爱礼、爱君、爱友之别。儒家在根本上主张君子之爱，即仁礼相成之爱，《论语》中所言爱大致分为仁爱、礼爱两类。

仁爱，指仁者爱人。这种仁爱以孝悌之爱为基础而后逐次扩散的等差有别之爱，即先爱亲人，然后他人，所谓"弟子入则孝，出则弟，谨而信，泛爱众，而亲仁"，《中庸》讲"仁者，人也，亲亲为大"，亦是此理。仁本身是一种美德，后来曾子、孟子、荀子对这种仁爱又有扩展，如曾子讲"君子之爱人也以德，细人之爱人也以姑息"，孟子讲"仁者爱人，有礼者敬人。爱人者人恒爱之，敬人者人恒敬之"君子"亲亲而仁民，仁民而爱物"，荀子讲"术礼义而情爱人"。早期儒家认为君子之爱就是仁者爱人，更要爱己。如《荀子·子道》载：子路入，子曰："由！知者若何？仁者若何？"子路对曰："知者使人知己，仁者使人爱己。"子曰："可谓士矣。"子贡入，子

[①] （宋）罗大经：《鹤林玉露》乙编卷之一，中华书局1983年版，第128页。

曰："赐！知者若何？仁者若何？"子贡对曰："知者知人，仁者爱人。"子曰："可谓士君子矣。"颜渊入，子曰："回！知者若何？仁者若何？"颜渊对曰："知者自知，仁者自爱。"子曰："可谓明君子矣。"此外，在孔子看来，亲亲为大、推己及人的仁爱还要有智、勇诸德相辅，在不断学习中做到中正而行，中庸中和，不偏不倚。所以，他告诫弟子"好仁不好学，其蔽也愚""君子之道者三：仁智勇"。这里体现出一种以学习、理智、胆识和礼义等来修正和完善美德的期望，使之更好地付诸实践。在这种修正、约束和完善的力量中，约之以礼的礼义又是非常关键的要素和根本原则。

礼爱，指以礼约束爱意的表达。孔子在《论语》中主张仁爱要以礼义节制，所谓"克己复礼为仁"，讲"非礼勿视，非礼勿听，非礼勿言，非礼勿动"，同样非礼勿爱，《礼记·大学》中言"好而知其恶，恶而知其美"，《曲礼上》言"贤者狎而敬之，畏而爱之。爱而知其恶，憎而知其善"，也是主张爱人以礼，发乎情，止乎礼。在这种原则下，孔子强调爱要有鲜明的好恶立场，所谓"惟仁者能好人，能恶人"，他还指出真正的爱不是溺爱、纵容，所谓"爱之，能勿劳乎"而是适当地进行"劳其筋骨"的苦难教育。

其实，爱是中外往哲先贤共同关注和探讨的话题，留下不少精辟的见解。如英国哲学家罗素讲主宰自己人生的三种虽简亦强、势不可挡的激情（Three passions, simple but overwhelmingly strong, have governed my life）: the longing for love, the search for knowledge, and unbearable pity for the suffering of mankind。他首推对爱的渴求，其次是寻求知识，再次是对人类痛苦的巨大怜悯。其中悲悯之心和孔子孟子讲的仁者爱人、恻隐之心有息息相通之处。而侧重男女爱情的"love"，寻求知识的"search"，亦大致不离儒家所讲仁爱。儒家讲：君子之道造端乎夫妇，男女正天地之大义，格物致知，亲亲仁民爱物，以一物不知为耻，即包括"love""search"。然而二者所论之爱或追求，还是有很大差别的。《论语》中儒家所论仁爱的根基在于亲亲为大的血缘之爱，以及推扩于众人的泛爱、博爱和人间之外的他物；罗素所论的爱，根基在于宗教教义或哲学理念的超血缘之爱，由此推及人类。前者论爱由人至物，由实而实，后者论爱由教理至人，由虚而实，二者迥然有别。有学者的研究成果认为：儒家仁爱涵盖天、地、人，既是君子人格和政治伦理之基，也是天地大化、生生不已之源，本质上乃是一种具有普遍性、超越性的爱。在本质上和践行上，仁爱都带有普遍性和超越性与顺序性和差异性的双重性特征①。此说大致不错。

孔子讲"人而不仁，如礼何。人而不仁，如乐何""仁者，人也，亲亲为大"，孟子也讲"仁也者，人也。合而言之，道也"，突出仁爱对于人之为人的重要性。在某些西方哲学家那里，也有大致相似的观点。如德国古典哲学家路德维希·费尔巴哈曾言：人的绝对本质就是理性、爱、意志力②，爱是人之为人的重要一维。不过，孔子提倡克己复礼，天下归仁，君子以仁义之道平治天下，突出仁的治世作用和政治属性，费氏的爱更多是基于神学或哲学而论，这是二者的根本差别。西方思想界也有从神学角度谈论爱者，最经典的语段莫过于《圣经·新约·哥林多前书》第十三章《爱之颂》所言：爱是耐心，爱是仁慈，（爱）从无嫉妒，也不吹嘘，不自大，不失礼。她不谋私利，不动怒，不记仇。她不喜不义，却与真理同乐；凡事都宽容、依赖，充满希望而忍受着一切。爱，永不会堕落，不若预言，终必消失；不若异语，终必沉寂；不若知识，终必消逝。……如此，信、望、爱，这三者常存（后世奉为三德，对应希腊/异教四德，即节、智、义、勇，《智慧篇》8：7），其中最大的是——爱③。不过，这种基于爱上帝然后再爱父母、他人和整个世界的爱，与儒家讲先爱父母、再爱亲友、然后他人和整个世界的泛爱迥然不同，与墨子基于利害而论的所谓"爱无等差"的兼爱也有很大差别。

---

① 田薇：《儒家仁爱观念的本质及其实现之道——以基督教的神爱观念为背景》，《哲学分析》2015年第2期。
② ［德］费尔巴哈：《基督教的本质》，荣震华译，商务印书馆1984年版，第31页。
③ 冯象译注：《新约》，香港：牛津大学出版社2010年版，第374—375页。

如上所言，孔子一生何其不幸。但他竭其所能，爱世界众生。他爱亲人，如爱自己的父母、子孙、兄妹，合葬父母，以诗礼之学教诲伯鲤、子思，关心女儿和侄女的婚嫁等。他爱学习，爱文质彬彬的君子，提倡君子以文会友，以友辅仁，尊师乐学，见贤思齐。他主张君子仁民爱物，以仁道治理国家，希望当政者为政以德，人人争作"岂弟君子，民之父母"，以民为本，重民爱民。他爱学生，博之以文，约之以礼，有教无类，因材施教，使他们成人成材。他爱动物，如在宠物犬去世后，用席把它好好安葬。这种爱是由近及远、不断推扩的仁者之爱、君子之爱，最终使孔子赢得弟子的爱戴，世人的尊重，万世的景仰。近代有人言"吾爱孔子，吾尤爱真理"，这种爱又何尝不是对孔子弘扬的仁礼之爱、君子之爱的热爱呢？当然，孔子在儿时得到母亲的悉心照料，在单亲家庭健康成长，长大后得到儿子和妻子的支持、鼓励，周游列国十四年，都体现了亲亲为大的仁爱的伟力。或许正是这种弥足珍贵的人间亲情至爱，使他沉浸其中，体验领会，提出更为系统、深刻的仁爱主张，如"入则孝，出则弟，谨而信，泛爱众，而亲仁""仁者，人也，亲亲为大""孝弟也者，其为人之本与"等，开创了闻名后世的儒家学派。

4. 君子的成人

《论语》论人道事理，都关乎做人之道、成人之德。如研究者所见，孔子学说"始终是围绕'修己安人'而展开"[①]，《论语》"最核心的内容是做人，做人的目标是'君子'"[②]，格言中"有关乎人作为本体存在的价值体认"[③]。综观全书，孔子谈论各类人，指示为人处世之道，教诲弟子与时人见贤思齐，争做仁者、君子。毫不夸张地说，《论语》是士人写给士人学习如何做君子的书，培养具有完善人格、仁智勇三全的君子。君子是儒家理想人格的主体构成，《论语》中讲的做人之道就是君

[①] 杨朝明：《论语诠解》，山东友谊出版社 2012 年版，第 17 页。
[②] 黄怀信：《〈论语〉与孔子之道再认识》，上海古籍出版社 2021 年版，第 271 页。
[③] 李泽厚：《论语今读》，中华书局 2015 年版，第 8 页。

子为人之道。

儒家主张君子要有一颗"修己以安人"的心，为人宽厚（"人不知而不愠""病无能焉，不病人之不己知也"），待人有礼（"敬而无失，与人恭而有礼"），言行有道（"敏于事而慎于言""先行其言而后从之""礼以行之"），交友有方（"无友不如己者""以文会友，以友辅仁"），察人有术（"尊贤而容众，嘉善而矜不能""不以言举人，不以人废言"），处事中和中正（君子"不党""周而不比""和而不同""泰而不骄""矜而不争""群而不党""易事而难说"），明德爱人（"怀德""怀刑""喻于义""笃于亲""学道则爱人""成人之美"），心态阳光（"坦荡荡"），等等。君子为人之道核心是仁，仁爱是君子的必要条件。孔子师徒提倡仁者爱人，先爱自己的亲人（所谓孝悌"为仁之本"），要有鲜明的好恶观（"惟仁者能好人、能恶人"），先人后己（"己欲立而立人，己欲达而达人"），乐观处世（"仁者不忧""仁者乐山"），慎言（"其言也讱"，否则巧言乱德），有胆识（"仁者必有勇"），好学（以免"好仁不好学，其蔽也愚"），不惧苦难（"仁者先难而后获"），大济苍生（"博施于民而能济众"），将心比心（"己所不欲，勿施于人"），恭敬待人（"居处恭，执事敬，与人忠"），等等。

在儒家看来，君子和仁者为人处事，遵循中和中正之道，实际上就是礼义中庸之道与易理中正之道，君子"不党""周而不比""和而不同""泰而不骄""矜而不争""群而不党""易事而难说"，最终追求的是一种合情合理、德智双慧、中规中矩的道德生活境界。孔子以此道为准则，宣扬和践行情理合一的生活境界，为后人津津乐道，视其为理性的化身。如西方启蒙时代的法国思想家伏尔泰曾记《颂孔诗》言：

    他只用健全的理性在解说，
    他不炫惑世界而是开启心灵，
    他的讲话只是一个圣人，从不是一个先知，

然而人们相信他，就像他自己的国土一样。①

孔子等儒者推崇情理合一的思想，究其本源，当来自上古三代礼乐文明。儒家创造性转化与发展商周礼乐文化精髓，是仁礼之道、情理合一思想产生的主要途径。如《礼记·仲尼燕居》中载孔子言"礼也者，理也。乐也者，节也。君子无理不动，无节不作"，《礼记·乐记》中亦论及情理与礼乐的互化，所谓"乐也者，情之不可变者也。礼也者，理之不可易者也"。如果从文明历史演进或未来发展的角度而论，在很大程度上，中国或中国人应该指礼乐中国或礼乐国度之人。现代中国人应该充分吸纳古今中外一切文明成果和人类共同价值观念（如正义、民主、科学、自由、理性、博爱、平等、法治等）的优秀成分与有益养分，汲取传统礼乐文明和儒家礼仁文化的精髓，从学道爱人、情理合一开始做起，追求一种礼乐相合、情理中和、内外协和的理想生活。

总之，《论语》教导时人和弟子们在由少至老，由学而化，由穷至达等不同的人生阶段和师生、父子、君臣、上下、兄弟、夫妻、朋友等

---

① 赫德逊著，王遵仲等译：《欧洲与中国》第十章，《耶稣会士在北京》，中华书局 1995 年版，第 293 页。这首诗有以下中译本，如王燕生译文为："唯理才能益智能，但凭诚信照人心；圣人言论非先觉，彼土人皆奉大成。"（伏尔泰著，王燕生译：《哲学辞典》上，商务印书馆 1991 年版，第 332 页）；而孟华译文为："他只传授补益人之大理，点拨众人，从不哗众取宠，他只以智者的身分讲话，从不冒充先知；然而谁都相信他，即使在他的祖国。"（转引自孟华《伏尔泰与中国文化》，新华出版社 1993 年版，第 16 页。伏尔泰引自《哲学辞典》，伽利耶兄弟出版社 1967 年版，第 481 页）；张继尧介绍的译文："子所言者唯理性，天下不惑心则明；实乃贤者非先知，国人世人俱笃信。"（《伏尔泰全集》第 7 卷，参见张岱年主编《孔子大辞典》"伏尔泰"条，上海辞书出版社 1993 年版，第 1023 页）；朱谦之译文："他使世人不惑，启发了人心，他说圣人之道，决不是预言者的那一套。谁知到处使人相信，也得了本国深深的爱好。"（参见朱谦之《中国哲学对欧洲的影响》，上海人民出版社 2006 年版，第 291 页）朱谦之书页下注附 Fleming 英译诗句："Without assumption he explored the mind, Unveiled the light of reason to mankind; Spoke as a sage, and never as a seer, Yet, strange to say, his country held him dear." 此诗亦见宋太贤《伏尔泰眼中的孔子》（英文）所引，《外国文学研究》2014 年第 3 期。法文原诗：De la seule raison salutaire interprète, Sans éblouir le monde, éclairant les esprits, Il ne parla qu'en sage, et jamais en *prophète*; Cependant on le crut, et même en son pays. 参见 Par Voltaire：〈*Dictionnaire philosophique*〉, Paris：IMPRIMERIE DE COSSE ET GAULTIER - LAGUIONIE, Rue Christine. n2. 1838. p. 270。对照法英文与各个版本译文，王遵仲译文比较忠实原意。故本书采之。

社会关系中，如何守仁明礼，尊道贵德，做一个人格健全、情理中正的仁人君子，使这个世界变得温暖如许，和谐有序。

二 《论语》与人文修养

在中国传统思想文化格局形成与发展历史中，唐宋以来，三教合一，配合使用，成为士人修身处世的三大法宝。人们常言：佛养心，道修身，儒治世。其实，在早期儒家那里，就讲求心、身、世并修兼治，修身是世人处理一切事务的重要前提和关键环节。如《大学》中所言"自天子以至于庶人，一是皆以修身为本"，展示了士庶众人如何通过格物、致其知、诚其意、正其心，修养其身，尔后基于此又如何治其家、治其国、明明德于天下的修己安人和修身治世。顾颉刚曾言"我们读《论语》，便可知道他修养的意味极重"。翻阅《论语》，有关人生修养的内容确实不少，侧重于人伦道德，即处理君臣、父子、夫妇、兄弟、朋友等人际关系的道德规范、私德修养，也包括对主观世界、客观世界的认知和语言文学等方面的修养。

（一）《论语》与道德修养

《论语》中所言道德修养，以培养仁知勇三全的士人君子为目标，以仁礼为核心，以修己安人为路径，形成相对完整、系统的修养理论。

就道德修养的目标而论，君子是一个介于士人、圣贤之间的理想人格。《论语》一书贯穿的主线就是学做君子，也是孔子师徒提倡道德修养的主要目标。孔子主张有德君子既要有仁心，也要有智慧与胆识，所谓君子道者三"仁者不忧，知者不惑，勇者不惧"，而非无智无胆，空讲德性。只有这样，士人学者才可能做到君子怀德，坦荡而行，下学上达，进而升至一种超越功利的道德境界。

就道德修养的核心而论，仁礼是孔子思想的核心，也是《论语》中所言道德修养的核心。仁礼作为修养的根本准则，高居诸德之上，与其他德目（如义、勇、直、恭、慎、信等）形成内涵丰富的道德体系，指导孔门师徒的道德修养。礼作为一种外在化的标准，是约束各种道德或情绪的准则，防止过犹不及，所谓"恭而无礼则劳，慎而无礼则葸，勇而无礼则乱，直而无礼则绞"。仁作为一种内在化的标准，是生发敬爱之心、用温情面对世界的源头，也是人之为人的一点灵明，是礼乐仪式的根本依据，所谓"人而不仁，如礼何？人而不仁，如乐何"。仁礼外内结合，形成孔子道德修养思想的完整核心。

就道德修养的路径而论，就是先己后人，由内而外，化用《宪问》篇"子路问君子"章和《阳货》篇"子游武城"章中的话概括，就是修己安人、学道爱人。扩充而言，修己以敬为起点，以仁礼修养身心；通过立德立功立言，淑世安人，使"老者安之，朋友信之，少者怀之"，也使"唯女子与小人为难养也"者得以养而无忧。道德修养关乎个体身心之修养、人我关系之处理，君子通过修己安人，学道爱人，遵循"己欲立而立人，己欲达而达人"的原则，先安人、立人、达人后，最终成就自己身心与事业都安、立、达的君子。这是儒家所言道德修养的大致思路。在这种思路的引导下，《论语》中也谈到一些具体的修养方法，如"崇德、修慝、辨惑"，讲"先事后得""攻其恶，无攻人之恶"，勿忘"其身以及其亲"；以礼义指导各种德行，"非礼勿视，非礼勿听，非礼勿言，非礼勿动"，以免"恭而无礼则劳；慎而无礼则葸；勇而无礼则乱，直而无礼则绞"；通过学习修养道德，否则"好仁不好学，其蔽也愚；好知不好学，其蔽也荡；好信不好学，其蔽也贼；好直不好学，其蔽也绞；好勇不好学，其蔽也乱；好刚不好学，其蔽也狂"。

（二）《论语》与认知修养

读《论语》，我们可从中察知春秋时期政治、经济、社会、文化等方面的概况。如政治方面，从"道之以政，齐之以刑""道之以德，齐之以礼"可知当时的两种治政模式或理念，从孔子关于从政方面的回答"患盗""足食，足兵，民信""先有司，赦小过，举贤才""正名"等，推知当时主要的政治问题和治世理论。经济方面，从带有牛的人名（如司马牛、冉伯牛）和论牛处（如犁牛之子）可察知，春秋时期牛耕已渐普及；而从孔子以"吾不如老农""吾不如老圃"回答樊迟学稼、为圃的问题来看，当时粮食与蔬菜种植有稼、圃之分的情形。社会方面，如从《乡党》篇中可知春秋士人的饮食起居、日常生活情形。文化方面，如从"非其鬼而祭之，谄也""慎终追远，民德归厚矣""与其媚于奥，宁媚于灶"等记载可知当时人们的祭祀观念等。读者可留意搜集、整理相关资料，此处不再展开。以下主要考察《论语》中有关于"知"的论述，分析早期儒家认知论的内涵、特点、作用和影响等，加深对传统儒家知识论的理解，从中汲取有益的思想，提升人文修养。

在《论语》中孔子师徒论"知"的地方（116次）很多，出现次数略高于"仁"（109次[1]），值得格外关注。这些论述的主要聚焦于如何做人、知人、知己的知人之知，《颜渊》篇载弟子樊迟问知，子答以"知人"，而从首篇首章"人不知而不愠"到末篇末章"不知言，无以知人也"，皆论如何知人、知己，类似的论述亦见于其他篇章。这种知人之知在《论语》孔子论知中占据了很大的篇幅，显示了儒家知识论的特色。

知人之知。此处所指的人，既包括他人（父母、君王、朋友、同仁、世人、后生等）和自己，也包括与人、己相关的人世、人心、人材、人礼、人命（或与之相关的天命）等。如察知他人，所谓"视其所以，观其所由，察其所安。人焉廋哉？""众恶之，必察焉；众好之，必察焉""乡人之善者好之，其不善者恶之""后生可畏，焉知来者之不如今也？"又如知人知己，所谓"不患人之不己知，患不知人也""不患莫己知，求为可知也""不患人之不己知，患其不能也""君子病无能焉，不病人之不己知也"。如知己之知，"日知其所亡，月无忘其所能""知我者其天乎"。如知晓父母之知，"父母之年，不可不知也""子为父隐""三年无改于父之道""父母惟其疾之忧""事父母几谏。见志不从，又敬不违，劳而不怨"等。又如知晓人世，如"邦有道则知，邦无道则愚"。如知礼之知，"不知礼，无以立也"。如人命、天命之知，"不

---

[1] 次数统计来自杨伯峻《论语译注》，中华书局2009年版，第252页、219页。

知命，无以为君子也""五十而知天命"。

后来儒家又将《论语》中的知人之知加以拓展，如荀子讲知分为自知之知、知人之知、使人之知，更强调自知。自知是一种典型反求诸己、躬身自省的德性之知，与早期儒家提倡的三省九思、慎独躬己等自我修养论一脉相承。人们常言"世事洞明皆学问，人情练达即文章"，大致包括自知、知人两个层面。而这种知人、知己之知是儒家元典《论语》中认知论的重点。

智慧之知。在孔子等早期儒家看来，认知的目标，是启蒙心智，成德成人，独立地辨别是非，在情理中寻求一种适当而通达的人生方式与态度，达到"知者不惑""知者不失人，亦不失言""不怨天，不尤人，下学而上达"的境界。如对人道的坚守，所谓"人能弘道，非道弘人"；对生死、鬼神之道和未知世界保持一种理智的清醒态度，所谓"敬鬼神而远之，可谓知矣""未知生，焉知死？""君子于其所不知，盖阙如也"等。在儒家看来，认知的最终目标是化知为识，转识成智，通过下学上达，形成某种智慧、方法与认知能力，即智慧之知。如《论语》载孔子师徒所言"告诸往而知来者""闻一以知二"或"闻一以知十""观过，斯知仁矣"，孔子在损益之间自信"虽百世可知也"，在执两用中之际"叩其两端而竭焉"等，皆为其征。

除了知人之知、智慧之知外，《论语》中亦谈见闻之知、学识之知等。如学《诗》基本目的和作用之一就是"多识于鸟、兽、草、木之名"（《阳货》），观察自然现象如"岁寒，然后知松柏之后凋也"获得某种知识与启迪（当然后者是主要目的），"多闻择其善者而从之，多见而识之"。学识之知。对于知识的学习，孔子认为"学而知之""多见而识之""困而学之"是大部分人的常态，要抱着诚实的心态去学习、认识客观世界和主观世界，"知之为知之，不知为不知，是知也"，学习知识要持之以恒，"好知不好学，其蔽也荡"。学习者主要通过"温故而知新，可以为师矣""多闻择其善者而从之"，以建立、完善认知结构和提升认知的水平，使知识与德性吐故纳新，返本开新，从而体会"学而时习之，不亦说乎"的愉悦与收获。认知的境界有三种：知之、好之、乐之，所谓"知之者不如好之者，好之者不如乐之者"。如何才能达到好之、乐之，那就是要通过知之，将认知转化为智慧，即上所述智慧之知，使之沁人心脾，益人心智，催人向上，引人向善，一如孟子所言"理义之悦我心，犹刍豢之悦我口"。

总之，《论语》中有关认知的论述很多，内涵丰富，充满对客观世界与主观世界的睿智体察和高明见解，但重点和终点仍是如何认知人类社会，达到知人知己、融入社会的最终目的。换言之，所有认知论都被笼罩在知人论世、识人处世、察人淑世、知己度世的知人之知下。儒家这种偏重社会人生之知、将一切统驭于人文道德之下的知识论而疏于对天文、天道等的关注，重视德性之知、见闻之知而疏于对德性之外、见闻之外之知的探寻，既有突出的优点，但也有明显的缺点，由此使儒家影响到中华民族文化历史和未来发展，均需明察。儒家所言的君子当为既仁且智、有勇有谋、有情有义、有理有节的贤士，在仁德的基础上平添了一层睿智的色彩。所谓"知者乐水，仁者乐山。知者动，仁者静。知者乐，仁者寿"，说的就是君子在动静中尽显既仁且智、乐观坦荡的胸怀与气象。

（三）《论语》与文学修养

孔子弟子子贡曾言"夫子之文章，可得而闻也"，古人讲得孔子之文者公卿徒，《论语》就是记载"夫子之文章""孔子之文"的儒家元典，其语言艺术、文学修辞多有独特高明之处，被后人研习传承，发扬光大，历经千年而不衰。今天我们学习孔子之文，一个最重要的目的就是领略中华文字魅力，提升语言文学修养，在亲近、熟悉儒家元典中传承、创新和振兴中华文化，即温故知新，返本开新。

1. 文学修辞手法

从《论语》的相关记载来看，孔子及其弟子在论述时善用比喻、排比、对比等修辞手法，言简意赅，特点鲜明。

（1）善用比喻

孔子向弟子讲仁的含义，曾言"能近取譬，可谓仁之方也已"。《论语》中多处记载孔子巧用比喻表达己见,有的至今仍为人所熟知,得到广泛应用,如孔子以浮云比喻不义之富,"不义而富且贵,于我如浮云";以"空空如也"比喻无知;讽刺当时无能的为政者,喻之为"斗筲之人";以兄弟之亲来比喻友情,"四海之内,皆兄弟也";以流水比喻消逝的时光,子在川上曰"逝者如斯夫!不舍昼夜";将表里不一的小人喻为飞檐走壁的毛贼,"色厉而内荏,譬诸小人,其犹穿窬之盗也与"。另外,孔子通过星辰比喻来说明为政以德的重要性,"为政以德,譬如北辰,居其所而众星共之";用以筐土为山的比喻来说明为仁修德、进止由己的道理,"譬如为山,未成一篑,止,吾止也;譬如平地,虽覆一篑,进,吾往也";以苗、花、果等植物成长的过程来形容人才培养的艰难,"苗而不秀者有矣夫,秀而不实者有矣夫"。以葫芦比喻华而不实,"吾岂匏瓜也哉?焉能系而不食?"以对着墙面而立比喻蒙昧无知,"人而不为《周南》《召南》,其犹正墙面而立也与?"以"君子之德风,小人之德草"的比喻来说明当政者与民众不同的行为方式和影响力度。凡此等等,不一而足。孔子的弟子也多用比喻论述,如子贡以日食来比喻君子之过和君子对过错的态度,"君子之过也,如日月之食焉:过也,人皆见之;更也,人皆仰之"。他还通过墙、日月的比喻来说明孔子学问与道德的高深、贤达,"譬之宫墙,赐之墙也及肩,窥见室家之好。夫子之墙数仞,不得其门而入,不见宗庙之美,百官之富""他人之贤者,丘陵也,犹可逾也;仲尼,日月也,无得而逾焉"。

(2)巧用排比

孔子也偶用排比修辞来论证自己的观点,如他以"知者不惑,仁者不忧,勇者不惧"来阐发君子之道,以"非礼勿视,非礼勿听,非礼勿言,非礼勿动"论为仁的具体要目,以"视思明,听思聪,色思温,貌思恭,言思忠,事思敬,疑思问,忿思难,见得思义"来论君子善思的特征,以"好仁不好学,其蔽也愚;好知不好学,其蔽也荡;好信不好学,其蔽也贼;好直不好学,其蔽也绞;好勇不好学,其蔽也乱;好刚不好学,其蔽也狂"来论"六言六蔽"。又如他以"生,事之以礼;死,葬之以礼,祭之以礼"来解释无违礼义的行孝之道。孔子的弟子也偶用排比修辞，如以"毋意，毋必，毋固，毋我"记载夫子的言行原则。

2. 语言应用艺术

汉儒孔安国言《论语》内容"正实而切事"，宋儒程颐言"孔子言语句句是自然"，大致反映了这本儒家元典用语和思想的特点。《论语》中所载孔子对弟子的教诲和对古今人事的评语，言简意丰，婉转灵活，收放自如，细致精辟，辩证而论，幽默风趣，显示了孔子高超的文字驾驭能力和语言艺术水平。

简洁明了。孔子曾言"辞达而矣"，《论语》中有些论述特别是评价人物的措辞非常简明，但言简意丰，耐人寻味。如孔子用"正""谲"二字排列组合，评价春秋霸主齐桓公、晋文公，"晋文公谲而不正，齐桓公正而不谲"（《宪问》），将二人在建立霸业过程中所作所为的特点勾勒得非常简明而精确。他以三字评价《诗经》主旨，"《诗》三百，一言以蔽之，曰'思无邪'"，也是如此。

收放自如。孔子在教诲、点评学生时，收放自如，显示出一种婉转的意味，如他对子路的两处评价。子曰："道不行，乘桴浮于海。从我者，其由与？"子路闻之喜。子曰："由也好勇过我，无所取材。"子曰："由之瑟，奚为于丘之门？"门人不敬子路。子曰："由也升堂矣，未入于室也。"又如，孔子曾言"君子不器"，但对子贡的提问"赐也何如"的回答是"女，器也"，弟子反问："何器也？"孔子答道："瑚琏也。"再如孔子言"唯女子与小人为难养也，近之则不孙，远之则怨"，内涵丰富，表达却非常婉转。另他以"难养"评价小人与女子，虽招致后人不少非议，相信当时也有不少人表示异议，但如果看完后半句对所有人的人性特点评价，或许恍然明白前所言小人女子为何难养了，因为他们是特有所指的，即指那些小人般的女子或女子般的小人，而非指所有的女子或小人。这类人将人性的缺点、弱点表现得最为充分、彻底，因此最为难养。

细致精辟。如孔子以喜、惧二字来描述孝子敬爱父母的复杂心情，"父母之年，不可不知也。一则以喜，一则以惧"。以一字来点评孔门弟子，"柴也愚，参也鲁，师也辟，由也喭"。孔子回答弟子子贡"有一言而可以终身行之者乎"的问题时，用一个字"恕"，继而以"己所不欲，勿施于人"补充说明，也是非常精辟地表达和见解。

辩证而论。孔子很多论述遵从中庸的原则，以中和、中正见长，显示出一种辩证思维。如他既言唯酒无量，又言酒不及乱。又如孔子对德言、勇仁的辩证认识，所谓"有德者必有言，有言者不必有德；仁者必有勇，勇者不必有仁。"更多的辩证性论述体现在孔子将相对立的范畴与字词相提并论，提出不无中正的论断，如孔子对叶公问政的回答"近者说，远者来"，从远、近之国的相处来谈。再如他从有、无的角度谈教育，"有教无类"；从远、近谈忧患"人无远虑，必有近忧"，从厚薄谈做人，"躬自厚而薄责于人，则远怨矣"；从和同、周比、泰骄、矜争、群党、难易等相对的角度谈君子，"周而不比""和而不同""泰而不骄""矜而不争""群而不党""易事而难说"。类似论述还有很多，此不赘述。

3. 成语名称来源

《论语》虽然只有一万五千余字，但却产生了大量的成语，或短或长，文字精辟，含义深刻，脍炙人口，沿用至今，展现了强大的生命力。如四字成语有："巧言令色""行有余力""慎终追远""以和为贵""一言蔽之""从心所欲""温故知新""见义勇为""既往不咎""尽善尽美""一以贯之""见贤思齐""不耻下问""愚不可及""斐然成章""文质彬彬""敬而远之""求仁得仁""任重道远""空空如也""循循善诱""后生可畏""不得其死""过犹不及""克己复礼""成人之美""欲速不达""择善而从""和而不同""刚毅木讷""见利思义""以德报怨""祸起萧墙""无为而治""有教无类""血气方刚""道听涂说""洒扫应对""绘事后素""观过知仁""朝闻夕死""讷言敏行""无欲则刚""直谅多闻""用行舍藏""博文约礼""待贾而沽""升堂入室""付之阙如""欲速不达""怨天尤人""杀身成仁""当仁不让""患得患失""恶紫夺朱""礼坏乐崩""生荣死哀""兴灭继绝"等。还有四字以上的成语，如"是可忍也，孰不可忍也""知之为知之，不知为不知""无可无不可""三分天下有其二""四海之内，皆兄弟也""四体不勤，五谷不分""学而不厌，诲人不倦""食不厌精，脍不厌细""己所不欲，勿施于人""工欲善其事，必先利其器""人无远虑，必有近忧""乐而不淫，哀而不伤""以文会友，以友辅仁""滔滔者天下皆是也""敬而无失，恭而有礼"等。这些成语多数被后人直接引用，表达与《论语》原来语境相同的含义，个别的则通过改造，间接化用，表达的含义与原文不尽相同，有的截然相反。如"无欲则刚"是对《公冶长》篇"枨也欲，焉得刚"表达的欲不得刚之意的反向化用。又如"愚不可及"出自《公冶长》篇"宁武子邦有道则知，邦无道则愚。其知可及也；其愚不可及也"，本是褒赞大智若愚的美德，后来被异化至贬称，代指至愚之人。

　　此外，古人有不少著作的书名都来自《论语》，如汉代扬雄的《法言》，书名源自《子罕》篇"法语之言能无从乎"中的"法语之言"。宋代王应麟编著《困学纪闻》，"困学"来自《季氏》篇中的"困而学之，又其次也"。朱熹等人编著的《近思录》，"近思"摘自《子张》篇"博学而笃志，切问而近思，仁在其中矣"。王阳明门人编著《传习录》，"传习"摘自《学而》篇的"传不习乎"。清代顾炎武著《日知录》，"日知"摘自《子张》篇"日知其所亡，月无忘其所能，可谓好学也已矣"。清代袁枚《子不语》，书名摘自《述而》篇"子不语怪力乱神"。李毓秀编《弟子规》，书名、创意和结构等都源自《学而》篇"弟子入则孝，出则弟，谨而信，泛爱众而亲仁。行有余力，则以学文"的启示。

　　现代校名、校训、评价人物等方面也有用到《论语》语句的例子。校名，如辅仁大学中的"辅仁"来自《颜渊》篇"君子以文会友，以友辅仁"。校训，曲阜师范大学的校训"学而不厌，诲人不倦"来自《述而》篇"默而识之，学而不厌，诲人不倦，何有于我哉？"评价人物，如著名哲学家冯友兰先生曾用《论语》中的话来概括张岱年先生的立身之道："刚毅木讷""直道而行"，分别来自《子路》篇、《卫灵公》篇。在张先生去世后，涂又光先生也选取《论语》语句，撰成挽联，"直道而行，造次必于是，颠沛必如是。智者不惑，君子哉若人，尚德哉若人",分别来自《卫灵公》《里仁》《子罕》《宪问》诸篇。从中可见,《论语》中的语言文字及其背后蕴含的思想具有强大的生命力和永恒的魅力。

三 《论语》读法

如学者言,"《论语》是一部思想著作,此书在古文献中看似语言平实,但含义深奥,各条语录的具体语境又多不明确,必须对语言文字、思想内容,乃至历史背景作全面注释、考述,才能有助于真正读懂"[1]。读懂《论语》并非易事,读法也可分普及性读法与研究性读法,分别侧重从文字表层含义的了解和内容深层含义的理解两个层面阅读。杨朝明先生曾指出应该将孔子遗说的研究放在上古文化大背景中进行、将孔子回归到所处时空中研究[2],刘毓庆先生撰文提到三种方法:把握《论语》讲做人的核心精神、还原孔子及其弟子的语境、确认孔子言说所针对的事物[3],亲切朴实,皆富启示。如从提升人文修养的角度读《论语》,可试从以下几方面努力:

第一,抓住关键线索读《论语》。读《论语》时,最好先找一条或多条线索,作贯穿全书式的阅读和体会。根据读者的需求和《论语》内容的特点,可从不同角度预设多条线索。如从理想人格角度,君子可作为通读《论语》的线索;从道德修养上,仁可作线索;从哲学上,道可为线索;从政治上论,礼、政均可为线索;从认知论上,知可作线索。每条线索涉及的内容不少有重合,可互为补充。这些线索也可以是某些关键篇章,如以首篇《学而》首章"学而时习之,不亦说乎?有朋自远方来,不亦乐乎?人不知而不愠,不亦君子乎?"与末篇《尧曰》末章"不知命,无以为君子也。不知礼,无以立也。不知言,无以知人也"

---

[1] 孙钦善:《论语本解》引言,生活·读书·新知三联书店2009年版。
[2] 杨朝明主编:《论语诠解》,山东友谊出版社2012年版,第13页。
[3] 刘毓庆:《论语的读法及当代意义》,《名作欣赏》2015年第5期。

为线索，探求《论语》中的君子之乐、君子之知。再如以《宪问》篇"君子道者三，我无能焉：仁者不忧，知者不惑，勇者不惧"为线索，来探求《论语》中君子之道的大义。前文以《阳货》篇"君子学道则爱人"中的"学""道""爱""人"来贯穿、解读《论语》主旨，就是遵循此思路而来。通过线索梳理式的阅读，读者会对《论语》中的内容、要义有不同角度的深入理解。

第二，通过辅助资料读《论语》。首先，以上所言线索阅读《论语》法，离不开一些索引类书籍，如杨伯峻、安作璋、幺峻洲等学者所编《论语》词典、《论语索引》均可作参考。此外，根据个人的学识背景和具体需求，读者逐渐搜集一些具有代表性的古今注解和释读类著作，如不同学科背景、不同时代的学者从经学、理学、哲学、文学、史学、文字学等角度解读的《论语》著作或论文，作为自己参考和辅助读物。再者，有关此书的间接资料，也要有备而读，如同时代的历史性资料（如《国语》《春秋》）和集中介绍孔子或孔子弟子的资料汇编（如今人所编不同版本的《孔子资料汇编》[①]、《孔子弟子资料汇编》[②] 等），为全面了解与《论语》具体语境孔子思想等提供了翔实的资料参考。

第三，在致用创新中读《论语》。读任何经典，既要有涵泳沉潜、守先待后的积淀与稳重，也要有推陈出新、通经致用的勇气与探索。这里的返本，指读《论语》和相关历史背景资料，还原其实，在具体语境与情境中阐发孔子思想的丰富内涵，如揭示孔子所倡仁、义、礼、孝等德目或知论中的理智成分，揭示仁德中修己安人、立人达人的思想，揭示天下大同论中的普世主义等。开新，即结合现代社会所需，创新阐释、转化利用《论语》中某些切合现代社会人心所需、有益身心修养的思想，如阐发君子学道爱人思想对如何做新时代"四有"好老师（有理

[①] 有李启谦、姜义华、郭沂、黄怀信等学者编撰的《孔子资料汇编》（山东友谊出版社1991年版）、《孔子——周秦汉晋文献集》（复旦大学出版社1990年版）、《子曰全集》（中华书局2017年版）、《孔子资料汇辑与可信性研究》（待刊）等。

[②] 李启谦等编：《孔子弟子资料汇编》，山东友谊出版社1991年版。李启谦：《孔门弟子研究》（齐鲁书社1987年版），对早期儒者的各方面信息梳理分明，亦值参考。

想信念、有道德情操、有扎实学识、有仁爱之心）的启示①，发扬君子仁知勇之道以使国人身心更加文明、强健。

第四，在玩味体会中深读《论语》。宋儒程颐曾提到在阅读《论语》时体会某种意味，认为"凡看《语》、《孟》，且须熟读玩味""《论》、《孟》只剩读着，便自意足。学者须是玩味。若以语言解着，意便不足"，在通晓文义的基础上久读，"读之愈久，但觉意味深长"，所谓"能于《语》、《孟》中深求玩味，将来涵养成甚生气质"。清儒姜国霖认为读《论语》，"终身味之不尽"。他们为后人指示了一种深入研读《论语》的方法，此处简介，供大家参考。

第五，通过对比联系阅读《论语》。如用俗雅文化的对比联系来熟悉或强化《论语》中成语或话语，理解其意。如民间俗语中讲墙头草，《论语》中言"小人之德草"，意思大同小异。民间俚语言"君子坦荡荡，有话当面讲"，与《论语》中的"君子坦荡荡"对读，增强对儒家元典话语的理解。

第六，利用某种有趣的形式了解《论语》。如通过猜成语、人名、谜语等，由浅入深地了解《论语》内容。我们参照相关资料，做以下几表，供大家参考，答案见本章末的附录。

表 6—2   **猜成语学《论语》**

《论语》原句	成语
1. 见义不为，无勇	
2. 用之则行，舍之则藏	
3. 择其善者而从之	
4. 沽之哉！沽之哉！我待贾者也	
5. 由也升堂矣，未入于室也	
6. 友直，友谅，友多闻	
7. 未得之也，患得之；既得之，患失之	

---

① 李雪梅等：《"四有好老师论"中的儒家思想底蕴解读》，《华夏文化》2021年第3期。

续表

《论语》原句	成语
8. 恶紫之夺朱也	
9. 三年不为礼，礼必坏；三年不为乐，乐必崩	
10. 其生也荣，其死也哀	
11. 兴灭国，继绝世	
12. 不怨天，不尤人	
13. 君子于其所不知，盖阙如也	
14. 敬鬼神而远之	
15. 枨也欲，焉得刚	

表 6—3　　　　　　　　　　猜人名学《论语》

《论语》原句	古今人名
1. 德不孤，必有邻	
2. 畏天命，畏大人，畏圣人之言	
3. 友直，友谅，友多闻，益矣	
4. 见贤思齐焉	
5. 君子务本，本立而道生	
6. 吾日三省吾身	
7. 有朋自远方来，不亦乐乎	
8. 视思明，听思聪	

表 6—4　　　　　　　　　　猜谜语学《论语》

谜面	谜底（打《论语》一句）
1. 尖	
2. 退休	
3. 退席	
4. 好读书	
5. 门外汉	

续表

谜面	谜底（打《论语》一句）
6. 到处碰壁	
7. 我无言责之	
8. 莫中美人计	

课后思读

一 讨论思考

1. 如何看待"儒家哲学就是爱的哲学"的观点。

2. 结合身边实例，谈《论语》对当代青年人文修养的启示。

3. 参考延伸阅读中所列西方哲言或民谚与《论语》语录，试再举一些类似的例子。

二 参考文献

匡亚明：《孔子评传》，南京大学出版社 1990 年版。

张秉楠：《孔子》，吉林文史出版社 1997 版。

何晏、邢昺：《论语注疏》，北京大学出版社 1999 年版。

钱穆：《论语新解》，生活·读书·新知三联书店 2005 年版。

幺峻洲：《论语索引》，齐鲁书社 2005 年版。

黄怀信：《论语新校释》，三秦出版社 2006 年版。

黄克剑：《论语解读》，中国人民大学出版社 2008 年版。

杨伯峻：《论语译注》，中华书局 2009 年版。

钱穆：《孔子传》，生活·读书·新知三联书店 2012 年版。

杨朝明主编：《论语诠解》，山东友谊出版社 2012 年版。

朱熹：《论语集注》，中华书局 2012 年版。

钱穆：《劝读论语与论语读法》，商务印书馆 2014 年版。

李泽厚：《论语今读》，中华书局 2015 年版。

马新：《论语品读》，山东大学出版社 2016 年版。

[美] 狄百瑞：《我们为什么读〈论语〉》，高如辰译，《中华读书

报》2013 年 4 月 3 日第 15 版。

孙钦善：《怎样读〈论语〉》，《中华读书报》2015 年 9 月 9 日第 8 版。

刘毓庆：《论语的读法及当代意义》，《名作欣赏》2015 年第 5 期。

三　延伸阅读

以下列举几则外国哲人名言或民谚与《论语》中大致对应的语录，体会中外文化含有的人同此心、心同此理的共同价值观念。

1. 苏格拉底言：The unexamined life is not worth living. 未经审视的生活不值得活。

子曰：学而不思则罔。

2. 亚里士多德言：Plato is dear to me, but dearer still is truth. 吾爱吾师，吾更爱真理。

子曰：当仁不让于师。

3. 英谚：Don't cry over spilled milk. 不要为打翻的牛奶哭泣。

子曰：成事不说，既往不咎。

6. 英谚：You can't be too careful. 再怎么小心也不为过。

子曰：多闻阙疑，慎言其余。

7. 英谚：No pains, no gains. 不劳则无获。

子曰：仁者先难而后获。

8. 英谚：Nothing in excess. 凡事勿过度。

子曰：过犹不及。

9. 英谚：True friend is somebody who use one soul. 真正朋友是共享某种精神的人。

子曰：以友辅仁。

10. 德谚：Amicus incommodus ab inimico non differ. 愚友和敌人没有两样。

子曰：无友不如己。

附 录

附表6—2 猜成语学《论语》答案：

1. 见义不为，无勇——见义勇为；2. 用之则行，舍之则藏——用行舍藏；3. 择其善者而从之——择善而从；4. 沽之哉！沽之哉！我待贾者也——待贾而沽；5. 由也升堂矣，未入于室也——升堂入室；6. 友直，友谅，友多闻——直谅多闻；7. 未得之也，患得之；既得之，患失之——患得患失；8. 恶紫之夺朱也——恶紫夺朱；9. 三年不为礼，礼必坏；三年不为乐，乐必崩——礼坏乐崩；10. 其生也荣，其死也哀——生荣死哀；11. 兴灭国，继绝世——兴灭继绝；12. 不怨天，不尤人——怨天尤人；13. 君子于其所不知，盖阙如也——付之阙如；14. 敬鬼神而远之——敬而远之；15. 枨也欲，焉得刚——无欲则刚。

附表6—3 猜人名学《论语》答案：

1. 德不孤，必有邻——李宗仁（字德邻）；2. 畏天命，畏大人，畏圣人之言——卫三畏（19世纪美国入华传教士）3. 友直，友谅，友多闻，益矣——陈友谅；4. 见贤思齐焉——刘思齐；5. 君子务本，本立而道生——阎立本；6. 吾日三省吾身——陈省身；7. 有朋自远方来，不亦乐乎——苏有朋；8. 视思明，听思聪——史思明，王思聪。

附表6—4 猜谜语学《论语》答案：

1. 尖——小大由之；2. 退休——老者安之；3. 退席——不在其位；4. 好读书——学而不厌 5. 门外汉——未入于室也；6. 到处碰壁——不得其门而入；7. 我无言责之——于予与何诛；8. 莫中美人计——戒之在色。

第七讲 《孝经》导读

（仁爱礼敬，修己安人）

有这样一部儒家元典，它以孔子与弟子问答的形式为世人讲述事亲之道，是古人立德修身、齐家事亲、治国理政的指南，被今人视作"一部教与学之经，一部上行下效之经，一部继承之经"。它虽然只有一千八百余字，但内容丰富，立论中正，影响深远。它既讲敬爱父母之道，主张"生事爱敬，死事哀戚"，"居则致其敬，养则致其乐，病则致其忧，丧则致其哀，祭则致其严"，又讲理智的事亲观念，主张"当不义，则子不可以不争于父""无以死伤生，毁不灭性"，为今人处理子女与父母的关系提供了某些有益的借鉴与启示。它就是本章拟讲的《孝经》。

一 《孝经》简介

《孝经》由孔门师徒开创、后儒完善而成，是孔子为曾子讲解孝道之作。书中论及子女孝养父母的宗旨、步骤、类型、目的、意义、作用及原因等，旨在弘扬儒家一以贯之的仁爱礼敬之道，以此修己安人，齐家治世。

（一）《孝经》来历

中华孝道文化源远流长，儒家在孝道文化的不同发展时期中发挥了独特的作用。从文字学角度来看，"孝"字最早见于商代卜辞中的地名或历史文献中人名，至西周时期，事神、敬人等伦理意义上的孝观念才渐渐成型,在《诗经》《周易》和鼎铭金文等传世和出土文献中均有所见,多指祭祀先祖①。迄至春秋时期,在孔子、曾子等儒家的不断阐发中,孝论中事奉生前父母的含义被引申、发扬,孝的主要含义基本确定,并出现了论孝专著——《孝经》,谈"生事爱敬,死事哀戚"之道。后来字书《尔雅》《说文解字》《释名》等释孝为"善父母者""善事父母者""善事父母,始所悦好也",都是由此而来。关于《孝经》的成书,一般认为是"孔子为曾子陈孝道"(《汉书·艺文志》),以明从天子至庶人的五等之孝和事亲之法。实际上,它是在西周以来孝道文化不断发展的脉络中,由孔子和曾子开创、后世儒者完善而成的集体之作。

《孝经》大致成书于战国中晚期,至汉代已广为传诵,受到士大夫的尊崇。在早期流传过程中,学界曾出现今文与古文两个版本的《孝经》。二者文字略有不同,大义则无殊别。本章所论为通行的今文本《孝经》。后世学者围绕《孝经》其书、其学及相关人物(如曾子),阐发孝道思想,形成一门独特的学问——《孝经》学。《孝经》被列入儒家十三经、儒家元典中,与历史上各种孝子孝女、孝夫孝妇的故事和奖孝惩逆的法律条例等,共同形成蔚然可观的孝道文化,影响深远。

(二)《孝经》内容

《孝经》是早期儒者在孔子师徒之间授受孝道的基础上完善而成,虽然字数不多,但内容丰富,论述系统。它传承上古三代孝道文化传统,展示社会各阶层人士如何以礼敬仁爱之道事亲,合理地表达其爱敬哀戚之情,继而修身,齐家,治理国家,是"一部教与学之经,一部上行下效之经,一部继承之经"②。我们在研读原文的基础上,参照彭林和汪受宽先生的《孝经说略》和《孝经译注》,断以己意,作下表介绍《孝经》内容。

---

① 舒大刚:《〈周易〉、金文"孝享"释义》,《周易研究》2002 年第 4 期。
② 张京华:《〈孝经〉:承接伟大的文化传统》,《中华读书报》2014 年 2 月 12 日第 13 版。

表 7-1 《孝经》内容概览

章名 内容、备注	内容	备注
1.《开宗明义章》	本章推崇孝为先王治世的至德、要道，认为孝始于事亲，中于事君，终于立身	本章是全书总纲，以下各章围绕此章展开
2.《天子章》	本章论天子要以广博的爱敬之心，对待自己和他人的父母，弘扬大孝，为政以德，利于民生，做天下楷模	从第 2 章至第 6 章，分别论天子、诸侯、卿大夫、士、庶人五个阶层人士如何行孝，简称"五等之孝"。此章为其一
3.《诸侯章》	本章论诸侯之孝，关键在谦虚谨慎，不骄不奢，以守富贵，悦百姓，保其社稷	此章为"五等之孝"之二
4.《卿大夫章》	本章论卿大夫之孝，在服饰、言行上遵循礼制，为民表率，以守其位和宗庙祭祀	此章为"五等之孝"之三
5.《士章》	本章论士人之孝，要以事父、事母的态度去事君，爱敬忠顺，以保其俸禄，守其祭祀	此章为"五等之孝"之四
6.《庶人章》	本章论庶人之孝的根本是努力生产，谨慎节用，供养父母	此章为"五等之孝"之五 本章指出无论尊卑贵贱，人人都可行孝
7.《三才章》	本章在"五等之孝"的基础上，进一步阐发孝道的意义，指出孝是天地人三才和合的表现、治国安邦的根本大法	第 7 到第 9 章，论圣人德教源于孝，阐述孝道对政治的作用，体现一种孝治观

续表

章名 内容、备注	内容	备注
8.《孝治章》	本章论古代圣贤明王、诸侯、卿大夫以孝治世，使每位父母得到赡养或祭祀，天下和平	本章是中国传统孝治思想的重要来源
9.《圣治章》	本章以先王周公为例，说明圣人如何利用孝道，爱敬亲人、他人，使天下得到治理，深入阐述孝道治世的作用	推崇孝道，将其上升为圣人之德、天地大德、人伦大行
10.《纪孝行章》	本章提出孝子日常事亲的行为，如"五致"（致敬、致乐、致忧、致哀、致严）、"三戒"（不骄、不乱、不争）	第10、11章，论述如何行孝事亲，"五致""三戒"切实可行，是《孝经》的精华内容
11.《五刑章》	本章指出要挟君主、非议圣人、诽谤孝行的表现，认为在各种刑罪中，最大的是不孝	从反面论说，禁止不孝，弘扬孝道，以消弭潜在的祸乱
12.《广要道章》	本章主张孝是治国安君的最好方法（"要道"），以孝行教民亲爱、以悌行教民礼顺、以乐声移风易俗、以礼安定君心和治理民众，尤其强调礼敬	本章是对第一章先王"要道"的呼应、阐发
13.《广至德章》	本章讲天子如何教导臣民体行孝悌之道、为臣之道，施行道德教化，治理天下	本章是对第一章先王"至德"的呼应，推崇孝道，视孝为天下最高尚的道德
14.《广扬名章》	本章教导人们行孝、修身、扬名后世，并将孝亲与忠君、敬兄与尊长、治家与为官联系起来，显示《孝经》思想的功利性特征和政治关怀	本章是对第一章"立身行道，扬名于后世，以显父母"中"扬名"的呼应、阐发

续表

内容、备注 \ 章名	内容	备注
15.《谏诤章》	本章论如君主与父亲有过失，儿子和臣子当以义相从，据理谏诤，体现一种理智态度	第15至第18章，论述行孝道具体做法。本章言父不义而子当争，是《孝经》的精华内容
16.《感应章》	本章论君王遵循孝悌道，修身治世，可感动天地神明，得其赐福，泽及万物，天下大治	这种讲法使孝道神秘化，后世扩大孝道作用、大讲孝子感动神灵得福报的故事由此而起
17.《事君章》	本章论孝子入仕后事君之道：尽忠、补过、顺美、救恶，以上下相亲，天下大治	讲为臣之道，与《广扬名章》章相互响应
18.《丧亲章》	本章论孝子为去世的父母守丧尽哀：悲伤有度、服丧有时、葬礼有制、祭祀有规。"生事爱敬，死事哀戚"是《孝经》的要义，突显孝道在生死（死生之义）信仰、治世之道（生民之本）的根本作用	"无以死伤生，毁不灭性""生事爱敬，死事哀戚"，是《孝经》的精华内容。此章与前几章所讲的孝亲治世，共同确立了后世中国社会各阶层人士的精神信仰与治国安邦之道

《孝经》各章内容主张以仁礼之道爱敬父母，修身齐家治世，主要涉及四方面孝：德治修身之孝、天子士庶之孝、养生送死之孝、中庸而行之孝。

1. 德治修身之孝

《孝经》首章开宗明义，讲孝与德治、修身的关系，所谓"先王有至德要道，以顺天下，民用和睦，上下无怨""夫孝，德之本也，教之所由生也""身体发肤，受之父母，不敢毁伤，孝之始也""立身行道，扬名于后世，以显父母，孝之终也"，之后各章都围绕立德治世、修身事亲而论。可以说，《孝经》是儒家从孝的角度谈论道德的经典，是儒家的"道德经"。

2. 天子士庶之孝

《孝经》第二章至第六章，集中讲天子、卿、大夫、士、庶人五类人的孝行要求，即上表中所言"五等之孝"，孝行因阶层不同而有异。与《孝经·纪孝行章》中所讲"居上而骄则亡，为下而乱则刑，在丑而争则兵。三者不除，虽日用三牲之养，犹为不孝也"一样，讲孝有等差。细绎其他儒家元典，如《论语》，其中也有圣人之孝、君子之孝、中人之孝、下人之孝的分类，相应的孝行也有不同类型。在《孝经》里，孝行不光分阶层，也分阶段，如《开宗明义》章所言，"始于事亲，中于事君，终于立身"，《丧亲》章所言"生事爱敬，死事哀戚"。在其他儒家元典也有分层的现象，如《礼记·祭义》中讲的五层论：养、敬、安、久、卒，所谓"养可能也，敬为难。敬可能也，安为难。安可能也，卒为难。父母既没，慎行其身，不遗父母恶名，可谓能终矣"，还有上中下、大中小之分，所谓"小孝有力，中孝用劳，大孝不匮。大孝尊亲，其次弗辱，其下能养"。

《孝经》讲天子、卿、大夫、士与庶人各阶层的孝，精华在于《天子》章。其中言："爱亲者，不敢恶于人；敬亲者，不敢慢于人。爱敬尽于事亲，而德教加于百姓，刑于四海。盖天子之孝也。"这里有两个地方需要格外注意，其一，"爱亲""敬亲""爱敬尽于事亲"，强调的爱、敬既是天子行孝的要领，也是其他人尽孝的基本准则。《孝经》讲各个阶层、各种形态的孝，都是围绕爱、敬而论，它是儒家孝道的应有之义。其二，"德教加于百姓，刑于四海"，这种对孝亲的德教化诠释，将当政者的孝德转化为孝治的重要环节，使修身与治世有了直接联结，使道德政治意义上的孝亲始终居于《孝经》的主题之列。以孝治天下是儒家道德教化政治理论的重要组成部分。究其本源，《孝经》倡导爱敬父母，爱源于仁，敬本于礼，而仁礼之道就是儒家认为的治国理政之本，先王之道、君子之道皆不离其中。如《礼记·哀公问》中载孔子言"人道政为大……古之为政，爱人为大。所以治爱人，礼为大。所以治礼，敬为大。……弗爱不亲，弗敬不正。爱与敬，其政之本与"。在天子之孝方面做得较好的，儒家推崇舜帝，"舜尽事亲之道而瞽瞍厎豫，瞽瞍厎豫而天下化，瞽瞍厎豫而天下之为父子者定，此之谓大孝"（《孟子·离娄下》）。其他阶层如诸侯、卿大夫、士与庶人之孝，都遵循由上而下、上行下效的路径，围绕天子德教之孝而论，谈如何孝忠谨慎，以守富贵，守宗庙，守祭祀，养父母。

3. 养生送死之孝

在《孝经》中，儒家既有对孝行的理论总结，如《天子》章所言爱敬之道。同时它也指示行孝的一些具体步骤与要求。如在《丧亲》章所言"生事爱敬，死事哀戚"，《纪孝行》章中又有更详细的孝子行为准则，涉及养生送死、事奉双亲，所谓"居则致其敬，养则致其乐，病则致其忧，丧则致其哀，祭则致其严""居上不骄，为下不乱，在丑不争"。前者"五致"，讲孝敬父母，一敬、二乐、三忧、四哀、五严，包括生老病死中的养送之道；后者"三不"，讲尊德而行，不让亲忧，不遗亲辱，而令亲安，以成其孝，皆为精辟之见。但怎样才能做到这些的行孝，儒家有更为具体、详细的论述。如"居则致其敬"，《礼记·曲礼上》中言为人子之礼，"冬温而夏凊，昏定而晨省""出必告，反必面""居不主奥，坐不中席，行不中道，立不中门""凡父母在，子虽老不坐"等。再如"养则致其乐"，《大戴礼记》中言"孝子无私乐，父母所忧忧之，父母所乐乐之"，《礼记》中载曾子之言"孝子之养老也，乐其心，不违其志，乐其耳目，安其寝处，以其饮食忠养之"。进而言之，只有将《孝经》所论放在礼学文献或礼义文化脉络中考察孝论，才可能更全面、通透地理解儒家的孝道要义。就此而论，《荀子·性恶》中言"孝子之道，礼义之文理也"，非常精准。

4. 中庸而行之孝

在《孝经》中，儒家讲孝行，贯穿着一个礼从中庸的原则，即行孝要合情合理，不偏不倚，体现一种可贵的理性精神。从合情的角度而论，孝本身就是一种源于血缘之亲的恩情仁爱，儒家认为它是天性人道之本，所谓"仁者爱人，亲亲为大"（《中庸》），《孝经·圣治章》中有更详之说，"父子之道，天性也，君臣之义也。父母生之，续莫大焉。

君亲临之，厚莫重焉。故不爱其亲而爱他人者，谓之悖德；不敬其亲而敬他人者，谓之悖礼"。但在《孝经》中，儒家也讲情之外的理，如《谏诤》章言"父有争子则身不陷于不义。故当不义则子不可以不争于父"，《丧亲》章言"孝子之丧亲也，哭不偯，礼无容，言不文，服美不安，闻乐不乐，食旨不甘，此哀戚之情也。三日而食，教民无以死伤生。毁不灭性，此圣人之政也。丧不过三年，示民有终也"。其中的"不义则子不可以不争于父""无以死伤生，毁不灭性"，高扬礼义与人性的大旗，闪烁着理性的光彩，都是儒家孝道理论中值得珍视和发扬的思想。

需要指出的是：在早期儒家的经典论述中，对于如何处理父子相争、丧礼尽孝的问题上，也有不同的声音。如对于父母行不义之事，有的主张偏袒亲情，略显保守；有的则据义而论，比较中正。如孔子论孝谏父母，"事父母几谏。见志不从，又敬不违，劳而不怨"（《里仁》）；在与楚人叶公论直时，涉及父亲窃羊犯法，提出子为父隐；在《孝经》中，孔门师徒大讲"父有争子，则身不陷于不义。故当不义，则子不可以不争于父，……当不义则争之"，主张不可一味地从父之令。后来儒家论孝也摇摆于亲情与公法、放任与约束之间，或委曲求全，或秉持道义。前者，如《礼记》中所言谏亲"父母有过，下气怡色，柔声以谏。谏若不入，起敬起孝，说则复谏；不悦，与其得罪于乡党州闾，宁孰谏。父母怒，不说而挞之流血，不敢疾怨，起敬起孝""父母有过，谏而不逆""君子弛其亲之过，而敬其美"；后者，如《大戴礼记·曾子本孝》中言君子之孝"以正致谏"，《荀子·子道》主张"从义不从父"。这反映了早期儒家孝论丰富、多元和复杂的面向，但它们都是在《孝经》所论基础上的再阐发。

此外，对于哀戚有度的主张，如"无以死伤生，毁不灭性"，早期儒家基本保持了统一的步调，这在其他的儒家元典中也有体现，如《礼记·丧服四制》言"三日而食，三月而沐，期而练，毁不灭性，不以死伤生也。丧不过三年，苴衰不补，坟墓不培；祥之日，鼓素琴，告民有终也，以节制者也""始死三日不怠，三月不懈，期悲哀，三年忧，恩之杀也。圣人因杀以制节，此丧之所以三年，贤者不得过，不肖者不得不及。此丧之中庸也，王者之所常行也""门内之治恩掩义，门外之治义断恩"，都是如此。事实上，不管如何变通，儒家主张行孝遵循行事之礼的根本原则——顺人情，所谓"凡礼之大体，体天地，法四时，则阴阳，顺人情，故谓之礼"。(《礼记·丧服四制》)。儒家讲礼之用，以和为贵，讲求中庸、中和之道，就是要求各阶层人士通过学习实践礼制，使天人、阴阳、内外、身心、己人等两两相对的事物之间的关系得到调和、平衡，达到中和中正。凡礼皆当如此，丧礼孝亲也不例外。

《孝经》中的孝道论不仅讲子与父的关系，还涉及臣与君、民与君、君与民、父与君等人际关系的处理问题。其中有的《孝经》给出明确答案，足资参考；有的则语焉不详，需结合其他儒家文献的相关论述来理解。

《孝经》给出明确答案之处。在儒家设计的治世蓝图中，首先是孝子忠臣，《孝经》中言"以孝事君则忠""君子之事亲孝，故忠可移于君"，相对于父子关系的处理，有较为明确的方案。《孝经》主张移孝为忠，承前启后，地位独特。前有《论语》所言"孝慈则忠"（此处是孔子回答他人所问如何使民忠时所言），后有《礼记》诸篇所言孝忠关系，如《大学》"孝者，所以事君也"，《坊记》"孝以事君"，《冠义》"孝弟忠顺"，《祭义》"事君不忠，非孝也"，再后《孟子》亦言"孝悌忠信"，均将孝忠并列。在儒家看来，它们皆本于仁礼之道、爱敬之心，是君子立身成人之道，如《礼记·冠义》所言"孝、弟、忠、顺之行立，而后可以为人"，孝、忠二德可以并列共处。但在家庭领域之外，孝、忠之间的冲突是某些子女行孝时需要处理的难题之一，出现先孝后忠、先忠后孝、弃忠为孝（以孝从忠）、弃孝为忠（以忠从孝）、忠孝兼得、以道从君、以义从亲、孝妨碍忠等，孝忠一体等各种情况或选择。另外，孝法冲突（孝有碍司法）、孝受制于贫、孝受制于身（如守孝体弱身病）、孝实与孝名、厚薄葬与孝、孝流于形式等，也是儒家在讨论和实践孝道时常常面临的问题。有的成为后世聚讼千年的公案，难有定论。

《孝经》语焉不详之处。在早期儒家勾勒的理想家庭模式中，首先是父慈子孝，如《礼记·礼运》言"父慈，子孝，兄良，弟悌，夫义，妇听，长惠，幼顺""父子笃，兄弟睦，夫妇和"，《礼记·冠义》"父子亲，长幼和"，《左传》"父慈，子孝，兄爱，弟敬""父慈子孝，兄爱弟敬，夫和妻柔，姑慈妇听"等，这层含义也隐于《孝经》的孝论中。不过，在处理父子关系的特殊情况（如父亲攘羊、杀人）时，一方面，孔子、孟子等儒家提出子父互隐或子为父"窃负而逃"，固有不妥之处；但另一方面，在《孝经》《荀子》中，儒家分别提出诸如"父有争子，则身不陷于不义。故当不义，则子不可以不争于父""从义不从父"这样中正不偏的观点，显示出儒家孝亲观清醒理智的一面，也可以视作是早期儒家对传统孝道的理性化诠释与建构的集中体现①。当然，从儒家相关文献中可见，在家庭领域内，也会出现子父冲突（如孝子与顽父、劣父、狂父的品行不对等情况），导致"孝而亲不爱""孝而弃于亲"，谏父与父不从，慈父逆子及"有亲不能报，有子而求其孝"等实践难题与矛盾。在孝亲过程中，还有掺杂夫妻、妻子与公婆等方面的冲突，如"妻子具而孝衰于亲"。这些都对后世孝道理论与实践的发展产生了深远的影响，至今未绝，需要格外关注。我们在日常生活中也会遇到各种类似情况，面对有待解决的问题，古今实无大别。当人们被卷入其中，如何从《孝经》的相关论述中找到合理的依据，做到事亲爱敬有道，哀戚有节，中正而行，如《大戴礼记·四代》中所言"哀爱无失节"，这需要足够的智慧与德性。关键难点是子女在掌握根本原则的同时，如何把握灵活处理方式，在情理协调中实践孝道。

（三）《孝经》主旨

儒家以仁爱、礼敬为核心，讲孝是为仁之本，"仁者爱人，亲亲为大"，"孝子之道，礼义之文理"。《孝经》的主旨就是弘扬仁爱礼敬之

---

① 参见拙作《先秦儒家对传统孝道伦理的理性化诠释初论》，《唐都学刊》2012年第6期；《先秦儒家孝道的理性悖论现象与当代启示》，《孝感学院学报》2014年第2期。

道，修己安人，即修身、齐家、治国、平天下。这种修身淑世之道就是为人之道与治人之道（简称人道）。就此而论，《孝经》是儒家从孝的角度谈君臣、父子诸道的经典。

纵观《孝经》全书，从首章《开宗明义》首讲"先王有至德要道，以顺天下，民用和睦，上下无怨""夫孝，始于事亲，中于事君，终于立身"，至末章《丧亲》总结"三日而食，教民无以死伤生。毁不灭性，此圣人之政也。丧不过三年，示民有终也""生事爱敬，死事哀戚，生民之本尽矣，死生之义备矣，孝子之事亲终矣"，再到中间诸章专讲孝之"要道""至德"，言"教民亲爱，莫善于孝。教民礼顺，莫善于悌。移风易俗，莫善于乐。安上治民，莫善于礼。礼者，敬而已矣。故敬其父，则子悦；敬其兄，则弟悦；敬其君，则臣悦；敬一人，而千万人悦。所敬者寡，而悦者众，此之谓要道也""君子之教以孝也，非家至而日见之也。教以孝，所以敬天下之为人父者也。教以悌，所以敬天下之为人兄者也。教以臣，所以敬天下之为人君者也。《诗》云：'恺悌君子，民之父母。'非至德，其孰能顺民如此其大者乎！"统而观之，所论都不离仁爱礼敬、修己安人的主旨。

《孝经》讲人伦之道，谈爱敬之德，对后世孝道文化产生了深远的影响。《孝经》中的"生死爱敬，死事哀戚"为世人行孝提供重要的参考与启示。

随着时代的变化，孝道的形式和内容发生了很多的变化，有的甚至是巨变。但是中华文化中尽心关爱、尊敬、体贴父母的敬爱主题永恒不变。《孝经》主张爱敬、哀戚之道都不同程度地体现时代变化中，长辈与晚辈之间代际温情慰藉的需求未曾减少半分。了解《孝经》中的孝道论、行孝观等，有利于今人更好地理解和体行孝道，敬爱父母，传承和弘扬人间真情与美德。

二 《孝经》与人文修养

"百善孝为先",孝是中国文化的"根荄（gāi）"[1],《孝经》是儒家对此"根荄"所作的理论总结。《孝经》阐发爱敬哀戚、养生送死的孝道,阐明仁礼之德,反映修身、家庭、政治等方面的理论与历史知识,体现较高的语言文字应用水平。这些对今人提升人文修养具有非常重要的借鉴与启示。

（一）《孝经》与道德修养

从道德修养、学以致用的角度而论,《孝经》由孔门师徒合撰,专门弘扬孝德,长期以来被古人奉作修身、齐家、治世的经典。一方面,《孝经》为如何行孝提供切实的指导原则、方针,是孝敬父母、修身齐家的重要参考读物;另一方面,古代君王推行孝治天下的治国之策,奉《孝经》为执政经典,研读此书,魏晋以来历代有见识的皇帝（如晋武帝、唐玄宗等）不断地注解、诵读、宣传《孝经》[2],就是最显明的例子。孝道在修身、齐家、治世方面的用途彼此呼应,息息相通,形成一个贯穿人生的精神信仰系统,成为传统社会人们处理人际与群际关系的重要原则,影响久远。时至今日,《孝经》宣传的孝道在治世方面的功用逐渐弱化甚至消失,而在修身与齐家方面的独特作用却经久不衰,历久弥新。从本质上而论,早期儒家很重视道德教化,主张以孝修身、齐家、治国、平天下。孔子提倡仁礼之道,将孝悌作为仁人之本,以"生事之以礼,死葬之以礼,祭之以礼"作为行孝准则,讲"孝慈则忠",孟子认为治理天下的"尧舜之道"就是孝悌,只要修其身即可天下平,荀子亦言"闻修身,未尝闻为国"。而在其间,孝道对修身、齐家、治

---

[1] 梁漱溟:《中国文化要义》,学林出版社1987年版,第307页。
[2] 据史载,魏晋以来多位皇帝（如晋元帝、晋武帝、晋穆帝、梁简文帝、北魏孝明帝、梁武帝、唐玄宗、清世祖、清世宗等）先后讲解《孝经》,为之作注疏。参见彭林《经史说略:孝经说略》,北京燕山出版社2002年版,第273—277页。

世发挥了重要的连接作用,将身与国、生与死、己与亲的关系巧妙地联系起来,成为弘扬仁礼精神的关键途径。

孝是中华民族传统美德之一,与诸德交相辉映,滋润着代代中国人的心灵。早在先秦时期,孝与诸德并称,如孝悌、孝忠、忠孝、孝慈、孝仁、孝礼等,成为中国传统德性文化的重要组成部分。《孝经》集中阐发儒家孝道理论,对于各种与孝德密切相关的美德亦多有论述,重点在父子之孝、君王之孝。一方面讲父子相亲,子事亲以爱敬哀戚之道,发乎情而止乎礼,事父以义,尽量消除无礼的私情对事亲的干扰;另一方面,讲君臣行孝,君王作孝亲榜样,治世教民,臣移孝作忠,事君以道。在《孝经》中,儒家阐发孝道理论,不乏思想精华,如果加以合理的汲取和化用,对于今人提升道德修养、协调亲情关系仍有很大的指导意义与启示作用。

其一,爱敬哀戚。此四字是《孝经》孝道思想的精华,也是对今人行孝的最大启示。其中《纪孝行》中的五致(居则致其敬,养则致其乐,病则致其忧,丧则致其哀,祭则致其严)、三不(居上不骄,为下不乱,在丑不争)和《庶人章》的"庶人之孝"("用天之道,分地之利,谨身节用,以养父母"),更是具有超越时代所限、古今通用的行孝规范。

其二,以义行孝。这既体现在《谏诤》章中所言"当不义,则子不可以不争于父",又体现在《丧亲》章所言"孝子之丧亲也,哭不偯,礼无容,言不文,服美不安,闻乐不乐,食旨不甘,此哀戚之情也。三日而食,教民无以死伤生,毁不灭性",做到从容中道,中庸而行,合情合理。

其三,孝亲忠诚。《孝经》中言"以孝事君则忠""君子之事亲孝,故忠可移于君",指示后人创造性转化孝德与忠德的途径。在现代社会,孝、忠既指从事一定社会职业者都应当在家孝敬父母、在外忠于职守,同样它们还可包括孝敬祖先、师长和忠诚于个人信仰以及夫妻之间互讲忠信等。

其四,为政弘孝。处于社会管理岗位者应该深谙"教民亲爱,莫善于孝"(《广要道章》)的道理,应当身先垂范,力行孝道,"老吾老以及人之老",亲自己之亲以及他人之亲,将孝爱推拓开来,使更多的人敬爱父母,改良社会风气。如《孝经》中所言"爱敬尽于事亲,而德教加于百姓,刑于四海""教以孝,所以敬天下之为人父者也"。一个优秀的社会管理和国家治理者,或许应该如《孝经》中塑造的君子那样,"言思可道,行思可乐,德义可尊,作事可法,容止可观,进退可度。以临其民,是以其民畏而爱之,则而象之。故能成其德教,而行其政令",以"岂弟君子,民之父母"为做人圭臬,借助德爱、刑威两种手段治政,才可能国泰民安,道洽政治。

(二)《孝经》与知识修养

从狭义的知识论而言,《孝经》为我们了解儒家孝道理论提供了较系统、权威的文本,从中可见孔子、曾子等师徒论各个阶层的人士如何行孝,构建起蔚然可观的孝道理论体系。从广义的知识论而言,《孝经》中保存了不少反映先秦某一时期社会政治文化的历史资料,是了解当时社会阶层构成、治政理念和思想观念的窗口,有助于增加读者的历史文化知识,提升人文修养。

在社会方面,如从《孝经》中了解先秦西周至春秋时期,社会阶层大致由天子、诸侯、卿大夫、士、庶人构成。在政治方面,如从《孝经》中所言"爱敬尽于事亲,而德教加于百姓,刑于四海""教民亲爱,莫善于孝。教民礼顺,莫善于悌。移风易俗,莫善于乐。安上治民,莫善于礼",可知当时为政者倡导以孝悌礼乐、道德教化治理国家;又如从"先之以博爱,而民莫遗其亲,陈之于德义,而民兴行。先之以敬让,而民不争;导之以礼乐,而民和睦;示之以好恶,而民知禁"中可知,为政者主张通过上行下效的途径修己安人,治理国家。在思想观念方面,如从"夫孝,天之经也,地之义也,民之行也。天地之经,而民是则之。则天之明,因地之利,以顺天下""用天之道,分地之利,谨身节用,以养父母,此庶人之孝也""天地之性,人为贵""天地明察,神明彰矣"等论述中,可知当时人们的天地信仰、神明观念、天人合一思想；又如从"身体发肤，受之父母，不敢毁伤，孝之始也""立身行道，扬名于后世，以显父母，孝之终也"，孝"终于立身"，诸侯之孝"富贵不离其身"，卿大夫之孝"身无择行"，庶人之孝"谨身节用，以养父母""士有争友，则身不离于令名；父有争子，则身不陷于不义"，明王之孝"修身慎行，恐辱先也"中，可见时人的孝德修身观、身体观等。

泛泛而论，后人有以《孝经》退兵、辟邪、感神、化恶等事例，无限拓展其作用，出现了孝道感应论、泛孝论等现象，即早期儒家孔子、曾子所言"孝悌之至，通于神明，光于四海，无所不通""断一树，杀一兽，不以其时，非孝也""居处不庄，非孝也；事君不忠，非孝也；莅官不敬，非孝也；朋友不信，非孝也；战陈无勇，非孝也"等论述。这些事例虽多夸张虚妄，荒诞不经，但仍可从中窥见《孝经》在古代社会中广泛的流传与运用。

（三）《孝经》与文学修养

和其他儒家元典一样，《孝经》言简义丰，思想深刻。《孝经》巧用排比修辞，诸章互为呼应，论述收放自如，由文本衍生精妙语句，这些都具有相当的文学价值，为后世留下一笔宝贵的文学遗产，故能流芳百世，传承千古。

1. 章际关系紧凑

《孝经》各章围绕道德主题，彼此呼应，章际关系紧凑，井然有序。全书总共十八章，从首章《开宗明义》至末章《丧亲》，都围绕先王"至德要道"而论，在各章名称和内容上彼此呼应，环环相扣，体现出一种形式和主旨上的对称之美。如首章开始谈"以顺天下，民用和睦"的先王"至德要道"，孝是"德之本也，教之所由生也孝"，为全书定下基调：孝道用来教化民众，治理天下。第二至六章，谈从君王至民众的孝行准则（即"五等"之孝），第七至十八章论孝与治世的关系，皆论德性教化、治世之道。其中第十二、十三章明确以要道、至德为名，第八、九章分别列出《孝治》《圣治》，突出孝的教化治世功用与意义，这在形式和内容上与首章形成呼应。孝为先王治世之具、士庶修齐之途，就此而观，《孝经》就是一部儒家讲解以孝修己安人的"道德经"。

2. 善用排比修辞

《孝经》善于运用排比修辞方式，阐发孝道理论。如《纪孝行》章中以"五致"（"孝子之事亲也，居则致其敬，养则致其乐，病则致其忧，丧则致其哀，祭则致其严"）详述事亲之道，《圣治》章以"六可"（"言思可道，行思可乐，德义可尊，作事可法，容止可观，进退可度"）描述君子得当雅致的言行举止，《广要道》章以"四善"（"教民亲爱，莫善于孝。教民礼顺，莫善于悌。移风易俗，莫善于乐。安上治民，莫善于礼"）来概括德性教化，《三才》章以五个排比句（"先之以博爱，而民莫遗其亲；陈之于德义，而民兴行；先之以敬让，而民不争；导之以礼乐，而民和睦；示之以好恶，而民知禁"）论述先王道德教化，《丧亲》章以"五不""一无"（"哭不偯，礼无容，言不文，服美不安，闻乐不乐，食旨不甘"）描述孝子丧亲致哀之情，颇为周详。这充分体现了儒家基于对孝道理解的深刻，潜心遣词造句，精熟运用排比修辞，铺陈开来，充分阐发孝道中的丰富内容和深刻思想。

3. 论孝收放自如

《孝经》对孝道的论述伸缩自如，繁简得当。《孝经》将孝分为不同的阶段、程序，列出一些标准，如二段论（"生事爱敬""身体发肤，受之父母，不敢毁伤，孝之始也。立身行道，扬名于后世，以显父母，孝之终也"）、三段论（"孝，始于事亲，中于事君，终于立身"）、五致论（"孝子之事亲也，居则致其敬，养则致其乐，病则致其忧，丧则致其哀，祭则致其严"）、三不论（"居上不骄，为下不乱，在丑不争"）、五等论（天子、诸侯、卿大夫、士、庶人五等社会阶层人士的行孝准则）将孝道思想的大义阐发颇详。与儒家其他文献中的孝论相映生辉，共同构成蔚然可观的儒家孝道思想体系。

4. 衍生各种成语

和其他儒家元典一样，《孝经》因其在语言的凝练和思想的精妙方面具有独特的造诣，产生了不少流传后世、见用于今的成语典故，数量虽不多,但确实非常精辟。如"天经地义""身体发肤,受之父母""毁不灭性""爱敬哀戚""天地之性,人为贵""口无择言""不肃而成""移风易俗"等。

此外,在其他儒家元典中还有不少论述孝道的成语,如下表所示,言简意赅,耐人寻味,值得今人学习,汲取其中精华,孝养双亲。

表7-2　　　　　　　　其他儒家元典所见孝论成语

成语	原始文献出处
不孝有三,无后为大	不孝有三,无后为大。《孟子·离娄上》
养生送死	养生者不足以当大事,惟送死可以当大事。《孟子·离娄下》
从义不从父	从道不从君,从义不从父,人之大行也。《荀子·子道》
事亲如天	仁人之事亲也如事天,事天如事亲《礼记·哀公问》
菽水尽欢	啜菽,饮水,尽其欢,斯之谓孝。《礼记·檀弓下》
事死如生	事死如事生,事亡如事存,孝之至也。《礼记·中庸》
孝弟忠顺	孝、弟、忠、顺之行立,而后可以为人。《礼记·冠义》
大孝尊亲	大孝尊亲,其次弗辱,其下能养。《礼记·祭义》
大孝不匮	小孝用力,中孝用劳,大孝不匮。《礼记·祭义》

三　《孝经》读法

《孝经》篇幅较短,如从简单的了解角度阅读此书,比较容易。但如从孝道的文化底蕴、扬弃创新和致用功能角度来研读,并非易事,但可尝试从以下几点注意事项做起:

首先,注意《孝经》具有深厚的孝道文化底蕴。它是儒家基于春秋战国时期士人贵族(即君子)在个人修身、家庭伦理、国家治理方面的大量实践和认识,依托西周以来特别是先秦诸子丰富的孝德论述,以仁义礼乐为内核,提出较为系统的孝道理论。《孝经》以孝德贯穿修身、齐家、治国、平天下,视孝亲为修己安人、治世化民的要道至德。后世以孝治国者代有传人，孝子孝女故事繁若星辰，皆与《孝经》所倡有密切关系。

其次，注意扬弃某些传统思维，创新阅读方式。《孝经》中值得发扬的是其倡导的爱敬哀戚之道、毁不灭性之训、"养则致其乐，病则致其忧"的乐忧之道、"爱亲者，不敢恶于人；敬亲者，不敢慢于人"圣明天子般的宽厚胸怀、"用天之道，分地之利，谨身节用，以养父母"普通庶人般的切实之行等。《孝经》中最应抛弃的是冠以"孝治""圣治""先王之法"而将孝道与政治捆绑在一起的传统思维、"身体发肤，受之父母，不敢毁伤"的拘谨思维、"非先王之法服不敢服，非先王之法言不敢道，非先王之德行不敢行"的保守思维、"孝悌之至，通于神明，光于四海，无所不通"的泛道德论。

再次，秉持"正德、利用、厚生"的态度读《孝经》。在现代社会，孝道应该立足于修身、齐家和人际交往，以《孝经》中所提倡的"立身行道，扬名于后世"修身，以其所言"爱敬哀戚"之道事奉父母、齐家安亲，以《孝经》所论"爱亲者，不敢恶于人；敬亲者，不敢慢于人"与他人交往，发挥其在人心、道德、家庭、社会中应有的作用。归根到底，儒家的学问是"躬行君子"之学，儒家讲仁礼之道，言"力行近乎仁""言而履之，礼也"，而孝是"为仁之本""礼义之文理"，也讲求践履笃行的工夫。诗云"纸上得来终觉浅，绝知此事要躬行"，孝需要子女在与父母相处的实践中体会、履行，更需要在孝亲的同时，将"仁者爱人，亲亲为大"的大爱推扩至外，"老吾老以及人之老"，最终达到"泛爱众"，如韩愈所言的博爱之仁。这些都是今人研读《孝经》、学习儒道时需要格外注意的。

课后思读

一 讨论思考

1. 思考如何转化与创新传统孝道。
2. 结合延伸阅读所示古诗，探讨亲情感人之处与提倡孝道的必然性。

二 参考文献

胡平生：《孝经译注》，中华书局1999年版。

彭林：《十三经说略·孝经》，北京燕山出版社2002年版。

汪受宽：《孝经译注》，上海古籍出版社2004年版。

臧知非：《人伦本原：孝经与中国文化》，河南大学出版社2005年版。

杨伯峻：《经书浅谈·孝经》，中华书局2005年版。

夏传才：《十三经讲座·孝经》，广西师范大学出版社2006年版。

舒大刚：《中国孝经学史》，福建人民出版社2013年版。

陈壁生：《孝经学史》，华东师范大学出版社2015年版。

张京华：《〈孝经〉：承接伟大的文化传统》，《中华读书报》2014年2月12日第13版。

三 延伸阅读

以下古诗描述父母养育子女的辛劳和子女无法孝亲的痛苦，劝导世人行孝，感人至深。

《诗经·蓼莪》[1]

原文：蓼（lù）蓼者莪（é），匪莪伊蒿（hāo）。哀哀父母，生我劬劳。

译文：一丛莪蒿长又高，不料非莪是蒿草。可怜我的爹和娘，生我养我太辛劳。

原文：蓼蓼者莪，匪莪伊蔚。哀哀父母，生我劳瘁。

译文：高高莪蒿叶青翠，不料非莪而是蔚。可怜我的爹和娘，生我养我太劳累。

原文：瓶之罄（qìng）矣，维罍（léi）之耻。鲜民之生，不如死之久矣。

---

[1] 原文、译文摘自程俊英《诗经译注》，上海古籍出版社2004年版，第340—342页。

译文：酒瓶底儿早空了，酒坛应该觉害臊。孤儿活在世界上，不如早些就死掉！

原文：无父何怙（hù）？无母何恃？出则衔恤，入则靡至。

译文：没有父亲何所依，没有母亲何所靠！离家服役心含悲，回来双亲见不到！

原文：父兮生我，母兮鞠我。抚我畜我，长我育我。

译文：爹呀是你生下我，娘呀是你哺养我。抚摸我啊爱护我，养我长大教育我，

原文：顾我复我，出入腹我。欲报之德。昊（hào）天罔极！

译文：照顾我啊挂念我，出门进门抱着我。如今想报爹娘恩，没想老天降灾祸！

原文：南山烈烈，飘风发发。民莫不谷，我独何害！

译文：南山崎岖行路难，狂风呼啸刺骨寒。人人都能养爹娘，独我服役受苦难！

原文：南山律律，飘风弗弗，民莫不谷，我独不卒！

译文：南山高耸把路挡，狂风呼啸尘飞扬。人人都能养爹娘，独我不能去奔丧！

第八讲 《孟子》导读

（居仁由义门礼）

有这样一部儒家元典，它继承发扬孔子的仁爱礼敬、修己安人思想，提出以仁道为核心的修养、治世理论，提升了儒家心性论、仁政论的境界与水平。在这部儒典中，许多名言警句砥砺人心，催人奋进，为后世国人提升道德修养和精神境界打开了一扇大门，如居仁由义门礼、"德慧术知者恒存乎疢疾"、"善养吾浩然之气"的修养大法，"居天下之广居，立天下之正位，行天下之大道。得志与民由之，不得志独行其道。富贵不能淫，贫贱不能移，威武不能屈"的大丈夫品格，还有"穷则独善其身，达则兼善天下"的大善，"自反而缩，虽千万人，吾往矣"的大勇，"亲亲而仁民，仁民而爱物"的大爱、"万物皆备于我矣，反身而诚，乐莫大焉"的乐观，"如欲平治天下，当今之世，舍我其谁也"的自信、"圣人复起，必从吾言矣"的豪迈等。它就是本章拟讲的《孟子》。

一 《孟子》简介

《孟子》由战国初期邹国儒者孟子撰写，后经数代弟子整理完善而成。《孟子》七篇，三万余字，主要记载孟门师徒语录、孟子与诸国君臣及学者的对话。全书围绕仁义礼智等思想范畴，阐述王道仁政、民本经济、人伦道德、人格修养、教育等方面的见解。《孟子》一书的历史地位起伏不定，但它的主旨鲜明，以仁道为核心，围绕仁义、仁义礼、仁义礼乐、仁义礼知、仁礼、仁智、仁心、仁政、仁声、仁教等一系列思想范畴，形成修养身心与齐家治世的理论，在儒家仁道论、心性论方面产生了的深远影响。

（一）《孟子》编撰

1.《孟子》来历

《孟子》一书初由战国时期邹人孟轲撰写，后经儒者完善而成。至东汉《孟子》分内篇、外篇。内篇有七：《梁惠王》《公孙丑》《滕文公》《离娄》《万章》《告子》《尽心》。每篇的篇名选取首章之语，又分上、下卷，共十四卷，共260章，约34000字。外篇有四：《性善》《文说》《孝经》《为政》，后来失传，难见全文，经学者考定，属于伪作，不足凭信。

在漫长的历史进程中，《孟子》一书的地位起伏不定，几经坎坷。如在秦始皇焚书坑儒时，据说"孟子徒党尽矣"，其书劫后余生。两汉时期，文帝时，朝廷置《孟子》博士，东汉赵岐、郑玄等人注解《孟子》，地位略升。唐中后期，杨绾等人上奏，请朝廷立《孟子》为经或单独一科，韩愈等人将孟子列为醇儒、儒家仁义道统的嫡传者，亦使《孟子》保持上升势头，即今人所言的"孟子升格运动"[1]。至宋代，经过理学家的努力，特别是朱熹著《孟子集注》《论孟精义》《四书或问》，《孟子》被正式列入儒家十三经和科举考试的科目，在政治、社会、学术等方面的影响越来越大。之后，元明清时期，《孟子》虽曾经朱元璋等人删节某些内容的闹剧影响，但仍保持高升之态。如元代宣和年间《孟子》首次被刻成石经，明清时期学者对此书的注疏、考辨与研究更加精细，盛极一时。至近现代，《孟子》的地位有所回落，被部分学者视作诸子而非经学之书，有时受反传统思想与政治运动的影响，人们对它的关注和研究降至新的低谷，而且存在某些偏见。这种情况也出现在同时代学界对孔子和《论语》的研究中。自20世纪80年代以来特

---

[1] 徐洪兴：《唐宋间的孟子升格运动》，《中国社会科学》1993年第5期。

别是 21 世纪初至今，借助传统文化复兴和国学热的东风，《孟子》受到社会各界越来越多的重视，地位日升，研究与普及之作空前繁荣，并朝着一个更为全面、客观、公正的方向发展。

2.《孟子》作者

关于孟子的生平事迹和时代背景，汉代史家司马迁曾有一百四十余字的简单介绍。

> 孟轲，邹人也。受业子思之门人。道既通，游事齐宣王，宣王不能用。适梁，梁惠王不果所言，则见以为迂远而阔于事情。当是之时，秦用商君，富国强兵；楚、魏用吴起，战胜弱敌；齐威王、宣王用孙子、田忌之徒，而诸侯东面朝齐。天下方务于合从连衡，以攻伐为贤，而孟轲乃述唐、虞、三代之德，是以所如者不合。退而与万章之徒序诗书，述仲尼之意，作孟子七篇。其后有邹子之属。

结合其他相关史料大致可知，孟子（约前 372—约前 289），名轲，战国中期邹国（今山东邹城）人，为鲁国贵族孟孙氏的后代，至父辈家道中落，因父早亡，由母亲一手抚养成人。据史载，孟母贤能，教子有方，早年孟子接受了较好的家庭和学校教育，所以后世流传下来"孟母三迁""断机教子""杀豚不欺子"等故事。长大以后，孟子立志弘扬儒学，私淑孔子，"乃所愿，则学孔子也"。（《孟子·公孙丑上》），离开家乡，至附近的鲁国，师从孔子嫡孙子思的弟子，潜心习儒。在学有所成后，他返乡从事教学活动，后又外出游历，至齐、宋、魏、滕等国，宣传自己的学术与政治主张。在随后近二十年（约前 329 至约前 312）里，孟子弘扬儒家仁政爱民的思想，提倡仁者治国安邦，一统天下。这段游历丰富了他的阅历，开拓了他的视野，学术思想也得到进一步的完善。遗憾的是，当时大国忙于兼并，小国穷于应付，纵横策士、兵法家思想更容易得到当政者的青睐。孟子在宋、魏、齐等国提出什一税、废关卡、薄征税、井田制、制民产等主张，提倡"减刑安民""与民同乐""君仁臣义""仁政无敌"等,都无法在这些国家得到君主的采纳和实践。晚年,孟子回到故乡,继续从事教学活动(约65岁至84岁),一直到去世。期间,他著书立说,弘扬上古三代礼乐文明与孔子的仁爱礼敬思想,形成《孟子》一书,即"述唐、虞、三代之德,……序诗书,述仲尼之意,作《孟子》七篇"。孟子去世之后,《孟子》一书复经弟子整理,流传于世。而他生前的混乱时局又持续上百年,到汉初方息,走向和平。不久,随着六经、儒学逐渐受到官方的尊崇,《孟子》一书被列为传记博士,其思想被后人发扬光大,惠泽学林,敦风厉俗,裨益时政。孟子的地位日渐上升,被封为亚圣,仅次于至圣孔子,与其学名垂青史,流芳百世。

(二)《孟子》内容

《孟子》记载孟门师徒语录、孟子与诸国君臣及学者的对话,是孟子传承、弘扬孔门儒学的杰作。如前所述,《孟子》共七篇、十四卷,260章,约34000多字,紧紧围绕仁义礼智等核心范畴,阐述王道仁政、民本经济、人伦道德、人格修养、教育等方面的见解,涉及王霸、义利、经权、人性善恶、人与禽兽之辨等各种议题,思想深刻,影响深远。《孟子》中多谈心性修养,成为后世宋明理学和心性儒学的重要理论来源,被学人奉为经典,列入儒家"十三经""四书""元典"之中,在儒学发展史上占据了重要的地位。我们参照万丽华,蓝旭译注《孟子》(中华书局2006年版)、梁涛编著《孟子解读》(中国人民大学出版社2010年版)的相关篇旨摘要,并根据自己的理解,简介各篇主要内容如下。

《梁惠王》上,共七章,主要记载孟子的仁政民本思想。前六章为孟子与梁惠王及其子梁襄王的对话,末章为孟子与齐宣王的对话。涉及义利、民本(重民、乐民、富民、保民、恤民等)、王道等思想。首章的"王何必曰利?亦有仁义而已矣"和第三章的"养生丧死无憾,王道之始也"形成王道仁政的两面,引人深思。

《梁惠王》下,共十六章,主要记载孟子的仁政民本思想。前十一章紧接上篇，记载孟子与齐宣王的对话，集中阐发民本思想和仁政王道、治国用人、汤武革命、齐燕战争。第十二至十五章记载孟子与邹国、滕国君主的对话，围绕仁政与小国生存而论。第十六章记孟子受嬖人臧仓阻挠而未见国君鲁平公之事，体现孟子对待挫折与意外的乐观态度。

《公孙丑》上，共九章，主要记载孟子游历齐国时的言行。第一、三、四、五章论述王道仁政，其他各章论述人道修养，涉及王霸之辨、知言、养浩然之气、不动心、不忍人之心、四端说、反求诸己、与人为善、君子之行等。

《公孙丑》下，共十四章，多记载孟子游历齐国时的言行，夹杂滕国吊丧、回鲁葬母等他事，涉及战争论、君臣关系、求仕之道等，反映了战国儒者独立、通达的政治观。

《滕文公》上，共五章，前三章记载孟子在滕国宣传儒家仁政思想，后两章记载孟子对农家、墨家学说弊端的评论，涉及王道、仁政、井田制、分工论、丧葬礼、仁爱论、孝道等。

《滕文公》下，共十章，主要记载孟子与弟子等当时学人的对话。其中第一、二、三、四、七、十各章主要讨论士人拜见诸侯、仕隐去就与道义的关系。第五、六、八章记载孟子在宋国宣传仁政、王道思想。第九章记载孟子对时人偏见和杨朱、墨翟学说的批驳。

《离娄》上，共二十八章，多为孟子语录，夹杂一些与学生或时人的对话，主要探讨仁义的价值，涉及治政、修养、教育、孝道、经权关系等。第十二章论诚，与《中庸》的相关论述相呼应，构成思孟学派以诚修身论的主要内容。而第十九、二十六、二十七、二十八章论孝，显示孟子孝道论，与曾子后学存在密切关联，二者与孔子的爱敬父母思想一脉相承。

《离娄》下，共三十三章，多为孟子的语录，以及他在齐国与时人的某些对话，内容丰富，包括圣贤之道、治国之道、君臣关系、道德修养、待人接物、学习方法等。

《万章》上，共九章，绝大多数为孟子与弟子万章的对话，只有第四章为孟子与咸丘蒙的问答。所论涉及古代圣贤的德行、治政与入仕的理念等,如第一、二、三、四章论舜对父母兄弟恪守孝悌之德。第五、六章论尧、舜、禹传贤与传子的治国之道。第七、八、九章论伊尹、孔子、百里奚等贤臣的入仕原则。

《万章》下,共九章,为孟子的语录及其与弟子等时人的对话。其中第一章孟子论伯夷、伊尹、柳下惠、孔子等圣人的独特之处,第二章论周代爵禄制度,第三、四、八章论交际之道,第五、六、七章论士人出仕与君主尊贤之道,第九章论卿的职责。

《告子》上,共二十章,除了第一至六章和第十五章论及孟子与弟子及时人的答问,其他均为孟子语录,内容主要为人性论、仁义论、修养论、学习方法、理想人格等。前四章记载孟子与告子之间关于人性善恶、"生之谓性"、"仁内义外"的辩论,第五、六、七、八章继续论述义内、性善问题。第九至十五章讲人性善恶变化、修养和返本向善,第十六至第十九章围绕仁义与人道修养而论,最后一章论学习之道。

《告子》下,共十六章,内容较多且零散,涉及范围广。第一至六章,孟子论及礼与食色的关系、尧舜之道、孝道、仁义之政、交往之礼、贤人政治。第七至十一章,集中论述王道仁政,第十二至十六章论君子处世、为人、入仕之道、忧患意识、教学方法等。

《尽心》上,共四十六章,内容比较分散,记载了孟子对心性天命、人道修养、王道仁政、民本思想、君子之道等方面的看法。

《尽心》下,共三十八章,与上篇类似,内容广泛分散,记载了孟子对仁政王道、民本思想、心性天命、人道修养、君子之道、理想人格、教育方法、圣贤道统等方面的看法。

(三)《孟子》主旨

孟子远继三代以来礼乐王道文明,中承孔子仁爱礼敬教思想,近续子思道从中庸之学,所谓"述唐、虞、三代之德""序诗书,述仲尼之意""子思唱之,孟子和之",注重心性思想、仁道政治的阐发,创立了战国时期著名的孟氏之儒。

在《孟子》中，孟子提出一系列主张，如仁义礼知的人本论、仁礼向善的性善论、仁义礼乐的人伦观、仁智相成的教学观、仁与不仁相继的历史观、与民同乐和保民而王的重民观等，主旨在于以仁义礼知乐之道修己安人，追求内圣外王的理想。全书以仁道为核心，围绕仁义、仁义礼、仁义礼知、仁义礼乐、仁礼、仁智、仁心、仁政、仁声、仁教等思想范畴，形成修养身心与齐家治世的理论。一方面，孟子提出以仁为先的修养理论，如以仁义之心尚志，以道义养浩然之气，以仁义良心存养人之为人的夜气，以仁义礼智之端成人，"以仁存心，以礼存心"，"居仁由义"成就大人之事，"爱人不亲反其仁"，"由仁义行，非行仁义"等；另一方面，孟子提出以仁德、仁声、仁教、仁义治世的仁政理论，如"发政施仁""仁者为能以大事小""行仁政而王""万乘之国行仁政""以力假仁者霸""以德行仁者王""仁政，必自经界始""为天下得人者谓之仁""仁者宜在高位""三代之得天下也以仁""国君好仁，天下无敌""君仁莫不仁""怀仁义以事其君""仁人无敌于天下""亲亲仁民爱物"等。

《孟子》各篇融汇仁、义、礼、智、乐等思想范畴于一体，形成以性善说、仁礼说、仁政论等为核心的道德政治理论，涉及人禽之辨、经权之辨、义利之辨、王霸之辨、仁义内外之辨等讨论。在笔者看来，《孟子》所论有以下几方面内容最值得称道：第一，孟子系统地揭示了人的四端与人性本善，开创性地将仁、义、智、礼、乐纳入家庭伦理与治理国政中，明确儒家道德修养的原则与方法，讲居仁、由义、门礼、养气、根植、反躬、扩充等实践途径，特色鲜明，影响深远。第二，孟子完善孔子的道德政治理论，提出合仁义礼而治的王道仁政说，高扬道德理性，但他也强调养生送死无憾是王道实施的前提，厘清物质文明与精神文明建设的先后、轻重、缓急关系。第三，孟子在修身、齐家、治国、认知客观世界等方面为世人特别是治政者提供了丰富的思想资源和根本方法，如"富贵不能淫，贫贱不能移，威武不能屈"的大丈夫品格，"穷则独善其身，达则兼善天下"的士人气节，"至大至刚，以直养而无害，则塞于天地之间"的浩然之气，"自反而缩，虽千万人，吾往矣"的无畏之勇，"人之有德慧术知者，恒存乎疢疾"的修身之法，"反身而诚，乐莫大焉"的豁达乐观。第四，孟子基于对仁礼的理解，提出比较激进的民本思想，对后世影响深远，如"保民而王，莫之能御也""乐民之乐者，民亦乐其乐；忧民之忧者，民亦忧其忧。乐以天下，忧以天下""民为贵，社稷次之，君为轻"的重民爱民思想，直接《尚书》中的"民为邦本"论，成为传统民本思想发展的重要环节。孟子以上主张和思想激励后进，启迪人生，裨益民生，对人们全面认识历史与现实、改造主观和客观世界具有重要的指导与参考。

二 《孟子》与人文修养

一部《孟子》书，约三万四千言，大半讲的是道德修养、人文教化，即《大学》所言修身、齐家、治国、平天下，与孔子所讲修己安人、立己达己与立人达人之道一脉相承。在《孟子》中，既有关于道德修养的长篇大论，也有对历史、现实的独特认知，对人情事理的高明见解，对语言文字的高超驾驭，体现了孟子在道德、认知、文学等方面的修养。这些对于提升今人的人文修养都有很大的引导与启示作用。

（一）《孟子》与道德修养

围绕如何成就君子、圣贤，孟子提出诸多道德修养主张，如修其"仁义忠信，乐善不倦"之天爵，"以仁存心，以礼存心"，"存其心，养其性"，"寡欲"以养心，"养其大者为大人"，"穷则独善其身，达则兼善天下"，"亲亲而仁民，仁民而爱物"，养至大至刚、集义而生的"浩然之气"，"居仁由义"，等，蔚然大观。这些修养论主要讲士大夫的修养内容、方法、目标和境界等，实则讲的是人之为人、如何成为大人、君子、贤圣的道理，即人文化成、修齐治平之道，具有丰富的内涵。首先，这种修养论基于孟子对人的根本依据和人性本善的认识而论。孟子认为人与禽兽之别微乎其微，只有圣贤君子秉承、弘扬仁义之道，才可保持人之为人的道德底线，即"人之所以异于禽兽者几希，庶民去之，君子存之。舜明于庶物，察于人伦，由仁义行，非行仁义也"。在孟子看来，人伦道德修养是人与禽兽的根本之别，所谓"人之有道也，饱食、暖衣、逸居而无教，则近于禽兽。圣人有忧之，使契为司徒，教以人伦：父子有亲，君臣有义，夫妇有别，长幼有序，朋友有信"。其次，这种道德修养的主体核心是弘仁，如由仁义行、居仁由义、仁义忠信、以仁存心、仁民等。再次，基本方法是养性，包括养气、养心、养性、养体、养勇、养善等，所谓"养浩然之气""养勇""以善养人""存其心，养其性""养移体""养其大者""寡欲"养心等，实质是以仁道为主、诸德（仁、义、礼、孝悌忠信等）相辅之道。从基本理路和实践途径而言，可从以下几方面探讨。

1. 由内而外

《庄子·天下篇》讲"内圣外王之道"，后人常借之，定位儒学主旨，大致不错。孟子的道德修养思想基本遵循由内而外的理路，如居仁由义而以礼为门，独善其身而兼善天下，就是如此。孟子主张以性善为根、仁义为本、礼智相持，来提高道德修养，居仁由义门礼是其修养理论的根本途径。所谓"由仁义行，而非行仁义""夫义，路也；礼，门也。惟君子能由是路，出入是门也""居仁由义，大人之事备矣"。人之为人，是因为仁义礼智之心，所谓"恻隐之心，仁之端也；羞恶之心，义之端也；辞让之心，礼之端也；是非之心，智之端也。人之有是四端也，犹其有四体也"，所以要以仁义礼智之心与人交往，即"君子以仁存心，以礼存心。仁者爱人，有礼者敬人。爱人者人恒爱之，敬人者人恒敬之"。

修养的最终境界就是仁义礼智之善心、仁端由内生而外发，形成信美可观、出神入化的圣贤气象，所谓"君子所性，仁义礼智根于心。其生色也，睟然见于面，盎于背，施于四体，四体不言而喻""可欲之谓善，有诸己之谓信。充实之谓美，充实而有光辉之谓大，大而化之之谓圣，圣而不可知之之谓神"。宋儒所谓"学至气质变化方是有功"，即就此而言。这种气象和境界如孟子所言"浩然之气"，它"至大至刚，以直养而无害，则塞于天地之间。其为气也，配义与道"。它自内而外，自本及末，并非徒具其表或本末倒置，所谓"是集义所生者，非义袭而取之也"。究其实质，此浩然之气就是《大学》中所言"至于止善"，即如王国维先生所言"善化之意志"，"能陶冶意志而与性之善融合"。

2. 各安其位

儒家致力于在伦理道德基础上建立一种井然有序的理想社会，其道德修养主要针对基于个体之间、个体与群体之间、群体与群体之间的人伦关系与治国之道而言。在《孟子》中，孟子勾勒出人伦道德修养的标准和理想的社会秩序——"父子有亲，君臣有义，夫妇有别，长幼有序，朋友有信"，与《礼记·礼运》所言"父慈，子孝，兄良，弟悌，夫义，妇听，长惠，幼顺"，如出一辙。在人际关系处理中，这种道德修养又可概括为一个字——"道"，实际上就是人道，讲人之为人的道德标准，所谓"获于上有道，不信于友，弗获于上矣；信于友有道，事亲弗悦，弗信于友矣；悦亲有道，反身不诚，不悦于亲矣"。而这种人道的核心是仁德，所谓"仁也者，人也。合而言之，道也"。孟子既重视君臣贤者等为政者的道德修养，也重视父子、夫妇、兄弟等家庭成员和师生、朋友、长幼等社会群体的人道修养，但以亲亲、贤贤为最紧要之事，所谓"仁者无不爱也，急亲贤之为务"。孟子提倡修身、齐家、治国三大层面的道德修养，涉及各种社会个体与群体的关系处理，于是产生各种人伦关系的相应标准，提出朋友相处之道（"责善，朋友之道也"）、夫妻相处之道（"身不行道，不行于妻子；使人不以道，不能行于妻子"）、父子相处之道（"父子不相责善""事亲为大"）、婚姻之道（"男女居室，人之大伦也"）、师生相处之道（"君子之所以教者五：有如时雨化之者，有成德者，有达财者，有答问者，有私淑艾者"）等行为准则。

3. 忧乐圆融

早期儒家对于忧乐的态度一向从容达观，圆融以待。庞朴先生曾将忧分为外感的物质之忧、内发的精神之忧，将乐分为感性之乐与理性之乐,并认为儒家注重精神之忧,推崇理性之乐[①],洵为确论。儒家面对忧乐参半的人生,主张有所忧,有所乐,忧其所忧,乐其所乐,乐以待忧,乐观人生,皆以道义为标准。即使贫贱不已,也要安贫乐道,所谓孔颜之乐,即"饭疏食饮水,曲肱而枕之,乐亦在其中矣"(《论语·述而》)"一箪食,一瓢饮,在陋巷。人不堪其忧,回也不改其乐"(《论语·雍也》)。

孟子私淑夫子,秉承孔学儒道,对于忧乐也有一种通达深刻的洞见。如他认为人的生存和修养都要经历各种苦难磨炼,只有不避艰难,做到"富贵不能淫,贫贱不能移,威武不能屈",才能在苦难忧患中得到锻炼、发展,最终蚌病成珠。所谓"艰难困苦,玉汝于成"。孟子指出:"人之有德慧术知者,恒存乎疢疾。独孤臣孽子,其操心也危,其虑患也深,故达。"对这种思想的扩展性论述就是入选中学语文课本的《生于忧患,死于安乐》,二者一简一繁,相映成趣,互相对读,可加深对孟子忧患教育与修养思想的理解。

> 舜发于畎亩之中,傅说举于版筑之间,胶鬲举于鱼盐之中,管夷吾举于士,孙叔敖举于海,百里奚举于市。故天将降大任于是人也,必先苦其心志,劳其筋骨,饿其体肤,空乏其身,行拂乱其所为,所以动心忍性,曾益其所不能。人恒过,然后能改;困于心,衡于虑,而后作;征于色,发于声,而后喻。入则无法家拂士,出则无敌国外患者,国恒亡。然后知生于忧患而死于安乐也。

对于乐道、乐知,孟子也有独特的看法。在孟子看来,乐知天命、从善而行是修养的最高境界和根本路径。所谓"仁义忠信,乐善不倦,此天爵也;公卿大夫,此人爵也。古之人修其天爵,而人爵从之"。孟子在阐发心、性、天、命中将知天命、行善道的修养之义阐发殆尽,所谓"尽其心者,知其性也。知其性,则知天矣。存其心,养其性,所以

[①] 庞朴:《庞朴文集》(第3卷),山东大学出版社2005年版,第230—233页。

事天也。殀寿不贰,修身以俟之,所以立命也""求之有道,得之有命"。孔子言"不知命,无以为君子""知天命""畏天命",孟子则更进一步,讲如何知之,立之,只有如此,方可从容中道,弘仁明义,乐观人生,做到"万物皆备于我矣。反身而诚,乐莫大焉。强恕而行,求仁莫近焉""乐其道而忘人之势""尊德乐义,则可以嚣嚣矣",享受"仰不愧于天,俯不怍于人"之乐。这种乐观精神在孟子认知客观世界上也有充分的体现,如"天之高也,星辰之远也,苟求其故,千岁之日至,可坐而致也"。另外,孟子多谈乐道,鲜论忧道,孟子侧重谈乐,与孔子时时担忧道之不行、吾道不行的深切悲悯之心略有差异。当然,在孔子的忧乐论中,表面上多谈忧道,其深处则仍弘扬道义之乐,以此乐消弭世俗之忧。只是孔子含蓄而论,孟子则更显豁,并有所侧重。有学者将孔、孟、荀的忧乐观作对比,得出孔子忧乐圆融而孟子重忧、荀子重乐的结论,有待商榷。就以上孟子对乐道、乐知不厌其烦地阐发而论,孟子也是儒家弥合忧乐心境以求和谐、圆融的典型代表,不可割裂而观其忧乐论。儒家的忧乐观独具特色,他们希望仁者知者乐山乐水,君子知天命而守道,最终乐以忘忧,以道义之乐消愁人间的千万烦忧。而中国传统文化的另两大主干——道家、佛家则不以为然。如道家泯灭乐忧、甘苦的差别,强调不争无尤,绝学无忧,宠辱不惊,忧患与生俱来,无能者无所求,从而达到一种自然、超然之乐,甚至消解世俗之乐,所谓至乐无乐。佛家讲慈能予乐,悲能拔苦,通过觉悟和涅槃追求彼岸的极乐,超脱诸多世俗烦恼。管见以为儒、道、释三家忧乐观的差别大致可归纳为:儒家在道德境界上求世俗之乐,以道义之乐冲淡世俗之忧;道家在自然境界上求超然之乐,以虚无之心消解世俗之忧;佛家在天地境界上求超生、彼岸之乐,以去除世俗之忧。

(二)《孟子》与认知修养

宋代儒者程颐曾言"孟子言语句句是事实",指出孟子思想的特点。客观而论,孟子所言既有事实部分,也有理想成分甚至偏执之处,在很大程度上展现了孟子认知修养的多种面向。这既为后人认识上古三代和春秋战国的历史提供了丰富的信息，又为认知、理解各种事物和社会现象提供了很多合理的方法和启示，令人受益。至于其偏执之论，理当得到纠正。

1. 《孟子》认知中的事实成分。

在《孟子》中，孟子基于对政治、社会、家庭等现实的深刻理解，提出全面客观的见解，使其理论观点更具务实的色彩。如孟子对物质基础（衣食住行等生活必需）与上层建筑（治国安邦的仁义王道）的不同作用有辩证的理解和清醒的认识。一方面，他指出"养生丧死无憾，王道之始也""民非水火不生活，……圣人治天下，使有菽粟如水火。菽粟如水火，而民焉有不仁者乎？""明君制民之产，必使仰足以事父母，俯足以畜妻子，乐岁终身饱，凶年免于死亡。然后驱而之善，故民之从之也轻""无恒产而有恒心者，惟士为能。若民，则无恒产，因无恒心。苟无恒心，放辟，邪侈，无不为已"。另一方面，孟子又明确指出仁义道德对于国家政治的重要性，一再呼吁"王何必曰利？亦有仁义而已矣"，强调在物质有所保证的基础上加强道德建设，最终有益于国家政治，所谓"地方百里而可以王。王如施仁政于民，省刑罚，薄税敛，深耕易耨。壮者以暇日修其孝悌忠信，入以事其父兄，出以事其长上，可使制梃以挞秦楚之坚甲利兵矣"。又如他对于家庭中贤与不肖者的关系、父子相责的忌讳作了切实的分析，"中也养不中，才也养不才，故人乐有贤父兄也""责善，朋友之道也；父子责善，贼恩之大者""父子之间不责善。责善则离，离则不祥莫大焉"。再如他论善对于人际关系的不同作用，"以善服人者，未有能服人者也；以善养人，然后能服天下"，区分"以善服人"与"以善养人"，探讨二者的不同效果，体现了其在认知上立论务实、结论客观的特点。

孟子在认识现实、知人论世的高明之处在于，他既能全面认清客观事实，同时又鲜明地提出道德修养的作用与方法旗帜，不厌其烦地论证和强调以德行善的重要性。如孟子在讨论人性本能需求和孝德追求时，既讲"人少，则慕父母；知好色，则慕少艾；有妻子，则慕妻子；仕则慕君，不得于君则热中"，又讲舜能以孝德守身，做到"人悦之、好色、富贵，无足以解忧者，惟顺于父母可以解忧""大孝终身慕父母"。又如他分析众生忙碌现象背后的根本诉求，归为"利""善"二字，所谓"鸡鸣而起，孳孳为善者，舜之徒也。鸡鸣而起，孳孳为利者，跖之徒也。欲知舜与跖之分，无他，利与善之间也"。孟子竭力提倡以仁义礼智修身治世，提倡"君子莫大乎与人为善""乐善不倦""穷则独善其身，达则兼善天下""善政得民财，善教得民心"等。这些看法与论证比较全面、中肯，展现了孟子认知修养的理智色彩，而侧重道德修养的主题和目的也非常鲜明。

2. 《孟子》认知中的理想成分。

在《孟子》中，孟子对理想社会有详细的描述，与《礼记·礼运》中描述的小康社会、《荀子·王制》中的王道国家类似。在那里，人们安居乐业，丰衣足食，有恩有情，有义有别，有序有为，养生丧死无憾，如《孟子·梁惠王上》中有一段集中的论述，最为典型：

> 不违农时，谷不可胜食也；数罟不入洿池，鱼鳖不可胜食也；斧斤以时入山林，材木不可胜用也。谷与鱼鳖不可胜食，材木不可胜用，是使民养生丧死无憾也。养生丧死无憾，王道之始也。五亩之宅，树之以桑，五十者可以衣帛矣；鸡豚狗彘之畜，无失其时，七十者可以食肉矣；百亩之田，勿夺其时，八口之家可以无饥矣；谨庠序之教，申之以孝悌之义，颁白者不负戴于道路矣。七十者衣帛食肉，黎民不饥不寒，然而不王者，未之有也。

对于这种理想社会的来源，孟子将之归于文王施行德教的时代，

> 五亩之宅，树墙下以桑，匹妇蚕之，则老者足以衣帛矣。五母鸡，二母彘，无失其时，老者足以无失肉矣。百亩之田，匹夫耕之，八口之家足以无饥矣。所谓西伯善养老者，制其田里，教之树畜，导其妻子使养其老。五十非帛不暖，七十非肉不饱。不暖不饱，谓之冻馁。文王之民无冻馁之老者，此之谓也。

其他地方亦见孟子对理想社会（如田赋制）的勾勒和规划：

> 请野九一而助，国中什一使自赋。卿以下必有圭田，圭田五十亩。余夫二十五亩。死徙无出乡，乡田同井，出入相友，守望相助，疾病相扶持，则百姓亲睦。方里而井，井九百亩，其中为公田。八家皆私百亩，同养公田。公事毕，然后敢治私事，所以别野人也。

不过，在作者描述这些理想社会的背后，我们隐约看到的是当时战国纷扰、民不聊生的社会现实，"争地以战，杀人盈野；争城以战，杀人盈城"，"凶年饥岁，君之民老弱转乎沟壑，壮者散而之四方者，几千人矣"。我们可以想象当时乱世无道、君民争利、侵夺经界而民不得安、生无所养、死有所憾、仓皇无依的情形。这些记载都是了解和认知战国时期中原地区历史的一面镜子。

3.《孟子》认知中的偏执成分。

初读《孟子》，既为其豪情壮志所感动，又为其义理雄辩所折服。不过，如再深读，就会发现其中某些话语不乏偏执的成分，即后世史家讲的"迂远而阔于事情"。这也是我们在利用《孟子》来提升认知修养时需要格外注意的地方。孟子言"尽信《书》，则不如无《书》"。我们读《孟子》，亦可作如是观，对孟子所言不可尽信盲从。其偏执之处可从以下所选论述中窥知一二。

孟子强调君王仁义道德在王朝兴衰中的重要性无可非议，但过于拔高其在政权易代中发挥的作用，有失全面。如对上古三代战争、天下易主的分析就是如此。

> 孟子曰："尽信《书》，则不如无《书》。吾于《武成》，取二三策而已矣。仁人无敌于天下，以至仁伐至不仁，而何其血之流杵也？"

> 孟子曰："三代之得天下也以仁，其失天下也以不仁。国之所

以废兴存亡者亦然。

因为时代、文化理念的缘故，《孟子》中的某些观点和思想也需重新审视，如对亲疏关系不同、性质后果相同的打架斗殴处理方式，不可盲目传承与发扬。

今有同室之人斗者，救之，虽被发缨冠而救之，可也。乡邻有斗者，被发缨冠而往救之，则惑也，虽闭户可也。

再如对父母触犯公法，孟子选择通过包庇或潜逃的方式来应对，显然于法理、公义相悖，是其思想主张偏执之处，不值得提倡。

桃应问曰："舜为天子，皋陶为士，瞽瞍杀人，则如之何？"
孟子曰："执之而已矣。"
"然则舜不禁与？"
曰："夫舜恶得而禁之？夫有所受之也。"
"然则舜如之何？"
曰："舜视弃天下，犹弃敝蹝也。窃负而逃，遵海滨而处，终身䜣然，乐而忘天下。"

此外，《孟子》对于人性、人知先天与后天的复杂性没有更为全面、深刻的理解，如良能、良知的阐发提升了人的先天禀赋作用，但忽略了后天作用和人性、人知的差异性，从而可能陷入唯心论的泥淖。

孟子曰："人之所不学而能者，其良能也；所不虑而知者，其良知也。孩提之童，无不知爱其亲者；及其长也，无不知敬其兄也。亲亲，仁也；敬长，义也。无他，达之天下也。"

（三）《孟子》与文学修养

孟子辩才无碍，引人注目，史载"外人皆称夫子好辩"。当代学者郭沫若先生曾将《孟子》《庄子》《荀子》《韩非子》并举为先秦散文"四大台柱"，称"孟文的犀利，庄文的恣肆，荀文的浑厚，韩文的峻峭，单拿文章来讲，实在是各有千秋"[1]；杨泽波指出《孟子》文学的三大特色：气势磅礴宏大、语言生动明快、形象个性鲜明[2]，都有一定道理。单就语言修辞应用而论，从《孟子》中可见，孟子善用比喻、力陈道德、语含哲理、精辟有力等，"犀利"之言比比皆是，显示了其高超的文字修养水平与语言驾驭能力。今人仔细品读，对于提升文学素养或辩论水平当有很大的启示。

1. 善于设喻，举例论证

汉代赵岐曾言"孟子长于譬喻，辞不迫切，而意已独至"[3]。翻阅《孟子》，其"长于譬喻"之处比比皆是，为论证自己的观点提供了有力的武器。

（1）比较简单的比喻。如"民归之，由水之就下，沛然谁能御之""民之归仁也，犹水之就下、兽之走圹也""武丁朝诸侯有天下，犹运之掌也""以若所为，求若所欲，犹缘木而求鱼也""以德服人者，中心悦而诚服也，如七十子之服孔子也""仁则荣，不仁则辱。今恶辱而居不仁，是犹恶湿而居下也""凡有四端于我者，知皆扩而充之矣，若火之始然，泉之始达""仁者如射，射者正己而后发。发而不中，不怨胜己者，反求诸己而已矣""立于恶人之朝，与恶人言，如以朝衣朝冠坐于涂炭""视天下悦而归己，犹草芥也""今之欲王者，犹七年之病求三年之艾也""为不顺于父母，如穷人无所归""理义之悦我心，犹刍豢之悦我口""舜视弃天下，犹弃敝蹝也""道则高矣，美矣，宜若登天然，似

---

[1] 郭沫若：《十批判书》，东方出版社1996年版，第198页。
[2] 杨泽波：《孟子评传》，南京大学出版社1998年版，第402—407页。
[3] 焦循：《孟子正义》，中华书局1987年版，第18页。

不可及也""有为者辟若掘井，掘井九轫而不及泉，犹为弃井也""今之与杨墨辩者，如追放豚，既入其苙，又从而招之"等等。

（2）比较复杂的比喻。句子篇幅较长，稍显复杂，且掺杂举例成分在内，如：

> 君之视臣如手足，则臣视君如腹心；君之视臣如犬马，则臣视君如国人；君之视臣如土芥，则臣视君如寇仇。
>
> 仁之胜不仁也，犹水胜火。今之为仁者，犹以一杯水救一车薪之火也，不熄，则谓之水不胜火。此又与于不仁之甚者也，亦终必亡而已矣。
>
> 人性之善也，犹水之就下也。人无有不善，水无有不下。今夫水，搏而跃之，可使过颡；激而行之，可使在山。是岂水之性哉？其势则然也。人之可使为不善，其性亦犹是也。
>
> 庖有肥肉，厩有肥马，民有饥色，野有饿莩，此率兽而食人也。兽相食，且人恶之；为民父母，行政不免于率兽而食人，恶在其为民父母也？
>
> 杨朱、墨翟之言盈天下。天下之言，不归杨，则归墨。杨氏为我，是无君也；墨氏兼爱，是无父也。无父无君。是禽兽也。
>
> 仁，人心也；义，人路也。舍其路而弗由，放其心而不知求，哀哉！人有鸡犬放，则知求之；有放心而不知求。学问之道无他，求其放心而已矣。
>
> 有天爵者，有人爵者。仁义忠信，乐善不倦，此天爵也；公卿大夫，此人爵也。古之人修其天爵，而人爵从之。今之人修其天爵，以要人爵；既得人爵，而弃其天爵，则惑之甚者也，终亦必亡而已矣。

此外，还有一些没有明显的"如""似""犹"之类的提示字，但也运用了比喻修辞的句子，如"食而弗爱，豕交之也；爱而不敬，兽畜之也""夫义，路也；礼，门也""嫂溺不援，是豺狼也""规矩，方员之至也；圣人，人伦之至也""仁，人之安宅也；义，人之正路也"。

《孟子》也非常擅长通过举例子的方式来论证自己的观点，和韩非子、庄子等诸子一样，是讲故事的高手。如：

> 所以谓人皆有不忍人之心者，今人乍见孺子将入于井，皆有怵惕恻隐之心，非所以内交于孺子之父母也，非所以要誉于乡党朋友也，非恶其声而然也。

又如：

> 戴盈之曰："什一，去关市之征，今兹未能，请轻之，以待来年，然后已，何如？"
> 孟子曰："今有人日攘其邻之鸡者，或告之曰：'是非君子之道。'曰：'请损之，月攘一鸡，以待来年，然后已。'如知其非义，斯速已矣，何待来年？"

又如：

> 今有无名之指，屈而不信，非疾痛害事也，如有能信之者，则不远秦楚之路，为指之不若人也。指不若人，则知恶之；心不若人，则不知恶，此之谓不知类也。

再如：

> 拱把之桐梓，人苟欲生之，皆知所以养之者。至于身，而不知所以养之者，岂爱身不若桐梓哉？弗思甚也。

2. 力陈道德，励志明义

《孟子》在论证道德修养时，陈辞激昂，沛然难御，启迪心智，显示出其强大的文字表现力和凛然正气，如对至大至刚的浩然之气的描述与追求：

曰："我知言，我善养吾浩然之气。"
"敢问何谓浩然之气？"
曰："难言也。其为气也，至大至刚，以直养而无害，则塞于天地之间。其为气也，
配义与道；无是，馁也。是集义所生者，非义袭而取之也。行有不慊于心，则馁矣。

又如对大丈夫品格、大勇之德、大道之行、大事的描述与追慕：

居天下之广居，立天下之正位，行天下之大道。得志与民由之，不得志独行其道。富贵不能淫，贫贱不能移，威武不能屈。此之谓大丈夫。
如欲平治天下，当今之世，舍我其谁也？
养生者不足以当大事，惟送死可以当大事
事孰为大？事亲为大；守孰为大？守身为大。

孟子曾称"闻伯夷之风者，顽夫廉，懦夫有立志；闻柳下惠之风者，薄夫敦，鄙夫宽。奋乎百世之上，百世之下，闻者莫不兴起也"。准此以观，上列孟子之言确乎有使"顽夫廉，懦夫有立志""薄夫敦，鄙夫宽"的教化作用，形成传统儒家文化中的清流，影响后世，流风所至，惠及今人。如"富贵不能淫，贫贱不能移，威武不能屈"激励了古今许多凡夫俗子，努力奔竞，保持独立之人格，向往自由之精神。后世宋儒陈亮龙川豪言"推倒一世之智勇，开拓万古之心胸"（《又甲辰秋书》），也多少有孟夫子所言"当今之世，舍我其谁也"的影子。孟子所言及蕴含的精神成为古代儒家文化中的一股清流，影响深远，至今仍励志明义，裨益世人。如国内大学（如山东大学）化用孟子之言，以"气

有浩然"作为校训,激励后学后进;中学时代,笔者在校园墙报上,第一次见到"虽千万人,吾往矣",心有戚戚,不无振奋,古往今来,人同此心,心同此理,会理处皆有感动,欣然往慕,自然之至。此等影响都与孟子的思想深邃、语意深刻、文字灵动密切相关。

3. 语含哲理,辩证而论

孟子有很多论述富含哲理意味,全面客观,不失中正,充满辩证色彩,启人心智,锻炼修辞,品读之后,令人受益匪浅。兹分类陈列如下:

(1) 全面客观而论的语句

早期儒家对人情事理有深刻的洞见,事从中庸,务求情理兼济,中和中正,如孔子言"近之则不逊,远之则怨""小不忍乱大谋""人而无远虑,必有近忧""其言之不怍,则其为之难也",主张待人接事、观察世界要做到"毋意,毋必,毋固,毋我",讲君子"和而不同""周而不比""惠而不费,劳而不怨,欲而不贪,泰而不骄,威而不猛","乐而不淫,哀而不伤"等。孟子深谙孔子之学和世事之理,同样务求知人论世要全面、客观、中正,故以精辟之语畅揭孔子的修养理论要义,显示出高超的文学素养和文字驾驭能力。如"饥者易为食,渴者易为饮""饥者甘食,渴者甘饮""尽信《书》,则不如无《书》""人之易其言也,无责耳矣""权,然后知轻重;度,然后知长短。物皆然,心为甚""夫物之不齐,物之情也""沧浪之水清兮,可以濯我缨;沧浪之水浊兮,可以濯我足""天下有道,以道殉身;天下无道,以身殉道。未闻以道殉乎人者也""梓匠轮舆,能与人规矩,不能使人巧"。

(2) 充满辩证色彩的语句

关于儒家和孟子的辩证法思想,庞朴、萧萐父、方克等学者的论著中多少都有涉及,不乏精当之论。此处所言孟子文学修养论中的辩证思想,主要就其关于两相矛盾的范畴(如远近、易难、有无、上下、高低等)相反相成、对立统一地存在于错综复杂的现象世界而论。这种朴素的辩证思想属于一种认识论和方法论,如对远近、难易的辩证而论,"道在尔而求诸远,事在易而求之难";对有无、誉毁的辩证而论,"有不虞之誉，有求全之毁"；对不为、有为的辩证而论，"人有不为也，而后可以有为"；对昏、昭的辩证而论，"贤者以其昭昭，使人昭昭；今以其昏昏，使人昭昭"；对御暴、为暴的辩证而论，"古之为关也，将以御暴；今之为关也，将以为暴"；对高、下的辩证而论，"为高必因丘陵，为下必因川泽"；对枉、直的辩证而论，"枉己者，未有能直人者也"；对一般、特殊的辩证而论，"仕非为贫也，而有时乎为贫；娶妻非为养也，而有时乎为养"。孟子所言体现辩证而论的语言风格和修辞之法，在其他儒家和诸子中亦不鲜见，均为人们观察、理解现象背后的内因与实质提供了某种方法和启示，弥足珍贵。

　　孟子曾言"心之所同然者何也？谓理也，义也。圣人先得我心之所同然耳。故理义之悦我心，犹刍豢之悦我口"。读者如果仔细体味这些充满哲理的言语，并佐以实际生活中的某些经历和体验，涵泳沉潜，自有意味深长之处沁人心脾，甘之如饴，"理义之悦我心"之感或许油然生胸，"于我心有戚戚焉"。古今相通，同情共鸣，这也是今人透过儒家元典的语言，领略体行其中精神，追求某种人文修养的重要前提和重要途径。

　　此外，《孟子》中有不少精辟的语句，经过直接摘录和稍作转化，形成大量脍炙人口、启人心智的成语，流传百世，体现了《孟子》独特的文学价值与思想魅力。如"心有戚戚""明察秋毫""水深火热""出尔反尔""绰绰有余""闻过则喜""事半功倍""一傅众咻""劳心劳力""若合符节""左右逢源""一暴十寒""舍生取义""金声玉振""自怨自艾""知人论世""先知先觉""习焉不察""沛然难御""仰俯不愧""不言而喻""进锐退速""同流合污""缘木求鱼""手舞足蹈""出类拔萃""心悦诚服""拒之千里之外""曾经沧海""五十步笑百步""无规矩不成方圆""穷则独善，达则兼善""不孝有三，无后为大"等。

　　需要注意的是，在以上所举成语中，有的在后世流传中发生形式或含义的变化，如"达则兼善天下"演变为"达则兼济天下"，人们更熟悉一种说法。有些说法经过套用和添加新的内容，意思也发生了某些变化，如当代青年大学生化用"不孝有三，无后为大"，流传新三不孝（"不考研、不考公、不考编"）和"不孝有三，读博为大""不孝有三，无编为大"等说法，有点"夺他人之酒杯，浇自己之块垒"的意味。这虽然很难称得上是今人对古代孟子思想的转化与创新，但确实是古典今用的显明例证。

总之，孟子的人文修养思想反映了春秋战国时代的文化信息，体现了早期儒家高超的文学艺术修辞，为后人提供了丰富的道德、知识与文学方面的思想养分，弥足珍贵。

三 《孟子》读法

《孟子》内容充实，主旨鲜明，富含深厚的人文修养资源。那么，如何阅读这本儒家元典，尽快更好地领略其思想精华呢？对此，前人提供了很多有益的指导和建议，如梁启超《如何读〈孟子〉》（外一则）（《国学》2013年第9期）、张岂之《怎样读〈孟子〉》（《湖湘论坛》1998年第4期）、梁涛《怎样读〈孟子〉》（《中华读书报》，2015年7月15日，第8版）等，分别从修养与研究、仁政思想、逐字逐句细读与时间思想两条线索把握等不同角度作了精辟的阐述，颇富启示。不过，需要注意的是：读者性情不同，需求和关注点及思考的问题不同，阅读的角度也不尽相同，应根据个人实际情况，选择不同方式，循序渐进地读《孟子》。

对于一般读者而言，有必要先借助某些已经分好类别的导读性书籍，在较短时间内了解此书梗概，并根据个人性情所好，择要而读。如果读者对义理感兴趣，不妨先读读《尽心》篇，语句多短小精辟，深具哲理性，耐人寻味；如果读者对文学修辞感兴趣，不妨择要阅读书中含有比喻、故事的章节；如果读者对政治思想、个人修养感兴趣，不妨选读有仁义礼等关键词的语段，领会如何居仁由义，以礼为门，平治天下，提升修养；如果对教育思想感兴趣，不妨选择相关的私学教育、家庭教育、社会教育等章节来读；如果想了解孟子的生平经历，可以先细读《史记》中的孟子列传,再参照现代学者结合不同史料作的孟子生平大事记或年表等,如杨泽波《孟子评传》书后的孟子年表附录①。

如果打算进一步深入学习《孟子》,了解孟子思想,读者要尝试阅读和比较一些古今注释、解读,利用索引类著作,如古人赵岐《孟子注》、朱熹《孟子集注》、焦循《孟子正义》等,今人杨伯峻、梁涛、杨泽波和幺峻洲、王其俊等学者的译注、解读、孟学史和索引等,详见本讲后所列参考文献。此外,如果深度学习《孟子》,我们还要充分了解前人有关《孟子》的研究历史与当前学术前沿及动态走向,如有的学者提出应该综合运用"内在研究""外在研究"两种理路,以求其全貌,并从孟子思想中的身心关系论与修养工夫论、东亚孟子学的发展及其思想的同调与异趣、全球化时代孟子思想的"普世价值"等方向努力和创新,指出其未来方向在于"多学科结合""宏观微观结合""古今结合""有史料、有观点、有主线、有关切"②。

简言之,读者应该从个人客观情况与主观需求出发,有选择地循序而读《孟子》,在博学、审问、慎思、明辨、笃行中思考、体会,由浅入深,然后才可能有所得。所谓"君子深造之以道,欲其自得之也"(《离娄下》),读者只有学有自得,才可能将包括《孟子》在内的儒家元典中的思想精华转化为自己学习、生活和工作的精神动力和思想养分,儒家文化才可能真正地焕发新的活力不至于打折或流于空谈。

课后思读

一 讨论思考

1. 结合导言和正文中所录《孟子》语录,选择一二,谈自己的体会。

---

① 参见杨泽波:《孟子评传》,南京大学出版社1998年版,第477—488页。
② 参见黄俊杰《21世纪孟子学研究的新展望》,《文史哲》2006年第5期;梁涛、杨海文《20世纪以来的孟学史研究》,《文史哲》2012年第6期。

2. 评析居仁、由义、门礼在孟子人文修养思想中的作用。

3. 参照后面所列古人读《孟子》诗，试评孟子思想的影响。

二 参考文献

焦循：《孟子正义》，中华书局 1987 年版。

杨国荣：《孟子评传——走向内圣之境》，广西教育出版社 1994 年版。

夏传才：《十三经概论·孟子》，天津人民出版社 1998 年版。

杨泽波：《孟子评传》，南京大学出版社 1998 年版。

董洪利：《十三经说略·孟子》，北京燕山出版社 2002 年版。

金良年：《孟子译注》，上海古籍出版社 2004 年版。

杨伯峻：《孟子译注》，中华书局 2005 年版。

杨伯峻：《经书浅谈·孟子》，中华书局 2005 年版。

幺峻洲：《孟子索引》，齐鲁书社 2009 年版。

梁涛：《孟子解读》，人民大学出版社 2010 年版。

朱熹：《四书集注·孟子集注》，中华书局 2012 年版。

王其俊：《孟子品读》，山东大学出版社 2016 年版。

梁涛：《怎样读〈孟子〉》，《中华读书报》2015 年 7 月 15 日第 8 版。

三 延伸阅读

摘录数首古人读《孟子》诗，供同好了解和参考。

1. 王安石《孟子》

沉魄浮魂不可招，遗编一读想风标。

何妨举世嫌迂阔，故有斯人慰寂寥。

2. 彭汝砺《读孟子》

饱食无庸近素餐，低徊还恐似墦间。

黄昏一读遗编尽，梦寐清风亦厚颜。

3. 王令《读孟子》

去梁无故又辞齐，弟子纷纷益不知。

天下未平虽我事，己身已枉更何为。
后来谁是闻风者，当世何尝不召师。
士要自高无顾世，遗编今亦有人疑。

4. 李处权《潜心斋》（部分）
孟子<u>养浩然</u>，卓尔踵后尘。
万钟与千乘，<u>不肯易其身</u>。

第九讲 《荀子》导读

(隆礼重法亲仁)

有这样一本儒家元典，它既崇仁重理，又隆礼重法，学杂儒法，旁及其他。一方面，它提倡礼乐，主张仁义，积礼义而为君子、大儒、圣贤，行儒术而美身、美俗、美政，行王道、王制于天下，弘扬儒学精义，捍卫儒家立场；另一方面，它重视法度，认为人性本恶，情不甚美，不废霸道，针砭儒学弊端，评判诸家长短，糅合诸家思想，弘扬儒术，被后人视作杂驳之作。它集先秦学术之大成，开启了儒家批判性全面援引道法墨诸家学说完善、发展儒学的大门，成为汉代经学的重要渊薮，影响中国传统和当代儒学的发展。它就是本章拟讲的《荀子》。

一 《荀子》简介

《荀子》由荀子撰写、后学补充整理而成。《荀子》内容丰富，立意高远，每篇大致有一个相对固定的主题，部分篇章之际存在疏密不一的联系，整体上具有相当的条理性，主旨在于隆礼、重法、崇仁、重理。

(一)《荀子》来历

1. 《荀子》编撰

《荀子》又称《孙卿子》《荀卿新书》《荀卿子》，由荀子撰写、后学补充完善而成。它是荀子有感于社会动荡不安、政治世道混乱、学术诸家争鸣而发表自己见解的产物。如司马迁《史记·荀卿列传》载，

"荀卿疾浊世之政，亡国乱君相属，不遂大道而营于巫祝，信禨祥，鄙儒小拘，如庄周等又猾稽乱俗，于是推儒、墨、道德之行事兴坏，序列著数万言而卒"。《荀子》初经荀门弟子传习、整理，流布四方，篇帙浩繁，参差不齐，曾有三百余篇之多；后经西汉刘向等人归类、排序，整理成三十二篇，名为《荀卿子新书》；至唐又由杨倞编排、注解，大致形成今天所见的《荀子》。

2. 《荀子》作者

有关荀子的生平，《荀子》一书所载不多，且带有感情色彩，如末篇《尧问》言"孙卿迫于乱世，鳋于严刑，上无贤主，下遇暴秦，礼义不行，教化不成，仁者绌约，天下冥冥，行全刺之，诸侯大倾。当是时也，知者不得虑，能者不得治，贤者不得使。故君上蔽而无睹，贤人距而不受。……天下不治，孙卿不遇时也。德若尧禹，世少知之；方术不用，为人所疑"。后来《史记·荀卿列传》中有一百九十余字，简单介绍了荀子生平事迹：

> 荀卿，赵人。年五十，始来游学于齐。驺衍之术迂大而闳辩；奭也文具难施；淳于髡久与处，时有得善言。故齐人颂曰："谈天衍，雕龙奭，炙毂过髡。"田骈之属皆已死。齐襄王时，而荀卿最为老师。齐尚修列大夫之缺，而荀卿三为祭酒焉。齐人或谗荀卿，荀卿乃适楚，而春申君以为兰陵令。春申君死而荀卿废，因家兰陵。李斯尝为弟子，已而相秦。荀卿嫉浊世之政，亡国乱君相属，不遂大道而营于巫祝，信禨祥，鄙儒小拘，如庄周等又猾稽乱俗，于是推儒、墨、道德之行事兴坏，序列著数万言而卒。因葬兰陵。

这段文字大体勾勒了荀子在齐、楚两地的活动，讲《荀子》成书背景，非常难得。但是其中有的记载错讹（如来齐年龄），夹杂稷下学宫其他学者概况，没有早年荀子事迹，有的记载存在争议，成为久而难决的学术公案。在此，笔者借鉴汪中著《荀子年表》、刘蔚华和苗润田著《稷下学史·荀况生平新考》的相关成果，大致介绍荀子所处时代背景和个人生平。

荀子（约前328—约前235），姓孙，名况，字卿，又称荀卿、孙卿。他生活于战国（前475年至前221）末季，当时诸侯割据，七国争雄，战火绵延，天下大乱。但乱中有治，各国为了自存图强，纷纷推行政治、经济和文化变革，激发思想革新，推动中原及周边地区的全面进步，并逐渐走向天下新的统一。在这种背景下，荀子少年时前往齐国游学，流连于稷下学宫，与各地学者相会、交流，多所请教。此后，他在齐地讲学论道，曾数次执掌稷下学宫"祭酒"之职，有"最为老师"的美誉。荀子在学习、论道、议政、授徒、游学、游说、著述、入仕中度过一生。他曾有志于学而优则仕，在公元前4世纪末期至3世纪初期，一度活跃于齐楚两地，游走于燕赵秦诸国之间，希望得君行道，以儒术治政。晚年，荀卿在兰陵（今临沂苍山）两次为当地长官，最后老死于此。在仕宦之余，荀子教授弟子，笔耕不辍，晚年潜心著述，"兴坏序列，著数万言"①，总结古今历史，重振孔学儒道，撰写《荀子》大部分篇章。荀子的著述在当世流传，产生了不小的影响，史载战国末年"诸侯多辩士，如荀卿之徒，著书布天下"②，他的弟子非常自信地扬言"今之学者，得孙卿之遗言余教，足以为天下法式表仪。所存者神，所过者化"（《尧问》）。而今人翻阅《荀子》，学习"孙卿之遗言余教"，也可从中汲取某些思想养分，更好地修身齐家、为人处世或治国理政。

（二）《荀子》内容

《荀子》一书分20卷、32篇，近8万字。对于各篇大义，今人多有梳理与介绍③，在吕思勉看来，"《荀子》书多精论，然颇陵杂无条理，今为料拣之。案《荀子》书宗旨，荦荦大者，凡有八端：曰'法后王'，

---

① 《史记·荀卿列传》。
② 《史记·吕不韦列传》。
③ 如郭志坤：《荀学论稿》，生活·读书·新知三联书店1991年版，第4—10页；吕思勉：《经子解题·荀子》，华东师范大学出版社1995年版，第129页；朋星：《试论〈荀子〉的写作模式》，《管子学刊》1997年第4期。

见《不苟》《非相》《儒效》《王制》诸篇。曰主人治，见《王制》《君道》《致士》诸篇。曰群必有分，见《王制》《富国》诸篇。曰阶级不能无，见《荣辱》《富国》诸篇。曰性恶，见《荣辱》《性恶》诸篇。曰法自然，见《天论》《解蔽》诸篇。曰正名，见《正名》篇。此外攻击儒、墨、名、法，与权谋诸家之语，散见《非十二子》《儒效》《王霸》《君道》《议兵》《强国》《正论》《乐论》诸篇。要之《荀子》书于诸家皆有诘难；语其宗旨，实与法家最近；而又蒙儒家之面目者也。全书中最精者，为《天论》《正论》《解蔽》《正名》四篇"①，颇为翔实，极具启示。不过，就个人阅读经验而论，《荀子》每篇大致有一个相对固定的主题，部分篇章之间存在疏密不一的联系，整体上具有相当的条理性，这一点与《论语》《孟子》有所不同。在此，我们略述全书诸篇大致内容和彼此联系如下：

《劝学篇第一》，本篇旨在劝学，鼓励士人致力于君子之学，诵经读礼，学而不已，积善成德，进至圣境，以美其身，本篇既是提挈全书的纲领，又是理解《荀子》全书思想的关键。

《修身篇第二》，本篇承上章而来，围绕积善成德、隆礼亲师以提升修养而论，指出修身之要在于心向善、由礼法、本仁义、亲师友。

《不苟篇第三》，本篇承上两篇而来，绝大部分讲君子之所贵、所能等体现道德风范的言行举止，在整个《荀子》中绝无仅有。这种笔法和目的类似《礼记·儒行》，可两两对读，加深理解。

《荣辱篇第四》，本篇从恭俭言善、非斗辨勇、义利荣辱、三代之法、君子小人之辨、情欲之节、群居和一的功用等方面论述西周礼制，诉诸道则称先王之道、仁义之本，形诸文有诗书礼乐之属，投诸用为修身、齐家、治国、平天下。

《非相篇第五》，本篇前半部分主要批判当时流行的相面术，针砭当时以貌取人的虚妄之俗，重在破；后半部分论述君子之辩、演讲之术（elocution），讲有礼有义的君子之辩，重在立。

---

① 吕思勉：《经子解题·荀子》，华东师范大学出版社1995年版，第129页。

《非十二子篇第六》，本篇类似《非相》篇，感于思想界各学派学说纷立，混淆视听，多有不益世道人心、天下治理乃至儒学内部"劣币驱逐良币"的混乱现象，荀子站在隆礼弘道的立场上，对当时流行的学派给予正面的评价和客观的批判，呼吁著述玄说要符合礼义。

《仲尼篇第七》，本篇前半部分阐述了儒家羞称五霸的原因，后半部分重点阐述与霸道相反的王道，仍立足于拨乱反正，推崇王道。

《儒效篇第八》，本篇论述儒之种种，探讨士君子积善成德、进至圣境的修为之道，匡其谬误，为时人描绘在朝美其政、在野美其俗的理想，彰显儒家人我俱美、天下大美的淑世之心。

《王制篇第九》，本篇论述治理国家之道：王道、霸道、强道、安存之道、危亡之道，重点在王道，次为不得王道而行之的霸强之道，尊王道而不贱霸道。本篇是《荀子》全书前十六章内容的分水岭。如果说前八章只是就理论层面阐述君子之学、圣人何成、积善成德、真儒何用、先王之法、百王之道等，那么随后八章更多地涉及致用层面，如士君子如何以王法王道、真儒精神提高君臣修养，确立王制王道，强本节用，招贤纳士，富国富民，强国强兵，成就王霸之业等。

《富国篇第十》，本篇论述富国前提在于治国有序，即明分使群，使君贤臣能，开源节流，民尽其力，百业兴盛。而这些均当以礼义为先、由儒者担当，故有"儒术诚行，则天下大而富"之论。

《王霸篇第十一》，本篇主要论述仁人明君如何义立而王，信立而霸，立国强国，其根本大法在于礼义道法。

《君道篇第十二》，本篇论述君主的治国之道——君道，即善群之道，主要包括君子立国，尊贤使能，隆礼至法，奖罚分明。其中特别强调君子、君上是治法之原与民众之原的重要示范作用。且明君治国要处以公心，识用贤才，"其取人有道，其用人有法"。

《臣道篇第十三》，本篇论述为臣之道，通过分类和举例，将历史上的大臣详作分类、阐述。其中主张从道不从君，以仁德覆调君上，君臣遵循礼义，集中体现了儒家的为政思想。

《致士篇第十四》，本篇论述为政者如何鉴别、举用人才，讲"衡听、显幽、重明、退奸、进良之术",与前两篇的"慎取相""其取人有道,其用人有法"相呼应。

《议兵篇第十五》,本篇论述了王者之制在兵制、战争观中的体现,如提倡王者之军制、仁者之兵、王者之志、天下之将、仁义之兵、王者之事、兼并坚凝、德威流行等。

《强国篇第十六》,本篇论述君人治国、成就王者之业的要义在于隆礼义,尊贤能,可与前面的《君道》篇对读,加深理解。

《天论篇第十七》,本篇论述天行有常,治乱非天,天灾人祅与政治乱治无本质上的必然联系,指出善于治国者需明天人之分、合,在制天命而用之的同时,又要顺应天意,对天要知之,但不妄求错解,充满辩证色彩。涉及人事,荀子主张"节用裕民而善臧其余",礼义治国。

《正论篇第十八》,本篇针对当时盛行的各种错误俗说加以批驳,正人视听,以供治政,如主道利明幽、上古三代贤王是否篡夺、擅让不善禁令、能否教化、宋鈃见侮不辱非斗论、人情欲寡论等。

《礼论篇第十九》,本篇集中论述了礼制的本源、内容、作用等,从社会秩序、国家制度、人伦、人欲探讨礼的来源,尤为精要,是理解荀子礼学思想的枢机。在章太炎看来,本篇也是"掌握六经的钥匙",可与之后的《乐论》《性恶》等篇对读。

《乐论篇第二十》,本篇论述音乐的起源、作用,部分针对墨子非乐而发,故从先王之道有益教化治民的角度,力证雅乐存在和弘扬的必要性,和《礼记·乐记》篇内容有不少相似重合之处,集中而系统地展现了儒家的礼乐观,影响深远。

《解蔽篇第二十一》,本篇论述如何解除个人偏见,虚一而静,尽可能地认识到客观事物的全貌,达到明参日月的"大清明"之境界,是一篇心理学色彩较浓的专题论文。

《正名篇第二十二》,本篇针对现实中名实不副、定名混乱之状,有感而发,志于拨乱反正,故以正名立论,探讨如何定名、名之成因、名实关系和定名的政治作用(如明贵贱、辨同异、率民而一等)等,至为精辟,如梁任公所言"条理绵密,读之益人神智"。在章太炎看来,它还是"掌握《春秋》微言大义的钥匙"。

《性恶篇第二十三》，本篇集中阐述了荀子的人性论，是荀学中最著名、也是倍受争议的部分。主要观点有：人性本来存恶，善是伪饰之物；善是稀缺资源，故而人心向之；人只要有一颗不肯为小人之心，积善友贤，积靡砥砺，即可成有德之君子，达到圣王至善之境。

《君子篇第二十四》，本篇论君主、天子治国之事，分别从选贤与能、刑罚有等、赏惩分明、效法圣王、礼治天下等方面论述为君之道，体现了尊君思想，可与此前《君道》篇对读。

《成相篇第二十五》，本篇以通俗文学的形式——成相，论述循礼尚贤、明德慎罚、尊主爱下等明君贤臣治国思想，是一篇政治性很强的文学作品（或曰文学色彩较浓的政论文）。

《赋篇第二十六》，本篇托物言志，通过猜谜等（礼、知、云、蚕、箴、佹诗、小歌、遗春申君赋）讽喻现实政治。赋原为介于诗歌与散文之间的文学体裁，荀子开始将其作为一种独立的文体之名，影响深远。

《大略篇第二十七》，本篇主要论述隆礼重法、仁义爱民的治国思想，涉及义利之辨、修养与学习交友等，皆与礼相关，是理解荀子礼义思想的重要参照。其中多有警世妙语，可与《论语》相媲美。本篇内容多为简短的语录体，有学者称之为当时荀子授学时的课堂讲义，或无不可。

《宥坐篇第二十八》，本篇为儒门杂谈，前三事亦见于《孔子家语》《韩诗外传》《说苑》等书。本篇以下五篇故事或语录，多为后学摘录、汇编荀子或其他儒家的只言片说而成。

《子道篇第二十九》，本篇杂记孔门师徒论孝道、臣道、仁知、问学、君子小人忧等。

《法行篇第三十》，本篇主要记载孔子师弟论法，在全书中篇幅最短，反映了荀学中的礼法思想。其中所论圣人知礼、君子远耻、恪守五德、三恕、三思，都是从礼法思想的载体——君子、圣人而论礼义。

《哀公篇第三十一》，本篇主要记载鲁哀公与孔子君臣之间的对话，末章言定公与颜渊之语，在一定程度上反映了荀子察贤治国思想。所述诸事亦多见于《大戴礼记·哀公问五义》《家语·五仪》。

《尧问篇第三十二》，本篇主要记载远古和近古君臣、父子、师徒对话和后人对荀子的评价，反映了儒家的部分政治和修身主张。

综上可见，《荀子》一书内容丰富，各篇均有相对明确的主题，多首尾呼应，自成一体。它从论教学、修身、富国、强兵至君臣之道、礼乐文明，到谈天道人性、人伦仁义至正论正名、解蔽存明等，紧紧围绕如何成为圣贤君子、明君能臣而论，以实现"儒术诚行，则天下大而富"（《富国》）的政治理想，主张通过"积善成德，而神明自得，圣心备焉"（《劝学》）、"积礼义而为君子"（《儒效》），学习儒道，亲近师友，学行礼义，以达到身心和美、政美俗美的境界。整体而观，依前人之见，《荀子》内容可分为四大部分（尊君权、排异说、谨礼义、重考据①）或八大方面（法后王、主人治、群必有分、阶级不能无、性恶、法自然、正名、攻击儒、墨、名、法与权谋诸家之语②）。在我们看来，《荀子》围绕重建礼乐文明的核心议题，集中谈论了人生修养、学术批判、性伪之辨、知行合一、名实之别、礼乐教化、明分使群、隆礼重法、王霸天下、富国强兵等各种话题，期望儒术诚行，富国强邦，安定天下，体现出一种深切的现实关怀。

每部儒家元典流传至今，背后都有一段坎坷、辛酸的故事。因各种缘故，《荀子》并未如《孟子》那样幸运，被选入儒家经书之列，而是长期处于诸子之中。这与宋理学家重塑儒家道统有很大的关系。在唐代，韩愈评价荀学"大醇小疵"，比较公允。但之后理学家程颐认为"荀子极偏颇，只一句性恶，大本已失"，朱熹评论"荀卿则全是申韩，观《成相》一篇可见"，集中针砭其性恶论、隆法论，攻其一端，略显偏颇。以宋代为界，荀子的地位走低，与孟子地位走高恰恰相反。近代以来，这种情形有所变化，有一段时间，学界受到政治运动中教条史学、影射史学的不良影响，出现扬荀抑孟的情形。至 80 年代以来，更

---

① 梁启超：《饮冰室合集 1·文集之三·论支那宗教改革》，中华书局 1989 年版，第 57 页。
② 吕思勉：《经子解题·荀子》，华东师范大学出版社 1995 年版，第 129 页。

多学者倾向于孟荀同尊。进入 21 世纪，学界从不同角度研究《荀子》，给予更多关注与研究，成果丰硕，是新时代下学者理性弘扬荀学或同尊孟荀的结果，值得肯定和发扬。在这种情势下，有的学者建议将《荀子》列入儒家经典如儒学"新四书"或"儒家七典"之中[1]，可见《荀子》在当代学界地位上升的趋势。究其原因，主要在于《荀子》中的很多具有开创性的思想和内容与历代思想文化建设、发展密切关联。如它第一次系统地勾勒君子学礼明道、圣贤儒术治国的蓝图，第一次提出"上事天，下事地，尊先祖而隆君师"，第一次针对性善论论证"性恶论"，第一次辩证地看待天与人、先王与后王、天资与教化、义与利等各种思想范畴的关系，第一次对礼进行加以系统阐发与创造性转化，鲜明地提倡和践行理性精神等[2]，对于传统社会、政治、文化都产生了深远的历史影响，有的至今仍指导、影响着中国人的言行和思维。这些都值得今人格外重视，在传承化用中发扬光大。

（三）《荀子》主旨

纵观《荀子》各篇，隆礼重法、崇仁重理的内容占据很大篇幅，核心主旨是隆礼。荀子提出很多观点，如积善成德，身修家齐、亲师劝学、富国强兵、先王之道、君臣之道、化性起伪、人性善恶、天人关系、礼乐之论、推崇理性等，都围绕隆礼的原因、途径、内容和意义等展开论述，涉及礼与仁、礼与义、礼与法、礼与乐、礼与道、礼与身、礼与俗、礼与治、礼与理、礼与师、礼与君子之间的关系。孔子确立以仁礼修身治世、修己安人的儒学主旨。孟子主张先仁义而后礼法，荀子主张先礼法而后仁义。他们虽然对仁义与礼法的先后顺序和侧重有所不同，但都指向仁礼从善，遵循修身治世、美身美政的进路，大大地拓展

---

[1] "新四书"指《论语》《孟子》《礼记》《荀子》，参见梁涛《应将〈荀子〉纳入儒学的"新四书"》，《中华读书报》2011 年 3 月 2 日第 1 版。"儒家七典"指《广论语》《子思子》《公孙尼子》《性自命出》《内业》《孟子》《荀子》，参见郭沂《五经七典——儒家核心经典系统之重构》，《人民政协报》2006 年 12 月 18 日、2007 年 1 月 15 日。

[2] 参见巩宝平、潘波涛《荀子品读》前言，山东大学出版社 2016 年版，第 12 页。

了孔子思想与儒家学说。以下试从四方面探讨《荀子》的隆礼主旨。

1. 推崇礼义

推崇礼义主要指尊崇礼义、礼乐，修己安人，治理国家。荀子认为礼是人道的根本所在，即人之为人的根本依据，贯穿人的生死，所谓"礼者，人道之极也"（《礼论》），"礼者，谨于治生死者也。生、人之始也，死、人之终也，终始俱善，人道毕矣"（《礼论》），"礼之大凡，事生，饰欢也；送死，饰哀也；军旅，施威也"（《大略》）。礼的用途广大，关乎人的一生、家国的兴衰，不可或缺，所谓"人无礼则不生，事无礼则不成，国家无礼则不宁"（《修身》）。荀子既从提升个人修养的角度论礼，认为"凡用血气、志意、知虑，由礼则治通，不由礼则勃乱提僈；食饮、衣服、居处、动静，由礼则和节，不由礼则触陷生疾；容貌、态度、进退、趋行，由礼则雅，不由礼则夷固、僻违、庸众而野"（《修身》），又从修身、处世与治国的角度而论礼，"君子之于礼，敬而安之；其于事也，径而不失；其于人也，寡怨宽裕而无阿；其为身也，谨修饰而不危；其应变故也，齐给便捷而不惑；其于天地万物也，不务说其所以然，而致善用其材；其于百官之事伎艺之人也，不与之争能，而致善用其功；其待上也，忠顺而不懈；其使下也，均遍而不偏；其交游也，缘类而有义其居乡里也，容而不乱"（《君道》）。

一个人如何做到彬彬有礼，荀子有集中的阐发，如"贵者敬焉，老者孝焉，长者弟焉，幼者慈焉，贱者惠焉"（《大略》），"礼者，以财物为用，以贵贱为文，以多少为异"（《大略》），"君子恭而不难，敬而不巩，贫穷而不约，富贵而不骄，并遇变应而不穷"（《君道》），"敬人有道：贤者则贵而敬之，不肖者则畏而敬之；贤者则亲而敬之，不肖者则疏而敬之"（《臣道》）。从礼学的本质而论，礼就是宣扬敬人，讲差等之爱，贯穿人的一生，是整体人类和具体个人从自然人走向社会人的重要途径与文化标志，更是建立和维持社会秩序的基本规范。荀子牢牢地抓住礼学要义，展开论述。

荀子论礼，推崇礼义，始于修身、齐家，终于治国、平天下。在他的眼里，学习最终目的是成为一个彬彬有礼、师法圣贤的士君子，"其数则始乎诵经，终乎读《礼》。其义则始乎为士，终乎为圣人"。君子是圣心备焉的贤士，是儒家心目中一个充分文明化、有相当知识积累与道德修养的社会群体，由他们主导、管理整个国家，协调士、农、工、商等各阶层人士在各个行业里守其本分，各司其职，组成一个有序运作的社会。荀子所言的礼是从西周至战国几经损益、发展而来的"丧、祭、射、御、冠、昏、朝、聘"之礼。学习礼的最佳途径是亲近良师益友，与之切磋交流，日积月累，成为明礼行义的君子，所谓"有师法者，人之大宝也""积礼义而为君子""谨注错，慎习俗，大积靡，则为君子"（《儒效》）。在成德成圣的实践途径上，荀子所示之法与前人不尽相同，孔子讲怀德、修慝、崇德、据于德，孟子讲由内而外的持养、扩充，荀子则主张由外而内的积累、矫正、转化和引导，所谓"积善成德而神明自得，圣心备焉"（《劝学》），"化师法，积文学，道礼义者为君子"（《性恶》）。

在《荀子》中，荀子常糅合礼、法、俗、仁、理等概念而论。礼与法、礼与仁、礼与理之间的关系是荀子隆礼思想的主要内容和重要体现。

2. 重法先礼

荀子重视法治，主张礼法并举，教化民众，矫饰性情，治理天下。但礼先于法，以法辅礼，所谓"生礼义而起法度"，如《性恶》篇言"圣王以人之性恶，以为偏险而不正，悖乱而不治，是以为之起礼义、制法度，以矫饰人之情性而正之，以扰化人之情性而导之也。使皆出于治，合于道者也。今人之化师法，积文学，道礼义者为君子；纵性情，安恣睢，而违礼义者为小人……圣人积思虑，习伪故，以生礼义而起法度"。作为一种规范，礼义与法度同时而生，目的相同，但儒家主张先礼后法，推行德性政治，如孔子所言，"道之以德，齐之以礼，有耻且格"。不过，孔子贬斥刑政，言"道之以政，齐之以刑，民免而无耻"，与荀子法治论存在一定差别。

在其他篇章里，荀子将礼法统称为"道法""权称""称数"，视作治国法宝。和孔子一样，荀子主张德主刑辅，先教化而后刑罚，以德威服众，使法度在礼制的规范下运行，所以有"《礼》者，法之大分、群类之纲纪也"的说法。进而言之，荀子主张刑礼互融，儒法相济，而非一味地任法或任德。就本质而论，荀子糅合他家之说，确立新的儒学，所以韩愈评价荀学"大醇小疵"。

另外，荀子提倡隆礼重法，重要的理论支点是人性有恶、人情不美，礼乐法度是用来调整矫治性情的工具。但是荀子提出人性恶，并非泛泛地单一而论，他首先是针对孟子性善论的缺陷和弊端而发。当时他目睹乱世战祸，民生涂炭，诸国"争地以战，杀人盈野；争城以战，杀人盈城"，旷日持久，愈演愈烈，达到白热化的程度，这些无法用人性善来解释。另外，荀子认为虽然人性存恶，但在圣人礼乐法度和大儒美俗美政的规范和影响下，人们积善成德，弃恶从善，社会终将迎来和平、安定，新的王道、王制指导下的新王朝最终一统天下。

3. 纳仁入礼

在孔子那里，礼与仁相为表里，密不可分。礼主敬而仁主爱，已成儒门共识，如《孝经》中言"礼者，敬而已也"，《礼记·乐记》言"乐者为同，礼者为异。同则相亲，异则相敬""礼者，殊事、合敬者也"，《经解》篇言"恭俭庄敬，《礼》教也"，孟子也是基于此而论礼、仁关系，如"君子以仁存心，以礼存心。仁者爱人，有礼者敬人。爱人者人恒爱之，敬人者人恒敬之"（《孟子·离娄下》）。荀子则将仁与敬直接打通，如其论"仁者必敬人"，主张"敬人有道，贤者则贵而敬之，不肖者则畏而敬之；贤者则亲而敬之，不肖者则疏而敬之。其敬一也，其情二也"。表面上是荀子将仁礼更为紧密地联在一起所致，实则是他纳仁入礼、隆礼重礼的必然结果。

4. 引理论礼

有关礼、理关系的阐发，始于孔子后学。在据传为孔门二传弟子公孙尼子所作的《礼记·乐记》中，儒家引理论礼，"礼也者，理之不可易者也"。荀子沿着这种思路，也谈"礼也者，理之不可易者也"，以理立论，就理说礼，阐发礼与理的关系，认为君子所长"言必当理，事必当务""凡事行，有益于理者，立之；无益于理者，废之。夫是之谓中事。凡知说，有益于理者，为之；无益于理者，舍之。夫是之谓中说"（《儒效》）。他还将礼义与文理或义、理联系而论，如"礼义文理""文理繁，情用省，是礼之隆也。文理省，情用繁，是礼之杀也。文理、情用相为内外表里，并行而杂，是礼之中流也"（《礼论》），"孝子之道，礼义之文理"（《性恶》），"仁者爱人，义者循理"（《议兵》）等。这些都是荀子隆礼、重理思想的重要体现。

以上从礼法、礼仁、礼理关系的角度探讨荀子隆礼的思想主旨，扩展而论，探讨荀学要义，还应该包括礼乐论、礼俗论、礼道论、礼与君子论等，限于篇幅，不再详论。这里需要指明的是：如果说孟子重视仁、仁义、仁政，是基于人性善说而论，构建自己的伦理政治学，实现王道之治；那么荀子则重视礼、礼义、礼法、礼数，是基于人性恶、人情不甚美而论政治与伦理，实现王霸道杂糅之治。孟子想通过唤醒久丧遭斫的人性四端——仁义礼智，回归人性善、政俗美的黄金时代，而荀子则希望在残酷险恶的现实世界中改造社会，约束人性，修身治心，礼法规范，使乱世得以恢复安定，身政俗皆美。如林宏星先生所言，"孟子是试图以道德的方式（仁、性善）来实现和完成秩序重建的时代课题，而荀子只能首先领先圣王建立政治国家，依靠政治国家的法则规范（礼）来约束人的自利的行为，然后才能'出于治，合于道'"。就此而论，《荀子》隆礼思想主旨首先或本质是政治制度、法规，然后才是道德或其他层面的礼，即礼法优先于礼乐、礼仁、礼理。我们参照书中某些篇章所讲"国之命在礼""国家无礼则不宁""国无礼则不正"，这种说法也大致可以成立。但联系这些话语的前后文意，"人之命在天，国之命在礼"和"人无礼则不生，事无礼则不成，国家无礼则不宁"，可见礼是基于个体、人际基础之上的国家政制，礼有三类：个体之礼、人际之礼、国政之礼，它们存在层次高下、顺序先后的分别，但其初始、根本仍是个体道德之礼，继而发展至人际与国政之礼。或者二者是同步的，很难分出严格的先后之序。因此，荀子思想的主旨是隆礼，基础仍是个体的道德之礼。虽然荀子认为国政之礼的层次较高，是礼之大用，但与基础的道德修身之礼相比，仍以后者为根本。从这一点上而言，孟子、荀子都遵循《大学》中修身、齐家、治国、平天下的理路，没有根本的差别与突破。

总之，荀子以儒家为本，"游文于六经之中，留意于仁义之际，祖述尧、舜，宪章文、武，宗师仲尼"，批判地兼采道、法、名、墨诸家之长，以隆礼为核心，以人道为基点，将礼与乐、义、理、法、俗、仁等众多范畴熔冶于一炉，返本开新，重建儒学，自成一家，开创"孙氏之儒"，影响深远。

二 《荀子》与人文修养

《荀子》中蕴含很多道德修养思想和历史文化信息，"颇多洞察社会政治、道破人情世故、指示立身行事之论。故读是书，非但可知感人之学术思想，亦必有益于立身处世"①，同时又展现了荀子学派高超的语言应用能力和文字驾驭水平，具有丰富的人文修养资源与启示。

（一）《荀子》与道德修养

和其他儒家元典一样，《荀子》重视修身、治世思想的阐发，重点论述士人君子的道德修养。如开篇为《修身》，开宗明义地集中论述修养之道，提供修身要诀，如通过师友砥砺，择善而从，提升修养；以礼治气养心，以公义胜私欲，保持一份从容与理智；士人要有骨气，"志意修则骄富贵，道义重则轻王公，内省而外物轻矣"；有正确的义利观，"身劳而心安，为之；利少而义多，为之"；以礼行天下，"体恭敬而心忠信，术礼义而情爱人，横行天下，虽困四夷，人莫不贵"，等等。此篇是了解荀子道德修养思想的关键篇章。结合其他各篇的相关论述，大致而言，《荀子》中关于道德修养的论述主要包括以下几方面：修养身心、人际交往、学习之道、言谈交流。

---

① 张觉：《荀子译注》，上海古籍出版社1995年版，第1页。

1. 修养身心

《荀子》所示修养身心的途径比较平实、形象，主张以万物养五官、养气、养心、养名、养乐，所谓"刍豢稻粱，五味调香，所以养口也；椒兰芬苾，所以养鼻也；雕琢刻镂，黼黻文章，所以养目也；钟鼓管磬，琴瑟竽笙，所以养耳也；疏房檖䫉，越席床笫几筵，所以养体也"（《礼论》）。它强调的重点和起点是保证"心平愉"，所谓"心平愉，则色不及佣而可以养目，声不及佣而可以养耳，蔬食菜羹而可以养口，粗布之衣，粗䌷之履，而可以养体。屋室、庐庾、葭藁、尚机筵，而可以养形。故虽无万物之美而可以养乐，无势列之位而可以养名"（《正名》）。在《荀子》中，有很多语段直接谈到修身，为今人展现了如何为德、提升修养的几条途径，如下示两段：

> 治气养心之术：血气刚强，则柔之以调和；知虑渐深，则一之以易良；勇胆猛戾，则辅之以道顺；齐给便利，则节之以动止；狭隘褊小，则廓之以广大；卑湿、重迟、贪利，则抗之以高志；庸众驽散，则劫之以师友；怠慢僄弃，则照之以祸灾；愚款端悫，则合之以礼乐，通之以思索。凡治气养心之术，莫径由礼，莫要得师，莫神一好。（《修身》）

> "高上尊贵不以骄人，聪明圣知不以穷人，齐给速通不争先人，刚毅勇敢不以伤人，不知则问，不能则学，虽能必让，然后为德"（《非十二子》）

总体而观，荀子的修身理论比较系统，侧重点不同于孟子，他推崇礼法积化之法，如其提倡积礼义而为君子，积善成德而圣心备焉，以礼法化性起伪而引导士人弃恶从善。

2. 人际交往

《荀子》中讲人际交往之道就是礼义，但具体要求不同，如下文对此作了集中论述，所谓"请问为人君？曰：以礼分施，均遍而不偏。请问为人臣？曰：以礼侍君，忠顺而不懈。请问为人父？曰：宽惠而有礼。请问为人子？曰：敬爱而致文。请问为人兄？曰：慈爱而见友。请问为人弟？曰：敬诎而不苟。请问为人夫？曰：致功而不流，致临而有辨。请问为人妻？曰：夫有礼，则柔从听侍；夫无礼，则恐惧而自竦也。此道也，偏立而乱，俱立而治，其足以稽矣。请问兼能之奈何？曰：审之礼也"（《君道》）。在父子、师友等人际关系处理中，荀子的某些主张值得特别关注。

(1) 父子相处

父母作为人生的第一老师，如何教导子女，荀子强调爱之、使之、道之，但要讲方法。荀子对此有精彩的论述，如"君子之于子，爱之而勿面，使之而勿视，道之以道而勿强"（《大略》）。子女如何对待父母，荀子既主张"入孝出弟"的小行，亦主张"从义不从父"的大行（《子道》），比较周全中正。《孝经》中讲"父有争子，则身不陷于不义"，"当不义则争之。从父之令，又焉得为孝乎？"二者所论都将礼义放在父子相处的重要位置，是儒家孝道论中以理驭情的典型代表。相对而论，孟子讲舍弃个人利益，维护父子亲情，提倡父子不相责善，防止伤害情面，是儒家孝论中以情驭理的代表人物。孟荀思想之间有很多差异，孝道论侧重点不同就是一个明显的例子。

(2) 师友相交

荀子非常强调师友对于学习、修身的重要性。"夫人虽有性质美而心辩知，必将求贤师而事之，择良友而友之。得贤师而事之，则所闻者尧舜禹汤之道也；得良友而友之，则所见者忠信敬让之行也。身日进于仁义而不自知也者，靡使然也"（《性恶》）。如何求良师、益友，荀子提出一些鉴别的标准，如"非我而当者，吾师也；是我而当者，吾友也"（《修身》），如为师者当"尊严而惮""耆艾而信""诵说而不陵不犯""知微而论"（《致士》）。交友要慎重，"取友善人，不可不慎，是德之基也"（《大略》）"匹夫不可不慎取友。友者，所以相有也。道不同，何以相有也"（《大略》），对于"多知而无亲，博学而无方，好多而无定者"（《大略》），要"君子不与"，敬而远之。在前面《论语》《孟子》中可见儒家论交友之道，如孔子提出益友损友之别，所谓"益者三友，损者三友。友直，友谅，友多闻，益矣。友便辟，友善柔，友便佞，损矣"（《季氏》）；提倡朋友主忠，"主忠信，毋友不如己者，过则勿惮改"（《子罕》）"忠告而善道之，不可则止，毋自辱焉"（《颜渊》）；主张循序渐进，仔细考察，"可与共学，未可与适道；可与适道，未可与立；可与立，未可与权"（《子罕》）。又如曾子言会辅之道，"君子以文会友；以友辅仁"（《颜渊》）。再如孟子提出"友其德""取友必端""责善"等择友观、朋友相处之道，所谓"不挟长，不挟贵，不挟兄弟而友。友也者，友其德也，不可以有挟也""责善，朋友之道也"。我们放在一起对读，可见早期儒家的交友观，对今人树立正确的择友观，有一定的指导与启示作用。

(3) 其他交往

在古代社会的不同交际场合中，士人遇到各类人，都需遵循一定的礼义，显示某种修养与文明。如《非十二子》篇所言"遇君则修臣下之义，遇乡则修长幼之义，遇长则修子弟之义，遇友则修礼节辞让之义，遇贱而少者，则修告导宽容之义"。按礼的要求，士君子与人为善，对贤与不肖、好人与坏人都要保持不同程度的敬意，所谓"贤者则贵而敬之，不肖者则畏而敬之；贤者则亲而敬之，不肖者则疏而敬之"（《臣道》）。一种井然有序的社会秩序需要不同社会群体遵循必然的原则或者追求某种理想的状态，所谓"君臣不得不尊，父子不得不亲，兄弟不得不顺，夫妇不得不欢"。在与人相见言谈时，也有一定的要求，所谓"坐视膝，立视足，应对言语视面"。在各种交往中，就男女关系而言，荀子讲其分合之道、夫妇之道在各种人伦关系中的重要性，所谓"男女之合，夫妇之分"，"夫妇之道，不可不正也，君臣、父子之本也"。这些论述可以与前所讲《易传》《中庸》中的"君子之道造端乎夫妇""男女正，天下之大义"等相对读，加深理解。

3. 学习之道

在学习方面，荀子也有自己的独特体会。大体而论，荀子和其他儒家一样，主张学习诗书礼乐，指示一条由士人走向贤圣的道路。在具体的方法、理念、目的和境界等方面，他讲求学习要深究学问背后的道理，在实践中要不避其难，所谓"善学者尽其理，善行者究其难"。学习要有法有数，持之以恒，最终达到"真积力久则入"的境地，从而实现"美其身"的目的，即"入乎耳，著乎心，布乎四体，形乎动静。端而言，蝡而动，一可以为法则"（《劝学》）。这种学以美其身、修其心的学习观在其他儒家经典中亦可见其踪，如《孟子·尽心上》"君子所性，仁义礼智根于心。其生色也，睟然见于面，盎于背，施于四体，四体不言而喻"，《周易·文言》："君子黄中通理，正位居体，美在其中而畅于四支，发于事业，美之至也"，后世宋儒言"学至气质变化，方是有功"，都是如此。当然，荀子主张学习的最终目的不止是修身、独善，而是在此基础上化民美俗、入仕美政，"修政美俗"（《君道》）、"儒者在本朝则美政，在下位则美俗"（《儒效》）。这种理想在先秦儒家学说中比较常见，如《论语》言"学而优则仕"、《大学》中三纲八目所示修齐治平之道，《中庸》言"好学近乎知，力行近乎仁，知耻近乎勇。知斯三者，则知所以修身；知所以修身，则知所以治人；知所以治人，则知所以治天下国家矣"，孟子言"穷则独善其身，达则兼善天下"，都是如此。

4. 言谈交流

荀子非常重视语言表达技艺的修养，既主张"与人善言，暖于布帛；伤人之言，深于矛戟"，更强调善与人言，遵循礼义而为，所谓"礼恭，而后可与言道之方；辞顺，而后可与言道之理；色从而后可与言道之致"，避免出现"傲""隐""瞽"的忌讳，所谓"未可与言而言，谓之傲；可与言而不言，谓之隐；不观气色而言，谓瞽"。对于不合礼义、意气之争的讨论，荀子主张不予理睬，即"问楛者，勿告也；告楛者，勿问也；说楛者，勿听也。有争气者，勿与辩也"，涵养一份礼义规范下的言谈智慧，即"言而当、知也，默而当，亦知也，故知默犹知言也"。此外，他还提出一些具体的言谈技巧、谈说之术，"矜庄以莅之，端诚以处之，坚强以持之，譬称以喻之，分别以明之，欣欢芬芗以送之，宝之，珍之，贵之，神之。如是则说常无不受。虽不说人，人莫不贵"（《非相》）。

(二)《荀子》与知识修养

《荀子》中含有很多历史文化、社会生活等方面的资料与信息。如《礼论》中对当时礼文化特别是丧葬之礼有较多的论述，使我们对战国时期某些礼制的规定、意义有了比较全面而深入的理解，《王制》《富国》《强兵》等篇是了解当时政治制度的重要渠道。其他篇章中某些内容也与战国经济、社会、生活等密切相关。以下略举数例。

1. 经济方面

如《王制》篇中某些记载展示了当时中原地区物资贸易与交通兴盛的情形，政治大一统在战国末年已具有相当坚实的经济基础。

> 北海则有走马吠犬焉，然而中国得而畜使之；南海则有羽翮、齿革、曾青、丹干焉，然而中国得而财之；东海则有紫紶、鱼盐焉，然而中国得而衣食之；西海则有皮革、文旄焉，然而中国得而用之。故泽人足乎木，山人足乎鱼，农夫不斲削、不陶冶而足械用，工贾不耕田而足菽粟。

又如《强国》篇某些史料介绍战国手工业中刀剑铸造的主要工序：

> 刑范正，金锡美，工冶巧，火齐得，剖刑而莫邪已。然而不剥脱、不砥厉，则不可以断绳；剥脱之、砥厉之，则劙盘盂、刎牛马忽然耳。

2. 社会方面

反映战国时期社会阶层结构。《儒效》展示当时金字塔状的社会阶层结构和士农工商组成的四民社会，"大儒者，天子三公也；小儒者，诸侯、大夫、士也；众人者，工、农、商、贾也"，"人积耨耕而为农夫，积斲削而为工匠，积反货而为商贾，积礼义而为君子"。《君道》篇中也有类似的记载，"故天子诸侯无靡费之用，士大夫无流淫之行，百吏官人无怠慢之事，众庶百姓无奸怪之俗，无盗贼之罪，其能以称义遍矣"。

涉及战国时期日常生活礼俗。如《大略》篇中，讲到天子夫妻生活礼制，"内十日一御"；士人送别赠送之礼，"君子赠人以言，庶人赠人以财"；居所屏风的作用，"外屏，不欲见外也；内屏，不欲见内也"；贵族相见与交往之礼，"坐视膝，立视足，应对言语视面。立视前六尺而大之，六六三十六，三丈六尺""聘人以圭，问士以璧，召人以瑗，绝人以玦，反绝以环"，等等，不一而足。其中有的礼俗影响深远，如古人以各种玉器来表达交往与否、亲疏之意，传统院落屏风或影壁的利用等。

3. 思想方面

《荀子》中有很多内容反映了战国末期士人的思想世界，有很多精辟的观点，振聋发聩，至今仍有重要的启示，激发人们的思考，其中精华有待传承发扬。如政治上的重民、富民思想，"天之生民，非为君也；天之立君，以为民也""王者富民""得百姓之力者富，得百姓之死者强，得百姓之誉者荣"。又如士人的独立意识，"志意修则骄富贵，道义重则轻王公，内省而外物轻矣""可贵可贱也，可富可贫也，可杀而不可使为奸也"；对人己关系的通达之论，"君子能为可贵，不能使人必贵己；能为可用，不能使人必用己"；对于客观世界的理智认识，"天行有常，不为尧存，不为桀亡""怒不过夺，喜不过予""福事至则和而理，祸事至则静而理"等。

此外，《荀子》某些篇章论及发生在历史人物身上的矛盾现象或现实中常见的人伦关系道德衰变现象，促人深思，如"虞舜、孝己孝而亲不爱，比干、子胥忠而君不用，仲尼、颜渊知而穷于世"，讲孝子忠臣和聪明有智的人不得好报；又如"妻子具而孝衰于亲，嗜欲得而信衰于友，爵禄盈而忠衰于君"，讲孝、信、忠德随着其他人际关系和欲望、物质等变量因素的介入而发生衰减。

(三)《荀子》与文学修养

《荀子》之文，向有"浑厚"之称，论证严谨，铿锵有力，真正做到了"以仁心说，以学心听，以公心辨"（《正名》），《非十二子》《议兵》《性恶》等篇皆可为证。以下六个方面管窥《荀子》中高超的文字运用水平，为今人汲取语言文学养分、提升文学修养提供某些启示。

1. 语多辩证，富有哲理

在《荀子》中，有些语句具有辩证色彩，富含哲理，如"声无小而不闻，行无隐而不形"（《劝学》）"精于物者以物物，精于道者兼物物"（《解蔽》），"仁义德行，常安之术也，然而未必不危也；污僈突盗，常危之术也，然而未必不安也"（《荣辱》），"君子能为可贵，不能使人必贵己；能为可信，不能使人必信己；能为可用，不能使人必用己"（《非十二子》），"善为《诗》者不说，善为《易》者不占，善为《礼》者不相，其心同也"（《大略》）等。又如"信信，信也；疑疑，亦信也。贵贤，仁也；贱不肖，亦仁也。言而当，知也；默而当，亦知也"（《非十二子》）。

2. 修辞连用，冠绝一时

《荀子》中经常出现集中使用一种修辞表达意思的情形，在形式上排山倒海，气势如虹，引人注目。纵观先秦时期各种文献，这种手法在诸子中是独一无二的。如《非十二子》《儒效》篇末运用了"×然""××然""××兮"类词汇，直抒胸臆，形象地描述士君子之容、学者之嵬容、圣人气象，展现了荀子笔下丰富的词汇和对文字的巧妙利用。

> 士君子之容：其冠进，其衣逢，其容良，俨然，壮然，祺然，蕼然，恢恢然，广广然，昭昭然，荡荡然，是父兄之容也。其冠进，其衣逢，其容悫，俭然，恀然，辅然，端然，訾然，洞然，缀缀然，瞀瞀然，是子弟之容也。吾语汝学者之嵬容：其冠絻，其缨禁缓，其容简连；填填然，狄狄然，莫莫然，瞡瞡然，瞿瞿然，尽尽然，盱盱然，酒食声色之中，则瞒瞒然，瞑瞑然；礼节之中则疾

疾然，訾訾然；劳苦事业之中，则儢儢然，离离然，偷儒而罔，无廉耻而忍謑訽，是学者之嵬也。(《非十二子》)

君子之言，涉然而精，俛然而类，差差然而齐。……愚者之言，芴然而粗，啧然而不类，誻誻然而沸(《正名》)

井井兮其有理也，严严兮其能敬己也，分分兮其有终始也，猒猒兮其能长久也，乐乐兮其执道不殆也，照照兮其用知之明也，修修兮其用统类之行也，绥绥兮其有文章也，熙熙兮其乐人之臧也，隐隐兮其恐人之不当也：如是，则可谓圣人矣。(《儒效》)

3. 文字训诂，定义简明

荀子高深的文字功底，还反映在他对某些字词含义的界定上，如以下《修身》篇的相关论述即为一例。

以善先人者谓之教，以善和人者谓之顺；以不善先人者谓之谄，以不善和人者谓之谀。是是非非谓之知，非是、是非谓之愚。伤良曰谗，害良曰贼。是谓是，非谓非曰直。窃货曰盗，匿行曰诈，易言曰诞，趣舍无定谓之无常，保利弃义谓之至贼。多闻曰博，少闻曰浅；多见曰闲，少见曰陋。难进曰偍，易忘曰漏。少而理曰治，多而乱曰秏。

其中某些语句在形式上讲求对称、工整，内容上举正反之例，语意上不无辩证色彩，以便读者理解其意，显示了作者高超的文字应用水平和逻辑思辨能力。

4. 叙事尚简，表意流畅

此外，《荀子》中也有一些故事，体现了作者相当高的叙事能力和文学修养。它虽然不如《孟子》《庄子》《韩非子》那么多，但措辞简练，表意流畅，特色鲜明。如《解蔽》中讲涓蜀梁吓死的故事。

夏首之南有人焉；曰涓蜀梁，其为人也，愚而善畏。明月而宵行，俯见其影，以为伏鬼也，卬（同仰）视其发，以为立魅也，背而走，比至其家，失气而死。

又如《大略》中关于子夏辞仕、孟子缄口的故事，也是如此。

子夏贫，衣若县鹑。人曰："子何不仕？"曰："诸侯之骄我者，吾不为臣；大夫之骄我者，吾不复见。柳下惠与后门者同衣而不见疑，非一日之闻也。争利如蚤甲而丧其掌。

孟子三见宣王，不言事。门人曰："曷为三遇齐王而不言事？"孟子曰："我先攻其邪心。"

5. 成语时现，不乏精辟

《荀子》中有一些成语，言简意赅，不乏精辟，被直接采用或间接化用，流传至今。直用者如"锲而不舍""积土成山""积水成渊""积善成德""不积跬步""怒不过夺，喜不过予""与世偃仰""言之成理""持之有故""材剧志大""穷阎漏屋""拒谏饰非""夙兴夜寐""来者不距""开源节流""强本节用""金舌弊口""著诚去伪""经纬天地""若合符节"等。化用者如"青，取之于蓝，而青于蓝"简化为"青出于蓝而胜于蓝"，"不登高山，不知天之高也；不临深溪，不知地之厚也"化用为"天高地厚"，"文貌情用，相为内外表里"化用为"相为表里"，"圆者中规，方者中矩"化用为"中规中矩"，"分是非、治曲直"化用为"是非曲直"，等等。此外，还有一些语句虽未入常见习用的成语之列，但它们也富含哲理，耐人寻味，如"得众动天""美意延年""诚信如神""晓然皆知""威行如流""不绝若绳""多如烟海""驷之过隙""事死如生"等。不过，在成语整体的数量、质量和流传影响上，荀子远不及《论语》《孟子》和《诗》《书》《易》《礼记》《左传》等儒家元典。

6. 巧用比喻，形象生动

《荀子》中有不少比喻，其中一些非常形象生动，深刻精辟，传承久远。如对君民关系的比喻,有舟水之喻,"君者,舟也;庶人者,水也。水则载舟,水则覆舟";还有源流之喻,"君者,民之原也,原清则流清,原浊则流浊。故有社稷者而不能爱民,不能利民,而求民之亲爱己,不可得也";父子之喻,"上莫不致爱其下,而制之以礼,上之于下,如保赤子。政令制度,所以接下之人百姓,有不理者如豪末,则虽孤独鳏寡必不加焉。故下之亲上,欢如父母,可杀而不可使不顺"。对于君上与臣下的关系,喻之师生、身影、响声,所谓"上者,下之师也,夫下之和上,譬之犹响之应声,影之像形也"。民众对于明君与暴君,爱憎分明,"其民之亲我欢若父母,其好我芬若椒兰;彼反顾其上,则若灼黥,若仇雠"。对于圣明仁爱之君,民众敬畏有加,奉若神灵,所谓"百姓贵之如帝,高之如天,亲之如父母,畏之如神明",对暴君则痛恶不已,所谓"百姓贱之如佢,恶之如鬼"。

再如对礼的比喻。有时将礼比作衡器、绳墨、规矩,"国无礼则不正。礼之所以正国也,譬之犹衡之于轻重也,犹绳墨之于曲直也,犹规矩之于方圆也,既错之而人莫之能诬也"。有时将礼视作某种仪表,"水行者表深,使人无陷;治民者表乱,使人无失,礼者,其表也,先王以礼义表天下之乱"。有时将礼比作是政治的辅助,"礼者,政之挽也;为政不以礼,政不行矣"。

还有一段讲孔子观水论德的故事,用了大量的比喻,比较典型。

> 孔子观于东流之水。子贡问于孔子曰:"君子之所以见大水必观焉者,是何?"孔子曰:"夫水大,遍与诸生而无为也,似德。其流也埤下,裾拘必循其理,似义。其洸洸乎不淈尽,似道。若有决行之,其应佚若声响,其赴百仞之谷不惧,似勇。主量必平,似法。盈不求概,似正。淖约微达,似察。以出以入,以就鲜絜,似善化。其万折也必东,似志。是故见大水必观焉。(《荀子·宥坐》)

其他比较集中出现的比喻还有:"墨子之于道也,犹瞽之于白黑也,犹聋之于清浊也,犹欲之楚而北求之也","以桀诈尧,譬之若以卵投石，以指挠沸，若赴水火，入焉焦没耳"，"不道礼宪，以《诗》《书》为之，譬之犹以指测河也，以戈舂黍也，以锥餐壶也，不可以得之矣"，"仲尼之状，面如蒙倛。周公之状，身如断菑。皋陶之状，色如削瓜。……傅说之状，身如植鳍"，"财货浑浑如泉源，汸汸如河海，暴暴如丘山"，"楚人鲛革犀兕以为甲，鞈如金石，宛钜铁釶，惨如蜂虿，轻利僄遨，卒如飘风"等。零散的比喻有"叶公子高微小短瘠，行若将不胜其衣"，"子夏贫，衣若县鹑""飞鸟、凫、雁若烟海""晻然若合符节""人主无贤，如瞽无相"等。

总之，《荀子》很多篇章富含道德修养思想、历史文化知识和优美简明的语言素材，有利于今人提升修养、了解历史、锤炼文笔。读者只要多加关注这部儒典，揣摩所言要义，汲取其中养分，入得其内，出得其外，在火热的现实中去贯通古今，尝试化用创新，就会受益无穷。其实，之前所讲各部儒家元典，只要我们用心研读，倾心体会，它们都会在修养身心、知人论世、齐家治世方面提供很多的指导与参考，使置身现代文明社会的人们产生很多的共鸣，获取真知，催生新知，并在当代古今中西文化争融激荡、千百年未有之大变局下，追求一种爱敬相济、仁智相辅、情理相谐的生活。

三 《荀子》读法

关于如何阅读《荀子》，近代以来学者多有探讨，极富启示。如梁启超曾以《荀子》为例，谈如何精读古书今著，大致观点如下：（1）必须选择真实不伪、特别有价值、有研究之必要和可能的书。（2）必须先完全了解所选书的宗旨、纲领，细读其序文，凡例，目录等。（3）必须明白著书者的历史环境，学问渊源和书的解题，流传，源委等。（4）了解后世名人对此书的批评。（5）须求此书的善本[①]。又如东方朔在《怎

[①] 参见梁启超《儒家哲学·读书示例——荀子》，天津古籍出版社2004年版，第217—223页。

样读〈荀子〉》一文中,从客观理解、问题意识、总结者思想特点、敬意与批判四个方面谈到阅读《荀子》的方法,认为首先客观理解、弄清、弄懂《荀子》文本所说的意思。其次,将具体问题的研究与时代的共同课题的把握相结合。又次,需要注意荀子作为先秦儒家的总结者或集大成者所表现出来的思想特点。最后,在与《荀子》的阅读与对话中,既要心怀同情与敬意,也应保持反省与质疑的态度,以免抱残守缺、食古不化①。如果我们从提高道德与知识修养及语言应用能力的角度阅读《荀子》,可以通过选读某些篇章,了解《荀子》中所示修身、齐家、交友、治民、为学等为人处事之道,学习某些文化知识,领会古人的语言驾驭技巧。如果选读《荀子》,首先要看首篇《劝学》。《荀子》主张讲君子之学、先王之道、积善成德之法、隆礼重法之旨、修身论、人性论等,在《劝学》篇中都基本讲到,有的还相当深刻、简明,它是理解荀子思想的机枢,需要反复精读。而且在读其他篇时,多与此篇相关论述对读,贯通理解。在此基础上,再依次选读《修身》《儒效》《礼论》《乐论》《解蔽》《性恶》《大略》,对了解荀子"治气养心之术""儒者在本朝则美政,在下位则美俗"的治世理想、礼乐修身之道、荀学大致内容等方面,都有很大的帮助。

  当然,任何初步的了解、学习经典,持续发展到一定阶段,必然促使学者关注某些问题,上升到一种深度阅读或研究中。如果从研读角度而论,以下几点需多加留意:第一,学者应当从先秦儒家思想演变轨迹和链条上去认识荀学。如孔、孟、荀在人性善恶上有其微别,孔子人性观是浑融无间,孟、荀则十字打开,一主善,一主恶(至少是不善)。不过,在学以致用的根本原则和最终目标上,孔、孟、荀皆取法和学习先王之道,尊仁义礼诸德,立志于为解决当时社会问题、促使国家强大与天下有道而归于和平统一,贡献才智,培养德智兼备的君子圣贤等优秀人才。即他们在求学劝学、崇德向善和治政益世方面保持大体一致,有大同之处。在法后王还是先王、霸王义利等方面的论辩与区别上,早

---

① 东方朔:《怎样读〈荀子〉》,《中华读书报》2017年2月8日第8版。

期儒家的异同也可大致作如是观。第二，从先秦诸子思想生态地图上去认识荀学。荀子对儒家和其他各家（如孟子、墨子、老子和名家、法家、稷下思想家等）的继承与批判，除了个人的思想特质之外，与当时的文化背景有密切关系，如何将先秦诸子群体与个体结合起来，洞察荀子心目中的诸子思想与诸子思想孕育下的荀子思想。第三，从先秦礼乐文明的变迁发展上去认识荀学。礼乐文明是诸子思想的源头，在百家争鸣之中或隐或现。读者应当思考荀子如何在批判中继承、发展、弘扬礼乐之学，其可行性和现实意义有哪些，这对于深入理解荀子思想具有重要的作用。第四，从《荀子》文本的内容和义理上去阅读文献，认识荀学。在注意前三者的同时，从内容、义理上分析《荀子》文本，前后对比，互相发明，以全面认识荀子学说，评其优劣。

课后思读

一　讨论思考

1. 试论《荀子》相关内容对于人际交往的启示。
2. 如何理解荀子隆礼思想对早期儒家礼学的创造性转化与发展。
3. 结合对荀子性恶说和下列英文诗中相关内容的理解，评价性恶论。

二　参考文献

王先谦：《荀子集解》，中华书局 1988 年版。

郭志坤：《荀学论稿》，生活·读书·新知三联书店 1991 年版。

韦政通：《荀子与古代哲学》，台湾商务印书馆 1992 年版。

刘蔚华、苗润田：《稷下学史》，中国广播电视出版社 1992 年版。

孔繁：《荀子评传》，南京大学出版社 1997 年版。

汪中：《荀卿子通论》，北京图书馆出版社 1999 年版。

惠吉兴：《〈荀子〉选评》，上海古籍出版社 2006 年版。

杨朝明等注说：《荀子》，河南大学出版社 2008 年版。

廖名春：《荀子十二讲》，华夏出版社 2009 年版。

林宏星：《〈荀子〉精读》，复旦大学出版社2011年版。

巩宝平、潘波涛：《荀子品读》，山东大学出版社2016年版。

三　延伸阅读

以下摘录一首莎士比亚十四行诗，体会中外思想家对于人性有恶亦向善的思考与表达。

莎士比亚十四行诗第 121 首[①]

'Tis better to be vile than vile esteemed,

宁可卑劣，也不愿被认为卑劣，

When not to be, receives reproach of being,

And the just pleasure lost, which is so deemed

Not by our feeling, but by others' seeing.

既然无辜被当做有罪来申斥；凭别人察看而不是凭本人感觉而判为合法的快乐已经失去。

For why should others' false adulterate eyes

Give salutation to my sportive blood?

为什么别人的虚伪淫猥的媚眼要向我快乐的血液问候，招徕？

Or on my frailties why are frailer spies,

Which in their wills count bad what I think good?

为什么弱者们要试探我的弱点，还把我认为是好的硬说成坏？

No, I am that I am, and they that level

不，我始终是我；

At my abuses, reckon up their own;

他们对准我詈骂诽谤，正说明他们污秽：

I may be straight, though they themselves be bevel.

我是正直的，尽管他们是歪货；

[①] 末之：《一个人 十四行：末之莎士比亚十四行诗笔记》，复旦大学出版社2019年版，第273—275页。

By their rank thoughts, my deeds must not be shown,
他们的脏念头表不出我的行为。
Unless this general evil they maintain:
除非他们敢声言全人类是罪孽,
All men are bad, and in their badness reign.
人都是恶人,用作恶统治着世界。

附录　儒家元典语录精选[①]

一　修身类

1. 修养论

（1）天命之谓性，率性之谓道，修道之谓教。——《礼记·中庸》

试译：上天所命可称作本性，循性而为可称作人道，修习此道可称作教化。

（2）穷则独善其身，达则兼善天下。——《孟子·尽心上》

试译：（士人）困顿时独立完善自身，显达时造富天下。

（3）仁者以财发身，不仁者以身发财。——《礼记·大学》

试译：有仁德者以钱财发展完善自身，无仁德者以损害身心的方式攫取钱财。

（4）苟[1]得其养，无物不长；苟失其养，无物不消。——《孟子·告子上》

注释：[1]苟：如果。

试译：万物如得培养，方可顺利生长；否则，都会消亡。

（5）存其心，养其性，所以事天也。殀[1]寿不贰，修身以俟[2]之，所以立命也。——《孟子·尽心上》

注释：[1]殀（yāo）：同"夭"，夭折。[2]俟：等待。

[①] 按：笔者从本书所论儒家元典中精选富有修养意味的懿言妙语，分门别类，逐条而列。每条原文后标明出处，下缀译文，以便读者检索和学习。

试译：保存本心，养护本性，以顺承天命。不管短命还是长寿，都不改初心，修养自身，恭候上天，以此确立天命。

（6）养心莫善于寡欲。——《孟子·尽心下》

试译：修养心性的最好方法是尽量减少私欲。

（7）仁者之思也恭，圣者之思也乐。此治心之道也。——《荀子·解蔽》

试译：仁人恭敬地思考，圣人快乐地思考。这是陶冶心性的根本方法。

（8）天将降大任于是人也，必先苦其心志，劳其筋骨，饿其体肤，空乏其身，行拂[1]乱其所为，所以动心忍性，曾[2]益其所不能。——《孟子·告子下》

注释：[1]拂：使颠倒错乱。[2]曾：同"增"，增加。

试译：如果上天将重大任务交给某人，必然先使其心志经历苦难，筋骨遭受疲劳，身体忍受饥饿，身体感受困乏，行动受到干扰而错乱，以此使其心志得到启发，性情更加坚韧，从而增长他之前所不具备的才能。

（9）人之有德慧术知[1]者，恒存乎疢[2]疾。——《孟子·尽心上》

注释：[1]知：通"智"。[2]疢（chèn）：热病，此处代指困境。

试译：某些人拥有德行、聪慧、技能、才智，常常是在困境中经受磨炼而得。

（10）理义之悦我心，犹刍豢[1]之悦我口。——《孟子·告子上》

注释：[1]刍豢（chú huàn）：指牛羊猪狗等食草或食肉的牲畜，此处泛指肉类食品。

试译：道理仁义使我内心感到快慰，就像肉食美味使我口腹感到快慰。

（11）志意修[1]则骄[2]富贵，道义重则轻王公，内省而外物轻矣。——《荀子·修身》

注释：[1]修：美好。[2]骄：傲视。

试译：志向、意志美善，就会傲视富人权贵；道德、礼义厚重，就会轻忽君王公卿,内心反省自身,外物轻如鸿毛。

(12) 志在随人,所执[1]下也。——《周易·咸》

注释:[1] 执:秉持。

试译:如果一心随从别人,做事原则就会下降。

(13) 以仁心说,以学心听,以公心辨。——《荀子·正名》

试译:用仁爱之心讲说,用好学之心聆听,用公正之心辨别。

2. 德性论

(1) 温温恭人,维德之基。——《诗经·大雅·抑》

试译:温和恭顺的人是美德的根基。

(2) 不矜细行,终累大德。为山九仞,功亏一篑[1]。——《尚书·周书·旅獒》

注释:[1] 篑(kuì):盛土用的筐。

试译:不慎待细节,终会损害大德。(就像)堆积九仞高的山,最终成功就差一筐土。

(3) 必有忍,其乃有济[1];有容,德乃大。——《尚书·周书·君陈》

注释:[1] 济:原指渡过河,此处代指成功。

试译:必须有所忍耐,事情才能成功;有所包容,德性才能广大。

(4) 作德,心逸日休[1];作伪,心劳日拙。——《尚书·周书·周官》

注释:[1] 休:美好。

试译:行善修德,内心安乐,更加和美;行恶饰伪,内心劳苦,更加笨拙。

(5) 富润屋,德润身。——《礼记·大学》

试译:财富用来装点房屋,美德用来浸润身心。

(6) 劳而不伐[1],有功而不德[2],厚之至也。——《易传·系辞传上》

注释:[1] 伐:自夸。[2] 德:通"得"。

试译:有劳苦而不自夸,有功勋而不自得,这是最大的厚道。

（7）不恒[1]其德，或承[2]之羞。——《周易·恒》

注释：[1]恒：持久。[2]承：受到、蒙受。

试译：守德不持久，或遭人羞辱。

（8）精义入神，以致用也；利用安身，以崇德也。——《易传·系辞传下》

试译：学习精深的义理至出神入化，付诸实践；运用它来安定身心，尊崇德行。

（9）大上有立德，其次有立功，其次有立言，虽久不废，此之谓不朽。——《春秋左传·襄公二十四年》

试译：最高的是树立美德，其次建立功勋、标立嘉言，虽历时久远而不废绝，这可称作不朽。

（10）树德莫如滋，去疾莫如尽。——《春秋左传·哀公元年》

试译：树立美德的最好途径是慢慢培养，使它潜滋暗长，去除疾病最好是彻底清理。

（11）大德不逾闲[1]，小德出入可也。——《论语·子张》

注释：[1]闲：本义指栅栏，此处引申为道德规范、界限。

试译：大节上不超出礼法所限，小节上可有些许不符。

3. 仁义论

（1）君子体[1]仁，足以长人；嘉会，足以合礼；利物，足以和义；贞固，足以干事。——《易传·文言》

注释：[1]体：体行，实践。

试译：君子体行仁德，完全可为人尊长；举办美好聚会，完全合乎礼制；使外物利于人，完全与义相谐；坚持正道，完全可以成事。

（2）乐天知命，故不忧；安土敦[1]乎仁，故能爱。——《易传·系辞传上》

注释：[1]敦：厚，厚施。

试译：乐从天道，知命而行，所以无忧患；安于所处之地，厚施仁爱之德，所以能爱人。

（3）刚、毅、木、讷，近仁。——《论语·子路》

试译：刚强、坚毅、质朴、慎言，接近仁德。

（4）仁者先难而后获，可谓仁矣。——《论语·雍也》

试译：仁者先考虑解决难题，后考虑个人收获，可称作仁了。

（5）弟子入则孝，出则弟[1]，谨而信，泛爱众，而亲仁。——《论语·学而》

注释：[1] 弟：通"悌"，敬爱长兄。

试译：年轻人在家孝顺父母，在外敬爱兄长，言行谨慎，讲守诚信，广爱众人，亲近仁德。

（6）仁，人之安宅也；义，人之正路也。旷[1]安宅而弗居，舍正路而不由[2]，哀哉。——《孟子·离娄上》

注释：[1] 旷：使…闲置。[2] 由：遵循、行走。

试译：仁是人心安居的房子，义是人行正直的道路。闲置、舍弃仁义而不住、不行，悲哀啊。

（7）仁，人心也；义，人路也。舍其路而弗由，放其心而不知求，哀哉。——《孟子·告子上》

试译：仁是人的本心，义是人的正路。舍弃正道而不遵循，放逐本心而不找回，悲哀啊。

（8）仁者爱人，义者循理。——《荀子·议兵》

试译：仁人敬爱他人，义士遵循道理。

4. 礼乐论

（1）乐所以修内也，礼所以修外也。——《礼记·文王世子》

试译：雅乐用来修养内心，正礼用来修饰外表。

（2）穷本极变，乐之情也；著诚去伪，礼之经也。——《荀子·乐论》

试译：追根溯源、穷究其变是乐的实情所需；彰显诚意、去除虚伪是礼的根本主旨。

（3）乐也者，情之不可变者也。礼也者，理之不可易者也。——《礼记·乐记》

试译：乐讲的是一种不可变化的情感，礼讲的是一种不可变换的道理。

（4）礼也者，犹体也。体不备，君子谓之不成人。——《礼记·礼器》

试译：礼啊，像人的身体躯干。躯体不齐全，君子称他为不成之人。

（5）礼，人之干也。无礼，无以立。——《春秋左传·昭公七年》

试译：礼是人言行的主干。没有礼的指导，人无法立身处世。

（6）人之能自曲直以赴礼者，谓之成人。——《春秋左传·昭公二十五年》

试译：人们能通过不同途径追求合乎礼义的行为，可称其为成人。

（7）夫礼，死生存亡之体也。——《春秋左传·定公十五年》

试译：礼是关乎一个人生死存亡的根本。

（8）凡用血气、志意、知虑，由礼则治通，不由礼则勃乱提僈[1]。——《荀子·修身》

注释：[1] 勃乱提僈（màn）：错乱迟怠。勃，通"悖"，错乱。

试译：凡人运用血气、意志、智慧和思想时，遵循礼义，就会身心通达，否则错乱迟怠。

（9）人无礼则不生，事无礼则不成，国家无礼则不宁。——《荀子·修身》

试译：如果没有礼的指导，人就无法生存，事情不能成功，国家不得安宁。

5. 人道论

（1）仁、义、礼、知，人道具矣。——《礼记·丧服四制》

试译：做到仁、义、礼、智，做人的道理就完备了。

（2）凡人之所以为人者，礼义也。——《礼记·冠义》

试译：人之所以成其为人，在于人有礼义规范。

（3）孝悌忠顺之行立，而后可以为人。——《礼记·冠义》

试译：如果一个人能够做到孝亲、敬兄、忠信、顺和，然后就可成为真正的人。

(4) 人之所以为人者，非特以二足而无毛也，以其有辨[1]也。夫禽兽有父子而无父子之亲，有牝牡[2]而无男女之别，故人道莫不有辨。——《荀子·非相》

注释：[1]辨：分辨、区别，此处指辨别万事的礼。[2]牝牡（pìn mǔ）：鸟兽的雌性和雄性。

试译：人所以为人，并非只因为他们有两脚而没有毛，而是因他们有辨别事物的礼。禽兽虽有父子关系而无亲情，有雌雄之分而不区别男女，所以为人之道在于处处有辨别之礼。

(5) 道者，非天之道，非地之道，人之所以道也，君子之所道也。——《荀子·儒效》

试译：先王之道不是天道、地道，而是人类所依据的道、君子所遵循的道。

(6) 礼者，谨于治生死者也。生，人之始也；死，人之终也。终始俱善，人道毕矣。——《荀子·礼论》

试译：礼指小心处理生死的规范。生、死是人生的开始与终结。善始善终，人道就完成了。

(7) 道不远人，人之为道而远人，不可以为道。——《礼记·中庸》

试译：道不会疏远人，否则，就不是道。

(8) 立天之道曰阴与阳，立地之道曰柔与刚，立人之道曰仁与义。——《易传·说卦》

试译：确立天、地、人的根本原则分别是阴和阳、柔和刚、仁和义互相对立的因素。

(9) 人能弘道，非道弘人也。——《论语·卫灵公》

试译：人能弘扬道义，并非道义弘扬人。

(10) 人之有道也，饱食、暖衣、逸[1]居而无教，则近于禽兽。——《孟子·滕文公上》

注释：[1]逸：舒适。

试译：人有做人的根本标准，只满足吃饱穿暖、住所舒适而没有礼义教化，就和禽兽差不多。

（11）水火有气[1]而无生，草木有生而无知，禽兽有知而无义。人有气、有生、有知，亦且有义，故最为天下贵也。——《荀子·王制》

注释：[1]气：指推动宇宙万物生成和运作的因素。

试译：水火有气却没有生命，草木有生命却无知觉，禽兽有知觉却无礼义。人有气、生命、知觉，更有礼义，所以是天下最尊贵的生物。

（12）父慈，子孝，兄良，弟悌，夫义，妇听，长惠，幼顺，君仁，臣忠，十者谓之人义。——《礼记·礼运》

试译：父母慈爱，儿女孝敬，兄长善良，弟爱兄长，丈夫公正，妻子依从，年长者施惠，年幼者顺服，国君仁义，臣下忠信，这十方面可称之为做人的本义。

（13）人心惟危，道心惟微，惟精惟一，允执厥中。——《尚书·虞书·大禹谟》

试译：人心险恶，道心微弱，精研专一，公允地执其两端，中正而行。

（14）人心之不同，如其面焉。——《春秋左传·襄公三十一年》

试译：人的内心想法不同，就像长相各异的面孔。

（15）恻隐之心，仁之端[1]也；羞恶之心，义之端也；辞让之心，礼之端也；是非之心，智之端也。人之有是四端也，犹其有四体也。有是四端而自谓不能者，自贼者也。——《孟子·公孙丑上》

注释：[1]端：发端，开始。

试译：人心同情苦难，羞耻厌恶，推辞谦让，明辨是非，分别是体行仁、义、礼、智四德的开始。人本来有四德之心，像身体有四肢。但某些人有德却自以为不能行，是自暴自弃的结果。

6. 行事论

（1）惟事事，乃其有备，有备无患。——《尚书·商书·说命中》

试译：行事只有事先防备，才可能杜绝后患。

（2）凡事豫[1]则立，不豫则废。——《礼记·中庸》

注释：[1]豫：通"预"，预先，提前。

试译：凡事提前筹备，就立于不败之地，否则就作废。

（3）作事威克[1]其爱，虽小必济。——《春秋左传·昭公二十三年》

注释：[1]克：战胜。

试译：一人行事，如果他的威严胜过私爱，即使事小，也必能成功。

（4）临事而惧，好谋而成。——《论语·述而》

试译：遇事谨慎小心，善于谋划，才可成功。

（5）工欲善其事，必先利其器。——《论语·卫灵公》

试译：工匠想完成一件佳作，必定预先磨砺、调好工具。

（6）福事至则和而理，祸事至则静而理。富则施广，贫则用节。可贵可贱也，可富可贫也，可杀而不可使为奸也。——《荀子·仲尼》

试译：（士人）和气地处理好事，冷静地处理灾祸。富有时广加施舍，贫穷时节约用度。君王可以使他高贵或低贱，富有或贫穷，可以杀掉他，但不能迫使他作恶。

（7）身劳而心安，为之；利少而义多，为之。——《荀子·修身》

试译：做身体劳累但内心安乐之事，做私利较少但公义较多之事。

（8）人有不为也，而后可以有为。——《孟子·离娄下》

试译：人在某方面有所不为，然后才可能在其他方面有一番作为。

（9）入孝出弟[1]，人之小行也；上顺下笃，人之中行也；从道不从君，从义不从父，人之大行也。——《荀子·子道》

试译：孝顺父母，敬重兄长，是做人的基本德行；对上司和顺，对下属真诚，是中级德行；遵从道义而不盲从君主、父亲的意志，是高级德行。

（10）众怒难犯，专欲难成。——《春秋左传·襄公十年》

试译：众人的怨怒难以冒犯，专横的欲望难以成真。

7. 君子论

（1）天行健，君子以自强不息。——《周易·乾卦》

试译：天象运行刚健笃实，君子取法，发愤图强，永无止境。

（2）地势坤，君子以厚德载物。——《周易·坤卦》

试译：大地形势柔顺宽和，君子取法，宽厚有德，包容万物。

（3）内阳而外阴，内健而外顺，内君子而外小人。——《周易·泰》

试译：内心阳刚而外表阴柔，内心刚健而外表和顺，内心如君子而外表似小人。

（4）君子安其身而后动，易其心而后语，定其交而后求。——《易传·系辞传下》

试译：君子先安定自身而后行动，平和内心而后发言，确定交情而后求助。

（5）君子见人之厄[1]则矜[2]之，小人见人之厄则幸之。——《春秋公羊传·宣公十五年》

注释：[1]厄：困苦，灾难。[2]矜：怜悯，怜惜。

试译：君子见到他人遇难，就心生怜悯。小人见此幸灾乐祸。

（6）君子不推人危，不攻人危。——《春秋谷梁传·僖公二十二年》

试译：君子不在别人危难时排挤、攻击他。

（7）君子之言，信而有徵[1]，故怨远于其身。——《春秋左传·昭公八年》

注释：[1]徵（zhēng）：通"征"，验证。

试译：君子发言可信有据，所以自身远离埋怨。

（8）君子喻[1]于义，小人喻于利。——《论语·里仁》

注释：[1]喻：明白。

试译：君子明白大义，小人明白小利。

（9）仁者不忧，知者不惑，勇者不惧。——《论语·宪问》

试译：仁慈的人不忧虑琐事，聪明的人不惑于虚妄，勇敢的人不害怕怪乱。

（10）君子周[1]而不比[2]，小人比而不周。——《论语·为政》

注释：[1]周：普遍团结。[2]比：勾结营私。

试译：君子普遍团结而不勾结派系，小人勾结派系而不普遍团结。

（11）君子和而不同，小人同而不和。——《论语·子路》

试译：君子追求和谐而不是完全相同，小人追求完全相同而非和谐。

（12）君子泰而不骄；小人骄而不泰。——《论语·子路》

试译：君子气象舒泰而不骄横，小人骄横而不舒泰。

（13）君子求诸己，小人求诸人。——《论语·卫灵公》

试译：（遇到问题）君子先从自身找原因，小人则归咎于他人。

（14）君子矜[1]而不争，群而不党。——《论语·卫灵公》

注释：[1] 矜：庄重，敬慎。

试译：君子庄重而不妄与人争，合群而不结党营私。

（15）君子有三戒：少之时，血气未定，戒之在色；及其壮也，血气方刚，戒之在斗；及其老也，血气既衰，戒之在得[1]。——《论语·季氏》

注释：[1] 得：贪得。

试译：君子有三条戒律：年少时血气不定，不可贪恋美色。至年壮血气方刚，不可逞强好斗。至年老血气已衰，不可贪得无厌。

（16）君子有九思：视思明，听思聪，色思温，貌思恭，言思忠，事思敬，疑思问，忿[1]思难，见得思义。——《论语·季氏》

注释：[1] 忿：生气。

试译：君子处世应有九方面考虑：观察是否明白，听闻是否明白，面色是否温和，容貌是否恭敬，言语是否忠实，行事是否诚敬，有疑是否得解，生气是否有后患，所得是否合乎礼义。

（17）君子少思长，则学；老思死，则教；有思穷，则施也。——《荀子·法行》

试译：君子年少时设想长大后的情形，就会勤奋学习；年老时设想去世后的情形，就会教育后人；富有时设想贫穷后的情形，就会帮助他人。

（18）君子坦荡荡，小人长戚戚[1]。——《论语·述而》

注释：[1] 戚戚：忧惧。

试译：君子坦荡无私，小人忧虑不已。

（19）君子不器。——《论语·为政》

试译：君子不是只有某种用途的器皿。

（20）声闻[1]过情，君子耻之。——《孟子·离娄下》

注释：[1] 声闻：名誉。

试译：虚名胜过实情，君子以之为耻。

（21）君子有三乐，而王[1]天下不与存焉。父母俱存，兄弟无故，一乐也；仰不愧于天，俯不怍[2]于人，二乐也；得天下英才而教育之，三乐也。——《孟子·尽心上》

注释：[1] 王（wàng）：称王，此处代指统治天下。 [2] 怍（zuò）：羞愧。

试译：君子有三种乐趣，但不包括统治天下。父母健在，兄弟平安，是第一乐；抬头无愧于天，低头无愧于人，是第二乐；接触、教育天下优秀人才，是第三乐。

（22）君子以仁存心，以礼存心。仁者爱人，有礼者敬人。爱人者人恒爱之，敬人者人恒敬之。——《孟子·离娄下》

试译：君子心存仁爱和礼义。仁慈者关爱别人，有礼者尊敬别人。常关爱别人，别人常爱他；常尊敬别人，别人常敬他。

（23）君子不怨天，不尤人。——《孟子·公孙丑下》

试译：君子不抱怨上天，不埋怨他人。

（24）人积耨耕[1]而为农夫，积斲[2]削而为工匠，积反货[3]而为商贾，积礼义而为君子。——《荀子·儒效》

注释：[1] 耨（nòu）耕：耕耘，除草。 [2] 斲（zhuó）：古同"斫"，砍。 [3] 反：通"贩"。

试译：普通人通过积累耕种经验而成为农夫，通过积累砍削技巧而成为工匠，通过积累贩货经验而成为商人，通过积累礼义规范而成为君子。

（25）君子贫穷而志广，富贵而体恭，安燕[1]而血气不惰，劳倦而

容貌不枯，怒不过夺，喜不过予。——《荀子·修身》

注释：[1] 安燕：安适。

试译：君子虽贫穷但志向广大，富贵但仪态恭敬，安逸但积极向上，劳累但容貌不衰，不因生气或高兴而对别人有过分的争夺或给予。

二 齐家类

1. 家庭论

(1) 克[1]勤于邦，克俭于家。——《尚书·虞书·大禹谟》

注释：[1] 克：能。

试译：能勤勉治国，能节俭持家。

(2) 积善之家，必有余庆；积不善之家，必有余殃。——《周易·坤》

试译：积累善行的家庭，一定会给后人留下很多福泽；积累恶行的家庭，一定留下很多祸害。

(3) 父父，子子，兄兄，弟弟，夫夫，妇妇，而家道正。正家而天下定矣。——《周易·家人》

试译：父亲、儿子、长兄、小弟、丈夫、妻子各尽自己的责任，治家之道就会中正。家道中正，天下就安定了。

(4) 父慈子孝，兄爱弟敬，夫和妻柔，姑慈妇听[1]，礼也。——《春秋左传·昭公二十六年》

注释：[1] 听：顺从。

试译：父亲慈爱而儿子孝爱，长兄关爱而幼弟敬爱，丈夫温和而妻子温柔，婆婆慈祥而媳妇顺从，（家庭成员和谐相处）这就是礼。

2. 夫妇论

(1) 夫妇之道不可以不久也。——《易传·序卦》

试译：夫妇相处之道必须恒久不变。

(2) 女正位乎内，男正位乎外。男女正，天地之大义也。——《周易·家人》

试译：女子在家居正位，男子在外居正位。男女居位正，是天地之间的大道理。

（3）身不行道，不行于妻子[1]；使人不以道，不能行于妻子。——《孟子·尽心下》

注释：[1]妻子：妻子和儿女。

试译：自身不践行正道，使唤别人不遵循正道，无法以正道与妻儿相处。

（4）妻子好合，如鼓瑟琴。兄弟既翕[1]，和乐且湛[2]。——《诗经·小雅·常棣》

注释：[1]翕（xī）：合，和睦。[2]湛（dān）：欢乐。

译文：与妻儿情投意合，就像弹奏琴瑟。与兄弟已经相合，和睦融洽欢乐。

3. 孝亲论

（1）天地之性，人为贵。人之行，莫大于孝。——《孝经·圣治章第九》

试译：天地万物之中最尊贵的是人。人间最大的德行是孝亲。

（2）用天之道，分地之利，谨身节用，以养父母，此庶人之孝也。——《孝经·庶人章第六》

试译：遵行天道，分辨地利，谨修身心，节俭用度，以此赡养父母，这是普通人的孝行。

（3）大孝尊亲，其次弗辱，其下能养。——《礼记·祭义》

试译：大孝是自己行善使父母受尊敬，其次不做恶使其免受凌辱，最低的是以衣食赡养。

（4）小孝用力，中孝用劳，大孝不匮[1]。——《礼记·祭义》

注释：[1]匮：缺乏。

试译：孝养父母，小则用体力，思慈忘劳，中则用功劳，尊仁安义，大则用天下之富，博施备物，使天下人皆敬爱双亲。

（5）冬温而夏凊[1]，昏定[2]而晨省[3]。——《礼记·曲礼上》

注释：[1]凊（qìng）：凉。[2]定：安置枕席，代指就寝。[3]

省（xǐng）：探问，请安。

试译：（行孝就是）使父母居所温凉适宜，晚上服侍就寝，早上省视问安。

（6）事父母几[1]谏，见志不从，又敬不违[2]，劳而不怨。——《论语·里仁》

注释：[1]几（jī）:，轻微、委婉。[2]违：违背。

试译：子女侍奉父母，委婉地规劝他们的过失，意见不被听从，继续敬爱而不违背其意愿，虽因此劳累，但不抱怨。

（7）父母在，不远游，游必有方[1]。——《论语·里仁》

注释：[1]方：去向。

试译：父母在世，子女如果外出，一定要告知去向。

（8）父母之年，不可不知也，一则以喜，一则以惧。——《论语·里仁》

试译：孝子必须挂念父母年龄，既为其高寿而欢喜，又为其衰老而忧惧。

（9）大孝终身慕[1]父母。——《孟子·万章上》

注释：[1]慕：思慕。

试译：最孝顺的人终身思慕、关爱父母。

（10）养可能也，敬为难。敬可能也，安为难。安可能也，卒为难[1]。父母既没[2]，慎行其身，不遗父母恶名，可谓能终矣。——《礼记·祭义》

注释：[1]卒：终止。[2]没：通"殁"，指去世。

试译：子女可能会赡养父母，但难以做到诚心敬爱。能做到心敬，但难使他们心安。能使心安，但难以善终。父母去世之后，小心地言行，不使父母蒙受恶名，就是终身行孝。

（11）生事爱敬，死事哀戚，生民之本尽矣，死生之义备矣，孝子之事亲终矣。——《孝经·丧亲章第十八》

试译：父母在世时尊敬爱戴他们，去世后哀伤悲痛，生养的根本已经完成，生死的礼义已经完备，孝子侍奉父母的事情才可告终。

（12）孝子之事亲也，居则致其敬，养则致其乐，病则致其忧，丧则致其哀，祭则致其严。——《孝经·纪孝行章第十》

试译：孝子侍奉父母尽量做到：起居时恭敬，饮食时和悦，生病时担忧，去世时哀伤，祭祀时庄重。

（13）事死如事生，事亡如事存。——《荀子·礼论》

试译：侍奉去世的父母就像侍奉在世的他们一样（敬爱始终不变）。

（14）毁不灭性，此圣人之政也。——《孝经·丧亲章第十八》

试译：孝子因亡亲身心悲痛，尽心守孝致哀，但不能因此丧生，这是圣人的政治主张。

4. 父子论

（1）父子责[1]善，贼[2]恩之大者。——《孟子·离娄下》

注释：[1]责：要求。[2]贼：伤害。

试译：父亲儿子互相要求，勉励向善，最受伤害的是恩情。

（2）父有争[1]子，则身不陷于不义。——《孝经·谏诤章第十五》

注释：[1]争，通"诤"。

试译：父亲有劝谏自己错误的儿子，就不会陷入不义的困扰。

（3）中[1]也养不中，才也养不才，故人乐有贤父兄也。——《孟子·离娄下》

注释：[1]中，指能遵行中庸之道的人，泛指有德的人。

试译：有德的人熏陶无德的人，有才的人影响无才的人，所以人们很高兴拥有贤能的父亲兄长。

（4）君子之于子，爱之而勿面，使之而勿貌，导之以道而勿强。——《荀子·大略》

试译：君子爱护子女，但不当面表现；指使他们，但不露神色；引导他们，但不勉为其难。

（5）父有争[1]子，不行无礼。——《荀子·子道》

试译：父亲有劝谏自己错误的子女，就不会做无礼的事情。

5. 兄弟论

（1）兄弟阋[1]于墙，外御其务[2]。——《诗经·小雅·常棣》

注释：[1] 阋（xì）：争斗。[2] 务：通"侮"。

试译：兄弟内部自相争斗，对外抵御他人欺侮。

（2）仁人之于弟也，不藏怒焉，不宿怨焉，亲爱之而已矣。——《孟子·万章上》

试译：有仁德的人不会掩藏自己对弟弟的愤怒、抱怨，只是亲近爱护他们罢了。

（3）庸[1]敬在兄，斯须[2]之敬在乡人。——《孟子·告子上》

注释：[1] 庸：平常恒久。[2] 斯须：一时，短暂。

试译：对兄长保持恒久的恭敬，对乡亲保持一时的尊敬。

三　为政类

1. 德治论

（1）惟德动天，无远弗届[1]。——《尚书·虞书·大禹谟》

注释：[1] 届：到达。

试译：道德感动上天，影响至为广远。

（2）正德、利用、厚生惟和。——《尚书·虞书·大禹谟》

试译：（治理国家要）调和端正民德、利为民用、厚养民生三者的关系。

（3）树德务[1]滋，除恶务本。——《尚书·周书·泰誓下》

注释：[1] 务：致力。

试译：从点滴培养来树立善德，从根本杜绝来消除恶习。

（4）德日新，万邦惟怀[1]；志自满，九族乃离。——《尚书·商书·仲虺之诰》

注释：[1] 怀：归附，顺从。

试译：（君王）经常修德求新，各国民众就会归顺；心中自满自大，各族民众就会离去。

（5）德惟善政，政在养民。——《尚书·虞书·大禹谟》

试译：德行促进政治向善，善政在于安养民众。

(6) 君子之德风，小人之德草也。草上之风，必偃[1]。——《论语·颜渊》

注释：[1] 偃：伏倒。

试译：君子德行像风，小人德行像草。风吹到草上，草必随风倒。

(7) 其身正，不令而行；其身不正，虽令不从。——《论语·子路》

试译：当政者自身正直，即使不下命令，政策也会得到推行；自身不正，下命令也不会遵从。

(8) 仁言不如仁声之入人深也，善政不如善教之得民也。——《孟子·尽心上》

试译：口头标榜的仁德不如众人称道的仁德深入人心，好的政令不如好的教化更得民心。

(9) 老吾老[1]，以及人之老；幼吾幼，以及人之幼，天下可运于掌。——《孟子·梁惠王上》

注释：[1] 老吾老：前一个老为动词，指敬养长者。后一个老是名词，指父母长辈。

试译：为政者从敬爱自己的长辈和晚辈推广至敬爱他人的长辈和晚辈，然后治理天下，易如反掌。

(10) 教民亲爱，莫善于孝。教民礼顺，莫善于悌。移风易俗，莫善于乐。安上治民，莫善于礼。——《孝经·广要道章第十二》

试译：为政者教育民众相亲相爱，最好的方法是推行孝道。教育民众守礼顺从，最好推行悌道。移除陋风恶俗，最好推行雅乐。安定君上而治理民众，最好推行礼义。

(11) 导之以政，齐之以刑，民免[1]而无耻；导之以德，齐之以礼，有耻且格[2]。——《论语·为政》

注释：[1] 免：苟免。[2] 格：纠正，改正。

试译：为政者用政令引导，用刑罚整治，民众只为免于受罚，不去犯罪，但没有羞耻之心；用道德引导，用礼义整治，民众以犯罪受罚为耻，且自觉改正过失。

（12）善政得民财，善教得民心。——《孟子·尽心上》

试译：良好的政治可集聚百姓的财物，良好的教化可赢得百姓的真心。

（13）以善服人者，未有能服人者也；以善养人，然后能服天下。——《孟子·离娄下》

试译：用善德说服他人，不大可能；用善德教化他人，然后能使天下归服。

（14）儒者在本朝则美政，在下位则美俗。——《荀子·儒效》

试译：儒者在朝为官，则使当朝政治和美；在下为民，则使当地风俗和美。

2. 治道论

（1）得道者多助，失道者寡[1]助。——《孟子·公孙丑下》

注释：[1] 寡：少。

试译：拥有道义的人获得很多帮助，丧失道义的人获得很少帮助。

（2）道洽政治，泽润生民。——《尚书·周书·毕命》

试译：善道融洽，政事得治，恩泽教化，惠及民众。

（3）沈[1]潜刚克，高明柔克。——《尚书·周书·洪范》

注释：[1] 沈：通"沉"。

试译：以刚烈的手段制服暗处的反抗者，以柔和的方式对付明处的服从者。

（4）宽以济[1]猛，猛以济宽，政是以和。——《春秋左传·昭公二十年》

注释：[1] 济：协调。

试译：既用宽厚之风协调严厉手段，又用严厉手段协调宽厚之风，政治因此和谐。

（5）朝廷莫如爵，乡党莫如齿[1]，辅世长民莫如德。——《孟子·公孙丑下》

注释：[1] 齿：年龄。

试译：在朝廷最看重爵位高低，乡里最重视年龄大小，辅助君主治理民众最注重道德。

（6）王者富民，霸者富士，仅存之国富大夫，亡国富筐箧[1]、实府库。——《荀子·王制》

[1]箧（qiè）：小箱子。这里比喻君主私藏钱财的小金库。

试译：称王天下之君会使民众富裕，称霸诸侯之君会使士人富裕，只能勉强存国之君会使大夫富裕，亡国之君增加充实自己的小金库和国库。

（7）国将兴，必贵师而重傅，贵师而重傅，则法度存。——《荀子·大略》

试译：国家将要兴盛，必定尊重师傅，尊重师傅，礼法才能得到保存。

（8）以德兼人者王，以力兼人者弱，以富兼人者贫，古今一也。——《荀子·议兵》

试译：依靠德行兼并他国可称王天下，依靠强力兼并他国会变得衰弱，依靠财富兼并他国会变得贫穷，这些道理古今不变。

（9）天时不如地利，地利不如人和。——《孟子·公孙丑下》

试译：有利的时机不如便利的地势，便利的地势不如人心的和谐。

（10）王者之论，无德不贵，无能不官[1]，无功不赏，无罪不罚。——《荀子·王制》

注释：[1]官：任用。

试译：以王道治政，不尊无德者，不任无能者，不奖无功者，不惩无罪者。

（11）玩人丧德，玩物丧志。——《尚书·周书·旅獒》。

试译：君王如果玩弄他人，会丧失善德；玩弄外物，会丧失志向。

3. 君臣论

（1）君不密[1]则失臣，臣不密则失身，几事不密则害成。是以君子慎密而不出也。——《易传·系辞传上》

注释：[1]密：守密。

试译：君上不保守机密，可能使臣下遭受损失；臣下不保守机密，可能会丢掉性命；从办事开始就不守机密，危害事情的成功。所以君子小心地守密而不泄露。

（2）君之视臣如手足，则臣视君如腹心；君之视臣如犬马，则臣视君如国人；君之视臣如土芥[1]，则臣视君如寇仇[2]。——《孟子·离娄下》

注释：[1]土芥：泥土杂草。[2]寇仇：仇敌。

试译：如果君上重视臣下如自己的手足，臣下就重视君上如自己的腹心；君上轻视臣下如狗马，臣下就轻视君上如普通国人；君上贱视臣下如泥土杂草，臣下就仇视君上如敌人。

（3）为君慎器与名，不可以假人。——《春秋左传·昭公三十二年》

试译：国君慎重对待宝器与名位，不可假借给他人。

（4）能自得师者王，谓人莫己若者亡。好问则裕，自用则小。——《尚书·商书·仲虺之诰》

试译：能够自己得到良师指点的人将称王天下，认为别人不如自己的人将亡国丧命。谦虚好问的人收获大，师心自用的人收获小。

（5）君子上交不谄[1]，下交不渎[2]。——《易传·系辞传下》

注释：[1]谄（chǎn）：谄媚。[2]渎（dú）：轻慢，不敬。

试译：君子与上司交往不谄媚，与下属者交往不轻慢。

（6）君子惠而不费[1]，劳而不怨，欲而不贪，泰而不骄，威而不猛。——《论语·尧曰》

注释：[1]费：浪费

试译：君子施惠于民而不浪费财力，征用劳力而民不埋怨，索求于民而不贪婪，举止安然而不骄横，仪容威严而不凶猛。

（7）君子之仕[1]也，行其义也。——《论语·微子》

注释：[1]仕：入仕。

试译：君子入仕从政，是为了推行弘扬道义。

4. 民本论

（1）天聪明[1]，自我民聪明。天明畏，自我民明威[2]。——《尚

书·虞书·皋陶谟》

注释：[1] 聪明：耳聪目明，此处指明察秋毫的耳目听闻。[2] 畏：通"威"，指威严。

试译：上天的明察秋毫来自我们民众的明察秋毫，上天的奖惩威严来自我们民众的奖惩威严。

（2）天视自我民视，天听自我民听。——《尚书·周书·泰誓中》

试译：上天所见来自我们民众所见，上天所闻来自我们民众所闻。

（3）民可近，不可下。民惟邦本，本固邦宁。——《尚书·夏书·五子之歌》

试译：民众只可亲近，不可轻视。民众是治国的根本，根本坚固，国家安宁。

（4）君人，无于水监，当于民监[1]。——《尚书·周书·酒诰》

注释：[1] 监，通"鉴"，即镜子。

试译：君王治理民众人，（观察政治得失，）不以静水为观照的镜子，应以民众为借鉴的镜子。

（5）国将兴，听于民；将亡，听于神。——《春秋左传·庄公三十二年》

试译：国家将要兴盛，听从民意；国家将要灭亡，听从神意。

（6）信，国之宝也，民之所庇也。——《春秋左传·僖公二十五年》

试译：诚信是一国之宝，用来庇护民众。

（7）自古皆有死，民无信不立。——《论语·颜渊》

试译：古今万物都会消逝，没有民众信任，国家难立将亡。

（8）民为贵，社稷[1]次之，君为轻。——《孟子·尽心下》

注释：[1] 社稷：社，土地神；稷，谷神。

试译：（在一个国家中）民众最重要，土谷神灵其次，国君最轻。

（9）君者，舟也；庶人者，水也。水则载舟，水则覆舟。——《荀子·王制》

试译：君主如船，民众如水。水能载浮船，也能倾翻船。

（10）用国者，得百姓之力者富，得百姓之死者强，得百姓之誉者荣。——《荀子·王霸》

试译：为政者治理国家，得到百姓的全力会富足，得到百姓的死力会强盛，得到百姓的赞誉会繁荣。

（11）天之生民，非为君也；天之立君，以为民也。——《荀子·大略》

试译：上天生育民众，并非为了君主；上天设立君主，却是为了民众。

（12）不富无以养民情，不教无以理民性。——《荀子·大略》

试译：如果不能使民众富裕并受到良好教育，就无法培养民众的情操，理顺民众的性情。

5. 任人论

（1）知人则哲，能官人[1]。安民则惠，黎民怀之。——《尚书·虞书·皋陶谟》

注释：[1] 官人：任人为官。

试译：了解他人是一种明智，能举贤为官。安治民众者施惠，民众怀念他。

（2）外举不弃仇，内举不失亲。——《春秋左传·襄公二十一年》

试译：举用外族贤能而不遗弃仇人，举拔族内贤能而不遗漏亲人。

（3）使仁者佐贤者，不使贤者佐仁者。——《春秋谷梁传·文公六年》

试译：（治政者）让有仁德者辅佐贤能者，而不是相反。

（4）众恶[1]之，必察焉；众好[2]之，必察焉。——《论语·卫灵公》

注释：[1] 恶（wù）：讨厌。[2] 好（hào）：喜欢。

试译：众人讨厌他，一定要明察；众人喜欢他，一定要明察。

（5）举直错[1]诸枉，则民服；举枉错诸直，则民不服。——《论语·为政》

注释：[1] 错：通"措"，安置。

试译：举用品行正直的人才，将其安置在品行邪曲者之上，民众就会信服；反之，则民众不服。

（6）相形不如论心，论心不如择术。形不胜心，心不胜术。——《荀子·非相》

试译：观察一个人的相貌，不如考察他的志向，考察他的志向不如选择鉴别他安身立命的道术。相貌不如志向重要，志向不如道术重要。

（7）其取人有道，其用人有法。取人之道，参[1]之以礼；用人之法，禁之以等。——《荀子·君道》

注释：[1]参：参照。

试译：选取人才有一定的原则，任用人才有一定的方法。原则是依照礼制去考察他们，方法是用等级差别去约束他们。

6. 兵武论

（1）兵，民之残也，财用之蠹[1]，小国之大灾也。——《春秋左传·襄公二十六年》

注释：[1]蠹（dù）：本指蛀虫，此处指损耗。

试译：战争是残害民众、损耗财富之事，是小国的大灾难。

（2）先人有夺人之心，军之善谋也。逐寇如追逃，军之善政也。——《春秋左传·文公七年》

试译：率先夺取对方军心，是好的作战谋略。像追赶逃兵一样驱逐敌人，是好的作战方案。

（3）以不教民战，是谓弃之。——《论语·子路》

试译：让没接受过军事训练的民众应战，这是抛弃他们的做法。

（4）夫文，止戈[1]为武。——《春秋左传·宣公十二年》

注释：[1]戈：古代一种青铜或铁制兵器，曲头，横刃，装有长柄。

试译：从文字来看，武就是停止金戈兵器之争。

（5）夫武，禁暴、戢[1]兵、保大、定功、安民、和众、丰财者也。——《春秋左传·宣公十二年》

注释：[1]戢（jí）：收敛，收藏。

试译：武力可禁止暴力，收敛兵器，保持强大，确定功业，安抚百姓，和谐民众，增加财富。

7. 邦交论

（1）柔亦不茹[1]，刚亦不吐；不侮矜寡，不畏强御。——《诗经·大雅·烝民》

注释：[1]茹：食。

试译：柔软的也不吃，刚硬的也不吐；不欺负孤弱者，不畏惧强横者。

（2）大邦畏其力，小邦怀其德。——《尚书·周书·武成》

试译：大国畏惧他的威力，小国怀念他的德行。

（3）德以柔中国，刑以威四夷。——《春秋左传·僖公二十五年》

试译：用道德安抚中原诸国，用刑罚威慑四方夷狄。

（4）虽有文事，必有武备。——《春秋谷梁传·襄公二十五年》

试译：即使是非军事的外交活动，也一定配备必要的武力。

（5）小所以事大，信也；大所以保小，仁也。——《春秋左传·哀公七年》

试译：小国以诚信结交大国，大国以仁德保护小国。

（6）天灾流行，国家代[1]有，救灾恤[2]邻，道也。行道有福。——《春秋左传·僖公十三年》

注释：[1]代：代替，更迭。[2]恤：体恤，救济。

试译：自然灾害流传，各国政权更迭，帮助受灾的邻国是一种人道。践行仁道，会有福报。

（7）行己有耻，使于四方，不辱君命，可谓士矣。——《论语·子路》

试译：自己行事怀知耻之心，出使四方各国，不辜负君主任命，这可称为士了。

四 学习类

1. 学道论

（1）君子尊德性而道[1]问学，致广大而尽精微，极高明而道中庸。——《礼记·中庸》

注释：[1]道：通"导"，引导。

试译：君子尊重德性而引导博学审问，拓展宽广博大之域而穷尽精致细微之境，达到高远明智而遵循中庸之道。

（2）凡学之道，严[1]师为难。师严，然后道尊。——《礼记·学记》

注释：[1]严：严肃对待，引申为尊敬。

试译：学习的根本方法，难在尊敬师者。师者得到尊重，他们传授的道理才可能得到敬重。

（3）玉不琢，不成器。人不学，不知道。——《礼记·学记》

试译：玉石不经过雕琢修饰，不能成为可用之器。人不通过学习知识，不能知晓道理。

（4）不怨天，不尤人，下学而上达。——《论语·宪问》

试译：不抱怨老天，不责备他人，从具体知识开始学习，最终达到知晓道理。

（5）百工[1]居肆[2]以成其事，君子学以致其道。——《论语·子张》

注释：[1]百工：各行各业的工匠。[2]肆：周朝官府制造器物的场所。

试译：工匠在作坊完成制作器物之事，君子通过学习悟得道理。

2. 学法论

（1）时过然后学，则勤苦而难成。——《礼记·学记》

试译：如果错过最佳学习时段，那么再勤劳刻苦，也难有成就。

（2）学不可以已。青，取之于蓝而青于蓝；冰，水为之而寒于

水。——《荀子·劝学》

试译：学习没有止境。靛青从蓼蓝中提取但比蓼蓝更青；冰由水凝成但比水更冷。

（3）独学而无友，则孤陋而寡闻。——《礼记·学记》

试译：一个人如果独自学习而无友交流，就会学识孤浅鄙陋，见闻很少。

（4）学然后知不足，教然后知困。——《礼记·学记》

试译：只有学习后才可能知道自身不足，教育别人后才可能发现自身困惑。

（5）安其学而亲其师，乐其友而信其道。——《礼记·学记》

试译：教育者应该使学生安心学习，亲近授业的老师，喜欢周围学友，笃信其中道理。

（6）学而不思则罔[1]，思而不学则殆[2]。——《论语·为政》

注释：[1]罔：迷茫，受欺蒙。[2]殆：危险。

试译：一味地读书学习而不慎思，就会心生迷茫；沉湎于慎思而不读书学习，就会陷入险境。

（7）三人行，必有我师焉。择其善者而从之，其不善者而改之。——《论语·述而》

试译：与数人同行，其中必定有值得师法的人。选择学习他们的优点，对照改正存在的缺点。

（8）君子博学于文，约之以礼，亦可以弗畔[1]矣夫！——《论语·颜渊》

注释：[1]畔：通"叛"，背叛，违背。

试译：君子广博地学习各种文献，以礼义约束自己的言行，也可以使内心不违背道义。

（9）博学之，审问之，慎思之，明辨之，笃行之。——《礼记·中庸》

试译：广博地学习它，小心地提问它，慎重地思考它，明确地辨别它，切实地践行它。

（10）好学近乎知，力行近乎仁，知耻近乎勇。——《礼记·中庸》

试译：爱好学习接近明智，努力践行接近仁爱，知道羞耻接近勇敢。

（11）善学者尽其理，善行者究其难。——《荀子·大略》

试译：善于学习的人能穷尽事物内在之理，善于实践的人能深究事物难懂之意。

3. 学用论

（1）日就月将，学有缉熙于光明。——《诗经·周颂·敬之》

试译：通过日积月累，学习由浅入深，达到内心光亮明白。

（2）不学墙面，莅事惟烦。——《尚书·周书·周官》

试译：人不学习，就像面墙而立，茫然无知，遇事烦乱难理。

（3）不学《诗》[1]，无以言。不学《礼》，无以立也。——《论语·季氏》

注释：[1]《诗》：即《诗经》。

试译：不学《诗经》，无法很好地发表言论。不学《礼》，无法很好地立身处世。

（4）兴于《诗》，立于礼，成于乐。——《论语·泰伯》

试译：终身从学习《诗经》开始，然后学习礼义安身立命，学习雅乐最终完成全过程。

（5）好仁不好学，其蔽也愚；好知不好学，其蔽也荡；好信不好学，其蔽也贼[1]；好直不好学，其蔽也绞[2]；好勇不好学，其蔽也乱；好刚不好学，其蔽也狂。——《论语·阳货》

注释：[1] 贼：伤害。[2] 绞：急切，偏激。

试译：一个本身喜好仁爱、聪明、诚信、正直、勇敢、刚强的品质，但不乐于通过学习修饰、调和，最终在实践过程中可能产生愚腐、放荡、伤人、偏激、动乱、狂妄的弊端。

（6）君子之学，非为通也，为穷而不困，忧而意不衰也，知祸福终始而心不惑。——《荀子·宥坐》

试译：君子学习（礼义），并非为了事业通达，而是为了在失意时心灵不困惑，忧患时志气不衰落，明白祸福相依而内心不迷惑。

五　教诲类

1. 师道论

（1）师也者，教之以事而喻[1]诸德者也。——《礼记·文王世子》

注释：[1]喻：告知，说明。

试译：老师通过列举事例讲明各种道德，教书育人。

（2）礼者，所以正身也；师者，所以正礼也。——《荀子·修身》

试译：礼节是端正身心的准则，老师是端正礼节的准则。

（3）自诚明，谓之性。自明诚，谓之教。——《礼记·中庸》

试译：由真诚相信而明白道理，可称作天性。由明白道理而真诚相信，可称作教育。

（4）既知教之所由兴，又知教之所由废，然后可以为人师也。——《礼记·学记》

试译：一个人明白教育兴盛、衰亡的原因，就可以做老师了。

（5）师术有四，而博习不与[1]焉。尊严而惮，可以为师；耆艾而信[2]，可以为师；诵说而不陵不犯，可以为师；知微而论，可以为师。——《荀子·致士》

注释：[1]与：参与。[2]耆艾而信：年长而有威信。耆、艾分别指六十岁、五十岁的老人。

试译：为人之师有四种方式，但博学不在其中。庄严而令人敬畏，年长而威信有加，正确诵说经义而不冒犯前人成说，察知学问精微之处而有所阐发，均可为人师。

2. 诲人论

（1）大匠诲人，必以规矩，学者亦必以规矩。——《孟子·告子上》

试译：技术高超的工匠必须依照一定规矩教人手艺，求学的人也必须遵循这种规矩。

（2）大匠不为拙工改废绳墨[1]，羿不为拙射变其彀率[2]。——《孟子·尽心上》

注释：[1]绳墨：木工标示直线的工具。[2]彀率：拉弓的标准。

试译：高超的工匠不为笨拙的徒工而改变或废弃绳墨，后羿不为笨拙的射手而改变拉弓标准。

（3）君子之所以教者五：有如时雨化之者，有成德者，有达财[1]者，有答问者，有私淑艾[2]者。——《孟子·尽心上》

注释：[1]财：同"材"，才能。[2]私淑艾：私下拾取，此处代指私下学习。淑，同"叔"，拾；艾，同"刈"，取。

试译：君子教育他人的五种方式：有像及时雨化育众生的，有成全德行的，有培养才能的，有解答疑惑的，有被私下效仿学习的。

（4）温故而知新，可以为师矣。——《论语·为政》

试译：通过温习旧知领悟新知，就可以做老师了。

（5）礼，闻来学，不闻往教。——《礼记·曲礼上》

试译：按照礼的要求，听说学生登门向老师请教的，没听说老师上门教授他们的。

（6）夫子之设科[1]也，往者不追，来者不距[2]。——《孟子·尽心下》

注释：[1]设科：开设课程。[2]距，同"拒"。

试译：先生开课讲学，对离开课堂的不追问，对来听讲的不拒绝。

（7）善歌者使人继其声，善教者使人继其志。——《礼记·学记》

试译：善于唱歌者能使别人跟随他歌唱，善于施教者能使别人继续他的志向。

（8）君子之教喻[1]也，道而弗牵，强而弗抑，开而弗达。——《礼记·学记》

注释：[1]喻：说明，使了解。此处指启发。

试译：君子启发教育学生，合理引导但不勉强硬扯，鼓励但不抑制，适当开导但不一言而尽。

（9）道而弗牵则和，强而弗抑则易，开而弗达则思。和易以思，可

谓善喻矣。——《礼记·学记》

试译：合理引导但不勉强硬扯就会使教学和谐，加以鼓励而不抑制就会使学生易于接受教导，适当开导但不一言而尽就会激发学生思考，这可称作善于启发教导学生了。

（10）不愤[1]不启。不悱[2]不发。——《论语·述而》

注释：[1] 愤：内心思考问题但不得解决。[2] 悱：想表达某种想法但难以言表。

试译：教导学生，不到他思不得解时，不作开导。不到他欲言但难以表达时，不作引导。

六　交际类

1. 交友论

（1）嘤其鸣矣，求其友声。相彼鸟矣，犹求友声。——《诗经·小雅·伐木》

试译：鸟儿鸣叫，发声寻求朋友。看那鸟儿，尚且发声求友。

（2）三人行则损一人，一人行则得其友。——《周易·损》

试译：三人结伴远行，会损害其中一人；一人独行，会得到友人帮助。

（3）心志既通，而名誉不闻，友之罪也。——《春秋谷梁传·昭公十九年》

试译：一个人心意志虑通达，但名声不为人知，这是他朋友的过错。

（4）有朋自远方来，不亦乐乎？——《论语·学而》

试译：有志同道合的学友从远方而来，不也快乐吗？

（5）主[1]忠信，无友不如己者，过则勿惮[2]改。——《论语·学而》

注释：[1] 主：以…为主。[2] 惮：害怕。

试译：心怀忠信，多交益友，犯错不怕改正。

（6）可与共学，未可与适[1]道；可与适道，未可与立；可与立，未可与权[2]。——《论语·子罕》

注释：[1]适：前往，到达。[2]权：权变。

试译：可以一起共同学习的人，未必可以一起求道；可以一起求道，未必可以一起以礼立身；可以一起以礼立身，未必可以一起权宜应变，灵活处理各种情况。

（7）君子以文会友，以友辅仁。——《论语·颜渊》

试译：君子通过文章会聚学友，通过学友辅助仁德。

（8）友直，友谅，友多闻，益矣。友便辟[1]，友善柔[2]，友便佞[3]，损矣。——《论语·季氏》

注释：[1]便辟（piánpì）：谄媚逢迎。[2]善柔：阿谀奉承。[3]便佞：花言巧语。

试译：与正直、诚信、博闻的人为友，有益；与谄媚逢迎、阿谀奉承、花言巧辩的人为友，有害。

（9）朋友数[1]，斯疏矣。——《论语·里仁》

注释：[1]数（shuò）：数次。

试译：频繁劝谏朋友，会使彼此生疏。

（10）朋友切切[1]、偲偲[2]，兄弟怡怡。——《论语·子路》

注释：[1]切切：互相切磋。[2]偲偲（sī）：互相勉励。

试译：朋友之间切磋砥砺，兄弟之间和乐相亲。

（11）士有争[1]友，则身不离于令名。——《孝经·谏诤章第十五》

注释：[1]争，通"诤"，劝谏。

试译：士人如果有直言劝谏的朋友，好的名声就会常相随。

（12）不挟[1]长，不挟贵，不挟兄弟而友。友也者，友其德也，不可以有挟也。——《孟子·万章下》

注释：[1]挟：倚仗。

试译：不倚仗年长、位尊、兄弟结交朋友。以德交友，不依其他。

（13）责善，朋友之道也。——《孟子·离娄下》

试译：互相要求，勉励向善，是朋友相处之道。

（14）友者，所以相有[1]也。——《荀子·大略》

注释：[1] 有：通"佑"，帮助。

试译：朋友以道义互相帮助。

（15）士有争友，不为不义。——《荀子·子道》

试译：士人有劝谏自己过错的朋友，就不会做无义之事。

（16）是我而当者，吾友也。——《荀子·修身》

试译：适当指出我优点的人是我的朋友。

2. 交际论

（1）君子不尽人之欢，不竭人之忠，以全交也。——《礼记·曲礼上》

试译：君子不要求别人为自己竭力强作欢颜，表示忠诚，以保全双方交情。

（2）君子不失足于人，不失色于人，不失口于人。——《礼记·表记》

试译：君子与人相处，不会立失依据，色失庄重，话失分寸。

（3）君子之接如水，小人之接如醴[1]；君子淡以成，小人甘以坏。——《礼记·表记》

注释：[1] 醴（lǐ）：甜酒。

试译：君子与人交往如清水，因清淡能久故成事；小人与人交往如甜酒，因甘甜难久故坏事。

（4）君子莫大乎与人为善。——《孟子·公孙丑上》

试译：君子最大的德行是与他人一起行善。

（5）君子之爱人也以德，细人[1]之爱人也以姑息。——《礼记·檀弓上》

注释：[1] 细人：小人。

试译：君子用美德善行爱人，小人以姑息迁就爱人。

（6）与人不求备，检身若不及。——《尚书·商书·伊训》

试译：与人交往，不求全责备；反省自身，唯恐没做到。

（7）礼者，自卑而尊人，虽负贩者，必有尊也。——《礼记·曲礼上》

试译：礼要求贬抑自己而尊敬别人，即使是挑担子的小贩，也一定有值得尊敬的。

（8）礼人而不答，则反其敬；爱人而不亲，则反其仁；治人而不治，则反其知。——《春秋谷梁传·僖公二十二年》

试译：如果以礼待人而没得到相应答复，就反省敬仪是否得当；以爱待人而不能使彼此相亲，就反省仁情是否恰当；管理众人而不能道洽政治，就反省所用智谋是否妥当。

（9）人之爱人，求利之也。——《春秋左传·襄公三十一年》

试译：如果一个人爱他人，就会为他人谋福利。

（10）己所不欲，勿施于人。——《论语·颜渊》

试译：自己不想要的，不必施加于他人。

（11）躬[1]自厚[2]而薄[3]责于人，则远怨矣。——《论语·卫灵公》

注释：[1]躬：自己。[2]厚：多。[3]薄：少。

试译：对自己要求多些，对他人要求少些，抱怨会远离自身。

（12）君子敬而无失，与人恭而有礼。——《论语·颜渊》

试译：君子自身居敬而避免过失，待人恭谨而彬彬有礼。

（13）君子尊贤而容众，嘉善而矜[1]不能。——《论语·子张》

注释：[1]矜：怜悯，怜惜。

试译：君子尊重贤人而包容众生，表扬善人而怜悯弱者。

（14）人不知而不愠[1]，不亦君子乎？——《论语·学而》

注释：[1]愠：生气。

试译：别人不知我的才能，我不生气，不也是君子吗？

（15）不患无位，患所以立。不患莫己知，求为可知也。——《论语·里仁》

试译：不担心自己有无职位，担心有无立世之才。不担心不为人知，追求值得别人知道之处。

（16）不患人之不己知，患不知人也。——《论语·学而》

试译：不担心他人不知道自己，担心自己不知道他人。

（17）视其所以，观其所由，察其所安，人焉廋[1]哉？人焉廋哉？——《论语·为政》

注释：[1]廋（sōu）：隐瞒。

试译：通过观察他言行的根据、方法和身心所安之处，这个人怎么隐藏得住呢？这个人怎么隐藏得住呢？

（18）知我者谓我心忧，不知我者谓我何求。——《诗经·王风·黍离》

试译：知道我的人说我心有所忧，不知道我的人说我有什么索求。

（19）非其义也，非其道也，一介[1]不以与人，一介不以取诸人。——《孟子·万章上》

注释：[1]介：本指一个，此处代指微小的事物。

试译：如果不符合道义，一点也不给别人，一点也不拿别人的。

（20）人贤而不敬，则是禽兽也；人不肖而不敬，则是狎[1]虎也。——《荀子·臣道》

注释：[1]狎（xiá），戏弄。

试译：一个人如果不敬重贤能，他就是不知礼义的禽兽；不敬重无德无才者，就像戏耍老虎一样危险。

（21）恭者不侮人，俭者不夺人。——《孟子·离娄上》

试译：谦恭的人不欺侮别人，节俭的人不抢人财物。

（22）以欲从人，则可；以人从欲，鲜[1]济[2]。——《春秋左传·僖公二十年》

注释：[1]鲜（xiǎn）：少。[2]济：成功。

试译：让自己的欲望和别人的想法同向而行，事多成功；让别人一味追随自己的欲望，事少有成。

（23）求逞于人，不可；与人同欲，尽济。——《春秋左传·昭公四年》

试译：一个人将妄求强加于他人，事行不通；愿望与他人同向，事皆可成。

七　言语类

1. 言语论

（1）君子一言以为知，一言以为不知，言不可不慎也。——《论语·子张》

试译：君子通过一句话就可表现他的明智与否，必须慎重发言。

（2）白圭之玷[1]尚可磨也，斯言之玷不可为也。——《诗经·大雅·抑》

注释：[1]玷（diàn）：玉器斑点。

试译：白玉圭器上的斑点还可磨除，张口发言中的缺陷不可修改。

（3）有言逆于汝心，必求诸道；有言逊于汝志，必求诸非道。——《尚书·商书·太甲下》

试译：如果有些言语违背或顺从你的意愿，一定要从是否合乎道义来求解。

（4）志以道宁，言以道接。——《尚书·周书·旅獒》

试译：合乎道义的志向使人身心安宁，合乎道义的言论能被人接受。

（5）口惠而实不至，怨灾及其身。——《礼记·表记》

试译：一个人如果口头向别人许诺好处，但实际没法兑现，抱怨与灾害就可能降临于他。

（6）情欲信，辞欲巧。——《礼记·表记》

试译：感情要真实可信，文辞要精致巧妙。

（7）与君言，言使臣。与大人[1]言，言事君。与老者言，言使弟子。与幼者言，言孝弟于父兄。与众言，言忠信慈祥。与居官者言，言忠信。（《仪礼·士相见礼》）

注释：[1]大人：指公卿大夫。

译文：士人与国君交谈，讲如何任用大臣；与公卿大夫谈，讲如何侍奉国君；与老人谈，讲如何使唤弟子；与幼者谈，讲如何孝敬父母、兄长；与民众谈，讲忠信慈祥；与官吏谈，讲忠诚守信。

（8）二人同心，其利断金。同心之言，其臭[1]如兰。——《易传·系辞传上》

注释：[1]臭："嗅"，香味。

试译：两人同心合力，锐利可断金属。同心同德的话，味香如同兰草。

（9）乱之所生也，则言语以为阶[1]。——《易传·系辞传上》

注释：[1]阶：由来。

试译：祸乱滋生，多因说话不当而起。

（10）尚[1]口乃穷也。——《周易·困》

注释：[1]尚：崇尚。

试译：一个人如果崇尚口才巧辩，可能会使他陷入穷困。

（11）君子于其言，无所苟[1]而已矣。——《论语·子路》

注释：[1]苟：草率，随便。

试译：君子对于他的言论，就是不随便罢了。

（12）巧言乱德。——《论语·卫灵公》

试译：花言巧语会扰乱人的德行。

（13）君子不以言举人，不以人废言。——《论语·卫灵公》

试译：君子不因某人的良言就贸然举荐他，不因某人德名不好就不认真听他的良言。

（14）人之将死，其言也善。——《论语·泰伯》

试译：人在临死前留言，多真诚善良之语。

（15）辞达[1]而已矣。——《论语·卫灵公》

注释：[1]达：传达，表达。

试译：言辞，表达清楚意思罢了。

（16）人之易其言也，无责[1]耳矣。——《孟子·离娄上》

注释：[1]责：追究，深究。

试译：某人轻易说出的话，无需深究。

（17）不动乎众人之非誉，不治观者之耳目，不赂贵者之权势，不利传辟[1]者之辞。——《荀子·正名》

注释：[1]辟：通"僻"，邪僻不正。

试译：（发表的言论）不因众人褒贬而动摇，不干扰观众视听，不巴结显贵权势，不帮助传播邪说。

（18）言而当，知也；默而当，亦知也[1]。——《荀子·非十二子》

注释：[1]知：通"智"。

试译：适当的发言或沉默都是一种智慧。

（19）未可与言而言，谓之傲；可与言而不言，谓之隐；不观气色而言，谓之瞽[1]。故君子不傲、不隐、不瞽，谨慎其身。——《荀子·劝学》

注释：[1]瞽（gǔ）：目盲。此处代指缺乏辨别力，有眼如盲。

试译：与他人说了不可说的话，叫作急躁；可以说的却没说，叫作隐瞒；不看对方脸色发言，叫作盲目。所以君子发言不急躁、不隐瞒、不盲目，小心地修身。

（20）善言古者，必有节[1]于今；善言天者，必有征于人。——《荀子·性恶》

注释：[1]节：古代使者用来证明身份的符节。此处引申为验证。

试译：一个人善于谈论古史，一定有当今之例为证；善于谈论天道，一定有人事之例作证。

（21）与人善言，暖于布帛；伤人之言，深于矛戟。——《荀子·荣辱》

试译：善言利人，比为他披上布帛还温暖；恶语伤人，比用矛戟刺他身体更深切。

（22）赠人以言，重于金石珠玉；观人以言，美于黼黻文章[1]；听人以言，乐于钟鼓琴瑟。——《荀子·非相》

注释：[1]黼（fǔ）黻（fú）文章：指古代礼服纹饰。此处代指礼服。黼，黑白相间的"斧"形花纹。黻，青黑相间的"亚"形花纹。

文，青赤相间的花纹。章，赤白相间的花纹。

试译：将善言赠给别人，比送他珍宝更贵重；将善言指给人别看，比请他观看礼服还华美；把善言讲给别人，比让他听雅乐都快乐。

2. 言行论

（1）君子知之曰知之，不知曰不知，言之要也；能之曰能之，不能曰不能，行之至也。言要则知，行至则仁。——《荀子·子道》

试译：君子知道的就说知道，不知就说不知，这是善于说话的关键要领；能做的就说能做，不能做的就说不能，这是行动的最高准则。说话符合要领是一种明智，行动符合准则是一种仁德。

（2）君子以言有物而行有恒[1]。——《周易·家人》

注释：[1] 恒：恒常，规律。

试译：君子要言之有物，行事有常。

（3）言行，君子之枢机[1]。枢机之发，荣辱之主也。言行，君子之所以动天地也，可不慎乎？——《易传·系辞传上》

注释：[1] 枢机：本指户枢与弩牙。此处代指关键。

试译：言行是君子的关键，主导个人的荣辱。言行是君子惊天动地的依据，可以不谨慎吗？

（4）君子耻其言而过其行。——《论语·宪问》

试译：君子以言行不符为耻。

（5）君子欲讷[1]于言而敏于行。——《论语·里仁》

注释：[1] 讷：迟缓。

试译：君子说话要迟缓，行动要敏捷。

（6）其言之不怍[1]，则为之难也。——《论语·宪问》

注释：[1] 怍：惭愧。

试译：如果某人大言不惭，所言就难以实行。

（7）古者言之不出也，耻躬[1]之不逮[2]也。——《论语·里仁》

注释：[1] 躬：自身。[2] 逮：及、做到。

试译：古人从不轻易发言表态，以自己的行动赶不上发言为可耻之事。

(8) 大人者，言不必信，行不必果，惟义所在。——《孟子·离娄下》

试译：有大德高位的人所言不必句句可信，所行不必事事落实，只求符合道义。

(9)《春秋》之义，信以传信，疑以传疑。——《春秋谷梁传·桓公五年》

试译：《春秋》著史的原则是：以可信的方式传载可信之事，以存疑的方式传载可疑之事。

八　哲理类

1. 天人论

(1) 明于天人之分，则可谓至人矣。——《荀子·天论》

试译：一个人如果明白自然界与人类社会的区分，就可称作达到最高思想境界的人了。

(2) 惟天地万物父母，惟人万物之灵。——《尚书·周书·泰誓上》

试译：天地是哺育万物的父母，人类是万物中的精灵。

(3) 天作孽[1]，犹可违[2]；自作孽，不可逭[3]。——《尚书·商书·太甲中》

注释：[1] 孽：灾祸。[2] 违：避开。[3] 逭（huàn），逃脱。

试译：上天降下灾祸，还可避开；自身造成灾祸，不可逃脱。

(4) 人者，天地之心也，五行之端也。——《礼记·礼运》

试译：人是天地的心脏，五行（仁义礼智信）的端倪。

(5) 天地之大也，人犹有所憾。——《礼记·中庸》

试译：天地广大，人仍有遗憾之处。

(6) 天地之大德曰生，圣人之大宝曰位。——《易传·系辞传下》

试译：天地最大的德行是化生万物，圣人最大的宝器是治世之位。

(7) 天地睽[1]而其事同也。男女睽而其志通也。——《周易·睽》

注释：[1]睽：隔离。

试译：天地虽上下隔离，但化育万物的事理相同。男女虽阴阳隔离，但交感求合的心志相通。

（8）观乎天文，以察时变；观乎人文，以化成天下。——《周易·贲》

试译：观察天象，可以知晓四季变化；观察人事，可以教化天下和谐。

（9）天道远，人道迩。——《春秋左传·昭公十八年》

试译：天道悠远，人道切近。

（10）死生有命，富贵在天。——《论语·颜渊》

试译：人的死生、富贵与天命相关。

（11）夫仁，天之尊爵也，人之安宅也。——《孟子·公孙丑上》

试译：仁德是上天赋予人类的尊贵爵位，是人类安歇的心灵居所。

（12）上事天，下事地，尊先祖而隆君师，是礼之三本也。——《荀子·礼论》

试译：敬事上天大地，尊奉祖先神灵，推崇君主师傅，这是礼的三个本源。

（13）天不为人之恶寒也辍[1]冬，地不为人之恶辽远也辍广，君子不为小人之匈匈[2]也辍行。——《荀子·天论》

注释：[1]辍：废止。[2]匈匈：喧哗吵闹。

试译：上天不因人厌恶寒冷就废止冬季，大地不因人厌恶辽远就废除宽广，君子不因小人的吵闹就中止善行。

（14）在天者莫明于日月，在地者莫明于水火，在物者莫明于珠玉，在人者莫明于礼义。——《荀子·天论》

试译：天上最明亮的是太阳、月亮，地上最明亮的是水、火，万物中最明亮的是珍珠、宝玉，人类社会中最明亮的是礼义之道。

（15）错[1]人而思天，则失万物之情。——《荀子·天论》

注释：[1]错：通"措"，放弃。

试译：放弃人的努力而期望上天恩赐，就会失去万物的实情（而难遂人愿)。

（16）自知者不怨人，知命者不怨天。——《荀子·荣辱》

试译：有自知之明的人不埋怨他人，知晓天命的人不埋怨上天。

（17）永言配命，自求多福。——《诗经·大雅·文王》

注释：[1] 言：语气助词，无意义。

试译：常使思行符合天命，自己努力追求更多幸福。

2. 智慧论

（1）爱而知其恶，憎而知其善。——《礼记·曲礼》①

试译：喜爱某些事物但要知道其缺点，讨厌但要知道其优点。

（2）三折肱[1]知为良医。——《春秋左传·定公》②

注释：[1] 肱（gōng）：指上臂，即胳膊从肘到肩的部分。

试译：一个人多次上臂骨折，（熟悉相关病理和疗法）也会成为这方面的良医。

（3）非知之艰，行之惟艰。——《尚书·商书·说命中》

试译：知晓道理不难，践行道理艰难。

（4）人莫不饮食也，鲜[1]能知味也。——《礼记·中庸》

注释：[1] 鲜（xiǎn）：少。

试译：人人都喝水吃饭，但很少能知道它的味道。

（5）人之过也，各于其党[1]。观过，斯[1]知仁矣。——《论语·里仁》

注释：[1] 党：类别。[2] 斯：乃、就。

试译：一个人的过错，与他交往的人群有关。通过一个人的过失，就知道他的仁德。

（6）不患人之不己知，患己无能也。——《论语·宪问》

试译：不担心他人不了解自己，而担心自己有无才能。

（7）知之为知之，不知为不知，是知也。——《论语·为政》

---

① 《礼记·中庸》"爱而不知其恶，恶而不知其美"，与之意相近。
② 《楚辞·九章·惜诵》载"九折臂而成医兮"，与之意相近。

试译：（对于任何事理，）知道就是知道，不知就是不知，这就是知道。

（8）岁寒，然后知松柏之后凋也。——《论语·子罕》

试译：只有在寒冬季节，才能知道松柏最后凋落。

（9）不知命，无以为君子也。不知礼，无以立也。不知言，无以知人也。——《论语·尧曰》

试译：不知道天命，无法成为君子。不知礼义，无法安身立命。不知人言，无法了解他人。

（10）知周[1]乎万物而道济天下，故不过。——《易传·系辞传上》

注释：[1] 周：普及。

试译：如果智慧遍及万物，道德扶济天下，就不会有过失。

（11）君子知微知彰[1]，知柔知刚，万夫之望。——《易传·系辞传下》

注释：[1] 彰：明显。

试译：君子察知事物的隐微与明显、柔弱与刚强之处，就会受到众人敬仰。

（12）仁者见之谓之仁，知者见之谓之知。——《易传·系辞传上》

试译：仁者看见易道中有仁就称其为仁，智者看见易道中有智就称其为智。

（13）德薄而位尊，知小而谋大，力小而任重，鲜[1]不及矣。——《易传·系辞传下》

注释：[1] 鲜（xiǎn）：少。

试译：如果有人德行浅薄而职位尊贵，才智狭小而谋划远大，实力微小而任务重大，就很少办成事情了。

（14）万物为道一偏，一物为万物一偏。愚者为一物一偏，而自以为知道，无知也。——《荀子·天论》

试译：万物体现规律的一方面，一种事物只是万物的一方面，愚昧的人认识某种事物的一方面，就以为明白了规律，这就是无知了。

（15）精于物者以物物，精于道者兼物物。——《荀子·解蔽》

试译：精通某种事物的人能够驾驭这类事物，精通根本规律的人能够驾驭各种事物。

3. 辩证论

（1）无平不陂[1]，无往不复。艰贞无咎。——《周易·蒙卦》

注释：[1] 陂（bēi）：斜坡。

试译：平地终将成斜坡，过去的终将返回。在艰难中保持气节，可避免过失。

（2）甚美必有甚恶。——《春秋左传·昭公二十八年》

试译：太美的外表背后一定隐藏着太恶的东西。

（3）有不虞[1]之誉，有求全之毁。——《孟子·离娄上》

注释：[1] 虞：料想。

试译：有料想不到的赞扬，就有因追求周全而招来的诋毁。

（4）道在尔[1]而求诸远，事在易而求之难。——《孟子·离娄上》

注释：[1] 尔：通"迩"，近。

试译：道在近处却往远处寻求，事可简单处理却从难处求解。

（5）欲速则不达，见[1]小利则大事不成。——《论语·子路》

试译：一味追求快速就不能达到目标，过分看重小利就不能办成大事。

（6）人无远虑，必有近忧。——《论语·卫灵公》

试译：人没有长远的考虑，必定有眼前的忧愁。

（7）君子贞[1]而不谅。——《论语·卫灵公》

注释：[1] 贞：正直。

试译：君子诚信正直，但不拘泥于小信小义。

（8）若升高，必自下；若陟[1]遐，必自迩。——《尚书·商书·太甲下》

注释：[1] 陟（zhì）：本意为登高，此处指远行。

试译：如果登高，必从底层开始；行远，必从近处开始。

（9）人惟求旧，器非求旧，惟新。——《尚书·商书·盘庚上》

试译：在用人上务求世家旧臣，在器物上不必求旧，可求新。

（10）思则有备，有备无患。——《春秋左传·襄公十一年》

试译：善思就有预备，有预备就无后患。

（11）仁者必有勇，勇者不必有仁。——《论语·宪问》

试译：有仁德者必定有勇气，有勇气者未必有仁德。

（12）仁义德行，常安之术也，然而未必不危也；污僈突盗[1]，常危之术也，然而未必不安也。——《荀子·荣辱》

注释：[1] 污僈突盗：不洁其身，欺诈掠夺。

试译：仁爱道义使人身心常处安宁，但未必能保证没有任何危险；不洁其身而欺诈掠夺使人身心常处危险，但未必意味着没有半点安全。

（13）君子能为可贵，不能使人必贵己；能为可信，不能使人必信己；能为可用，不能使人必用己。——《荀子·非十二子》

试译：君子有令人尊崇的才能，但不能使人必然尊崇自己；有令人信服的才能，但不能使别人必然相信自己；有堪当大用的才能，但不能使别人必然任用自己。

（14）爱恶相攻而吉凶生，远近相取而悔吝[1]生，情伪[2]相感而利害生。——《易传·系辞传下》

注释：[1] 悔吝：悔恨与遗憾。[2] 伪：虚伪。

试译：吉利与凶险在喜爱与厌恶的相互对立中产生，悔恨与遗憾在疏远与亲近的相互取舍中滋生，利益与祸害在真情与虚伪的相互感应中诞生。

（15）独阴不生，独阳不生，独天不生，三合然后生。——《春秋谷梁传·庄公三年》

试译：如果只有阴气、阳气或上天，万物都不得生长，只有三者合一方可。

（16）天下同归而殊途，一致[1]而百虑[2]。——《易传·系辞传下》

注释：[1] 一致：统一。[2] 虑：思虑、思想。

试译：天下事物发展的方向相同，但实现途径不同；目标统一，但思想构成多元。

（17）万物并育而不相害，道并行而不相悖[1]。——《礼记·中庸》

注释：[1] 悖：违背。

试译：万物共同哺育而不相妨害，诸道齐头并行而不相违背。

（18）哲夫成城，哲妇倾城。——《诗经·大雅·瞻卬》

试译：有才的男子使国家建成，有才的妇女使国家倾颓。

（19）可以取，可以无取，取伤[1]廉；可以与[2]，可以无与，与伤惠；可以死，可以无死，死伤勇。——《孟子·离娄下》

注释：[1] 伤：伤害。[2] 与：给予。

试译：对于某些东西，可以拿，也可以不拿，拿了就有损廉洁正德；可以给，也可以不给，给了就有损施惠正德；可以因此赴死，也可以不因此赴死，赴死就有损勇敢正德。

（20）饥者甘食，渴者甘饮。——《孟子·尽心上》

试译：人在饿时觉得什么食物都是甜的，渴时觉得什么水都是甜的。

后　　记

　　本书是笔者在多年前开设的本科生相关课程讲义基础上完善而成。书稿初被纳入成积春教授主持的校公选课教材出版计划项目资助之列，后期出版申请、联络事宜端赖吴佩林教授、王京传教授和刘刚旦等同事的大力支持，特致诚谢。应笔者请求，刘毓庆、杨朝明、林宏星诸先生通过邮件和电话联系，对相关章节内容的修改提出宝贵建议，给予亲切指导，受益良多，铭感不已。刘洁琼、马兴才、张亚朋、刘小娜、孙尧尧、魏灵芝、项泽仁、郭亚林、谭师、王文琦、田学慧、杨璐等青年学友为本书资料整理、校对等提供帮助，付出辛劳，古今学者对儒家经典的精辟解读为本书提供了丰富的资料和有益的参考，让整个写作过程多了一份里仁为美、有德不孤的嚣嚣之乐，亦致敬谢。

　　世界万物有无相生，前后相随，但相反相成，并行不悖。本书既是作者提供他人的读物，也是自我思考的产物，背后更隐含些许"言默不足以载"的不安与困惑。儒家讲仁爱礼义，道法中庸，情理一致，思想中不乏温情，但人生面对的不全是温暖，更多的是炎凉、冰冷和冷热不定之境。近三年来，疫情袭扰下的人类境遇更是如此。今人如何提炼、阐发儒学精要，为人们的心灵燃起一盏明灯，保持一种温情，坚持一份冷静，在纷繁复杂、变化无常的人生中康强其身，文明其心，坚强其志，坦荡面世呢？本书致力于从文献梳理与人文修养的角度探讨儒家元典的内容主旨和当代用途，揭示早期儒家思想的理性意蕴及价值。

　　《中庸》言："君子尊德性而道问学，致广大而尽精微，极高明而道中庸。"我们认为儒家推崇君子之学，始于"尊德性而道问学"，德学双修兼备；中经博学、审问、慎思、明辨、笃行而"致广大而尽精微"，获得真知真理；终于"极高明而道中庸"，即以高明超然的心境正德、利用、厚生，指导生活实践，修己安人，修身治世。只有通过以上三步，我们才可能不断充实、创新儒家文化的具体内容和实践途径，发扬儒学真精神，锤炼儒家新元典，早日实现中华文化复兴与人类文明大同的梦想。

"覆瓿书成空自苦，击辕歌罢遣谁听。"余愿以此凑泊之作与同道相勉，请读者指正。

癸卯初春　著者曲园谨识